Jeder hat sein Leben ganz zu leben

Rudi Dutschke

Jeder hat sein Leben ganz zu leben

Die Tagebücher 1963 – 1979

Herausgegeben von Gretchen Dutschke

Kiepenheuer & Witsch

Für unsere Kinder
Hosea, Polly und Marek

Meinen Dank an Heide Sommer.

1. Auflage 2003

Umschlaggestaltung: Rudolf Linn, Köln
Umschlagfoto: © dpa
Gesetzt aus der Garamond Stempel (Berthold)
bei Kalle Giese, Overath
Druck und Bindearbeiten: GGP Media, Pößneck
ISBN 3-462-03224-0

Inhalt

Editorische Notiz

Der Text folgt weitgehend Rudi Dutschkes Schreibweise. Rechtschreib- und Flüchtigkeitsfehler wurden stillschweigend korrigiert. Redaktionelle Einfügungen stehen in eckigen Klammern. Redaktionelle Auslassungen wurden mit Auslassungspunkten in eckigen Klammern gekennzeichnet: [...]. Alle sonstigen Auslassungspunkte sind aus der handschriftlichen Vorlage übernommen. Das Datumsformat wurde vereinheitlicht. Fehlende Datumsangaben wurden, wo möglich, nachgetragen. In einigen wenigen Fällen wurden Datumsangaben korrigiert. Unterstreichungen wurden kursiv gesetzt.

1963

18. Februar 1963
Berlin
Die Kälte des hereinströmenden Schlafes des Tages, die Äonen des Lichts entrissen mich der »harmlosen« Welt des schwarzen Tages – kaum ist mein Geist wieder im bewußten Raum und auch in bewußter Zeit, so denke ich an Urischka, an die Möglichkeiten und an die Tatsächlichkeiten; nur selten ist ein interessanter Stoff eines Buches stark genug, um meine volle Aufmerksamkeit auf sich lenken zu können.
Lohnarbeit u[nd] Kapital bedingen sich »gegenseitig, bringen sich wechselseitig hervor« – Marx analysiert phantastisch u[nd] eindeutig, doch heute geht seine Analyse, für Westeuropa gesehen, ins Leere – für Teile Italiens, für Spanien u[nd] Portugal, für Lateinamerika und für viele Gebiete Asiens gilt meiner Ansicht nach fast noch jeder Satz der Marxschen Analyse der Industrieländer des 19. Jahrhunderts. Der Entwicklungsstand der Produktivkräfte in den genannten Ländern hat einen Stand erreicht, der einfach neue Produktionsverhältnisse erfordert, sonst ist Revolution unvermeidlich, gilt besonders für Lateinamerika.
Natürlich verkauft auch der Arbeiter Westeuropas seine Arbeitskraft – er verkauft sich gut –, hat heute mehr zu verlieren als seine Ketten. Das proletarische Klassenbewußtsein, das sich im harten Kampf um die Verbesserung der allgemeinen Lebensbedingungen herausgebildet hatte, erwies sich nach verbesserten Lebensbedingungen als wenig haltbar, die Arbeiter »verbürgerlichen« in den Ländern mit hohen »sozialen Errungenschaften«. Bewußtsein für eine Klasse bzw. Bewußtsein von der Zugehörigkeit zu einer Klasse ist keine biologische Gegebenheit, die vererbt wird; hier findet auch kein dialektischer ? [sic!] Prozeß statt – der Mensch zerstört seine tradierten Normen nur unter der Voraussetzung des »Verbessernkönnens« seiner Lage – ist die Lage gut, auch nur scheinbar gut, will er und wird er nichts riskieren. Die objektive Richterin der Reflexionen, die Geschichte, hat uns noch kein Volk gezeigt, dessen Bewußtsein nicht

entscheidend vom jeweiligen Sein geprägt worden wäre – das ist marxistisch –, wie kann also ein »liberales Sowjetsystem« einen Menschen neuen Typus hervorbringen – der Mensch eines »liberalen Sowjetsystems« wird der Mensch Westeuropas, Lateinamerikas, Nordamerikas, Australiens, Afrikas usw. sein – die Einheit der Welt also nicht nur in ihrer Materialität – die Einheit der Welt sichtbar durch den Menschen in seinen mannigfaltigen Variationsmöglichkeiten. Änderung der gesellschaftlichen Produktionsverhältnisse, Änderung der Besitzverhältnisse innerhalb einer Gesellschaft lassen eine neue Struktur der Gesellschaft entstehen, für das Bewußtsein und für das Handeln der Menschen in dieser Gesellschaft ist jedoch allein entscheidend die Verteilung des Sozialprodukts, die Besitzverhältnisse treten hierbei zurück, wenn durch Maßnahmen der Regierung die Besteuerung der Kapitalisten diesen nur einen relativ geringen Gewinn läßt; entscheidend ist der Lebensstandard des Werte schaffenden Arbeiters.

19. Februar 1963
Berlin
Urischka ist erst um 15:00 Uhr zur Uni gekommen; ich bin immer sehr unruhig; in der Spannung lieben ist reizvoll durch das Denken an das vielleicht stattfindende »Morgen« – möge es keine Illusion sein. Urischka war beim Friseur – die schönen schwarzen Haare wieder sehr kurz – meine Haare dürften länger sein – äußerlich ein Spiel mit gewechselten Rollen – das Agieren und leider auch das Reagieren liegen bei mir – ich möchte sie in ihrer Totalität kennenlernen. Anitz hat geschrieben – sie ist eine großartige Frau, ihr Einfühlungs- u[nd] Verstehensvermögen gegenüber anderen Menschen ist sehr ausgeprägt – meine »Lage« versteht sie gut. Die Nächte sind jetzt immer sehr kurz; mein Geist will den Körper bezwingen, meistens gelingt es – wenn das Signal auf »grün« bei Urischka ist, sie wird es nicht leicht mit mir haben – ich bin, keine Angabe, nur Angabe im Sinne von Tatsache, sehr stark – eine frigide Frau wäre für mich unerträglich.
Findet es »blöd«, immer allein auszugehen – ich weiß nicht, ich wußte nicht – vielleicht lichtet sich der Dschungel doch noch.

16. März 1963
Berlin
»Ideen, die (...) unsere Gesinnung erobern, an die der Verstand unser Gewissen geschmiedet hat, das sind Ketten, denen man sich nicht entreißt, ohne sein Herz zu zerreißen, das sind Dämonen, welche der Mensch nur besiegen kann, indem er sich ihnen unterwirft.«[1]

Urischka ist ein phantastisches Mädchen – sie liebt »ihn« – glaubt, mir ein Gleichmaß an Chancen gegeben zu haben; ich glaubte tatsächlich an den qualitativen Unterschied »seiner« und meiner Chance – Urischka sieht keinen Unterschied, sie hat wohl recht in ihrer Argumentation.

»Der Deutsche schleppt an seiner Seele: er schleppt an Allem, was er erlebt. Er verdaut seine Ereignisse schlecht, er wird nie damit ›fertig‹; die deutsche Tiefe ist oft nur eine schwere zögernde ›Verdauung‹.« (Niet[zsche], »Jens[seits] v[on] G[ut] u[nd] B[öse]«, S. 176)

Ich fühle mich getroffen, mir fehlt tatsächlich ein gewisses Maß an Oberflächlichkeit in den wichtigen Sphären des Seins, so vor allem in der Liebe; muß mich entscheiden für die Leichtigkeit in Maßen, muß und werde und will Urischka verdauen.

---

1 »Wir haben die feste Überzeugung, daß nicht der praktische Versuch, sondern die theoretische Ausführung der kommunistischen Ideen die eigentliche Gefahr bildet, denn auf praktische Versuche, und seien es Versuche in Masse, kann man durch Kanonen antworten, sobald sie gefährlich werden, aber Ideen, die unsere Intelligenz besiegt, die unsere Gesinnung erobert, an die der Verstand unser Gewissen geschmiedet hat, das sind Ketten, denen man sich nicht entreißt, ohne sein Herz zu zerreißen, das sind Dämonen, welche der Mensch nur besiegen kann, indem er sich ihnen unterwirft. Doch die Augsburger Zeitung hat die Gewissensangst, welche eine Rebellion der subjektiven Wünsche des Menschen gegen die objektiven Einsichten seines eigenen Verstandes hervorruft, wohl nie kennengelernt, da sie weder eigenen Verstand noch eigene Einsichten noch auch ein eigenes Gewissen besitzt.«
(Karl Marx: Der Kommunismus und die Augsburger »Allgemeine Zeitung«, in: Karl Marx/Friedrich Engels, Werke, Berlin/DDR, 1956 ff. [künftig: MEW], Band 1, S. 108)

23. März 1963
Berlin
Fühle mich ausgezeichnet zur Zeit; die tägliche 10–12stündige Studiererei, die »Anzapferei« u[nd] Exzerpiererei finden mich unersättlich; Jörg[2] ist ein sehr angenehmer, weil sich frei in der Bindung an das Streben fühlender Zeitgenosse, wir sind und bleiben auf dem Wege, dringen immer tiefer in die uns bewegenden Sphären des Seins, das noch nicht erschienen ist, ein – das Sein west[3] nicht nur – nicht – an u[nd] ab, das Sein ist, wie Bloch[4] sagt, immer ein »Im-Aufgang-Sein«, die Kategorie des »Noch-Nicht«, die Kategorie der Möglichkeit wird von Heidegger bei seiner ontologischen Auslegung der Welt nicht benutzt. Mir scheint Bloch ein treuer Hegelianer mit durchgeführter »Umstülpung« = Marxist zu sein, ein Denker, der mir in seiner sprachlichen Gewalt u[nd] seiner gedanklichen Schärfe u[nd] Tiefe, Tiefe in Schärfe, lieber ist als ein Heidegger[5], der *sein Sein* in der Sprache begründen will.
Hegel ist ein sehr schwer in den Griff zu bekommender »freier Geist«; mit Hilfe von Lukács[6] u[nd] Bloch, ein wenig schon durch Landgrebe[7], sind mir seine verschlungenen Pfade, die aber immer ein ganz konkretes Zentrum haben, vertrauter geworden: Hegel → Marx → Lukács → Bloch ← Kant ← Nietzsche Heidegger ++ Loewith[8], der wohl beste Philosophiegeschichtler, dessen System ich

2 Ein Kommilitone.
3 Die Äußerung bezieht sich auf Martin Heideggers Satz, »daß das Sein nie west ohne das Seiende, daß niemals ein Seiendes ist ohne das Sein«. (Martin Heidegger, Was ist Metaphysik, 5. Aufl. [1. Aufl.: 1929], S. 41)
4 Ernst Bloch (1885–1977), bedeutender deutscher Philosoph, der versuchte, Marxismus und Christentum in Übereinstimmung zu bringen. Sein Hauptwerk ist »Das Prinzip Hoffnung«.
5 Martin Heidegger (1889–1976), bedeutender deutscher Philosoph. Bekannte sich zum Nationalsozialismus. Hauptwerk: »Sein und Zeit«.
6 Georg Lukács (1885–1971), marxistischer ungarischer Literaturhistoriker und Philosoph. So umstritten wie bekannt war sein Werk »Geschichte und Klassenbewußtsein. Studien über marxistische Dialektik«.
7 Ludwig Landgrebe (1902–91), die längste Zeit in Köln lehrender österreichischer Philosoph, der sich vor allem mit Gesellschaft und Geschichte befaßte.
8 Karl Löwith (1897–1973), Philosophiehistoriker, der sich vor allem mit den christlichen Wurzeln des Abendlands auseinandersetzte.

noch nicht kenne; System ist falsch, dessen Denkweise ich noch nicht kenne.

30. März 1963
Berlin
In der zurückliegenden Woche täglich in Karl Loewiths »Gesammelten Abhandlungen« (zur Kritik d[er] geschichtl[ichen] Existenz) gearbeitet; sehr viele Exzerpte in die Kartei übertragen; das von Jörg übernommene und von mir, ich konnte auf Vorhandenem aufbauen, für mich erweiterte Arbeitssystem erweist sich als großartiges Instrument der systematischen Stoffsammlung in Form von Schlagwörtern, die durch Verbindungskarten am immerwährenden Strom des Geistes teilhaben.
Loewith meint, daß der Historismus ein Produkt der Weltvorstellung ist, die davon ausgeht, daß die Welt für den Menschen bestimmt ist; der sich im Historismus zeigende Relativismus, so meint Loewith, sieht nicht, daß bestimmte Räume u[nd] Zeiten günstigere Voraussetzungen zur Findung von Wahrheiten hatten. Die Wahrheit, so sagte Lessing[9] in einem Gleichnis, gehört Dir allein, oh Herr, uns bleibt das Streben nach Wahrheit; ich bin voller Sünde; sündhaft durch die Verletzung Deiner Gebote – laß nicht ab von mir.

9 »Nicht die Wahrheit, in deren Besitz irgendein Mensch ist oder zu sein vermeinet, sondern die aufrichtige Mühe, die er angewandt hat, hinter die Wahrheit zu kommen, macht den Wert des Menschen. Denn nicht durch den Besitz, sondern durch die Nachforschung der Wahrheit erweitern sich seine Kräfte, worin allein seine immer wachsende Vollkommenheit bestehet. Der Besitz macht ruhig, träge, stolz –
Wenn Gott in seiner Rechten alle Wahrheit und in seiner Linken den einzigen immer regen Trieb nach Wahrheit, obschon mit dem Zusatze, mich immer und ewig zu irren, verschlossen hielte und spräche zu mir: wähle! Ich fiele ihm mit Demut in seine Linke und sagte: Vater gib! die reine Wahrheit ist ja doch nur für dich allein!« (Gotthold Ephraim Lessing: Über die Wahrheit, 1777)

9. April 1963
Berlin
Habe den polnischen Film »Der Kanal«[10] gesehen – in der letzten Woche täglich in der Amerikanischen Schule[11] mit Thomas [Ehleiter][12] über den jetzigen u[nd] über den zukünftigen, von der Entfremdung befreiten Menschen gesprochen – im Film sah ich den Menschen, jenes »nicht festgestellte« Tier, so meint jedenfalls Nietzsche, sah ich, wie er im allergrößten Schmutz u[nd] Morast Mensch blieb, schon durch seine Bewußtheit; sah Menschenkinder meines Alters u[nd] noch jünger, sah sie kämpfen für die Freiheit ihres Vaterlandes, töten für ihre Heimat, sterben für das Vaterland – Polen starben, Deutsche starben; indem die Polen dies vollzogen, vollzogen sie den Tribut an die historische Notwendigkeit, die Notwendigkeit des Sieges über den Faschismus; die deu[tschen] Soldaten, die auch für das Vaterland starben, so glaubten sie wenigstens, hatten nie eine wirkliche Chance – der Weltgeist, nach Hegel, tobte sich mit Hilfe der »List der Vernunft« wieder einmal richtig aus und kam zum Bewußtsein seiner selbst – die Möglichkeit der großen Wandlung auf dieser von Gott für uns geschaffenen Welt lag in der Hand einiger »weltgeschichtlicher Individuen« – sie versagten u[nd] versagen noch; wenn die Geschichte nicht von Persönlichkeiten, sondern von in der Materie liegenden Gesetzen, so meint jedenfalls der marxistische Geschichtsmythos, gelenkt wird, kann eigentlich nichts »schief« gehen; Engels nähert den Geschichtsprozeß weitgehendst dem Naturprozeß an, liquidiert damit die bewußte freie Entscheidung des Individuums, der Gruppe, der Partei usw. – alles wird

10 Der berühmte polnische Regisseur Andrzej Wajda vollendete seinen Film »Der Kanal« 1956.

11 Rudi Dutschke jobbte in dieser Zeit in der Küche des Harnack-Hauses in Berlin-Dahlem. Es befindet sich inzwischen im Besitz der Max-Planck-Gesellschaft.

12 Rudi Dutschke lernte Thomas Ehleiter in der Küche des Harnack-Hauses kennen, wo es einen Speisesaal für amerikanische Offiziere gab. Dutschke und Ehleiter verdienten sich Geld durch Tellerwaschen und Kartoffelschälen. Ehleiter wurde später Psychologe. Er führte Dutschke in die Frühschriften von Karl Marx ein. Nach dem Attentat im April 1968 half Thomas Ehleiter Rudi Dutschke, sein Denk- und Sprechvermögen zurückzugewinnen.

unvermeidlich; da der Kommunismus, die klassenlose Gesellschaft, beschlossene Sache ist, braucht uns eigentlich die Gefahr eines Atomkrieges nicht zu schrecken; die Denker solchen Unsinns werden nie die Entfremdung des Menschen aufheben. Entfremdung ist nicht nur durch die scheinbare Verselbständigung der vom Arbeitenden geschaffenen Waren gegeben, nicht nur durch die Feindlichkeit dieser von ihm produzierten Waren – Entfremdung ist für mich auch Starrheit des Denkens, Geschlossenheit des Denkens. Die Befreiung des Menschen ist nur durch wirkliche Einsicht in die notwendigen Gegebenheiten des gesellschaftlichen Lebens möglich; eine Änderung der Besitzverhältnisse ist nicht gleichbedeutend mit Aufhebung der Entfremdung.

14. April 1963
Berlin
Jesus ist auferstanden, Freude u[nd] Dankbarkeit sind die Begleiter dieses Tages; die Revolution, die entscheidende Revolution der Weltgeschichte ist geschehen, die Revolution der Welt durch die allesüberwindende Liebe. Nähmen die Menschen voll die offenbarte Liebe im Für-sich-Sein an, die Wirklichkeit des Jetzt, die Logik des Wahnsinns könnte nicht mehr weiterbestehen.
Der Verstand, so meint K[arl] Jaspers[13], schafft keine Kommunikation der Menschen, verbindet nur das Bewußtsein der Menschen; Kommunikation geschieht durch den gemeinsamen Fixpunkt der Gottheit, die Einheit der Menschheit also im gemeinsamen gewußten geahnten Wissen vom Ursprung. Das Wissen bzw. d[er] Glaube vom Ursprung läßt das Ziel offenbar werden – der Weg der Geschichte könnte der Weg der Freiheit, der Weg zur Befreiung des Menschen werden – Befreiung des Menschen durch das Innewerden der Gottheit; Befreiung durch die Autorität; Freiheit in der Gebundenheit an die durch Jesus offenbarte Liebe.

13 Karl Jaspers (1883–1969), Philosoph, Psychiater und politischer Schriftsteller.

23. April 1963
Berlin
»Die Ideologie ist keine ... ›reine‹ Theorie, und sie kann es auch nicht sein, denn die Kenntnis der Wirklichkeit an sich kann niemanden zum Handeln veranlassen ...« (Kol.[14] 3, 22, S. 24 (3) [sic!])

13. Oktober 1963
Berlin
Meine »Polenarbeit« (wenige Wochen davor »Der Kanal«) geht einigermaßen voran, möchte eine gute Arbeit liefern – heute »Asche und Diamant« von Jerzy Andrzejewski[15] gelesen – ein phantastisches Buch – morgen mehr darüber! Gott schütze und behüte meine Eltern und Brüder, die Lieben in Dänemark[16] und die ganze Welt. Herr, erhalte uns im Glauben und in einigermaßener Gesundheit.
Während des Abendlaufs, ich sprang nach einem hochhängenden Blatt, fand die schönste Zeit des Jahres, den Herbst – ich suchte den »großen Bären«, wollte Søby in der Tewsstraße entstehen lassen [sic!], fand ihn nicht, war ein wenig traurig; der Gedanke an Jüte[17] und an die Möglichkeiten gibt mir Kraft und Mut für das Studium.

16. Oktober 1963
Berlin
Ja, Milosz[18] meint, Alphas (d.h. Andrzejewskis) Held ist Szczuka, der Kommunist, der den Kommunismus für die gegebene, erkämpfte Ordnung der zu verändernden Welt hält. Chelmicki, so meint Milosz, sieht in Szczuka nur den Handlanger einer fremden Macht – das ist falsch – Szczuka ist für Chelmicki ein ihm persönlich

14 Vermutlich ein Verweis auf den Philosophen Leszek Kolakowski (geb. 1927); er emigrierte 1968 aus Polen. Im Westen wurde er bekannt durch seine Aufsatzsammlung »Der Mensch ohne Alternative. Von der Möglichkeit und Unmöglichkeit, Marxist zu sein«.
15 Jerzy Andrzejewski (1909–83), polnischer Schriftsteller. Sein Roman »Asche und Diamant« erschien 1948.
16 Rudi Dutschke lernte auf einer Klassenreise in den Harz ein dänisches Ehepaar mit zwei Kindern kennen. Er hat sie später in Dänemark besucht.
17 Vermutlich Jytte, eine dänische Frau.
18 Czeslaw Milosz (geb. 1911), polnischer Dichter und Publizist.

unbekannter *Mensch*, will ihn nicht töten – um seiner Liebe zu Krystyna, um des neu zu beginnenden Lebens willen; um die letzte Bindung zu seinen ehemaligen Kameraden, Antikommunisten, abzubrechen, entschließt er sich, diesen Auftrag, Szczuka zu töten, doch noch durchzuführen.
Andrzejewski, von Milosz als »Moralist« bezeichnet, besonders für die Jahre der Untergrundbewegung, gelingt es, bei der Beschreibung der aus der animalischen Betätigung der Fortpflanzungsorgane plötzlich aufbrechenden Liebe Chelmickis zur Krystyna, die Liebe wird echt und tief erwidert, auch sie hatte anfänglich nur das erotische Abenteuer mit einem gutaussehenden jungen Mann gesucht, existentielle Fragen aufzuwerfen. Chelmicki wird erschossen von der Miliz ... Sein »Liebes« wird irgendwo in »Warschau«, das »Nichts« hieß Warschau, verfluchte Faschisten, vergebens gewartet ... Szczuka verlor seine Frau im KZ ...

1964

27. März 1964
Berlin
In diesen Stunden verschied im keuchenden Morgenlande der Welt größter Revolutionär – Jesus Christus; die nichtwissende »Konterrevolution« schlug ihn ans Kreuz; Christus zeigt allen Menschen einen Weg zum Selbst – diese Gewinnung der inneren Freiheit ist für mich allerdings nicht zu trennen von der Gewinnung eines Höchstmaßes an äußerer Freiheit; die gleichermaßen und vielleicht noch mehr erkämpft sein will. Den Anspruch Jesu, »mein Reich ist nicht von *dieser* Welt«, kann ich nur immanent verstehen; natürlich, die Welt, in der Jesus wirkte und arbeitete, war noch nicht die »neue Wirklichkeit«; diese galt und gilt es noch zu schaffen, eine »Hic-et-nunc-Aufgabe« der Menschheit.

Auf dem Abschlußseminar hatte ich schon Krach mit einem RCDSler[19]. Anläßlich der Schlußparty im Haus der Ex-Kommunisten wiederholte sich der Disput. »Totalitarismus« und »Sozialismus« setzte der gleich. Zu einem solchen Schwachsinn war unser Prof. nicht bereit. Wäre enttäuscht gewesen.

18. September 1964
Berlin
Unser »Anschlag«[20] ist seit ca. 4 Wochen fertig; große Ergebnisse, d. h. Finden von Leuten unserer Kragenweite, sind noch nicht zu melden, lese gerade eine Schrift von Sweezy[21] über den chinesisch-sowjetischen Ideologienkonflikt; die Chinesen haben die besseren, d. h. marxistische, Argumente – die Sowjets lavieren und argumentie-

19 RCDS: Ring Christlich-Demokratischer Studenten, Studentenorganisation von CDU und CSU.
20 Zeitung der Subversiven Aktion.
21 Paul M. Sweezy (geb. 1909), marxistischer US-amerikanischer Theoretiker. Zu seinen wichtigen Werken zählt »Theorie der kapitalistischen Entwicklung« (1970).

ren wie die Revisionisten à la Kautsky[22], Hilferding[23] und Bauer[24]; besonders in der Beurteilung des Charakters unserer Epoche, einer Epoche der nationalen Befreiungskriege in Asien, Afrika und *Lateinamerika*, bin ich »Chinese« – mein Standpunkt, ohne Kenntnis des chinesischen Standpunkts erarbeitet; erst durch Sweezy erfuhr ich den chinesischen [Standpunkt], findet sich im »Anschlag«.

[Ohne Datierung]
Berlin
Mal sehen, wie die vom SDS[25] und »Argument«[26] unseren »Anschlag« wahrnehmen. Als wir von der »Subversiven Aktion«[27] unsere Provokation[28] an der Uni gegen die Verbindungsleute des RCDS machten, sagte ein Kommilitone zu mir: »Da sollen die vom SDS sich mal ein Beispiel nehmen.« War es aber wirklich schon so beispielhaft? Die Einwände der Kameraden aus München[29] sind ja nicht einfach wegzuschieben. Aber ein »Situationist« war ich nicht, hatte dazu in der DDR keine Gelegenheit.

---

22 Karl Kautsky (1854–1938), führender marxistischer Theoretiker der SPD und der II. Internationale.

23 Rudolf Hilferding (1877–1941), marxistischer Theoretiker und Politiker der SPD. Er stammte wie Kautsky aus Österreich und gehörte zusammen mit Otto Bauer zu den Begründern des Austromarxismus, der den Sozialismus auf parlamentarischem Weg anstrebte.

24 Otto Bauer (1881–1938), österreichischer Sozialist, Mitbegründer des Austromarxismus.

25 SDS: Sozialistischer Deutscher Studentenbund, 1946 gegründet, 1970 aufgelöst.

26 1959 gründeten Wolfgang Fritz Haug und Fridda Haug die marxistische Zeitschrift »Das Argument«.

27 1962 gründeten Dieter Kunzelmann, Rudolphe Gasché, Christopher Baldeney und Frank Böckelmann die Subversive Aktion. Erste Zellen gab es in München, Tübingen, Stuttgart, Frankfurt a. M. und bald auch in Westberlin; dort spielten Rudi Dutschke und Bernd Rabehl eine Hauptrolle. Die Subversiven nannten ihre Zeitung »Anschlag« und wurden deshalb auch als »Anschlaggruppe« bekannt.

28 Im Februar 1964 verteilte die Subversive Aktion an der Freien Universität in Westberlin ein Flugblatt gegen die Burschenschaft Obotritia, die beantragt hatte, als förderungswürdige studentische Gemeinschaft an der Universität zugelassen zu werden. Burschenschaften waren laut FU-Satzung verboten.

29 Zwischen der Münchner Gruppe um Dieter Kunzelmann und den Subversiven in Westberlin gab es Streit um Aktionen und die Führungsrolle.

3. Dezember 1964
Berlin
Über Prof. Stammheim[30] tauchte Tillich[31] genauer bei mir auf. Ja, die »Neuen Blätter«[32] sind sehr interessant. Für T[illich] sind Sozialismus und Glauben nicht voneinander zu trennen. Würde ich zustimmen – wie desgleichen Proletariat und Sozialismus nicht zu separieren sind: »Nur im Kampf kann sich das Proletariat finden.« *Glaubt* Marx an die »Auserwähltheit« des Proletariats, *verdammt* dazu zu sein, in den Klassenkampf gegen das »Kapital« einzutreten?
In der Kairos-Zeit[33] ist für T[illich] das Bewußtsein reif geworden, bei Marx soll – oder muß – es in der Krisenzeit sein. Unklar bleibt das Verhältnis der Tillich-Gruppe zur politischen Praxis in den Tagen vor der Machtergreifung der Faschisten. Komisch, mit denen von der »Subversiven Aktion« oder SDSlern kann ich über Theologie und Christentum nicht reden. Mit Carol[34] gab es da keine Schwierigkeiten.

Dezember 1964
Berlin
War das eine Freude. Die Polizeiführung wie der Bürgermeister Brandt[35] werden schon von den Socken gewesen sein. Die meisten vom SDS wohl desgleichen, allerdings aus ganz anderen Gründen. Wie eine Demonstration[36] umgebaut werden kann. Ich war am Ende, hinter [mir] befand sich ein Verkehrspolizist, wir vom »Anschlag« befanden uns insgesamt im hinteren Teil. Nachdem der

---

30 Ein Theologieprofessor an der FU in Westberlin.
31 Paul J. Tillich (1886–1965), deutsch-amerikanischer Theologe, begründete nach dem Ersten Weltkrieg den Bund Religiöser Sozialisten.
32 Die »Neuen Blätter für den Sozialismus«, die ab 1930 erschienen, waren stark von Tillich beeinflußt.
33 Im Neuen Testament die Heilszeit, die mit dem Kommen Christi anbricht. Bei Tillich säkularisiert als die erfüllte politische Zeit zu verstehen.
34 Carol: Gretchen Klotz.
35 Willy Brandt (1913–92) war von 1957–66 Regierender Bürgermeister Westberlins.
36 Die etwa 400 Teilnehmer der Demonstration trafen sich am 18. Dezember 1964 auf dem Platz der Luftbrücke. Organisatoren waren der SDS und die Subversive Aktion.

Tschombé[37] sich über die Besatzer-Ecken der Amerikaner mit seinen Gastgebern davongestohlen hatte zum Schöneberger Rathaus, mußten und wollten wir ihm folgen. Die vom Anfang der Demonstration konnten schlecht beginnen, hatten ca. 15–20 Polizisten vor sich. Und mit der »Ordnung« halten es die von der SED immer, die vom SDS haben in letzter Zeit an der Uni nichts Subversives von sich gegeben.

Nun hinten und spontan zu beginnen war klar, ich sagte Horst, Götz ... Bescheid, Zustimmung zu erreichen nicht schwer. Unsere Freunde aus der dritten Welt[38] sprangen sofort ein, die Deutschen hatten zu folgen.

Der Verkehrspolizist war »okay«. Nachdem er die »Hoffnungslosigkeit« seiner Lage erkannt hatte, ging er zum »Stop« des Verkehrs in Richtung Innenstadt über, die Lage war geklärt. Die Polizisten von der legalen Führungsseite der Demonstration konnten nun niemanden mehr halten, die folgten uns einfach, hätten wir umgekehrt genauso gemacht. Das Ziel war ja klar. Alle Stopversuche der Polizei gingen schief. Es lohnt sich schon, Leichtathlet[39] (und Ringer) gewesen zu sein. Als die Polizisten versuchten mich allein zu ergattern, offensichtlich war ich denen wegen meiner voll-schwarzen Jeans aufgefallen. Jedenfalls stoppte plötzlich ein Polizeiauto, 5 sprangen raus und wollten mich erwischen. Natürlich rannte ich wie ein Wilder an eine hohe Wand, Demonstranten halfen blitzartig, und die Polizisten hatten erst einmal keine Gelegenheit, mich zu erwischen.

Im Gelände waren Holzhäuschen, wohl für Architekten o. ä. Jedenfalls stürzte ich mich nach einem 50-m-Lauf da hinein, ging in irgendeine Tür hinein, niemand war drin, und versteckte mich unter dem Arbeitstisch. Die Polizei ließ nichts von sich blicken, allerdings

---

37 Moise Tschombé war Präsident der kongolesischen Separatistenprovinz Katanga. 1961 hatte Tschombé den demokratisch gewählten Präsidenten des Kongo, Patrice Lumumba, ermorden lassen. Im Dezember 1964 war er zum Staatsbesuch in Westberlin.

38 Rudi Dutschke hatte Kontakte zum Dritte-Welt-Kreis, in dem sich vor allem Studenten aus Lateinamerika zusammengetan hatten.

39 In der DDR war Rudi Dutschke ein trainingsfleißiger, guter Leichtathlet gewesen. Nach seiner Übersiedlung nach Westberlin wirkte er zeitweise in einem Ringerverein mit.

der Herr, der in diesem Raum arbeitet. Der saß nun vor mir, und was war mit der Demonstration, ich mußte raus, kroch zur Seite raus, entschuldigte mich, und die Tür hatte ich schon wieder hinter mir. Hoffentlich bekam er keinen Herzinfarkt. Ich wetzte mich nun wieder ran an diejenigen, die dem Tschombé wenigstens beim Rathaus einen Denkzettel verpassen wollten. Durch Abkürzungen gelangte ich ca. 2 km vor dem Rathaus wieder nach vorn. Polizei war eigenartigerweise nicht zu erblicken.

Als wir nun am Rathaus angekommen waren, war die Lage prekärer. Auf der einen Seite lag vor und neben uns der Wochenmarkt, auf der anderen lag die Rathaustür offen vor uns. Als wir ankamen, war keine Polizei zu sehen. Ein schwarzer Kommilitone aus dem OSI[40] wollte rein ins Rathaus stürmen, ich stoppte, weiß nicht recht, warum. Auf jeden Fall waren Bewaffnete im Rathaus nicht auszuschließen.

Während wir immer mehr wurden, bald um 150 vielleicht, uns zurückhielten, organisierte sich die Polizei, »Schützen« das Rathaus mit dem Tschombé.

Der Polizeichef tauchte bei uns hinter dem Gitter auf und bedrohte mich mit Verhaftung, wenn wir uns weiter heranwagen würden. War nicht unsere/meine Sache, nun war der SDS dran, es ging um eine Delegation ... T[ilman] F[ichter][41] durfte nicht fehlen ... In der Zeit kauften viele Tomaten ..., nicht bloß zum Essen. Unsere Delegation mußte empfangen werden, der Bürgermeister soll Verständnis gezeigt haben ...

Der imperialistische Agent und Mörder von Lumumba ließ nicht lange auf sich warten. Wir donnerten voll los, Schwiedrzik[42] traf ihn voll in die Fresse.

---

40 OSI: Otto-Suhr-Institut der FU Berlin.

41 Tilman Fichter ist u. a. Mitverfasser einer Studie über den SDS: Tilman Fichter/Siegward Lönnendonker, Macht und Ohnmacht der Studenten. Kleine Geschichte des SDS, Hamburg 1998.

42 Wolfgang M. Schwiedrzik (geb. 1940), 1963–70 SDS-Aktivist, 1970–78 Mitglied der maoistischen KPD/AO. Arbeitet heute als Verleger, Dramaturg und Publizist. Schwiedrzik hat nach eigener Erinnerung Tschombé nicht treffen können, weil dieser durch einen Hinterausgang aus dem Rathaus geführt wurde. Ein halbes Jahr später warf er allerdings zehn Eier auf das Westberliner Amerikahaus, was weltweite Empörung auslöste.

Die Frauen (jedenfalls zumeist) des Marktes brüllten uns zu: »Haut doch ab in den Osten.« Viele von uns sind aber von dort abgehauen! Wird noch manchen Ärger geben über diesen Tag ..., manche werden sich absetzen.

1965

19. April 1965
Auf der Reise nach Moskau
Mutter[43] rät mir ab, nach Moskau mitzufahren[44], ich könne ja nicht einmal nach Luckenwalde zu Besuch kommen. Sollte mich sowieso mehr mit der Universität und dem Studium beschäftigen, nicht mich in die Politik reinmischen, habe in Luckenwalde an der Oberschule es doch schon schlecht zu spüren bekommen, usw., usw. ...
Als SDS-Mitglied können die mich nicht einfach verhaften, zum anderen sind wir vom »Komsomol« eingeladen – die sind nicht mehr in den 30er Jahren. Jedenfalls ist vom *barbarischen* Stalinismus nichts (?) mehr zu hören.
Meine amerikanische Freundin war mir noch behilflich gewesen, meinen »Plattform«-Beitrag[45] für unser Münchener Konzil[46] fertig zu tippen, konnte noch abgeliefert werden. Aber was wird der Text »wert« sein, wenn keiner von uns anwesend ist? Die Reise Bernds dorthin ist absolut unsicher, hat wenig Lust. Damit wäre unsere Richtung direkt nicht anwesend. Wie es meinem Beitrag ergeht, werde ich sehen.

[Ohne Datum]
Auf der Reise nach Moskau
Ist schon verrückt, ich komme aus Ost-Deutschland, aus der DDR, mußte abhauen. Jetzt fahre ich hindurch, darf nirgendwo aussteigen. Die Genossin und die Genossen[47], die mit mir fahren, können dieses

---

43 Die Familie Dutschke lebte in Luckenwalde (DDR).
44 Der sowjetische Jugendverband Komsomol hatte eine SDS-Delegation nach Moskau eingeladen.
45 Da Rudi Dutschke am Konzil des Subversiven Forums wegen seiner Moskaureise nicht teilnehmen konnte, legte er seine Positionen schriftlich nieder.
46 In Anspielung auf die dogmenstarke katholische Kirche nannten die Subversiven die Versammlung ihrer Zellen ironisch »Konzil«.
47 Zur Delegation zählte auch Jürgen Horlemann. Er gründete später gemeinsam mit Christian Semler, Wolfgang M. Schwiedrzik u. a. die maoistische KPD/AO.

komische Gefühl wahrscheinlich nicht ganz nachvollziehen. Viel gemeinsamer wird unser Gefühl bei der Durchfahrt durch Polen gewesen sein. Zu viele Erinnerungen an die Beteiligung der Väter bei der Eroberung Polens, das gleiche galt bei der Fahrt nach Moskau. Allerdings konnte ich eine andere Erfahrung nicht vergessen: die jugendliche Wahrnehmung des 17. Juni 1953[48], mein Beten für die ungarischen Aufständischen von 1956[49]. Zweifellos wird mich auch in diesen Wochen meine frühe Sympathie für die russischen Oppositionellen[50] nicht verlassen. Nun sind wir schon durch Warschau hindurch, hatten nur einen ganz kurzen Zwischenaufenthalt, Zeit, um mal kurz aus dem Bahnhof hinausriechen zu können. Dachte an Kolakowski, Kurón-Modzelewski[51] usw. Wer weiß, wer wieder das Land verlassen mußte.

20. April 1965
Leningrad
Mensch, was kam mir beim Anblick des Winterpalais, der Peter-Pauls-Festung und der alten »Aurora« nicht alles hoch. Den Panzerwagen vor sich zu haben, von dem aus Lenin seine April-Thesen[52] verkündete, brachte die verschiedensten Empfindungen hervor, ich

48 Am 17. Juni 1953 rebellierten Arbeiter in der DDR gegen hohe Arbeitsnormen, dann gegen die SED-Diktatur.

49 1956 wurde ein Massenaufstand in Ungarn von der Roten Armee blutig niedergeschlagen.

50 Rudi Dutschke bezieht sich u. a. auf Nikolai Bucharin (1888–1938) und Leo Trotzki (1879–1940), vielleicht auch auf die russische Arbeiteropposition um Alexander G. Schlapnikow und Alexandra M. Kollontai, die seit 1920 gegen die Verfestigung der Sowjetdiktatur protestierten. Die Arbeiteropposition wurde Ende der zwanziger Jahre zerschlagen.

51 Ein Jahr nach Rudi Dutschkes Moskaureise veröffentlichen Jacek Kurón (geb. 1935) und Karol Modzelewski (geb. 1937), beide Mitglieder der kommunistischen Polnischen Vereinigten Arbeiterpartei (PVAP), einen offenen Brief, in dem sie die stalinistische Diktatur ihres Landes marxistisch kritisierten. Deutsche Ausgabe: »Monopolsozialismus. Offener Brief an die Grundorganisation der Polnischen Vereinigten Arbeiterpartei und an die Mitglieder der Hochschulorganisation des Verbandes Sozialistischer Jugend an der Warschauer Universität«, Hamburg 1969. Die Autoren wurden mehrere Jahre inhaftiert.

52 Am Tag seiner Rückkehr aus dem Exil, am 17. April 1917, verkündete Lenin in Petrograd sein politisches Programm für die Bolschewiki: »Alle Macht den Sowjets (Räten)!«

In Moskau: Rudi (rechts) und Jürgen Horlemann, Mai 1965.

sehe Bilder vor mir aus so vielen Büchern, mal Trotzki[53] gestrichen, mal dabei; ist beim Anblick des Winterpalais und dem Besuch der Hafenstrecke ähnlich. Danach suchen wir das Museum für die Geschichte Leningrads auf. Es fällt mir oft schwer, entspannt zuzuhören, wenn uns die Geschichte des Aufbaus des Sozialismus »erklärt« wird. Wie problemlos uns über 1936[54] berichtet wird, macht wohl nicht nur mir Sorgen. Die ganze Problematisierung findet aber ihre Grenze, wenn zur Kenntnis genommen wird, wie der deutsche Faschismus versuchte, über Leningrad[55] herzufallen, wieviel da zerstört wurde.

In Leningrad gibt es ein Denkmal für die Opfer der Revolution in Petersburg. Der Grundstein ist 1925 gelegt worden, in den 30er Jahren vollendet. Meinen Einwand auf eine Verbindung zwischen Prozessen, Opfern und Verhöhnung derselben lehnten unsere Gastgeber verständlicherweise ab.

Nachdem wir die vielen Institute hinter uns hatten, suchten wir an der Außenseite von Leningrad noch den großen Leningrader Sportplatz auf. Nun war ich zwar mal wahnsinnig verrückter Leistungssportler in der DDR, aber eine andere provokative Frage drängte sich mir bald auf: Wo liegt eigentlich, von hier aus gesehen, Kronstadt[56], und was ist da inzwischen los? Die Komsomol-Mitglieder stellten sich echt dumm und wußten von nichts, auch nichts von den realen Kämpfen im März 1921. Mein Wissen stammte nicht mehr nur aus Lenins und Trotzkis Analysen und Einschätzungen, ich hatte näm-

53 Leo Trotzki (1879–1940) war neben Lenin Führer der Bolschewiki in der Oktoberrevolution. In den Machtkämpfen nach Lenins Tod unterlag er und wurde des Landes verwiesen. Er starb an den Folgen eines Mordanschlags auf Stalins Befehl in Mexiko. In der Sowjetunion, und nach dem Zweiten Weltkrieg in den Ländern des sozialistischen Lagers, wurde Trotzki aus Fotos über die Revolution und den Bürgerkrieg retuschiert.

54 In den Jahren 1935–39 ließ Stalin große Teile der Führung der Kommunistischen Partei der Sowjetunion und der Roten Armee ermorden, zum Teil in Schau- oder Geheimprozessen.

55 Leningrad (heute: St. Petersburg) überstand im Zweiten Weltkrieg trotz enormer Opfer der Bevölkerung eine fast 900tägige Blockade durch deutsche Truppen (Anfang September 1941 bis 27. Januar 1944).

56 Im Kronstädter Aufstand vom 2. bis zum 18. März 1921 erhoben sich 16 000 Matrosen, Anhänger der Revolution, gegen die bolschewistische Einparteienherrschaft. Die Rote Armee schlug den Aufstand blutig nieder.

lich vor wenigen Wochen die Autobiographie von V[ictor] Serge[57] gelesen. War für mich erschreckend, die Matroseneinheiten, die den Oktober der Bolschewiki mit ermöglichten und zum Sieg führten, sind in Kronstadt niedergeschossen worden. Wieso war da eine proletarische Notwendigkeit, die Kronstädter Matrosen, die für die Sowjets nun wieder eintraten und gegen die Bolschewiki agierten, politisch-militärisch zu liquidieren? Wer bestimmt denn diese historische Notwendigkeit? Lukács nahm in seinem Kommunismus-Blatt[58] da 1921 völlig die offizielle Haltung der KPdSU[59] und der KI-Exekutive[60] ein, die Konterrevolution mußte niedergeschlagen werden. Unsere Gastgeber kannten all diese Publikationen nicht, wer weiß, wann die jemals all die uns zugänglichen Bücher in die Hand bekommen. Die Wendungen durch den XX. Parteitag[61] können einfach nicht grundlegend gewesen sein.

Viel einfacher und angenehmer war die plötzliche Kontaktaufnahme mit sowjetischen Kindern im Alter zwischen 9 und 13 Jahren. Die trieben sich wie wir am oberen Teil des Stadions herum, auf der Zuschauerebene. Die spielten mit einem kleinen Ball halt Fußball, da sich einzumischen war nicht schwer und wurde freundlich begrüßt. War prima, Renate übersetzte hin und wieder, Bilder sind auch aufgenommen worden. Die Kinder waren, wie zumeist, nicht im geringsten verkrampft, hatten von Uwe Seeler und Herberger[62] natürlich schon gehört.

---

57 Der französische Kommunist Victor Serge (1890–1947) arbeitete im Apparat der Kommunistischen Internationale, bis er 1928 als »Mitglied der trotzkistischen Opposition« ausgeschlossen wurde. Seine Autobiographie trägt den Titel »Beruf Revolutionär. Erinnerungen 1901 – 1917 – 1941«.

58 1920/21 war Georg Lukács verantwortlicher Redakteur des in Wien erscheinenden Periodikums »Kommunismus. Zeitschrift der Kommunistischen Internationale für die Länder Südeuropas«.

59 KPdSU: Kommunistische Partei der Sowjetunion, Zusammenschluß der Parteien der sowjetischen Unionsrepubliken.

60 Gemeint ist das Exekutivkomitee der Kommunistischen Internationale (EKKI). Das EKKI war gewissermaßen das Zentralkomitee der Komintern.

61 Auf dem 20. Parteitag der KPdSU 1956 verurteilte der neue KP-Chef Nikita S. Chruschtschow in einer Geheimrede vor den Delegierten Exzesse der Stalinzeit.

62 Sepp Herberger (1897–1977), Trainer der bundesdeutschen Fußballweltmeistermannschaft 1954.

Mai
Leningrad
Wie der 1. Mai in Moskau oder Leningrad war? So, wie ich ihn von Luckenwalde her kannte. In Rußland erinnerte ich mich oft des Alexander-Blok[63]-Satzes von 1920: »Diejenigen, die in einer unerfüllten Zeit geboren sind, erinnern sich nicht ihrer Vergangenheit. Wir, Kinder Rußlands in gefahrenvollen Zeiten, vergessen nichts.« Wie sich eine Lage und ihre Interpretation ändern können.

[Ohne Datum]
Moskau
Im Bahnhof in Moskau wurden wir von Mitgliedern der Komsomol-Organisation freundlich empfangen, mit einem Auto in das Hotel für internationale Gäste gefahren.
Zuerst suchten wir das Institut für Ethnographie in Moskau auf, um dort zu erfahren, wie weit ihre Forschung über Asien gediehen ist. Viel war da nicht.
Die Gespräche mit einem Redakteur von »Cmena«[64], 1919 gegründet, waren stinklangweilig, aber auch etwas erschreckend: »Der Chruschtschow-Sturz[65] war für die Bevölkerung kein Problem, alles wurde klar und gut erklärt von der Partei und unseren Zeitungen.« Interessanter war schon das Gespräch mit Herrn Sachs von »Nowy Mir«[66]. Der verantwortliche Sekretär dieser literarischen Zeitschrift stellt sich der Diskussion ziemlich offen. Es gebe durchaus in »NM« einige Schattierungen, allerdings keinerlei Fraktionierungen, die Verschiedenheiten der Schattierungen seien allein auf die individuelle Besonderheit zurückzuführen. Zweifellos habe seiner

63 Alexander A. Blok (1880–1921), bedeutender russischer Schriftsteller.
64 Die St. Petersburger Zeitung »Cmena« gibt es heute noch.
65 Im Oktober 1964 setzte das Zentralkomitee der KPdSU den 1. ZK-Sekretär Chruschtschow ab. Ihm folgte Leonid Breschnew.
66 Die Moskauer Literaturzeitschrift »Nowy Mir« (»Neue Welt«) war bekannt für ihre (Vor-)Abdrucke aus Werken der Sowjetliteratur. An dem, was sie abdruckte oder erörterte, erkannte man oft, wie die Kulturpolitik der KPdSU sich entwickelte.

Meinung nach Solschenizyn[67] viele wertvolle Auseinandersetzungen hervorgerufen.

[Ohne Datum]
Moskau
Abfahrt. Unser Komsomol-Übersetzer, der offizielle, machte zum Schluß die Bemerkung: »Ich werde mir manche Marx-Texte noch mal neu anschauen.«

[Ohne Datum]
Berlin
SDS-Tagung kommt.
Die Reisen mit den anderen Gen[ossen] waren nun längst vorüber. Hoffnung[68] hatten wir aus diesem Lande nicht mitgebracht, um mit Ernst Bloch zu sprechen. Bloch an der F[reien] U[niversität] zu hören und an Moskauer oder Leningrader Uni einem dortigen Professor zu begegnen – welche Welten liegen dazwischen!!!!
Aber warum lieben, nein, verehren wir dennoch die Oktoberrevolution? Die Bourgeoisie hat 1917 eins auf die Fresse bekommen, wer von uns konnte sich darüber nicht freuen? Die barbarische Niederschlagung von Kronstadt (s[iehe] Serge) kann und darf nicht aus dem Oktober abgeleitet werden.
Manche vom SDS kennen den K[ronstädter] Aufstand u.v.a.m. sowenig wie unser offizieller Übersetzer in der SU.
Auf der SDS-Konferenz wird man sich aber damit nicht beschäftigen. Womit aber wirklich?

67 Alexander Solschenizyn wurde 1969 aus dem sowjetischen Schriftstellerverband ausgeschlossen, was einem Berufsverbot gleichkam. 1970 erhielt er den Literaturnobelpreis. Sein bekanntestes Werk ist »Der Archipel Gulag«, die Schilderung des sowjetischen Unterdrückungs- und Lagersystems 1918–56. Weil er dieses Werk im westlichen Ausland veröffentlicht hatte, verwies die KPdSU Solschenizyn 1974 des Landes.
68 Anspielung auf Ernst Blochs Hauptwerk »Das Prinzip Hoffnung«.

1966

16. November 1966
Berlin
Erneut ein Jour fixe, eine Diskussion über Koexistenz. Es stehen sich die hochindustriellen und die nachholenden Industriegesellschaften gegenüber, mit ganz verschiedenen Ausgangspunkten.
Im Westen sind »Jugendkrawalle« nicht unüblich, wann wird sich das im Osten nachvollziehen?
Die Probleme des SDS mit den Grundarbeitskreisen kann man schwerlich übersehen. Der Gen[osse Ulrich K.] Preuß[69] weist darauf hin, daß wir in der Analyse der Strategie des Kapitals weit hinten stehen. In den zu untersuchenden »Jahresberichten der deutschen Industrie« lasse sich vieles finden, nicht aber mehr in Pirkers[70] »Blinde Macht«, zum anderen wären heute mehr denn je *politische* Struktur und *ökonomische* Struktur nicht identisch. Und ohne die *Politisierung moderner Technologie* wäre sowieso keine Klassenkampfchance.
H. M. Kuhn[71] empfiehlt die Aufarbeitung der Literatur über die kritische marxistische Theorie. Alle benutzen wir mit *Vorverständnis* die Begriffe, Mangel an Wissenschaftlichkeit. Und H[ans] M[agnus] Enzensberger[72] plädiert für eine Analyse der Verzwicktheit der *jetzigen* ökonomischen Problematik. Wir überspringen nach seiner Meinung jenes Jetzt-Sein [der] ökonomischen Struktur und verfehlen darum die Bedeutung der Subjektivität.

69 Ulrich K. Preuß ist heute Professor für Politologie am Otto-Suhr-Institut der FU Berlin.
70 Theo Pirker (1922–95), linker Gewerkschafts- und Wirtschaftstheoretiker. In seiner Studie über »Blinde Macht« kritisiert er die Gewerkschaftspolitik nach 1945.
71 Wahrscheinlich Hans-Martin Kuhn, der zu SDS-Zeiten »Kapital«-Kurse leitete.
72 Hans Magnus Enzensberger (geb. 1929), Schriftsteller und Essayist, gründete 1965 die einflußreiche Zeitschrift »Kursbuch«.

Spricht vieles dafür: Sering[73], Moszkowska[74], Großmann[75], Sweezy-Baran[76] und Janossy[77] haben uns viel zu sagen, treffen aber nicht den Kern der Sache, die fingernah ist und so schwer durchschaubar ist. Alle waren wir uns darin einig, daß der Begriff der Tendenz höchst zweifelhaft geworden ist. Dieses »social planning« der Technokraten muß zu denken geben.

[Ohne Datum]
(Weihnachten 1965 – Weihnachten ... [1966])
Februar 1966[:] Plakataktion[78] (BV[79]-Reaktion etc.)
März 1966[:] Viva-Maria-Periode[80]!! (Heirat[81])
April [1966:] Sit-in? (Info I – BV-Reaktion etc.)
Mai [1966:] Ungarn-Reise[82]
Juni 1966[:] Sit-in[83]
Juli 1966[:] Grie[chisch-]Debakel f[ür] Gretchen[84]; Elternbesuch[85], Tim[86] ...

---

73 Pseudonym für Richard Löwenthal (1908–91); der Berliner Politologe war bis 1929 Mitglied der KPD, dann der Abspaltung »KPD-Opposition« (KPO), später arbeitete er in der Grundwertekommission der SPD mit.
74 Vermutlich die polnische Marxistin Natalie Moszkowska.
75 Rudolf Großmann (Pseudonyme: Friedrich Stürmer, Pierre Ramus; 1882–1942), österreichischer Anarchist.
76 Paul A. Baran/Paul M. Sweezy: Monopolkapital. Ein Essay über die amerikanische Wirtschafts- und Gesellschaftsordnung.
77 Ferenc Janossy (gestorben 1977), marxistischer ungarischer Theoretiker; Janossy war Georg Lukács' Stiefsohn.
78 Gegen den Vietnamkrieg.
79 BV: Bundesvorstand des SDS.
80 Der Dritte-Welt-Arbeitskreis des SDS wurde auch »Viva-Maria-Gruppe« genannt, nach dem romantisierenden Film von Louis Malle über die mexikanische Revolution mit Brigitte Bardot und Jeanne Moreau. Rudi Dutschke hat sich den Film wenigstens viermal angesehen.
81 Rudi Dutschke und Gretchen Klotz heirateten im März 1966.
82 Im Mai 1966 besuchte Rudi Dutschke – zusammen mit Gretchen Dutschke u. a. – Ferenc Janossy und Georg Lukács in Budapest.
83 Gegen vom Rektor der FU, Hans-Joachim Lieber, verhängte Raumverbote für linke politische Veranstaltungen.
84 Gretchen Dutschke bestand das Graecum nicht.
85 Rudi Dutschkes Eltern besuchten ihn und Gretchen in Westberlin.
86 Gretchen Dutschkes Bruder Tim Klotz besuchte Rudi und Gretchen Dutschke in Westberlin.

Rudi mit seiner Mutter, Elsbeth Dutschke, 1966.

August 1966[:] Jerry-Besuch[87] (Abschluß d[er] Viva-Maria-Diskussion)
September 1966 – D[elegierten-]K[onferenz][88]; Beginn der Kommune-Diskussionen[89] auf der DK, genauer Ende des Semesters in Berlin durch mich: Focus-Theorie f. d[ie] Metropolen[90], Aufhebung des trad[ierten] Klassenbegriffs. – *USA-Reise (Gretchens Mutter gestorben)*
Oktober 1966 – Reise Frankreich–Holland ...
Oktober[:] Africa Adio[91] (?)
Nov. 1966 – Jour fixe[92], Koexistenz-Diskussion[93]
Dez. 1966[:] Spa-Pro[94] (Verhaftungen[95] etc., obj[ektive] Guerillataktik – städtische?!)

---

87 Gerald Schneider besuchte Rudi und Gretchen Dutschke in Westberlin, Schneider ist heute Leiter der Neuropsychologischen Abteilung am Massachusetts Institute of Technology (MIT).

88 Auf der Delegiertenkonferenz zeigte sich zum erstenmal eine Mehrheit der Antiautoritären gegen jene Kräfte, die sich an der DDR orientierten.

89 Die Kommunediskussion dauerte mehrere Monate. Am 1. Januar 1967 gründeten schließlich zwölf Mitglieder der Kommune-Diskussionsgruppe die Kommune I, auch »K1« genannt, darunter Dieter Kunzelmann, Fritz Teufel und Rainer Langhans. In der K1 gab es keine Privatsphäre. Sie löste sich im November 1969 auf.

90 »Die Frage lautete: Wie und unter welchen Bedingungen kann sich der subjektive Faktor als objektiver Faktor in den geschichtlichen Prozeß eintragen? Guevaras Antwort für Lateinamerika war, daß die Revolutionäre nicht immer auf die objektiven Bedingungen für die Revolution zu warten haben, sondern daß sie über den Focus, über die bewaffnete Avantgarde des Volkes die objektiven Bedingungen für die Revolution durch subjektive Tätigkeit schaffen können.« (Bergmann, Dutschke, Lefèvre, Rabehl: Rebellion der Studenten oder Die neue Opposition, Reinbek 1968, S. 69)

91 Studenten der FU und des SDS verhinderten die Aufführung des rassistischen Films »Africa adio« von Jacopetti im »Astor« am Berliner Ku'damm.

92 Versammlungen des SDS.

93 Vermutlich bezieht sich Rudi Dutschke auf eine Auseinandersetzung mit der SED-Fraktion im SDS über das außenpolitische Konzept der KPdSU, das die chinesischen Kommunisten scharf angriffen. Moskau erklärte, es sei möglich, daß Kapitalismus und Sozialismus friedlich koexistieren könnten.

94 Gemeint ist die »Spaziergangsdemonstration« am 17. Dezember 1966, auf der der SDS versuchte, mit der Bevölkerung zu diskutieren.

95 Auf der »Spaziergangsdemonstration« wurde Rudi Dutschke verhaftet.

Rudi in Berlin, 1966.

Dez./Januar 1966/67[:] Harzreise - Neujahr Evang[elische] Akademie[96]
7. Januar[:] polizei[liche] Überprüfung auf d[em] B[ahn]h[of] Zoo, »Totengräber d[er] Demokratie«
Februar: Schlußetappe d[er] Kommunediskussionen
März/April[:] (Reise nach Prag, Budapest, München.)
22. April[:] »Humphrey-Attentat«[97] ...

---

96 Möglicherweise ist die Einladung zu einer Diskussion an der Evangelischen Akademie Bad Boll gemeint. Sie fand im Februar 1968 statt, zu den Teilnehmern zählten neben Rudi Dutschke Ernst Bloch, Werner Maihofer (FDP) und Ossip K. Flechtheim.

97 Spektakuläre Aktion der Kommune I mit Joghurt, Pudding und Mehl gegen den US-Vizepräsidenten Hubert H. Humphrey.

1967

2. Juni 1967
Hamburg
Vormittags nach Hamburg geflogen ... auf dem Flughafen im Stehen höchste sinnliche Erregung ...
Am Ausgang d[er] U-Bahn-Station Fehrbelliner Platz bei der Ankunft aus Hamburg erfahren (23:30 Uhr), daß einer von uns einen der brutalen Schläger der Polizei durch Messerstich tödlich verletzt hat[98].

3. Juni 1967
Berlin
10:00 Uhr AStA-Protestversammlung[99] vor dem Henry-Ford-Bau. Häusermann etc. ... durften nicht ans Mikrophon. Danach Eigeninitiative des SDS – Demonstration in Richtung Schöneberg; Verhandlungen mit der Polizei – 15-m-Abstand-Forderung; »langer Marsch« – großer Polizeieinsatz, der uns schließlich von vorn und hinten zusammenpreßte – Abbruch d[er] Demonstration, zurück zur Uni.
Rathaus Schöneberg war eine belagerte Festung ...
16:00 Uhr auf der Wiese vor der Wiso-Fak[ultät] Protestversammlung, die wir nach der 2. Aufforderung der Polizei, die Ansammlung zu räumen, diszipliniert auflösten – war vielleicht ein Fehler – in die Wetzel-Wiso[100] geführt, dort fortgeführt. Audi-Max hatte der Rektor[101] uns verweigert!! Viele Reden, viele Prominente (Grass etc.) – viel Unsinn auch darunter.

98 Ein Gerücht, das am Tag der Tötung des Studenten Benno Ohnesorg durch einen Polizisten die Stimmung anheizte.
99 Gegen die Ermordung Benno Ohnesorgs.
100 Professor Wetzel war Dekan der Fakultät für Wirtschafts- und Sozialwissenschaften. Er ließ entgegen dem Verbot des Rektors gegen die Ermordung Ohnesorgs protestierende Studenten und Lehrkräfte in die Räume der Fakultät. Dafür erhielt er eine öffentliche Rüge des Regierenden Bürgermeisters Heinrich Albertz.
101 Prof. Hans-Joachim Lieber.

Rudis Mutter wird beerdigt. Alfred (Mitte), Gretchen (3. v. l.), Rudi (5. v. l.) und sein Bruder Helmut (rechts), Luckenwalde, 1967.

Von mir – begeistert angenommene – Forderungen aufgestellt; durch glänzendes Meschkat[102]-Referat mit der Forderung nach Enteignung des Springer-Konzerns vervollständigt.
Zum Abschluß »direkte Demokratie« über die einzelnen Forderungen auf der Wiese vor der Wiso.

4. Juni 1967
Berlin
Für die Krumme Straße ein Mahnkreuz f. B[enno] Ohnesorg gefordert, Falken[103] übernahmen die Organisierung und zogen bei Polizeianwesenheit den Schwanz ein; gingen dann zum Studentenhof Siegmunds Hof[104], wo einige Reden der Rexiner[105] und Nevermänner[106] angehört werden mußten; mir wurde angedroht, daß, wenn ich die »Stimmung« radikalisierte, uns das Mikrophon weggenommen würde.
Nevermann verweigerte uns das AStA-Mikrophon;
Rabehl[107]: Bist du der Vertreter der Polizei?
Nevermann: Ja, dann bin ich es eben!
Faustschlag von Rabehl ... Beruhigung ... Wut ...

7. Juni 1967
Berlin
Abendveranstaltung – Audimax:

---

102 Klaus Meschkat war Mitglied des SDS, nach der Promotion bei Hans-Joachim Lieber arbeitete Meschkat als Assistent am Osteuropa-Institut der FU. Rudi Dutschke nahm an seinem ersten Seminar teil. Meschkat gehörte zu den Gründern des Republikanischen Clubs im Januar 1967.
103 Sozialistische Jugend – Die Falken, Jugendorganisation der SPD.
104 Ein Studentenwohnheim.
105 Manfred Rexin, ein Vertreter der Falken.
106 Knut Nevermann (SPD) war 1967 AStA-Vorsitzender der FU, später Leiter der Hamburger Landesvertretung in Bonn.
107 Bernd Rabehl (geb. 1938), führender Vertreter des SDS, Freund Rudi Dutschkes, heute Professor an der FU Berlin. Die Hans-Böckler-Stiftung entzog ihm Anfang 2000 das Mandat eines Vertrauensdozenten wegen des Vorwurfs rechtsextremistischer Äußerungen.

Rudi auf einer Kundgebung, Berlin 1967.

Frau von Brentano[108] Faschismus und Gewalt!!!
Taubes[109] ...
Tiedemann[110] ... Minderheitenfrage ...
Haug[111] ... Faschismus und Wissenschaft ...
Persönliche Erklärung über den Nahost-Konflikt!! (nach Gespräch mit Taubes ü[ber] d[as] Verhältnis Linke/Israel)
Spa-Pro-Resolution f. Sonnabend ...
Die »Volkstümlerei«[112] läuft auf Hochtouren, mit und ohne Illusionen ...

8. Juni 1967
Berlin
»Beerdigungszug« f. B[enno] Ohnesorg – kein Protestzug – leider ...; Falken-Rexin enthüllte sich wieder einmal als angepaßter Opportunist; die für die Innenstadt geforderte Route gab er bei Büsch[113] kurzfristig auf.

Abends R[ichard] Löwenthal ü[ber] Demokratie u[nd] Öffentlichkeit.
»*Herr Dutschke* – Wollen Sie ›Zapograr Bowi‹?«
Antwort: Einen Ky[114] kann ich noch hassen, die bürokratischen Charaktermasken, Johnson[115], Kiesinger[116] etc. sind einfach fungible, ein

108 Margherita von Brentano: Philosophin, von 1970–72 Erste Vizepräsidentin der Freien Universität Berlin. Rücktritt wegen des Anstellungsverbots für die Marxisten Ernest Mandel und Wolfgang Lefèvre. Seit 1995 Namengeberin eines Preises der FU.

109 Jakob Taubes, Professor am 1967 eingerichteten Institut für Hermeneutik.

110 Vermutlich Gabriele Kröcher-Tiedemann (gest. 1995), später Mitglied der Revolutionären Zellen, wegen Mordes lange Jahre inhaftiert.

111 Wolfgang F. Haug, Gründer und Herausgeber der Zeitschrift »Das Argument«.

112 Volkstümler: politisch-literarische Bewegung im Rußland des 19. Jahrhunderts. Lenin setzte sich mit ihnen auseinander. Rudi Dutschke ironisiert offenbar die geplante Spaziergangsdemonstration, bei der die Demonstranten sich unters Volk mischen wollten.

113 Wolfgang Büsch (SPD), Westberliner Innensenator.

114 Präsident Südvietnams.

115 Lyndon B. Johnson (1908–73), von 1963–69 Präsident der USA. Verstärkte das kriegerische Engagement der USA in Vietnam, das eine internationale Protestwelle auslöste.

116 Kurt Georg Kiesinger (1904–88), Bundeskanzler der großen Koalition 1966–69.

terrori[stischer] Akt hilft bei uns nichts; in den Metropolen sind Menschen »sakrosankt« – Terror gegen unmenschliche Maschinerie …
Nevermann beantragt »eine Modifizierung« der Spa-Pro-Resolution vom Vorabend; Zustimmung und Entrüstung. Danach kurzes Gespräch mit SHB[117]/SPD pressure-group A. Meyer, der uns »warnte«, sie dauernd zu »laschen«.

9. Juni 1967
Hannover:

10. Juni 1967
Berlin
Um 6:00 Uhr vom Hannover-Kongreß[118] übermüdet zurückgekehrt. Einige Stunden geschlafen, dann für die »konkret«-Rezensionen Mao, Gäng[119] und Nirumand[120] gelesen.
N[irumand]s ist in der Tat auch ein »Modell für Monographien ü[ber] Länder der ›dritten Welt‹«.
Prinzipielle Fragestellungen und empirisches Material durchdringen sich nicht immer, darin ist der einzige Mangel zu sehen, revolutionär ist es darum noch nicht, weil es das »Was tun?«-Problem noch nicht dialektisch stellt – ist bewußt geschehen, dennoch ein Mangel der Methode.

Nach dem Essen mit Dirk[121], Carol u[nd] Petra[122] in den »[Republikanischen] Club« gefahren, wo ich von meinem »linken Faschis-

---

117 SHB: Sozialistischer Hochschulbund der SPD.
118 Am 9. Juni 1967 fand in Hannover der Kongreß »Hochschule und Demokratie« anläßlich der Beisetzung von Benno Ohnesorg statt.
119 Peter Gäng, ab 1966 zweiter Bundesvorsitzender des SDS. Gemeint ist vermutlich das Buch: Peter Gäng/Reimut Reiche, Modelle der kolonialen Revolution. Beschreibung und Dokumente, Frankfurt a. M. 1967.
120 Bahman Nirumand, Persien, Modell eines Entwicklungslandes oder die Diktatur der Freien Welt, Reinbek 1967.
121 Dirk Müller; Müller war seit 1965 im Berliner SDS und 1966/67 dessen Westberliner Landesvorsitzender.
122 Freundin von Dirk Müller.

mus« erfuhr, hörte die Habermas-Anklage[123] per Band. Der Vorwurf reduzierte sich darauf, daß ich, der ich durch Aktionen die sublime Gewalt zwinge, manifest zu werden, bewußt Studenten »verheizen« wolle ...
H[abermas] will nicht begreifen, daß allein sorgfältige Aktionen Tote, sowohl f[ür] d[ie] Gegenwart als auch noch mehr f[ür] d[ie] Zukunft »vermeiden« können. Organisierte Gegengewalt unsererseits ist der größte Schutz, nicht »organisierte Abwiegelei« à la H[abermas]. Der Vorwurf d[er] »voluntarist[ischen] Ideologie« ehrt mich ...

11. Juni 1967
Berlin
Abends »Besprechung« im Republi[kanischen] Club ü[ber] den Fortgang d[er] politischen Aktivitäten – mit Meschkat; Wellert[124], Kadritzke[125], U.; Nevermann:
Vollversammlung f[ür] Montag; Demonstration für Mittwoch und Freitag bei Ablehnung des Antrags;
bei Konzession den Konzessionscharakter bei den Abschlußreden aufdecken.
Für den 17. 6. 67 Gegenveranstaltung in der »Neuen Welt«[126]. Beginn der Stalinismusdiskussion in der Berliner Linken – Kurzreferate von Baring[127], Pinkell-Paper ü[ber] Deutschland und B[ernd] Rabehl – von mir vorgeschlagen; werde auch Thesen f[ür] d[ie] Diskussion ausarbeiten;
Klaus Meschkat bat mich, recht schnell in den SDS zu gehen, dort die »irrsinnige Diskussion« über die Ablehnung aller Veranstaltungen, die nicht der SDS trägt, durch andere Vorschläge zu unterlaufen; wurde vom SDS – mit Unmutsäußerungen (Kajo und Susanne) – akzeptiert.

---

123 Jürgen Habermas warf Dutschke nach dessen Rede auf dem Ohnesorg-Kongreß in Hannover am 9. Juni 1967 »linken Faschismus« vor.
124 Peter Wellert, damals Mitglied des SDS.
125 Niels Kadritzke, Landesvorsitzender des Westberliner SHB, im November 1965 zum AStA-Vorsitzenden gewählt.
126 Veranstaltungslokal in Berlin.
127 Vermutlich der Historiker Arnulf Baring.

Auf einer Diskussionsveranstaltung: Bahman Nirumand, Rudi, Herbert Marcuse, Klaus Meschkat (v. l. n. r.), Berlin, ca. 1967.

12. Juni 1967
Berlin
Vorlesungen liefen wieder »normal«; wie überhaupt gesagt werden muß, daß die Basis-Auseinandersetzung, die »Konfrontation« in den Vorlesungen, die Bestreikung reaktionärer Fakultäten *nicht* stattgefunden hat.
Am Abend eine stinklangweilige »Vollversammlung«, die etwas anzeigte, daß die euphorische Stimmung[128] der letzten Woche nicht permanent aufrechterhalten werden kann.
Die offene Unfähigkeit des SDS – qua organisatorischer Einheit –, die politische Kontinuität zu ermöglichen, kann durch einige gute Diskussionsbeiträge nicht kaschiert werden.

128 Nach dem Tod von Benno Ohnesorg erhielt der SDS enormen Zulauf und fand Sympathien auch in der bürgerlichen Öffentlichkeit.

U[we] Damm hält die stud[entischen] Aktionszentren für räteartige Grundlage. T[ilman] Fichter spricht von faschistoiden Elementen in ihnen – begreift nicht die Vielfalt der Stufen des Bewußtseins.
In der Nacht SDS-Diskussion vor Film – Jeanine ad [sic!] Kluge[129]-Assistent. Frage der »Perspektive« der politischen Arbeit.
a) Aufbau politi[sche] Subkultur
b) Kommunen und Institute
c) internat[ionales] subversives »Umschlagszentrum« für Weltrevolutionäre …
d) SDS-Organisierung via Arbeitskreise.

Im Audimax der Freien Universität: Rudi (Mitte), Dirk Müller, Bernd Rabehl, Horst Kurnitzky (v. l. n. r.), Berlin, 1967.

129 Alexander Kluge (geb. 1932) drehte Dokumentarfilme über den SDS.

13. Juni 1967
Berlin
Der Senat der Stadt, sicherlich in »Zusammenarbeit« mit den »Alliierten in Ost und West«, »gestattete« uns eine mit Auflagen versehene »Demonstration«.
50 Ordner je Demonstrant war die Antwort der Antiautoritären. K1 tat Buße, »wurde auch Zeit« – eine Repolitisierung ist in der Tat fast sicher (bei einigen!). Wir haben Momente des Provo-Protestes kritisch aufzuheben, nicht abstrakt zu negieren.
Ca. 4000 o[der] 5000 versammelten sich am Theodor-Heuss-Platz, hörten dort recht viele Reden: u. a. von Ristock[130], der wieder einmal den »SPD-Schwanz« zog.
Ein wichtiges Zeichen für den Stand der Politisierung war es, daß Ristock wiederholt ausgepfiffen worden ist, was vor einigen Monaten in der »Neuen Welt« – anläßlich des Protestes gegen die »Große Koalition« – noch nicht so massiv zu sehen war.
Meine Antwort, daß die etablierten Organisationen von SPD bis Gewerkschaften für eine Demokratisierung von unten absolut untauglich geworden sind, wurde mit großem Beifall aufgenommen.
Aktionszentren, die die etabl[ierten] Org[anisationen] unterlaufen, bestimmte konkrete Ziele der Antiautoritären angehen, stellen vielleicht die wirklich revolu[tionäre] Methode der politischen Mobilisierung größerer Teile der Studentenschaft und »gewisser Kreise« der Bevölkerung dar.
Wir wollen mit den Studenten einen kritischen Dialog über die Notwendigkeit der Durchbrechung der etablierten Spielregeln der unvernünftigen Herrschaft in den nächsten Wochen beginnen.
F[ritz] Teufel sitzt noch immer in U-Haft[131]; es haben Diskussionen über »Befreiung« begonnen – juri[stischer] bis milit[ärischer] Provenienz.

---

130 Harry Ristock, SPD-Linker, Mitglied des Westberliner SPD-Landesvorstands.

131 Der Kommunarde Fritz Teufel wurde am 2. Juni 1967, während der Demonstrationen gegen den Schahbesuch, verhaftet unter dem falschen Vorwurf, einen Stein geworfen zu haben. Am 22. Juni traten etwa hundert Studenten im Wohnheim der Evangelischen Studentengemeinde in einen Hungerstreik, um Teufel aus der Haft zu befreien. Er kam aber erst am 10. August frei.

Kendler, Leiter d[er] PZ, hielt als »höherer Beamter« eine ausgezeichnete Rede über den wirklichen Riß in der Bevölkerung – Autoritäre/Antiautoritäre.
Vorschläge:
a) politischen Inhalt zurückgewinnen – Geld-Sammlung für Vietcong[132]-Waffen.
b) 48std. Ultimatum – Freilassung von F[ritz] Teufel, sonst Blockierung der Kreuzung Joachimstalerst[raße]
c) prinzipiell illegale Demonstrationen
d) Plakate etc. die »Öffentlichkeit« durch Flugblätter vorher vorbereiten!
e) Gegengewalt demonstrieren und praktizieren (Schutztruppe – Karateausbildung – bei Knüppeleinsatz – Molotowcocktails etc.; siehe USA[133])
Danach bei Durschlag Vorbesprechung für die 2. Nummer des Oberbaumblattes[134].
Mit Bernd [Rabehl] und Christian [Semler[135]] über die Umfunktionalisierung der morgigen Fernsehveranstaltung mit W[alter] Jens im 3. Programm – Ort Audimax. Letzte halbe Stunde f[ür] F[ritz] T[eufel] »erzwingen«.

Während der Demonstration am Theodor-Heuss-Platz Fernsehaufnahme d[es] Hess[ischen] Rundfunks mit mir über KPD-Wiederzulassung:
Der *Demokrat* sagt ja ... NPD ...
Der *Sozialist* ist kritisch ... 5-%-Klausel – Bürokratisierung

132 Viet-nam Cong San: Kommunisten für Vietnam. Seit 1957 kämpfte die Vietcong-Guerilla gegen die Regierung Südvietnams und später auch gegen die US-Truppen.

133 In den USA bekannten sich Teile der APO und der Bürgerrechtsbewegung zu militanten Kampfformen, so etwa die 1966 gegründete Black Panther Party for Self-Defense.

134 Als Teil der Gegenöffentlichkeit gründete G. A. Petermann mit wenigen anderen Genossen das »Oberbaumblatt«. Darin veröffentlichte Rudi Dutschke auch unter Pseudonym.

135 Christian Semler gehörte zu den führenden Köpfen des SDS, später Parteigründer: KPD/AO, heute Redakteur der »taz«.

Der *Revolutionär* hat keinerlei Illusionen, wird mit Hilfe der Aktionszentren gegen autoritäre Tendenzen, für die Befreiungsfronten etc. kämpfen – nur so kann das antiautoritär-tendenziell revolutionäre Lager sich vergrößern, politisiert und organisiert werden.

Mittwoch, 14. Juni 1967
Berlin
»Proletar«[136] xerokopiert ...

Mit Lefèvre[137] telephoniert; im SDS ist nicht über die Umfunktionalisierung der Fernsehveranstaltung gesprochen worden; waren sich nur darüber klar, von der Hand in den Mund zu leben ...
Hauptfragen:
a) Wie kann der SDS zu einem politisch-organisatori[schen] »Kampforgan« werden?
b) Wie, mit welchen organisatorischen, personellen und inhaltlichen Bestimmungen, können die Aktionen weitergetrieben werden, die Aktionszentren auf erweiterter Basis reproduziert werden?

Abends Fernsehdiskussion, die Lefèvre, Kadritzke, Nevermann und »Golly«[138] gegen Heinitz[139] und Sontheimer[140] ganz prima führten – Diskussionsleitung W[alter] Jens. Zum Ende wurden Stofftransparente f[ür] F[ritz]Teufel gezeigt. Die abschließende »offene Diskussion« brachte u.a. einen »Angriff« von RCDS-Runge[141] auf mich, bezeichnete mich als Nichtdemokraten, als Revolutionär, was sehr beklatscht wurde. Durch »plebiszitären Druck« und Kreipe[142]-

136 Möglicherweise hat Dutschke das Gedicht »Der Proletar« von Ludwig Pfau vervielfältigt. Pfau gehörte 1848/49 zu den badischen Revolutionären.
137 Wolfgang Lefèvre, im April 1965 zum AStA-Vorsitzenden an der FU gewählt, führendes SDS-Mitglied.
138 Golly (Golli): Helmut Gollwitzer (1908–93), 1957–75 Theologieprofessor an der FU, gehörte in der NS-Zeit zur Bekennenden Kirche.
139 Vermutlich Prof. Wilhelm Heinitz.
140 Kurt Sontheimer (geb. 1928), 1969–93 konservativer Politikwissenschaftler an der Universität München.
141 Jürgen Bernd Runge war damals Vorsitzender des Westberliner RCDS.
142 Walter Kreipe war Mitglied des AStA der FU Berlin.

Freundlichkeit erhielt ich Sprechgelegenheit, die ich glatt, aber nicht ganz überzeugend (f[ür] mich) zu lösen vermochte. Hatte einen anderen Aufbau der Rede vor:
F[ritz] Teufel als Einzelfall, der anzeigt, wie sehr die Vertreter der radikalen Opposition von keiner etablierten Organisation geschützt werden, wie sehr wir außerhalb des Systems der etablierten Institutionen stehen – was in der Tat aber auch unsere Stärke und »Zukunft« ausmacht.
Am Einzelfall, das Besondere der studentischen Opposition überhaupt, ihr Zusammenhang mit dem gesamtgesellschaftlichen Kontext.
Am Besonderen das Allgemeine herausarbeiten, die Notwendigkeit, dieses von uns nicht geschaffene, dieses von uns nicht getragene, dieses uns nicht vertretende System von repressiven Institutionen abzulehnen, es in den Kampagnen für die Politisierung immer größerer Teile der Studentenschaft und auch geringer Schichten der Bevölkerung praktisch-kritisch in Frage zu stellen.

Abends (nachts) bei der Abschiedsparty von Dick Rejs über die Notwendigkeit der Abschaffung des Parteiensystems und »Ersetzung« durch dezentralisiertes Rätesystem, das den zoon politikon ermöglicht und verwirklicht ... einige einverstanden ...

15. Juni 1967
Berlin
Mit Carol zur Klinik ...
Fanon[143] weitergelesen; Che und er, nicht zu vergessen Mao, begreifen in unserer Zeit am tiefsten die Probleme der Massenpraxis im Kampf um nationale Befreiung in der dritten Welt.
Der revol[utionäre] Nationalismus ist kein Dauerzustand, muß in militanten und sozialen Humanismus transformiert werden ...

143 Frantz Fanon (1925–61), politischer Theoretiker, sein Buch »Die Verdammten dieser Erde« über Kolonialismus und Antikolonialismus übte weltweit großen Einfluß aus.

Ab 18:30 [Uhr] Oberbaum-Blatt-Besprechung; durchwachsene Texte f[ür] d[ie] 2. Nummer (Semler, Ch[ristian]; Bernd R[abehl]; A. J.[144]; E[lisabeth] K[äsemann][145], Petermann[146]) – 30 000 Auflage: Zielgruppe – Studenten, Schüler, Gewerkschafter und Sympathisanten ...

Nach 20:00 Uhr im [Republikanischen] Club die gestrige Diskussion gesehen, war doch recht gelungen, auch mein »Auftritt« erschien recht plaziert ...
Mit Klaus über ein Kiesin[ger]-Gesprächs-Angebot an Berliner Studentenvertreter »vertraulich« gesprochen; SHB hält sich tapfer ...; Annahme nur bei Möglichkeit der Abgabe politi[scher] Erklärungen vor Presse etc. ... In der nächsten Woche mit Löwenthal und Hoffmann[147] über »dritte Welt« und »wir« sprechen ...
Morgen abend Veranstaltung über Notstand[148] ...

Nach 23:00 Uhr bei Anitz[149] ...; Kendler und den halben SDS-Beirat getroffen, über einen eventuellen Hungerstreik – 48 Std. In der K[aiser-]W[ilhelm-]G[edächtnis-]K[irche] – f[ür] F[ritz]Teufel gesprochen ...
Sonnabend wird auch H[einz] Brandt[150] an der Diskussion über den 17. Juni[151] teilnehmen ...

---

144 Pseudonym von Rudi Dutschke.

145 Elisabeth Käsemann studierte bald darauf in Argentinien. Im Mai 1977 wurde sie von Soldaten der Militärjunta ermordet. Gegen die mutmaßlichen Mörder betreibt die Staatsanwaltschaft Nürnberg-Fürth ein Ermittlungsverfahren.

146 Vermutlich G. A. Petermann.

147 Vermutlich der Entwicklungsexperte Jürgen Hoffmann.

148 Nach langen und harten politischen Auseinandersetzungen verabschiedete der Bundestag am 24. Juni 1968 die Notstandsgesetze.

149 Eine Bekannte Rudi Dutschkes.

150 Im Juni 1961 entführte die DDR-Staatssicherheit auf Befehl Walter Ulbrichts den Gewerkschaftsjournalisten Heinz Brandt in Westberlin und inhaftierte ihn in Ostberlin. Brandt wurde im Mai 1964 in den Westen entlassen.

151 Der AStA der FU und der Republikanische Club organisierten am 17. Juni 1967 eine Gegenveranstaltung zu den offiziellen Gedenkfeiern des Westberliner Senats anläßlich des Arbeiteraufstands in Ostberlin und großen Teilen der DDR am 17. Juni 1953.

16. Juni 1967
Berlin
Mit Dirk[152] bei Marquardt[153] über Kirchen für einen Hungerstreik »in Sachen« F[ritz] Teufel. Pfarrer M[arquardt] ist ein ausgezeichneter linker Christ, an den meisten Fragen wohl auf »Golly«-Positionen.
Im AStA per Telephon mit Gremliza[154] über ein »Spiegel-Gespräch«[155] diskutiert – prinzipiell zugestimmt.
Abends mit G[retchen] in die Deutschlandhalle gegangen. Béjarts »Romeo u[nd] Julia« gesehen; hervorragendes Ballett gegen Krieg, für die Liebe – das Schlußbild arbeitet mit einer Vielfalt an Mitteln, die dritte Welt in ihrem Kampf steht vor uns; das Leben und die Liebe besiegen den Tod.
Notstandsveranstaltung recht schwach …

17. Juni 1967
Berlin
Stalinismusreferat (Soziologie d[er] Diktatur des Proletariats) über 1920–1923 vorbereitet; etwas zu wissenschaftlich f[ür] eine Massenversammlung, was sich abends denn auch zeigte.
Es war eine fast sehr gute Gegenveranstaltung mit ernsthaften Analysen von Krippendorff[156], B[ernd] Rabehl, H. Golger und mir – auch die Diskussion klärte Positionen, ließ Wellert vom Rep[ublikanischen] Club ganz nach links kommen, für die Entwicklung dieses pol[itischen] Treffpunkts von nicht geringer Bedeutung.
Erstmalig wurde von unserer Seite eine »zweite Revolution« für die DDR, Osteuropa und SU[157] gefordert – die wirkliche 2. Front[158] f[ür]

152 Vermutlich Dirk Müller.
153 Offenbar Pfarrer der Evangelischen Studentengemeinde (ESG) in Westberlin.
154 Hermann L. Gremliza, Herausgeber von »konkret«, war damals »Spiegel«-Redakteur.
155 Das Gespräch erschien in der »Spiegel«-Ausgabe vom 10. Juli 1967.
156 Ekkehart Krippendorff, damals SDS-Aktivist, war bis vor kurzem Professor am Institut für Internationale Politik und Regionalstudien der FU.
157 SU: Sowjetunion.
158 Eine Anspielung auf die 2. Front im Zweiten Weltkrieg: die von der Sowjetunion lange vergeblich geforderte Landung der Westalliierten in Frankreich, die im Juni 1944 erfolgte. Rudi Dutschke verband die Solidarität mit Vietnam mit der Kritik am stalinistischen Herrschaftssystem.

Vietnam; für unsere Arbeit auch sehr wichtig. Mit dem alten Revolutionär Born[159] gesprochen, warnte uns speziell vor H[arry] Ristock, schlug uns eine »taktische Gründung« einer USPD[160] vor, um weitere Unsicherheit in die »Partei«[161] zu tragen. In der Nacht durch Eden[162] einen äußerst guten Bericht über die Fortführung der Revolution auf Cuba; Aktionskomitees bis in die Straßen hinein, getragen von den bewußten Massen, Fidel [Castro] ist 1 x pro Woche in der Uni für stundenlange Diskussionen über den Weg der Revolution; was in den Betrieben sich abspielt [unleserlich] Che lebt und arbeitet in Bolivien, die dritte Front ist errichtet, d. h. es existieren wenigstens 200 vollausgebildete Guerillas. Das ist sehr viel!! Kämpfen schon mit Raketenwaffen!! Vietcong erst vor kurzem erhalten.

18. Juni 1967
Berlin
Kurz nach 15:00 Uhr bei P[eter] Schneider[163] mit Bernd R[abehl]; Christian S[emler]; Marianne und Rosemarie über die »politische Linie« der revolutionären Opposition in West-Berlin gesprochen. *Idee eines »Manifestes« geboren*; Mittelpunkt eine Gegenuniversität, die, inmitten des Übergangs zwischen »Arbeiterbezirk« und »Bürgerbezirk« liegend, die verschiedenen Bewußtseinsstufen der uns interessierenden Gruppen zum Gegenstand von Ausbildungsprogrammen und neuen Formen des Zusammenlebens zu machen hätte.
Grundfrage: Wie kann die Apparatintegration vermieden bzw. durch Existenz einer »Eigengesellschaft« fruchtbar gemacht werden? (Ausbildungsstätten; Verlagsprojekte; internationale Kooperation etc.). *Ein Ça-Ira-Club*[164] *auf der Basis revol[utionärer] Wissenschaft ...*

159 Konrad Born war ein alter Mann, der revolutionäre Gedichte schrieb.
160 USPD: Unabhängige Sozialdemokratische Partei, gegründet im April 1917 aus Protest gegen die Mehrheitssozialdemokratie, die den Kriegskurs der kaiserlichen Regierung unterstützte. 1920 vereinigte sich eine linke Mehrheit mit der KPD, 1922 kehrte der Rest zur SPD zurück.
161 Gemeint ist die SPD.
162 Ein Student aus Haiti. Er starb als Revolutionär in seiner Heimat.
163 Peter Schneider war führendes Mitglied des SDS, heute Publizist.
164 Seit 1966 gab es in Berlin-Wilmersdorf den politischen Club »Ça Ira«.

Abends im SDS über Fritz Teufel und über den für ihn geplanten Hungerstreik in einer Kirche (48 Std. → 7 Tage) diskutiert; soll Donnerstag nach einer Großveranstaltung beginnen; soll als permanente Diskussion unserer Probleme geführt werden.
Die Genossen haben unsere Gegenuni-Konzeption wenig begeistert aufgenommen – werden sehen; hatten heute ein Treffen im Clubhaus unter der Leitung von W[olfgang] Nitsch[165], der sich das Unternehmen vorläufig wohl als ein kritisches Appendix zur bestehenden Uni vorstellt ...

In der Nacht Aktion: Str[aße] d[es] 17. Juni in ... 2[166] ... umgetauft ... (H. P., P. T., A. J.[167], W. M., P. R.) ...

24. Juni 1967
Berlin
Im IG-Metall-Heim in Pichelsdorf »historische« Sitzung[168] über Gegenwart und Zukunft West-Berlins. S[iehe] Protokoll ...

27. Juni 1967
Hamburg/Berlin
Interview in Hamburg; »Spiegel«-Red[akteur] Henschel und ich unterhielten uns fast vier Stunden über »Revolution«, zukünftige Gesellschaft, Gewalt, Schüler, Sexualität etc. ...

In der Kneipe »Machtergreifungsplan« »ausgepackt«. Riesige Überraschung – »Wasserstoffbombe« ... neues Gespräch angepeilt ...

---

165 Wolfgang Nitsch (geb. 1938), Mitglied im SDS seit 1958, heute Professor für Wissenschaftstheorie und Wissenschaftsdidaktik in Oldenburg.
166 Gemeint ist: »Straße des 17. Juni« in »Straße des 2. Juni« umgetauft; am 2. Juni 1967 wurde Benno Ohnesorg erschossen.
167 A. Joffe, ein Pseudonym Rudi Dutschkes.
168 Debatte über eine Machtergreifung in Westberlin. Teilnehmer u. a.: Peter Wellert, Urs Müller-Plantenberg, Christian Semler, Peter Schneider, Bernd Rabehl, Wolfgang Lefèvre.

28. Juni 1967
Berlin
Lahme Vollversammlung aller Fakultäten – über Disziplinierung in der Uni und Formierung in der Gesellschaft.
Selbstkritik und Darstellung meines Disziplinarverfahrens[169] begriffen worden: a) Info-Veranstaltung durch poli[tische] Aufklärung zur Aktion zu treiben, b) Lebenslauf und Rezeption unserer Praxis durch staatliche Exekutive, c) Gewalt und Uni – Bürokratie – Zusammenspiel.

Abends: Org[anisations]-Diskussion im SDS; Jour fixe – Beirat – AKs[170] (Theorie d[er] räterevolu[tionären] Machtergreifung in West Berlin!) …

29. Juni 1967
Hannover
Vor ca. 350 Studenten in einem überfüllten Saal über das Ende d[er] Rekonstruktionsperiode, die Studentenschaft etc. gesprochen – »Erfolg« – SDS gegründet: 40 Mitglieder. Immer wieder zeigt sich: ich »komme an«, viel Beifall – aber doch zumeist passiv-konsumerischer Provenienz.

14. Juli 1967
Freiburg (Breisgau)
In Freiburg vor 1000 Studentinnen und Studenten – leider nur sehr wenige Menschen von außerhalb der Uni – über die Situation und die Möglichkeiten der außerparlamentarischen Opposition diskutiert und referiert.

---

169 Am 19. April 1967 protestierten Studenten auf einem Sit-in gegen die Absicht des Rektors Lieber und des Akademischen Senats, dem SDS die Förderungswürdigkeit abzuerkennen. Der Rektor ließ das Sit-in von der Polizei auflösen. Der Rektor sperrte die Bezüge der beiden AStA-Vorsitzenden Hartmut Häußermann und Bernhard Wilhelmer und des Studentenparlamentsvorsitzenden Wolfgang Lefèvre und leitete gegen sie, gegen den Ältesten des Konvents, Knut Nevermann, sowie gegen Rudi Dutschke Disziplinarverfahren ein.
170 AKs: Arbeitskreise.

Nach anfänglicher Unruhe über meine revolutionär-wissenschaftl[iche] Analyse konnte ich immer mehr einen kritisch-rationalen Dialog mit den Zuhörern herstellen; in Freiburg, wo der SDS 35 Mitglieder hat, wo das sogenannte »Politische Mandat«[171] der Studentenschaft noch umstritten ist, war das ein wirklicher »Erfolg«. In der Nacht noch mit ca. 150 Halb- u[nd] »Ganzrevolutionären« in einer Kneipe und dann bei Scheinwerferlicht auf einer Wiese weiterdiskutiert (Klassenbegriff → prol[etarische] Revolution → Entw[icklung] d[er] P[roduktiv]k[räft]e → Kapitalvernichtung → menschliche Revolution via Lagerbegriff etc.).

In der Kneipe Prof. W. Heimis[172] systematisch vor den »Minderheiten« destruiert, und zwar wissenschaftlich und persönlich – ein glänzendes *Lehrbeispiel.* Der »alte« Prof. Baumgarten[173] (M[ax]-Weber-Herausgeber) schlug sich ganz großartig mit uns gegen Heimis, der seine Leerformeln von den demokrati[schen] Grundrechten, zu denen auch Kapitalkonzentration gehörte, gegen uns zu wenden suchte, nicht einmal die Adlersche[174] Formel der sozialen Demokratie als Kriterium politischer Demokratie zu diskutieren bereit war, sich sogar mit Ehmke[175], C. Schmid[176] und Albertz[177] gegen die »sterile Aufgeregtheit« (M. Weber) der Studenten solidarisierte.

Prof. Baumgarten machte mir ein »riesiges« Kompliment: »Ich bin überrascht und beglückt über ihre Fähigkeit, die anwesende Masse zu bändigen«, er hatte Chaos und Tumult erwartet – SDSler auch – und sah ein äußerst kritisch diskutierendes und hervorragend zuhörendes Auditorium.

---

171 Der Anspruch der Studentenschaft und ihrer Organe, auch zu allgemeinpolitischen Themen Stellung zu nehmen.

172 Vielleicht Prof. Wilhelm Heinitz.

173 Prof. Eduard Baumgarten.

174 Gemeint ist der österreichische Sozialist und Mitbegründer des Austromarxismus, Max Adler.

175 Horst Ehmke (geb. 1929), SPD-Politiker und Bundesminister, heute Schriftsteller.

176 Carlo Schmid (1896–1979), Völkerrechtler und SPD-Politiker, 1966–69 Bundesratsminister.

177 Heinrich Albertz (1915–93), evangelischer Theologe und SPD-Politiker. 1966/67 Regierender Bürgermeister von Berlin. Später in der Friedensbewegung engagiert.

Die »Massenversammlung« ist für die emanzipierende poli[tische] Führung nicht ein funktionales Massenbeherrschungsinstrument, ist vielmehr »gemeinsame Arbeit an der Theorie«, Erhöhung des theoreti[schen] Niveaus mit prakti[schen] Konsequenzen und Losungen (→ Springerenteignung etc.).
(interessante Termini: neue Gestalt einer »*politisch-wissenschaftlichen Existenz*«; »Illusion dieses Revolutionsexperiments«)

15. Juli 1967
Berlin
Vormittags von Freiburg zurückgekommen: 15:00 [Uhr] SDS-M[itglieder-]V[ersammlung]. 77 Neuaufnahmen (!), damit eine *potentiell* neue Arbeitskräftestruktur gewonnen, die via Projektgruppen und Generalrat (Jour fixe), vermittelt über den Beirat als Transmissionsriemen, die Reorganisation des SDS ermöglichen könnte.
Wolfgang L[efèvre], Ch[ristian] Semler, W[olfgang] Nitsch und ich referierten ü[ber] den Stand der poli[tischen] und organi[satorischen] Entwicklung der studenti[schen] und außerstud[entischen] Opposition.
Einen Dialog zwischen temporärer politischer Führung und der »Basis« gibt es noch nicht. Seit Jahren wird weder in der Führung noch in der Basis diskutiert. Über die Projektgruppen könnte sie[178] sich herstellen ...
Auch herrscht bei den etablierten SDS-Genossen »ein gewisses Unbehagen über R[udi] Du[tschke], der nach außen zu stark in Erscheinung tritt« ..., was sich auch in den DK-Wahlen ausdrückte: 108 für mich, 107 f[ür] Bernd [Rabehl], 93 f[ür] Christian [Semler] – 10 bis 15 »Etablierte« stimmten nicht für mich – aber die »Jungen« konnten das ausgleichen. Diese Mißstimmung ist auflösbar, muß aufgelöst werden, um vorzeitige Fraktionierungen, die nur die Parteifixierten innerhalb und besonders außerhalb des SDS stärkten, zu vermeiden.

178 sie: die Diskussion.

16. Juli 1967
Berlin
Mit Chri[stian] Riechers[179] lange über PCI[180], Italien und West-Berlin diskutiert; meint, daß die Parteifrage von uns nicht vorschnell als erledigt angesehen werden sollte (Bordiga[181]-Konzeption des organi[satorischen] Zentralismus ...), kritisierte die Räte-Konzeption, die ja auch als »Räte-Partei« sich institutionalisieren müßte. (hat Material versprochen ... – Bordiga-Übersetzung) ...
Dann mit Horst[182] und Ines einige »Mißverständnisse« und Punkte des Mißtrauens durchdiskutiert ... –

27. Juli 1967
Mannheim/Heidelberg
16:00 [Uhr] Mannheim: die BRD a[m] Ende d[er] Rek[onstruktions]periode u[nd] d[ie] Aufgabe d[er] (Außerparlament[arischen]) Opposition. Gespräch mit vielen Studenten nach d[em] Referat. Eine 50jährige Frau gab mir 50 DM für Che[183] und für meine Ausführungen ... Gespräch mit dem Rektor u[nd] Ch. Hellberger ...

20:00 Uhr Heidelberg:
Völlig überfüllter Saal – bei 700 Sitzplätzen ca. 1100 anwesend und noch 200 vor dem Raum; hektische Atmosphäre, kaisertreue Fahne[184] zu sehen; viel Lärm – Schreien, Lachen und Beifall für mich zu Beginn; Mikrofonanlage fiel nach 10 Minuten aus – dann 90 Min.

---

179 Von Christian Riechers erschien 1965 der Aufsatz »Theorie und Praxis der PCI«, in: Neue Kritik, Nr. 6/1965, S. 9–12.

180 PCI: Kommunistische Partei Italiens.

181 Amadeo Bordiga (1899–1970), italienischer Linkskommunist.

182 Horst Kurnitzky war damals SDS-Aktivist. Er lebt heute als Philosoph, Religionswissenschaftler und Architekt und als freier Autor und Publizist in Mexiko und Berlin.

183 Che Guevara (1928–67), kubanischer Revolutionär, Guerillaführer und marxistischer Theoretiker mit starkem Einfluß (»Focustheorie«) auf die 68er Bewegung. Gaston Salvatore übersetzte Che Guevaras Schrift »Schaffen wir zwei, drei, viele Vietnams« zusammen mit Rudi Dutschke ins Deutsche. Die Schrift erschien als erstes Buch in der »kleinen revolutionären Bibliothek« der Oberbaumpresse.

184 Rudi meint die Reichskriegsflagge, ein Nazisymbol.

Schrei-Rede bei äußerster Ruhe und Aufmerksamkeit des »Publikums« – nur durch Beifall unterbrochen … gute Diskussion … (in Mannheim und Heidelberg 190 Ches verkauft).
Nach dem Referat K[arl] H[einz] Neumann – Freund aus der Zeit der Subversiven Aktion – getroffen; spontane repressionsfreie Kommunikation – in der ganzen Nacht die »Nacht«-Position von Karl Heinz und die »Licht«-Position (Produktion von Licht durch verzweifelte Anstrengung) von mir konfrontiert …

4.–9. September 1967
Frankfurt (Main)
SDS-D[elegierten]-K[onferenz]:
Fehler:
a) schlechte Vorbereitung (individuell u[nd] fraktionell)
b) *in jedem* Beitrag die Totalität d[es] revol[utionären] Prozesses mobilisierend vermitteln
c) keine Plattform vorbereitet
d) keine Resolutionen vorbereitet
e) direkte Aktion im Amerika-Haus »gut«, mit haarsträubenden Fehlern: a) keine Vorbereitung, b) personalisierte Führung, c) Entlarvung durch ½stündige Teilnahmen an d[er] Diskussion unterlassen, d) Gegenöffentlichkeit muß durch allseitige Beiträge ü[ber] d[as] Problem hergestellt werden – nicht durch Agit.-Prop.-Berichte …

Erfolge:
a) unsere »Fraktion« konnte sich personell durchsetzen.
b) 2 bzw. 3 prinzipielle Legalität überschreitende Resolutionen wurden angenommen.
c) die Verabschiedung zentraler Aktionen (Anti-Springer u[nd] Anti-Notstand)
d) durch Kontaktierung die Möglichkeit dezentralisierter Zentralen geschaffen
e) Verabschiedung einer Resolution ü[ber] d[ie] Notwendigkeit der rev[olutionären] Politisierung d[er] Naturwissenschaften (überregionale Projektgruppe).

Rudi, 1967.

11.–13. September 1967
Mailand
Aufenthalt in Mailand bei Feltrinelli[185].
a) über Bolivienaufenthalt[186]
b) über Debray[187]-Buch
c) über Unterstützung d[er] Anti-Springer-Aktionen (Sybille etc.)
d) über Bücher-Hilfe (Reprints etc.)
e) E. Fillippino – Zeitschrift (interna[tionale] Literaten-Hilfe organisieren!)
f) Rosdolsky-Druckfahnen[188] liegen bei Feltrinelli (ü[ber] Rohentwurf[189]!) (soll bei EVA erscheinen?!)
g) Dissertations-Materialien im Institut vervollständigt (ist besser als Amsterdam[190]!!)
h) Deutsche Publikationen nach Meran (Sibylle[191])
i) alle Dokumente aus Institut schicken

14. September 1967
Frankfurt
Zu spät zur Fernsehshow über die Frage Reform u[nd] Revolution. Aufklärung hin und Geld weg. Diskussion mit Gisela u[nd] Ernest [Mandel[192]], [Hans-Jürgen] Krahl[193] etc. ü[ber] Org. fragen und theoreti[sche] Vorbesprechung f[ür] Tagung in Berlin.

---

185 Der Verleger Giangiacomo Feltrinelli besaß eine umfassende Bibliothek zur internationalen Arbeiterbewegung. Rudi Dutschke wollte in ihr für seine Doktorarbeit forschen. Feltrinelli starb 1972.
186 Gemeint ist Che Guevaras gescheiterter Versuch, einen Guerillakrieg in Bolivien anzufachen. Che Guevara wurde dabei getötet.
187 Régis Debray war Guerillakämpfer, Begleiter Che Guevaras und später Berater des französischen Präsidenten François Mitterand. Bekannt wurde er durch sein Buch »Revolution in der Revolution« (1967).
188 Roman Rosdolsky, Genesi e struttura del Capitale (1971); eine deutsche Ausgabe erschien in der Europäischen Verlagsanstalt unter dem Titel »Zur Entstehungsgeschichte des Marxschen Kapitals«, Frankfurt a. M. 1968.
189 Karl Marx, Grundrisse der Kritik der politischen Ökonomie (1857/58), der »Rohentwurf« des »Kapitals«.
190 Die Bibliothek des Instituts für Sozialgeschichte in Amsterdam.
191 Feltrinellis Freundin.
192 Ernest Mandel (1923–95), bedeutender marxistischer Theoretiker und Führer der IV. (trotzkistischen) Internationale.

6. Oktober 1967
Kampen (Sylt)
In Kampen (Sylt) – ü[ber] Hamburg (Ulrike [Meinhof[194]], [Klaus Rainer] Röhl[195] etc.)

7. Oktober 1967
Hamburg
Hamburg – Gespräch mit [Rudolf] Augstein[196]; zeigte sich sehr »fasziniert«; gab 7000 für Kino, 5000 für »Tribunal«[197].

1. November 1967
Berlin
KU[198]-Gründungsversammlung.
a) die »Rechte« ist organisiert – in Minderheit – mit ca. 100 Claqueuren anwesend –; versucht zu sabotieren; souveräne Leitung von W[olfgang] Lefèvre, Nitsch etc. ...; lange Zeit Langeweile ... und x Rechte sprechen; in der Schlußphase dominiert noch einmal die Linke; E[kkehart] Krippendorff ist blendend ... (s[iehe] Aufzeichnungen) ...

21. November 1967
Bochum
Bochum-Veranstaltung; sollte um 20:00 Uhr sprechen; kam um 22:00 Uhr – noch alle da; ca. 1200 Menschen; Referat – Diskussion – bis 0:30 Uhr. – Prima! Dann von 1–4:00 Uhr ü[ber] d[ie] Situation d[er] Gruppe gesprochen; beschissen ... (s[iehe] Adreß-Buch; alle Unterlagen schicken ...)

---

193 Hans-Jürgen Krahl war neben Rudi Dutschke der bedeutendste Theoretiker des SDS. Er war der führende Kopf des Frankfurter SDS. Krahl kam 1970 bei einem Autounfall ums Leben.

194 Ulrike Meinhof (1934–76), Journalistin, Mitglied der RAF, 1972 verhaftet, 1976 Selbsttötung. Ulrike Meinhof war damals mit Klaus Rainer Röhl verheiratet.

195 Klaus Rainer Röhl, Journalist, Chefredakteur von »konkret« und »das da«, heute Mitglied der FDP.

196 Rudolf Augstein (1923–2002), Herausgeber des »Spiegel«.

197 Für das Anti-Springer-Tribunal.

198 KU: Kritische Universität.

Rudi spricht, Gaston Salvatore hält das Megaphon, Berlin 1967.

22. November 1967
Berlin
Bußtag-Diskussion (Hentschke – Prof.; Bauer – Pfarrer; Dutschke u. a. m.) – Politik vs. chri[stliche] Utopie. Ca. 400–500 Leute in einem überfüllten Saal; scharfe Kritik der Kirche … (Bonhoeffer[199], Tillich, C[amilo] Torres[200]). »Der beste Dutschke, den ich je sah« (Pfarrer Marquardt).

199 Dietrich Bonhoeffer (1906–45), evangelischer Theologe, Mitglied der Bekennenden Kirche, von den Nazis hingerichtet.
200 Camilo Torres (1929–66), katholischer Theologe und Revolutionär. Schloß sich der kolumbianischen Guerilla an, wurde erschossen.
201 Ralf Dahrendorf (geb. 1929), Politologe, Mitglied der FDP.
202 Jens Litten, Mitglied des Hamburger SDS.

In Luckenwalde: Bruder Helmut, Gretchen, Rudi und Schwägerin Birgit, November 1967.

24. November 1967
Hamburg
Hamburg (Dahrendorf[201], Augstein, Litten[202], Ristock, Nevermann, Kresmann, Dutschke) »gesellscha[ftliches] Ereignis« – ohne Aktion. Riesiges Spektakel ... s[iehe] »Zeit«-Bericht (SDS-Gruppe ambivalent; Martin bald sprechen!)

26. November 1967
Berlin
SDS-Diskussion (von mir einberufen) über Teufel-Aktion; »große« Auseinandersetzung zwischen Wol[fgang] L[efèvre] und mir; kann mich durchsetzen ...
4 takti[sche] Initiativgruppen, Sammelplatz etc. Keine Diskussion ü[ber] Uni-Veranstaltung ...

27. November 1967
Berlin/Bremen
6:00 Uhr Special-work with Gi. und Di.
8:00 [Uhr] Sozialarbeiterschule – Willi P. etc. ...
Große Diskussion mit d[er] Direktorin – P[eter] Schnei[der] usw.

10:30 [Uhr] Uni-Vollversammlung
a) Total-Versagen u[nd] »Sabotage« des AStA (diskutieren vs. agieren)
b) W[olfgang-]L[efèvre]-Versagen – a) Koordination, b) Rausgehvorschlag
c) »Rhetori[sche] Schwäche« bei mir – »kleinkarierter Barzel« ... – viel Lärm
d) Pro-contra-Dialog-Vorschlag von mir prima – systematisieren!
e) Nach Disku[ssions]-Niederlage Demonstra[tions]-Sieg: 1000/100.

14:30 [Uhr] U-B[ahn]h[of] Turmstraße
a) schlechtes Wetter; lange Anfahrtswege; Po[lizei]-Po[sten] an den Ausgängen etc.
b) Megaphone wurden nicht Mi[ttel]p[un]kt d[er] takti[schen] Initiativgruppen ...
c) nicht alle »Kader« versammelten sich an der Spitze des Zuges ...
d) darum auch keine Diskussion m[it] d[em] Beirat[203] möglich ...
e) Barriere-»Demonstranten« im Zustande totaler Ratlosigkeit
f) SDS-Parole war »gemeinsames Sammeln«
g) keine Verbindung zwi[schen] Barriere und »Zengakuren-Gruppe«[204]
h) nach »Auflösung durch die Polizei keine systema[tische] Verteilung der Gruppen ...
i) die ta[ktischen] In[itiativ]gruppen sind in sich noch nicht gefestigt ...

Bei U[rsula] Henning[205] Kleiderwechsel und baldige Abfahrt ...

---

203 Beirat des SDS.
204 Genannt nach einer militanten japanischen Studentenorganisation, die Blokkadeaktionen organisierte.
205 Eine SDS-Aktivistin.

19:00 [Uhr] Flughafen Tempelhof (10 x Rot mit Olaf[206] überfahren – ganz irre Tour); Flugzeug verspätet; 20:00 Uhr erst; 2 min. vor Abflug noch einmal im Flugzeug Paßkontrolle; Auseinandersetzung ... BEA-Captain – exterri[toriales] Gelände[207] – kein Haftbefehl – 20 min – Rausschleppen – an der Treppe Geflüster mit einem hinzueilenden Beamten – Haftbefehl – *Freilassung – Abflug*

21:30 Uhr Bremen – großer Bahnhof – »jeder« erwartete meine Festnahme ...
22:00 Uhr – Lila Eule[208] – wunderbare Veranstaltung mit jungen Arbeitern, Schülern etc. ... dufte Truppe um Olaf und Anne ...; in der Nacht wieder nach Berlin ...

Rudi diskutiert in der »Lila Eule« in Bremen, November 1967.

206 Olaf Dinné, damals Leiter des Jazzklubs »Lila Eule« in Bremen.
207 Die Polizei durfte auf dem exterritorialen Gelände des Westberliner Flughafens nicht eingreifen.
208 Jazzklub in Bremen.

28. November 1967
Berlin
6:00 [Uhr] in Berlin – bei Gaston [Salvatore[209]] – langes Gespräch ... Schlafen ...
20:00 [Uhr] T[echnische] U[niversität] – Veranstaltung – s[iehe] Aufzeichnungen. Viel Hysterie bei den Mitt.-Gen. wegen Verhaftung ...

29. November 1967
Berlin
20:00 Uhr Da.[210]
21:30 [Uhr] SDS-Diskussion ü[ber] Springer und besonders über Montag – ziemlicher »Krach« mit Wolfgang L[efèvre], *Wer diskutiert wann und wo welche Takti[k]-Änderung?!?* Psych. Fragestellung bei Gäng – Verratstheorie ... Gruppe Rudi bei W[olfgang] L[efèvre] – Rädelsführertheorie ... s[iehe] Aufzeichnungen ...

209 Gaston Salvatore (geb. 1941 in Chile) studierte Jura, Soziologie und Politologie. Er gehörte zu den bekanntesten Vertretern des Westberliner SDS. Salvatore lebt heute als Schriftsteller in Venedig. Rudi Dutschke und Gaston Salvatore freundeten sich an bei der Übersetzung von Che Guevaras Buch »Schaffen wir zwei, drei, viele Vietnams« (1967).
210 Vielleicht Darmstadt.

1968

Die APO demonstriert in Berlin gegen den Vietnamkrieg. In der ersten Reihe Rudi und Gretchen, Februar 1968.

Auf dem Vietnamkongreß mit Gaston Salvatore (links), Februar 1968.

10. April 1968
Berlin
Warum der Bernd R[abehl] gekommen ist, verstehe ich nicht recht. Er war aber im Gespräch recht freundlich, der ganze Krach[211] im SDS schien vergessen zu sein. Er weiß von meiner Absicht, nach Amerika zu reisen, müßte aber desgleichen von meiner Paris-Einladung für den 1. Mai wissen. Aber Informationen werden seit Wochen im SDS schier »fraktionell« gehandhabt. Wir haben die Infi[212]-Sache

Rudi kauft ein, April 1968.

211 Seit Ende 1967 brachen Fraktionskämpfe aus im SDS. Lefèvre, Semler u. a. stritten mit der »Dutschke-Fraktion« um Strategien und um die Vorherrschaft.

212 Internationales Nachrichten- und Forschungs-Institut (INFI), gegründet 1968. Ursprünglich »Che-Guevara-Institut«. Rudi Dutschke u. a. gründeten das Institut bei der Vorbereitung des Vietnamkongresses, der im Februar 1968 stattfand. Es wurde von Feltrinelli finanziert.

nicht umsonst mit Geldern ermöglicht, die vom Vietnam-Kongreß[213] übrigblieben. Und wie »sauer« und erneut mißtrauisch war der Tilman F[ichter] in jener Sitzung vor einigen Wochen im SDS ...
Golly und Golla[214] werden in Kürze kommen, werden uns sowieso in Bewegung setzen müssen. Hoffentlich kann unser Infi sich halten.

Mai 1968[215]
Berlin
1. mal wieder die Namen der Freunde aufgeschrieben mit Hilfe von Gretchen im Krankenhaus Westend W[est]-B[erlin].
Gaston
Christian Semler
Bernd Rabehl
Meschkat
Gollwitzer
Krippendorff
Wolfgang Neuss
Enzensberger

21. Mai 1968
Berlin
Heute ist der *21.5.1968*, um 17:30 Uhr kam der Oberarzt Dr. Schulze und frug mich, ob es möglich wäre, daß der Polizeipräsident

---

213 Auf dem Vietnamkongreß im Februar 1968 protestierte die Linke gegen die US-Aggression in Indochina. Der Kongreß bestand aus zwei Teilen: Beratung und Aktion. Auf einer Fahne auf dem Kongreßpodium stand Che Guevaras Forderung: »Die Pflicht eines Revolutionärs ist es, die Revolution zu machen.« Der Westberliner Senat hatte die Vietnamdemonstration erst in letzter Minute erlaubt. Im SDS hatten Auseinandersetzungen stattgefunden über die Frage, ob trotz des Verbots demonstriert werden sollte, und zwar an US-Kasernen vorbei. Rudi Dutschke forderte, auf jeden Fall zu demonstrieren, andere, wie Bernd Rabehl, rieten zur Vorsicht, weil sie eine blutige Straßenschlacht fürchteten.

214 Brigitte Gollwitzer, Frau Helmut Gollwitzers.

215 Am 11. April 1968 wurde Rudi Dutschke von einem von der »Bild«-Zeitung aufgehetzten Hitler-Verehrer namens Josef Bachmann niedergeschossen. Die Texte bis zum 13. 7. 1968 entstammen Rudi Dutschkes Übungsbuch.

Herr Moch[216], dessen Frau zwei Zimmer neben mir liegt, für einen Händedruck hereinkommen dürfe.
+ + Wir haben überlegt – Thomas [Ehleiter] und ich – und sahen keine Schwierigkeit und keine Gegenmöglichkeit. Er erschien, und wir sprachen wenige Minuten über die Schießerei des jungen Menschen (Bachmann). Die Polizisten haben ihn nach wenigen Minuten schon gefunden, und der Kampf ging sehr schnell weiter. Sie konnten schließlich seine Knarre kaputtschießen; dabei gingen auch seine Finger kaputt. Ein Polizist wurde auch angeschossen von B[achmann]. B[achmann] wurde auch noch gesund gemacht ...
Moch sprach noch von seiner Frau, die in der Nähe wohnt, er darum mich kurz besuchen wollte. Er brachte sogar einige gute Fressereien und Trinkereien (Kirschen usw.).
Er sprach schließlich von den Polizisten, die sehr froh über Dutschkes Leben sprachen. Dut[schke] war der Meinung, daß es bei den Polizisten noch sehr viele Rechte gibt ...
Oberarzt Schulze kannte wieder einmal nicht alle Namen – sonst ist er dufte, aber Th[omas] Ehleiter kannte er nur ohne Namen. Nach wenigen Sekunden verschwand Moch, und wir führten unsere Arbeit[217] fort!! ...

Oberarzt Schulze – Bericht über den Zustand Dutschkes!

Bewußtsein (Denken, Gedächtnis)[218]
Unter~ ([wo das] Vergessene und Verdrängte aufbewahrt wird)
Ton – *entsteht* durch die Stimmbänder
Wählscheibe (Telephon)
Telephonhörer
vergessen
träumen
pfeifen
singen

216 Georg Moch (CDU).
217 Mit Hilfe von Thomas Ehleiter trainierte Rudi Dutschke, um seine Denk- und Sprechfähigkeit zurückzugewinnen.
218 Die folgenden Texte stammen aus Rudi Dutschkes Übungsheft.

erleichtern
telephonieren (anrufen), hören, rufen, schauen, an~, angucken, sehen, schau mal her, ~ dir das an,
atmen (Luft, Lungen; trockene, feuchte, Höhenluft; Sauerstoff)
rennen (weg~, wett~, Wettlauf; Spikes)
kauen (mit den Zähnen; das Essen, Fleisch, Brot, Wurst, Obst, Gemüse)
fliegen (Flugzeug, ~platz, ~hafen, Stewardeß, Paßkontrolle, Zoll~,)
sehen (Auge, Brille; Gesichtsfeld: *Hemianopsie* = 50 %es Sehvermögen)
scheinen (Sonne, Mond; es scheint so zu sein; anscheinend, scheinbar)
begrüßen (guten Tag, mach's gut, guten Morgen; ...)
sublimieren (Unterbewußtsein; die Kultur ist ein Produkt der Sublimation, sexuelle Energie in andere Bahnen leiten)
verdrängen (unterdrücken, vergessen; Fehlhandlungen, Versprechungen weisen auf die Verdrängung)
streiten (schimpfen, Unzufriedenheit, Konflikt, Gegner, Disputation)
unterdrücken (Repression) (Klasse gegen Klasse), Sklaverei, Gewalt, Streitgespräch
erinnern (zurückdenken, Gedächtnis; vergessen)
verbergen (verstecken, verhüllen)
befreien (entheben, unabhängig machen ...)
diskutieren (sprechen, Thema; Problem; man sucht eine Lösung)
argumentieren (begründen, Gründe vortragen, beweisen)
analysieren (Problem zerlegen; Analyse {Ganze} → Synthese {einzelnen – zum Ganzen})
existieren (Existentialismus, sein; Dasein/Existenz)
protestieren (sich gegen eine Sache stellen; demonstrieren)
produzieren (herstellen)

»Wir Kommunisten sind nur Tote auf Urlaub« (Leviné[219]).

---

219 Der Kommunist Eugen Leviné, einer der Führer der bayerischen Räterepublik, erklärte kurz vor seiner Erschießung 1919, Kommunisten seien Tote auf Urlaub.

Die Zerstörung von Maschinen durch junge Arbeiter ist ein Zeichen dafür, wie sehr die Studenten noch wenig wissen ...
a) Maschinen zerschlagen – alle Menschen erhalten und lieben ...
b) Springer-Apparat zuerst ...

Bon giorno = guten Tag
Bona sera = guten Abend
Bona notte = gute Nacht
Signora = die Dame
per favore = bitte
grazie = danke
Signore = der Herr

Die Studenten fühlen instinktiv, daß es jetzt ihre Aufgabe ist, die Fakkel revolutionären Protestes in die Hand zu nehmen. Einst, so erklärt R[udi] D[utschke], einst waren es dic Arbeiter, die protestierten, aber jetzt haben sie bekommen, was sie wollten. Ihre Gegenwart ist vernebeltes Bewußtsein. Die Parteien verteidigen Interessen und nicht Bewußtsein. Die Kommunisten akzeptieren das Spiel mit der gleichen Fügsamkeit wie die anderen. Deshalb sind heute die Studenten die einzigen, die protestieren, die aufrührerisch sind, die das System in Frage stellen.
Die Konstituierung des total-autoritären Staates wurde begleitet von der Verkündigung einer neuen politischen Weltanschauung: der »heroisch-völkische Realismus« wurde zur herrschenden Theorie. Es erhebt sich das Blut gegen den formalen Verstand, die Rasse gegen das rationale Zweckstreben, die Ehre gegen den Profit, die Bindung gegen die »Freiheit« zu benannte [richtig: benennende] Willkür, die organische Ganzheit gegen die individualistische Auflösung, Wehrhaftigkeit gegen bürgerliche Sekurität, Politik gegen den Primat der Wirtschaft, Staat gegen Gesellschaft, Volk gegen Einzelmensch und Masse. Die neue Weltanschauung ist das große Sammelbecken all der Strömungen geworden, die seit dem Weltkrieg gegen die liberalistische Staats- und Gesellschaftstheorie vorgetrieben wurden. Der Kampf begann zunächst fern der politischen Ebene als philosophische und wissenschaftstheoretische Auseinandersetzung mit dem

Rudi und Gretchen im Westend-Krankenhaus, Berlin, Frühjahr 1968.

Rationalismus, Individualismus und Materialismus des 19. J[a]hr[-hunder]ts. Bald bildete sich eine gemeinsame Front heraus, die mit der Verschärfung der ökonomischen und sozialen Gegensätze in der Nachkriegszeit schnell ihre politische und gesellschaftliche Funktion offenbarte, der gegenüber der Kampf gegen den Liberalismus sich (wie im folgenden gezeigt werden soll) nur als eine periphere Erscheinung darstellt. Wir geben vorgreifend einen Überblick über die wichtigsten Quellen der gegenwärtigen Theorie.« (S. 17, Marcuse)

13. Juli 1968
Schweiz
1)
2) Die Frage, ob dem menschlichen Denken gegenständliche Wahrheit zukomme – ist keine Frage der Theorie, sondern eine praktische Frage. In der Praxis muß der Mensch die Wahrheit, d. h. Wirklichkeit und Macht, Diesseitigkeit seines Denkens, beweisen. Der Streit über die Wirklichkeit oder Nichtwirklichkeit des Denkens – das von der Praxis isoliert ist – ist eine rein scholastische Frage.[220]
3) Die materialistische Lehre von der Veränderung der Umstände und der Erziehung vergißt, daß die Umstände von den Menschen verändert und der Erzieher selbst erzogen werden muß. Sie muß daher die Gesellschaft in zwei Teile – von denen der eine über ihr erhaben ist – sondieren. Das Zusammenfallen des Änderns der Umstände und der menschl[ichen] Tätigkeit oder Selbstveränderung kann nur als revolutionäre Praxis gefaßt und rationell verstanden werden.[221]

Kritik der reinen Toleranz[222]
(H[erbert] Marcuse – repressive Toleranz)
»Der Verfasser ist sich dessen voll bewußt, daß gegenwärtig keine Macht, Autorität oder Regierung vorhanden ist, die eine befreiende Toleranz in Praxis übersetzen würde, doch er meint, daß es Aufgabe

220 Karl Marx, Thesen über Feuerbach, in: MEW, Bd. 3, S. 5.
221 Ebenda, S. 5f.
222 Es handelt sich im folgenden um Auszüge aus Herbert Marcuses Aufsatz über »Repressive Toleranz«.

und Pflicht des Intellektuellen ist, an geschichtliche Möglichkeiten, die zu utopischen geworden zu sein scheinen, zu erinnern und sie zu bewahren – daß es seine Aufgabe ist, die unmittelbare Konkretheit der Unterdrückung zu durchbrechen, um die Gesellschaft als das zu erkennen, was sie ist und tut.

Toleranz ist ein Selbstzweck. Daß die Gewalt beseitigt und die Unterdrückung so weit verringert wird, als erforderlich ist, um Mensch und Tier vor Grausamkeit und Aggression zu schützen, sind die Vorbedingungen einer humanen Gesellschaft. Eine solche Gesellschaft existiert noch nicht. Mehr denn je wird heute der Fortschritt zu ihr hin aufgehalten durch Gewalt und Unterdrückung. Als Abschreckungsmittel gegen einen nuklearen Krieg, als Polizeiaktion gegen Umsturz, als technische Hilfe im Kampf gegen Imperialismus und Kommunismus, als Methoden zur Befreiung in neokolonialistischen Massakern werden Gewalt und Unterdrückung gleichermaßen von demokratischen und autoritären Regierungen verkündet, praktiziert und verteidigt, und den Menschen, die diesen Regierungen unterworfen sind, wird beigebracht, solche Praktiken als notwendig für die Erhaltung des Status quo zu ertragen. Toleranz wird auf politische Maßnahmen, Bedingungen und Verhaltensweisen ausgedehnt, die nicht toleriert werden sollten, weil sie die Chancen, ein Dasein ohne Furcht und Elend herbeizuführen, behindern, wo nicht zerstören.

Diese Art von Toleranz stärkt die Tyrannei der Mehrheit, gegen welche die wirklichen Liberalen aufbegehrten. Der politische Ort der Toleranz hat sich geändert: Während sie mehr oder weniger stillschweigend und verfassungsmäßig der Opposition entzogen wird, wird sie hinsichtlich der etablierten Politik zum Zwangsverhalten. Toleranz wird von einem aktiven in einen passiven Zustand überführt, von der Praxis in eine Nicht-Praxis: ins Laissez-faire der verfassungsmäßigen Behörden. Gerade vom Volk wird die Regierung geduldet, die wiederum Opposition duldet, im Rahmen der verfassungsmäßigen Behörden.

Toleranz gegenüber dem radikal Bösen erscheint jetzt als gut, weil sie dem Zusammenhalt des Ganzen dient, auf dem Weg zum Überfluß oder zum größeren Überfluß. Die Nachsicht gegenüber der systematischen Verdummung von Kindern wie von Erwachsenen, durch Reklame und Propaganda, die Freisetzung von unmenschlicher zerstörender Gewalt in Vietnam, das Rekrutieren und die Ausbildung von Sonderverbänden, die ohnmächtige und wohlwollende Toleranz gegenüber unverblümtem Betrug beim Warenverkauf, gegenüber Verschwendung und geplantem Veralten von Gütern sind keine Verzerrungen und Abweichungen, sondern das Wesen eines Systems, das Toleranz befördert als ein Mittel, den Kampf ums Dasein zu verewigen und die Alternativen zu unterdrücken. Im Namen von Erziehung, Moral und Psychologie entrüstet man sich laut über die Zunahme der Jugendkriminalität, weniger laut über die Kriminalität immer mächtigerer Geschosse, Raketen und Bomben – das reifgewordene Verbrechen einer ganzen Zivilisation.«

Bücher:
Bayo[223] (von Gaston [Salvatore] übersetzt)
René Dumont[224], Kuba, Sozialismus und Entwicklung (auch über Che in diesem Buch)

6. August 1968
Marino bei Rom
13 h Raddatz[225] angerufen.

18. August 1968
Marino bei Rom
... Raddatz ... Interview ... WDR (geht auf keinen Fall, ist einfach nicht möglich)
Ulrike [Meinhof] wollte schon Interview, war mit Vesper[226] gekom-

223 Alberto Bayo, ehemals Hauptmann der republikanischen spanischen Armee, später Ausbilder der Guerilla Fidel Castros. Che Guevara war sein Lieblingsschüler.

224 René Dumont, französischer Ökonom, Bewunderer Che Guevaras.

225 Fritz J. Raddatz (geb. 1931), Literaturwissenschaftler, Redakteur, Lektor, viele Jahre Leiter des Feuilletons der »Zeit«, Autor und Herausgeber zahlreicher Bücher.

226 Bernward Vesper (1938–71), Ehemann von Gudrun Ensslin, Autor des Kultbuches »Die Reise« (1977).

men. Wie schwer war mir schon die Einleitung zu den Briefen gefallen. Bahman [Nirumand] und Gaston [Salvatore] hatten ziemlich kontrollieren und helfen müssen ... Die fiesen Interviews der SDS-Führung über mich schmerzen. [Unleserlich] sagte: Laß die machen, was sie wollen, deren politisches Ende ist abzusehen. Mein Grübeln könnte schwerlich nun geringer werden.

21. August 1968
Marino bei Rom
Christian [Semler] rief aus Berlin an, berichtete von der Sauerei der Russen – die ČSSR ist okkupiert worden. In Prag habe ich solch einen »Weg« für unmöglich gehalten, die tschechoslowakischen Studenten waren da viel »realistischer«. Als ich bei Christian fragte, ob ich nach Berlin kommen sollte, war seine Antwort: »Bleibt ruhig.« Gut gesagt, aber für den Kopf unmöglich. Mal sehen, was der SDS nun von sich geben wird. In Berlin hatten die auf meinen *Prag-Bericht*[227] *Ende März unbetroffen reagiert ...*

22. August 1968
Marino bei Rom
Die Telephon-Rechnungen von dem so freundlichen Hans Werner Henze[228] werden hoffentlich nicht übermäßiger werden. Bin unruhig, was soll werden mit den Tschechoslowaken? Werden die wie die Ungarn[229] reagieren? Wäre großer Wahnsinn. Was wird die KPI[230] sagen? In der Vietnam-Sache waren wir uns einig, jetzt kann der SDS nicht mehr mit SED zusammenarbeiten ...

227 Über Rudi Dutschkes Reise in die ČSSR des »Prager Frühlings« unter dem reformfreudigen Parteichef Alexander Dubček.
228 In dieser Zeit war Rudi Dutschke in Italien Gast von Hans Werner Henze (geb. 1926), Komponist, Dirigent und Regisseur.
229 Die Ungarn hatten sich 1956 bewaffnet gegen die sowjetische Okkupation gewehrt.
230 KPI: Kommunistische Partei Italiens, sie verfolgte damals den Kurs des »Eurokommunismus«, eine von Moskau weitgehend unabhängige Politik.

Im Garten der Villa von Hans Werner Henze: Gretchen, Rudi und Thomas Ehleiter (rechts), Italien, Sommer 1968.

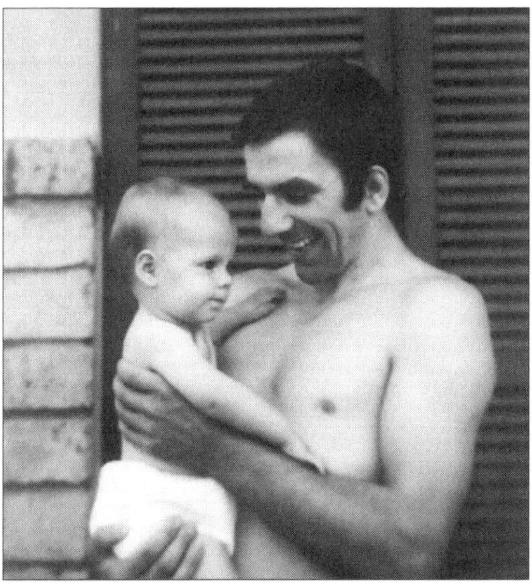

Rudi mit Hosea, Italien, September 1968.

1969

12. April 1969
London
Fühle mich etwas kampfbereiter und lernfähiger als in den letzten »schlimmen« Monaten – Dez. 68 bis jetzt. Bin entschlossen, den täglichen Lernprozeß mit aller Kraft durchzuhalten.
Kurzes Gespräch mit H[ubertus] Hü[ppoff[231]] über die Möglichkeiten der »studentischen Rebellion«, über die Entwicklung der letzten Jahre. Er ist ein »Skeptiker par excellence«, dennoch eindeutig auf der sozialistischen Seite schon seit Jahren, natürlich mit verschiedenen Kehrtwendungen. Geht nur zu Recht materialistisch von empirischen Tatsachen aus, verläßt innerhalb der Diskussion aber dabei nur zu oft die Dialektik, die Fähigkeit, das Subjekt-Objekt-Verhältnis unter den je spezifischen Bedingungen als Moment der möglichen Praxis tendenziell zu begreifen und der Wirklichkeit entgegenzuführen. Dennoch sind mir sozialistische »Empiriker« lieber als »Schlamm-Dialektiker«, die Gen[ossen] ohne konkreten und genauen Materialismus.
Habe an Thomas E[hleiter] Brief geschrieben, vielleicht taucht er hier auf, kann mich überprüfen, kann mir weiterhin richtige und genossenschaftliche Hinweise für die weitere Entwicklung von uns geben!

13. April 1969
London
Kurón, Modzelewski weiter gelesen, halte es für immer wichtiger, scheint mir wirklich die beste analytische und programmatische Entwicklung des revolutionären Sozialismus-Kommunismus der Länder der kapitalistisch-stalinistischen Vergangenheit und Gegenwart. Das Rätesystem im Verhältnis zu verschiedenen Arbeiterparteien zeigt doch – und gerade für uns – die Frage der Parteiorganisation

231 Hubertus Hüppoff und seine Partnerin Dorothea lebten zusammen mit den Dutschkes in einer Wohngemeinschaft in London.

Rudi mit Hosea, London, 1969.

erneut auf. Selbstorganisation, Parteiorganisationen im Leninschen Typus und Rätesystem müssen nicht notwendigerweise auseinanderfallen!?!

Selbstorganisation »verunmöglicht« zentralistischen Parteitypus (?), ermöglicht gerade die Benutzung der »Zentrale« als Vermittlungsmoment der dezentralisierten Basis-Zentren. Die für die Entwicklung der entscheidenden Produktivkräfte dominierenden Großbetriebe müssen immer mehr in den Mittelpunkt der Basisgruppen treten.

Die »revolutionäre Uni ...-Maschine« schickt allerdings bisher noch keine »Fokusse« in die Sprung-Zentren der entscheidenden Auseinandersetzungen. Es muß in den Betrieben aufgebaut werden, die Tätigkeit von außen kann doch wohl nur die andere Seite der Agitation, Propaganda und Organisation darstellen.

Das Milieu wird wohl erst zur Zeit wieder entdeckt bzw. produziert, in ihm erscheint das neue Bedürfnis auf der Grundlage einer sich bewegenden objektiven Situation. Die Verschiebung der lohnabhängigen Massen, die Verringerung der direkt produzierenden Arbeiter ist nur als Ausdruck des Niedergangs des Spätkapitalismus zu verstehen.

29. April 1969
London

Die letzten Tage, bis heute, waren selten positiv, fast immer negativ, voller Depressionen, völlige »Angst« vor Lern- und Arbeits[un]fähigkeiten. Die angeschossene Seite reagierte immer sensibler, die Gefahr von Anfällen damit »für mich« andeutend ... Es kam aber zu keiner Attacke, das Lesen und Verstehen scheint weiterhin steigerungsfähig zu sein. But I think that I'm really not able to learn English if my German is not real developed. For this reason I'm thinking very often to go back to a country, in which my learning-process in relation to »my country« language more »easier«. Gretka[232] is against a come-back to Germany, we shall see – many comrades want that I'm coming back – but the subjective situation of myself is not able to

232 Gretka: Gretchen.

»help« in relation to the revolutionary movement in W[est-]B[erlin] o[r] BRD ... The other side of my thinking is the question of »an official ›Dr.‹-Thesis« ... In the last years it was for me only a secondary problem, that's now not possible, because we must find a real new beginning of my life ... It is too much destroyed in the head. My nervosity (?) is real big, especially in relation to the cars or busses, airplanes a. s. o. in the streets ... Until now we have no answer.
We meet in the next days a prof. of psychology – specialist of questions to »Gehirnverletzungen« ... Eine entscheidende Grundfrage wird es sein, ob es mir gelingt, unter den veränderten jetzigen Verhältnissen, doch den Entwicklungsgang zu erreichen, den ich im Haus von H[ans] W[erner Henze] systematisch erfuhr und bestimmte.
Die Sprachschwierigkeiten gingen damals permanent zurück, jetzt gibt es Fortschritte und Rückschläge »zusammen«, »freies Sprechen« und »Druck-Sprechen«, was sich gegenseitig bekämpft.
Die neuen Worte und Begriffe, manchmal auch früher gelernt, richten sich nur sehr langsam ein, es kommt sogar vor, daß erlernte und klar erkannte und schon für das Gespräch »im Kopf« bereitstehende Teile nicht den Weg nach außen finden, irgendwie und irgendwo daran gehindert sind.
Die Revolution geht einen permanenten Weg, »irgendwann«, in nicht langer Zeit, werden wir wieder einen klaren Teil der Gesamtbewegung darstellen.

15. Mai 1969
London
Habe nun leider vor 2 Tagen eine dritte Attacke »absolviert«, wie die anderen, voll vermeidbar. Begann um 8:30 am Morgen mit dem Lern- u[nd] Lesetraining, hatte Schwierigkeiten, als ich nach einem kurzen Frühsport mit dem Lesen begann. Statt mich sofort hinzulegen, die »Pille« zu nehmen und dann »ruhig« anzufangen, konzentrierte ich sofort alle meine Anstrengungen auf »Lesen mit *Gewaltanwendung*« – das Resultat wurde einige Minuten später eindeutig sichtbar, ich »verschwand« für 15–20 min. von der »Oberfläche« ... Ein gestörtes Denken und Lesen war das »Resultat« ... Die

epileptische Tendenz meines Körpers ist *noch* eindeutig durch Widerspruchs- und nicht Antagonismus-Charakter bestimmt, ist darum bekämpfbar, weitgehend beeinflußbar – allerdings nur durch eine richtige Methode der Lösung von Widersprüchen –, die gesellschaftliche Dialektik und die »richtige Methode zur Lösung der Widersprüche« sind eindeutig bis in die individuelle Widerspruchssphäre anzuwenden!
In den letzten Monaten habe ich erstmalig etwas von meinem »destruktiven Charakter« gemerkt, muß sorgfältiger denn je Handlungen – und seien sie noch so klein – tief reflektieren!!

18. Mai 1969
London
Waren sehr nervöse Tage, endlich mit einzelnen Teilen der Frage der internationalen Organisationsform angefangen. Wesentlich scheint mir zu sein, ob es uns gelingt, die »dezentralisierten Zentralen« der einzelnen Gebiete permanent und systematisch miteinander zu vermitteln. Ungelöste Frage ist weiterhin die anerkannte Notwendigkeit der »Illegalität« als haltendes und treibendes Instrument der Trennung (Abspaltung) vom herrschenden System.
Die 3. Internationale hat uns kurze revolutionäre Ansätze gezeigt, sie gilt es erneut aufzunehmen – von ihnen ist aber wenig für die jetzige Situation zu erhoffen.
Die »Nationale Frage«, das Problem der deutschen Wiedervereinigung als revolutionäres Kettenglied des Angriffs gegen Spätkapitalismus und Revisionismus, muß endlich reflektiert werden, der Konterrevolution darf nicht der revolutionierende Boden der »nationalen Befreiung« innerhalb eines globalen Sozialismus-Kontextes überlassen bleiben.
Bin permanent nervös, die Abfahrt[233] steht »bevor«, Lösungen sind unsichtbar ...
Habe allerdings meine »unheimliche Angst« gegen das »Schreiben überhaupt« etwas aufgegeben – was für die Tendenz der Fähigkeit des Schreibens und Denkens einfach spricht ...?!

---

233 Nach Westberlin.

21. Mai 1969
London
Now I'm »going« to Berlin, *first of all to the Hospital*, second to the fighting comrades. From outside the information and interpretation of the radical-antiautoritär-socialist movement is absolute unclear and not exact. For this reason it would be important that we meet members from the comrades with class-instinct – out of the leadership.
If we come to the Berlin Airport the police will not do anything against me, because the capitalistic state-instrument is as a whole absolute bureaucratic, but the bureaucracy isn't totally contradiction. The antagonism of the system is totally, but the contradictions have always possibilities of going a »normal« and »unnormal« way.

2. Juni 1969
London
I was for 10 days in W[est-]Berlin, it was a living, »doing«, »discussing« and helping under the condition of real development and chaos – it's going together. A lot of groups and persons are going their own way. That's really good for the fighting against the state structure, but the content of the fight, the clear strategy etc. wasn't to find.
In the hospital the professors were real content with me. But difficulties for me are sure more or less for the whole life. Doesn't make »anything«, I will try all what I can do ...

23.–30. Juni 1969
London
8 Uhr Bett »verlassen«
½ Stunde Frühsport
9:30 – 14 Uhr – Arbeit = 4 ½ Stunden
15:30 – 18:30 – Arbeit = 3 Stunden
20:30 – 22:00 – Arbeit = 1 ½ Stunden

2 Tage primäres Lesen ... Exzerpte ...
1 Tag primäres Schreiben und Auswendig-Lernen

Konzentration auf Magister (Kommun[ismus], Marx/Eng[els]; Gesch[ichte] d[er] Arb[beiter]bew[egung]; Gesch[ichte] u[nd] Klass[en]bew[ußtsein])
Zusammenarbeit mit G.[234] und M.[235] (Kindertheater etc. ...; China[236] ...)

Methode der Arbeit:
a) *Chronologi[sche]* Erfassung des Inhalts der gelesenen Bücher ...
b) *Zitate* mit Zwischenbemerkungen ...

3. Juli 1969
London
Ein »beschissener« Tag geht vorbei, die Arbeitsfähigkeit und Entschlossenheit lagen niedrig. Immer wieder zeigt sich, daß eine kontinuierliche Entwicklung noch nicht zu finden ist, die Tage gehen ohne erfaßte und treibende Elemente vorbei, ohne diese wird die Permanenz der Rückschläge erhalten bleiben. Vor 2 Tagen, kurz nach dem Ankommen der Antwort von Bahman [Nirumand], hatte ich sofort mit einem Antwort-Brief begonnen, ging gut voran; plötzlich erschien die »Roprekorr«[237], tauchte Bernds [Rabehls] Artikel über die »Weltkonferenz« der Revisionisten[238] auf, schon wurde ich nervös, habe ihn bis heute noch nicht wirklich durchgelesen. Mein Freund und Kampfgefährte, der schon seit 64/65 mit mir zusammen ist, immer die falsche »2. Stelle« in der Gruppe und »Öffentlichkeit« einnahm bzw. einnehmen mußte, ist inzwischen »nach vorne gerückt«, was noch viel wichtiger ist, hat in den letzten 2 Jahren sich durch sorgfältiges Studium der »Werke« und der bestehenden Verhältnisse neu weiterentwickelt und politisch-theoretisch neu bestimmt. So jedenfalls »hört man« es, persönlich bin ich, psychologisch wohl verständlich, zur Zeit »neidisch« und »besorgt«, was sich

234 Vermutlich Gretchen Dutschke.
235 Vermutlich Manfred Scharrer.
236 Die Dutschkes überlegten, ob sie nach China reisen sollten.
237 »Roprekorr«: »Rote Pressekorrespondenz«, von Feltrinelli finanziertes linkes Organ in Westberlin.
238 Im Juni 1969 trafen sich Vertreter von 75 kommunistischen Parteien in Moskau.

im Grunde nur auf mich bezieht. Bin einfach in *allen* Bereichen schwach, »kämpfe« an vielen Stellen falsch, so entstehen leicht Verdrängungen und Rationalisierungen – jetzt erst recht. Zumeist konnte ich x-fach – vor dem Attentat – durch Arbeit und Entwicklung schon vorhandene Gefahren sublimieren und instrumentalisieren; das ist jetzt nicht mehr der Fall, der »Griff«, der Besuch des Psychoanalytikers wird immer unerläßlicher ...

4. Juli 1969
London
Den heutigen Tag etwas »tätiger« verbracht; am frühen Morgen mit Ho schon spazierengegangen, er findet sich immer deutlicher zurecht, instrumentalisiert die Tätigkeit zwischen und auf den Straßen, nähert sich wohl immer mehr der Sprechfähigkeit und der Doppel-Sprache. Haben Benjamins[239] Programm über die Kindererziehung in der Gestalt des Kindertheaters gelesen, habe seine Methode der Beobachtung als Mittel der Erziehung heute schon praktiziert, Ho immer sichtbarer zum »Diktator« seiner Bedürfnis- und Handlungssphäre werden lassen, diese »Diktatur« ist schöpferische Selbsttätigkeit. Wir haben uns dem sich entwickelnden und bewegenden Kind zu »unterwerfen«, soll heißen, wir dürfen das Kind nicht mit Hilfe von gesellschaftlich bedingten »Sachzwängen« – in verschiedenster Einschätzung – unterdrücken. Ho drückt schon jetzt »proletarischen Klassencharakter« aus, weil sein lebendiges und handelndes Verhalten immer selbständiger geworden ist; die wohl nun entstandene antiautoritäre Verhaltensweise wird die entscheidende Permanenz der Entwicklung, wenn wir die Methode der Beobachtung richtig handhaben, »gewährleisten« ...

Diktatur der Proletariats → sich »rationalisierende« Diktatur d[es] Kindes ...
Universelle Diktatur des globalen Individuums.

---

239 Walter Benjamin (1892–1940), Wissenschaftler und Schriftsteller, stand der Frankfurter Schule nah.

Rudi in Irland, 1969.

Gretchen und Rudi, Irland, 1969.

Durch den Kampf – in den verschiedensten historischen Perioden – entstehen wieder und neu die Klassen, die zwar nie völlig – objektiv – beseitigt waren, aber noch untätig »gehalten« wurden, ihre eigene Kraft noch nicht wiedergefunden hatten. Der kämpfende Teil der Intelligenz »kommt« aus dem »Kleinbürgertum«, das in der Klassenanalyse verschiedene Bestimmung findet. Proletariat und Kleinbürgertum standen sich historisch nie prinzipiell gegenüber, ihre objektive Klassenlage war proletarisch, obwohl das »Kleinbürgertum« zumeist von der herrschenden Klasse voll benutzt werden konnte.

5. Juli 1969
London
Von den politischen Auseinandersetzungen hören wir in »GB«[240] recht wenig, die Kommunikation und Vermittlung mit den Zuständen und Kämpfen der verschiedenen Länder ist äußerst gering, fast gar nicht existierend. Heute erschienen Glucksmann[241] und Genossen mit Charles [Posner][242] bei uns, es kam zu einer kleinen Diskussion über die Frage der Internationalisierung des Klassenkampfes durch die immer eindeutigere Verschmelzung und Vertrustung des Kapitals auf internationaler Ebene. Der Aufbau von Basisgruppen in den verschiedenen Ländern, die eine Vermittlung zwischen den revolutionären Kräften der verschiedenen Sphären zustande bringen könnte (sollte) – und zwar in den Großbetrieben der spezifischen Bezirke –, wurde ein »reiner« Gegenstand einer beginnenden Information ...
Waren vorher im Hyde-Park, wollten uns die »Rolling Stones«[243] anhören; es war relativ langweilig, dennoch ist es ein permanentes Phänomen, daß es diesen »Musikern« der »jungen Generation«, die ohne politisch definierte »Einschätzungen« der gesellschaftlichen Situation in der Lage sind, ca. 70.000 o[der] m[ehr] für »sich« auf

240 GB: Großbritannien.
241 André Glucksmann (geb. 1937), damals maoistisch beeinflußter Philosoph.
242 Ein Bekannter der Dutschkes in London.
243 Es handelt sich um das legendäre freie Konzert der Rolling Stones im Hyde Park, auf dem sie ihren neuen Gitarristen Mick Taylor vorstellten, der an die Stelle des verstorbenen Brian Jones trat.

»die Beine« zu bringen, – die »Linken«, zumeist mit Begriffen und Inhalten der »Tradition« arbeitend, einfach nicht in der Lage sind, die »neue Generation«, bei Marx in der D[eutschen] I[deologie][244] darüber etwas zu finden, analytisch und politisch wendend zu erfassen …

6. Juli 1969
London
Um 11:00 Uhr mit Glucksmann und 6 anderen fr[an]z[ösischen] Gen[ossen] eine langandauernde Diskussion – bis um 20:00 – begonnen. Die Hauptkriterien waren:
a) Zerschlagung der Universität
b) Verwandlung des Studenten … in den proletarischen Produzenten
c) militante Arbeit in den Betrieben …
d) Internationalisierung des Klassenkampfes durch die verschärfte Vertrustung und Verschmelzung des Kapitals – Möglichkeit d[er] intern[ationalen] Antworten des Proletariats in den verschiedenen Ländern durch Kooperation und gemeinsame Aktionen!?? – Ökonomismus / Politik / pol. Ökonomie → Kulturrevolution …
e) Begriff der Kaderbildung in den verschiedensten Formen – Elitebildung in »trotzkistischer« oder »spätleninistischer Form« …
f) Problem der »revolutionären Berufspraxis« des Studenten »echte« Revisionismusgefahr … (?!)
g) Internationale Diskussion durch vorbereitete Wochenkonferenzen als Voraussetzung »gemeinsamer« Aktionssphären …
h) Differenz des Revisionismusproblems zwischen Frankreich und W[est-]B[erlin]/BRD!?
i) Prinzip der universellen Kulturrevolution, ohne sie die Emanzipation der Arbeiterklasse durch die Arbeiter selbst unmöglich …
j) meine/unsere hiesige Vermittlungsfunktion zwischen den einzelnen Gruppen …

244 1845 verfaßte Karl Marx gemeinsam mit Friedrich Engels die Schrift »Die deutsche Ideologie«.

7. Juli 1969
London
Zu a) Das »Universitätsproblem« ist weder theoretisch noch praktisch lösbar, natürlich nur betrachtet in bezug auf die gegenwärtige Periode. In W[est-]B[erlin] und BRD stellt die Rebellion an der Uni ein permanentes Lehrstück als Möglichkeit dar; diese Lehrstück-Möglichkeit – und zwar für die verschiedensten Fraktionen der Arbeiterklasse – ist x-fach politisch und taktisch falsch gehandhabt worden, zu einem großen Teil auf das gesellschaftl[liche] »Theorieverständnis« der »Kritischen Theorie« zurückzuführen.
Die Neu-Bestimmung des Lehr-Stück-Charakters durch die Ereignisse und Kampfformen in Hannover kann schwerwiegende Konsequenzen für die revolutionäre Arbeit haben. – a) der Klassenkampf wird auf finanzielle Hilfe für die Klasse beschränkt – oder – b) durch Einheitsfront bezüglich der Unterstützung von ökonomi[schen] Interessen kommen wir zur Neubestimmung der Klassenlage und des Klassenkampfes ... ganz zu schweigen von: ohne direkte Aktionen gegen die herrschende Klasse, ohne sinnliche Erfahrungen der Arbeiterklasse im eindeutigen Klassenkampf gegen die bestehenden gesellsch[aftlichen] Verhältnisse der Herrschaft des Kapitals wird es keine »Rekonstruktion« der Arbeiterklasse geben. Die Klasse des Proletariats kämpft oder existiert nicht ...
Für die deutschen Gen[ossen] ist die Uni wohl noch für lange Zeit ein mitentscheidendes Instrument für die Politisierung der Massen, die Uni »müßte« (soll) eine »revolutionäre Maschine« für den Aufbau und die Neubestimmung des Klassenkampfes sein.
Wie ist damit aber die Marxsche Grundthese erfüllbar – »die Befreiung der Arbeiterklasse« ist nur möglich durch die Arbeiterklasse selbst?
a) So schnell wie möglich die »Schließung der Uni« erzwingen ...(??) – das Kapital benötigt die Uni ..., und »die Studenten« sind durchaus nicht radikal. Darum müssen wir wohl »halten« und »erweitern«, was wir können, allerdings schon mit dem tragenden Prinzip des Aufbaus und der Durchführung des Klassenkampfes außerhalb der Uni; d. h. in der Großindustrie etc. ...
b) Können bzw. sollen sich entwickelnde Studenten, die »irgend-

wann« – höchstwahrscheinlich noch unter kap[italistischen] gesell-[schaftlichen] Verhältnissen – ihr Studium beenden, Arbeiter (Teil des Proletariats) werden?!

c) Sollen wir prinzipiell den Abschluß unseres Studiums verunmöglichen, um den Aufbau elitärer Einflußmöglichkeiten auf das Proletariat zu verhindern? Die »Elite« ist Resultat unterentwickelt gehaltenen Klassenbewußtseins bei den »Führern« der einzelnen Gruppen, ist allerdings auch Ausdruck der Herrschaft des Kapitals über die Arbeiterklasse, deren Klassenbewußtsein infolge des Fehlens [eines sich] entwickelnden Klassenkampfes niveaulos noch ist.

Die zukünftige Gesellschaft sollte eine einzige Universität sein?! (Prinzip d[es] Kampfes)

8. Juli 1969
London

Am Vormittag erreichte uns per Telephon durch Christoph[245] eine nicht erwartete, im tiefsten »Hintergrund« stark enttäuschende »Meldung«: G[aston Salvatore] verläßt mit größter Wahrscheinlichkeit in 2 o[der] 3 Tagen »sein« Land Chile, kehrt nach »Europa«, diesmal wohl nach Rom zurück. In einem zwar langen, aber in sich zutiefst widersprüchlichen Brief »erklärte« er Ch[ristoph] die Gründe für die »Wiederkehr«: MIR[246] in sich mehr denn je gespalten, Polizei habe seine »Häuser« und »Materialien« ... ihm weggenommen, [er] werde permanent verfolgt, politische Arbeit sei insgesamt unmöglich geworden ...

Ich fühlte mich nach diesem Gespräch mit Ch[ristoph] äußerst unglücklich, besonders, weil ich durch längere gemeinsame Kampferfahrungen mit Gaston weiß, daß er innerhalb einer durch Dialog sich bewegenden, durch Kampf vereinigenden Gruppe von größter Handlungsfähigkeit ist: ganz zu schweigen vom Charakter des rev[olutionären] Typus der aktivsten Periode, der sein ganzes Leben der Revolution gibt, der aber in einer Periode schwierigster Klein-

245 Vermutlich der Dirigent Christoph Eschenbach (geb. 1940).

246 MIR: Movimiento de Izquierda Revolucionario, 1965 gegründete revolutionäre Bewegung in Chile, die sich an Castro orientiert.

arbeit in einer Übergangsperiode erst recht der rev[olutionären] Hilfe von Genossen bedarf. Ohne Hilfe und Liebe gibt es nur wenige Rev[olutionäre], die in der Lage sind, die verschiedensten Etappen der Revolution permanent und systematisch zu »überstehen« ... Nie dürfen wir es wieder zulassen, daß ein Gen[osse] »abfährt« ohne breiteste »kritisch-materialistische« Vorbereitung. Fehler von Gaston und uns:

a) ein Gen[osse], der aus einem »fremden« Land kommt und in einem »neuen« Land sich neu bestimmt und aufgebaut hat – auch durch die Arbeit mit den neuen Verhältnissen und Gruppen –, darf auf keinen Fall aus »nationalen« oder »sprachlichen« Scheingründen zur Abreise aufgefordert werden ...

Gaston war ein Revolutionär der Metropolen geworden, also hätte er »eigentlich« sie für »längere Zeit« »vielleicht« gar nicht verlassen sollen ... (Bolívar[247] war nach »Europa« gekommen, um von dort herauszuholen, was für seinen Kontinent Lateinamerika relevant war, weiter wollte er nichts: Gaston entwickelte sich erst rev[olutionär] in Europa ...)

b) Das Spiel der »Revolution« ist endlich vollständig beseitigt, schließlich kann jeder »Spieler«, sogar der nicht tief klassenbewußte Gen[osse], schnellstens von der Herrschaft zerschlagen werden.

Gastons »Hauptfehler«: kaum »zu Hause«, läßt er sich in den Manipulationszirkel von Rundfunk und Fernsehen treiben, statt in absoluter Zurückhaltung, ohne »deutsche Berühmtheiten« und »Genossen«, klar langsam und langfristig [zu] beginnen, die Zusammenarbeit mit »MIR« mußte so notwendigerweise scheitern, wie ich an G[aston] schrieb: MIR muß Dich integrieren, um von Dir innerhalb der Partei revolutioniert zu werden – beides kam nicht zustande ... Ein Gaston geht der Revolution *nie* verloren, sogar dann nicht, wenn er die »kulturbolschewistische« Sphäre in den »Mittelpunkt« stellt ...

---

247 Bolívar Echeverria, ein Freund von Rudi Dutschke aus Ekuador. Echeverria ist ein marxistischer Theoretiker und arbeitet als Professor an der Universität von Mexiko City.

9. Juli 1969
London
Gretka, Ho und ich besuchten die Botschaft der sozialistischen chinesischen Volksrepublik. Wußte auf der »Straße der Botschaften« nicht die genaue Adresse der chinesischen Genossen, obwohl ich schon einmal mit Freunden dort gewesen war. Wir suchten herum, fanden nicht, ich und Ho im Wagen suchten weiter, Gretka ging richtigerweise zum nahewohnenden Charles, erreichte schnell die Botschaft, während »wir« [uns] noch herumtrieben. Fanden dann Chr[istoph] kurz an der Ecke vor der Botschaft, er brachte uns zur »richtigen Tür«, so stand schließlich objektiv der »Besuch der Genossen« sicher ...; klingelten, Ch[ristoph] zog sich zurück, schließlich war sein Besuch mit Manfred [Scharrer[248]] nicht »erfolgreich« verlaufen, ein Genosse öffnete, war freundlich, schließlich war Gretka schon drin, hatte uns angemeldet, Ho und ich folgten, in der Hand hatte ich den x-fach unterstrichenen Lin-Biao[249]-Artikel vom 1. 4. auf dem Kongreß[250] – die »Empfangsbedingungen« waren also in jedem Falle damit äußerst günstig, die »objektiven Bedingungen« waren nur noch »subjektiv« dialoghaft zu instrumentalisieren ...
Ein »junger Genosse« hörte sich dann meine Fragen bezüglich des Referats vom Gen[ossen] L[in] B[iao] an, zog sich zurück, Ho spielte im Hause herum, »besetzte« »offizielle Räume«, die ihm nicht »gehörten« – schließlich erschien ein »über 40 Jahre« »alter« Genosse, begrüßte uns, forderte uns auf, ein »anderes« Zimmer mit ihm aufzusuchen. Wir kamen so in ein bisher unbekanntes Zimmer mit mehreren runden Tischen und Stühlen mit grüner »Arschgrundlage«. Ho fand eine Bücherwand zuerst, holte vieles heraus – der Genosse war einverstanden –, konzentrierte sich dann aber für eine ½ Stunde auf Streichhölzer, die er vom Tisch heruntergeholt hatte – blieb »ruhig« ...

248 Manfred Scharrer (geb. 1945), Werkzeugmacher, Studium der Geschichte und Politik, zahlreiche Veröffentlichungen zur Geschichte der Arbeiterbewegung, lebt in Berlin und Mosbach (Baden). Enger Freund Dutschkes.

249 Lin Biao gehörte lange Jahre zur Führung der Kommunistischen Partei Chinas und galt als Nachfolger Maos. Nach Fraktionskämpfen stürzte er angeblich 1971 im Flugzeug über der Mongolei ab beim Versuch, in die Sowjetunion zu fliehen.

250 Volkskongreß, »Parlament« in der VR China.

Gretka und ich begannen mit den Fragen, ich war ziemlich nervös, schließlich mußte und wollte ich verstehbares Englisch sprechen, obwohl natürlich Gretka immer helfen konnte.
Die erste Frage bezog sich auf L[in] B[iaos] Hinweis, daß vor der Kulturrevolution der Sozialismus in China an vielen Orten und Bezirken nur der Form nach, aber nicht dem sozialistischen Inhalt entsprach. Die »Antwort« war ideologisch, hatte aber einleuchtende materialistische Grundlage: a) der Gen[osse] Mao hat es schon seit langem gewußt, daß Lin ein Agent ... der Konterrevolution, des Revisionismus und der SU gewesen ist ... b) daß Lin schon in den zwanziger Jahren mit den Kuomintang[251] des »öfteren« zusammengearbeitet habe, später die revisionistische Pro-SU-Partei-Richtung ausdrückte, die »Beendigung der Revolution« proklamierte, die Kommunen in Privat-Bauernschaften umwandeln wollte, den Klassenkampf für »beendet erklärte«, vieles blieb dennoch unklar, vielleicht ist von den chin[esischen] Gen[ossen] erst dann mehr zu hören, wenn die revol[utionären] Beziehungen zwischen ihnen und uns weiterentwickelt sind ...
Eine zweite Frage konzentrierte ich auf das Verhältnis der Notwendigkeit des Prozesses der Weltrevolution in bezug auf die bis dahin permanent mögliche Entstehung der Bourgeoisie und des Revisionismus – und zwar in den verschiedensten »sozialistischen Ländern«. Er hielt das für richtig, [ver]wies auf Mao, der eindeutig darauf insistiere, daß der Sieg des Sozialismus *in der ganzen Welt* die entscheidende Voraussetzung für die Zerschlagung der Klassenkämpfe darstelle, allerdings nur, wenn der Prozeß des kämpfenden Klassenbewußtseins eine *neue Grundlage der Widersprüche*, eine tiefe sozialistische Weltgesellschaft durch die siegreiche Weltrevolution erreicht hat ...
Haben dann recht lange über die Entstehung des sowj[etischen] Revisionismus gesprochen, ihn nicht auf »Chruschtschow und dann« beschränkt, war einverstanden, daß die Partei schon unter der Führung von Stalin den revolutionären sozialistischen Weg nicht

251 1912 gegründete Partei im vorrevolutionären China, seit 1949 Regierungspartei in Taiwan.

durchführte, allerdings auch noch nicht klar revisionistische Tendenzen zeigte. Die Fehler der Partei unter der Führung von Stalin bestanden, so meinte der Gen[osse], im »wesentlichen« darin, keine Methode zur Handhabung von Widersprüchen innerhalb der Partei, der Gesellschaft etc. entwickelt zu haben, nicht einmal die Dialektik der Widersprüche als entscheidendes Problem begriffen zu haben ...
Bald begann er zu fragen, woher wir kommen, was wir in England wollten, wie wir »finanziell« leben könnten, welche politische Arbeit wir gemacht hätten ...
»Lustig« war, als er fragte, ob ich [in] Bonn die Arbeit geleitet hätte ...
Schließlich wurde Ho unruhig, Ho und Gretka gingen zu Charles, wir diskutierten allein weiter, sprachen über »Osteuropa«, über Arbeit in der Partei und Aufbau neuer Organisationen außerhalb der Partei; hielt eine »Doppelarbeit« für unerläßlich. Bald beendeten wir die »1. Sitzung«, war richtig genossenschaftlich, werden ihn o[der] andere wohl bald mal wieder treffen ...
Gretka erzählte später, daß sie glaubt, in der Zeit, in der wir auf der »Botschaftsstraße« suchten, einen Bus an uns hat vorbeifahren sehen, in dem viele Mädchen und Jungen mir (uns) die erhobene »rote Faust« zuwinkten; habe es leider nicht gesehen, halte es für möglich, zeigt die gegenwärtige Zukunft der Revolution in Deutschland, ganz zu schweigen von der Welt ...

England-Neu-Zulassung gelungen, können also »ohne Sorgen« ... Polly-Hester oder Brecht-Thomas auf uns zukommen lassen; wäre auch sonst »gelungen« ...

10. Juli 1969
London
Fast den ganzen Tag im »neuen Haus« und der jetzigen Umgebung von Erich [Fried[252]], Cathleen und Gen[ossen] mit Ho und Gretka »vollbracht«, ihr neues, gerade gekauftes Haus ist in sich voll

252 Erich Fried (1921–88), politisch engagierter Lyriker, lebte seit 1938 in London. Enger Freund Rudi Dutschkes.

»verbesserungsfähig«. Ho fühlte sich großartig, schließlich fand er überragenden Dreck, alle möglichen technischen Apparate, bereitete uns keine »Schwierigkeiten« ... (Hobel, Sandpapier, Raspel, Nägel, Schraubenzieher, Säge, Drahtzange).
Manfred [Scharrer], Christoph und ich reinigten die Fensterrahmen. Nach 2 Stunden war ich »tired«, ruhte mich aus, fuhr fort mit der »Hilfe«, lange ließ das Mittagessen nicht mehr auf sich warten.
In der »alten Wohnung« von Erich, in die wir zurückkehrten, begann Ho unruhig zu werden, kam erst um 2:00 Uhr ins dortige Bett, wo Petra [Fried][253] noch bis dann schlief – wachte durch »Beobachtungsbesuch« von mir auf, ein unruhiger Nachmittag begann, die unbekannten Verhältnisse und die Menschen dort »veränderten« Hos Haltung, die sich erst wieder »zu Hause« normalisierte ...
Beginne wieder intensiv und regelmäßig mit dem Studium der »Deutschen Ideologie«[254], werde mir dadurch eine »kritisch-materialistische« (Korsch[255]) Grundlage der praktisch-theoretischen Arbeit wohl schaffen können.
Zu den »kulturbolschewistischen Industriellen« werde ich nicht hinzustoßen können und, was wichtiger ist, nicht wollen. Das Marx-Studium, genauer, das Studium der »kritisch-materialistischen« Theorie, und zwar der praktischen Theorie, führt »notwendigerweise« für den »revol[utionären] Typus« zum klaren Klassenkampf, zu Agitation, Propaganda und Organisation ...

11. Juli 1969
London

Abends Besuch von Schlacker[256], Ann und einem Gen[ossen] aus Ulm erhalten; hat uns viel von den »Fraktionierungen« innerhalb des SDS in Frankfurt erzählt: a) »aktionistische« und antiimperialisti-

253 Petra Fried (geb. 1965) ist die Tochter von Erich und Catherine Fried.
254 Schrift (1845) von Marx und Engels.
255 Karl Korsch (1886–1961), marxistischer (Geschichts-)Philosoph, 1923 Mitbegründer des Instituts für Sozialforschung, zeitweise Mitglied der KPD. Vermutlich las Rudi Dutschke Korschs Schrift »Die materialistische Geschichtsauffassung« (1929).
256 Spitzname von Gustav Lamsche, eines Vertreters des westdeutschen SDS in Paris. Er arbeitet heute als Medienmanager und Filmemacher in London.

sche Gruppe ... b) »Betriebsinteressen-Arbeit« der Basisgruppen, deren »antikapitalistischer Charakter« – ohne antiimperialistischen – wohl kaum damit zu bestimmen wäre, schließlich ist die sogenannte Politisierung von Betriebsinteressen in sich zweifelhaft. Trade-Unionismus in »linker Form« hat noch wenig mit Klassenkampf zu tun. Der Gen[osse] Krahl nimmt zur Zeit »Zwischenposition« – mit »Aktivismus-Tendenz« – ein ...
Der SDS als »Organisation« existiert »nicht mehr«, was allerdings »früher« prinzipiell auch nicht »anders« war, dennoch haben sich die gesellschaftlichen Verhältnisse, die Neubestimmungen der revolutionären und revisionistischen Politik erst in der »letzten« Periode der Bewegung durchgesetzt ...
Ann und Schlacker haben über »Cinema Action« berichtet. Produktion von Filmen für die Produzenten in den Betrieben; wichtiges Instrument zur Erfassung und Beobachtung der Klassenlage und des Klasseninstinkts; wichtige Kooperation zwischen den »Film-Produzenten« und den unter dem Produktionsprozeß lebenden, leidenden und produzierenden Menschen ...
Kann diese Form der Film-Herstellung, die Neubestimmung des Inhalts, der Rolle und der Funktion *ein tiefes Instrument zur Herstellung von Klassenbewußtsein werden?*

12. Juli 1969
London
Ho ruft nun schon relativ regelmäßig Rudi, dieser »neue Name« wird allerdings wiederum für viele Personen, aber wohl nicht Sachen, benutzt ...
Haben gerade die Genossin Leviné[257] besucht, sie hatte eine »Genossin von früher« bei sich, die Genossin Seyler, die die lebendige Rosa L[uxemburg] zum letzten Mal 1920[258] in Berlin gesehen hatte. Beide waren »voller Schwung«, durchaus nicht »senil«, versuchten uns immer wieder die Notwendigkeit der »Partei-Organisation« zu

257 Rosa Meyer-Leviné (1899–1979) war die Ehefrau von Eugen Leviné und nach dessen Hinrichtung des KPD-Vorsitzenden Ernst Meyer.
258 Ein Irrtum, Rosa Luxemburg wurde im Januar 1919 ermordet.

erklären. Als ich ihnen entgegenhielt, daß die revol[utionäre] Parteien-Struktur der Vergangenheit angehöre, wir unter »völlig« veränderten ökonomischen und gesellsch[aftlichen] Bedingungen mit der Rekonstruktion des revol[utionären] Klassenkampfes beginnen, hielten sie mir entgegen, daß auch unter veränderten Umständen »gleiche Prinzipien« des rev[olutionären] Kampfes beibehalten [werden] müssen, daß also »unter allen gesellsch[aftlichen] Bedingungen« der Aufbau einer »festen« und »geschlossenen Partei« eine unerläßliche Voraussetzung für die Zerschlagung der Konterrevolution darstellt.

»Wir brauchen keinen neuen Lenin, wir haben ihn gehabt, wir brauchen nur bewußte und entschlossene Genossen in den verschiedenen Ländern, die ein radikales Programm entwerfen, einen klaren Weg des Kampfes zu gehen, die Partei fest und geschlossen zu konstituieren. Als ich ihr, der Gen[ossin] Leviné sagte, im Prozeß des Kampfes wird sich das organisatorische Problem »lösen können«, warf sie mir »altbekannten und noch gefährlicher gewordenen Luxemburgismus[259]« vor.

Wenn man sich bei ihr weitgehend zurückhält, wenige neue Positionen zeigt, vielmehr Fragen stellt, so ist in der Tat weiterhin bei ihr zu lernen ...

Ho war der eigentliche »Chef« des Besuchs, arbeitete in diesen 2 Stunden permanent, ob nun mit einem »Flugzeug«, das er geschenkt bekam, oder mit einem großen Radio, das er immer wieder »anmachte«, veränderte, ausmachte, Türen zuschlug, aber nie seine Finger traf ... oder anderes mehr ... Gretka fühlt sich unter den »Alten«, wie wohl auch sonst wir alle, die wir mit der früheren revolutionären Generation erst jetzt eine Beziehung hergestellt haben, einfach etwas »nervös« – sonst ging alles gut »vorüber« ...

---

259 »Luxemburgismus« war ein stalinistisches Feindbild und bezog sich auf die angebliche Parteifeindlichkeit (»Spontaneität«) Rosa Luxemburgs.

13. Juli 1969
London

Besuchten eine links-»liberale« amerikanische »Familie«, Kahn[260], »er« ist Professor für chinesische Geschichte im 18. Jahrhundert, lehrte in Stanford, arbeitete in Tokio, Hongkong, lehrt nun hier in London, kehrt aber bald wieder nach Amerika zurück. Sind gut bekannt mit unseren Freunden John, Su[261] etc., will sich für uns für ein »stipendiensicheres Studium in Amerika« einsetzen, hält es durchaus für möglich, daß mit Hilfe der Uni-Einladung die amerikanische Aufenthaltsgenehmigung »relativ« »sicher« »sein kann«.

Die ganze »Amerika-Studium-Idee« ist für mich ein doppeltes Problem: a) moralisch-politisch: die frappierende Zunahme der deutlichen Faschisierung in der BRD benötigt alle kampffähigen Genossen, ich kann at time allerdings wenig »leisten«, muß »lernen«, mich entschlossen, diszipliniert und relativ »langfristig« vorbereiten – diese Idee sogar fällt mir schwer …

b) Sprach-Schranke; zwar gibt es eine sichtbar werdende Entwicklung, dennoch geht es weiterhin »langsam« (»slowly«) …

Die »endgültige« Entscheidung ist noch nicht gefallen, wir werden sie bald wieder treffen, werden halt »alles mögliche« durcharbeiten …

Sicher ist nur, daß ich die revol[utionäre] Praxis in Deutschland wiederaufnehmen werde, dieses Zentrum des Faschismus und der spätkapitalistischen Erscheinung – ganz wichtig auch d[er] Revisionismus in der DDR – muß und wird zerschlagen werden, die Revolution wird ihre Kinder entwickeln und bei sich behalten … Allerdings hat der universelle Charakter der Revolution sich immer mehr durchzusetzen.

---

260 Es handelt sich offenbar um Prof. Harold Kahn.
261 John und Sue Flores.

14. Juli 1969
London
Briefe von !Vater! und Ro[wohlt]-Raddatz erhalten. Alfred[262], der nun schon seit einigen Wochen für eine Gallen-Operation im Ost-Berliner Krankenhaus liegt, hat offensichtlich die Zeit benutzt, um noch einmal das »familienfeindliche Treiben« des »geliebtesten Sohnes« zu reflektieren. Ich kann ihn gut verstehen, die Zeit der »Anerkennung« der »Berühmtheit« ist schließlich vorbei: noch immer hat der Sohn keine »sichere Stellung«, Studium nicht »beendet«, als ob wir es je beenden würden … – etc. etc. Wie dem auch sei, unser Weg ist klar! Wir werden ihn dennoch einladen, vielleicht lernt er hier einmal den Charakter, die Form und den Inhalt des Kapitalismus in England kennen. Mitglied der SED wird er wohl nicht werden wollen, vielleicht die Brüder – überall müssen revol[utionäre] Zellen »einfach« aufgebaut werden.
Raddatz schickte Bücher, schrieb »netten« Brief, soll mal etwas von mir hören lassen, bezog sich »durchaus« nicht auf Verlagssphäre …
Habe heute mich nicht »perfekt« gefühlt, wahrscheinlich muß ich mehr sportliche Tätigkeit mit Ho und allein betreiben …
Ho hat einen eigenen Swimming-pool, treibt sich stundenlang im Wasser herum, ist allerdings kein »richtiges« Schwimmbecken, dennoch ist seine Selbständigkeit und »Kampf-Kraft« immer weiter ansteigend.

15. Juli 1969
London
Jörg, Barbara und Anna uns gestern unerwartet besucht, war überrascht, in der ersten Zeit etwas nervös, konnte mich dann aber beruhigen und wir hatten eine kurze Diskussion über die vor kurzem erschienenen französischen Genossen und ihre Vorstellungen.
Waren uns darüber einig, daß die »Proletarisierung« der »studentischen Rebellen« eine revolutionäre Notwendigkeit ist, schließlich wird unser Programm die Abschaffung der Arbeitsteilung und der kapitalistischen Arbeit in den Mittelpunkt der praktischen Theorie

262 Rudi Dutschkes Vater.

stellen. Die sogenannte »revol[utionäre] Berufspraxis« hat in sich »Revisionismustendenzen«, schließlich entstehen aus den bürgerlich ausgebildeten Gen[ossen] die neuen Techniker und Manager, es sei denn, daß die klar konzipierten Genossen-Fokusse der rev[olutionären] Berufspraxis bestimmt werden vom Prinzip der infiltrativen Gruppen-Aufbau-Arbeit, um schließlich herausgeschmissen zu werden; allerdings [um] einen wartenden und schon im Betrieb aufgebauten »Fokus« zu hinterlassen.

Sprachen über (den Aspekt der) Automation, die ja doch wohl eindeutig einen immer größeren Einfluß gewinnt. Die Marxschen Thesen u[nd] Analysen der D[eutschen] I[deologie] werden immer materialistischer, die kritische Theorie fällt immer mehr zusammen; destruktive »Produktiv-Kräfte« sind überall zu finden, der Weltmarkt und der daraus zu begreifende Verkehr sind auf dem besten Wege, einen vollen universellen Charakter zu erreichen – oder [haben ihn] schon ...!?! Die von Marx »geforderte« »Revolution aller Völker zur gleichen Zeit« – scheinbar undialektisch – wird geschehen! – Nur dann werden wir von Kommunismus und Freiheit sprechen können, durch permanenten langen Marsch dieselben erhalten können ...

16. Juli 1969
London

Hubertus [Hüppoff] und Dorothea kehrten aus W[est-]B[erlin] und der BRD zurück, berichteten kurz über ihre Vorträge (Do[rothea] – Wohnungsproblem i. d[er] BRD, Hu[bertus] – Engl[ische] Arbeiterbewegung) in Kassel, können eventuell in der dortigen Hochschule einen »Job« erhalten; werden höchstwahrscheinlich Ende Oktober London verlassen ... »Neues« oder »Wesentliches« innerhalb des politischen Rahmens des antiautoritär-sozialisti[schen] Lagers wußten sie nicht zu berichten. Eine furchtbare Mitteilung war der Tod (Krebs) von Martin Landau, den ich schon seit vielen Jahren – wohl ab 1962 – kenne, der ein klarer sozialistischer Journalist und Agitator hätte werden können, schließlich sogar schon – durch Hubertus vermittelt – bei den Gewerkschaften klare – soweit möglich – Politik betrieben hat. Der Tod kam »sehr« schnell – was kann man schon dazu sagen ...

Trafen Klaus M[eschkat] noch in Amsterdam, er wird noch etwas von sich hören lassen. Der »Vertrag« über die Arbeit in Kolumbien ist schon abgeschlossen, wird wohl auf keinen Fall sich »rumkriegen« lassen. Bei der zunehmenden Faschisierung und Revolutionierung in der BRD ist die weitere Abwesenheit von Klaus falsch und unglücklich – unsere Vorbereitungszeit wird immer geringer... Mond-Ideologie und materialistische Praxis haben begonnen ...

17. Juli 1969
London
Hosea hat wieder lange geschlafen, wohl eindeutiger Ausdruck eines tätigen Lebensniveaus, seine Lebensbedingungen und die daraus sich entwickelnde Charakterstruktur stehen bisher weiter unter »günstigen Voraussetzungen«. Die Kraft, das Bedürfnis und die Lust, im Hause eine schon »recht rationale« Diktatur über uns auszuüben, entwickelt sich bei ihm immer deutlicher; wir helfen mit zu entfalten, soweit wir können, gewisse Schranken werden wohl immer wieder sichtbar werden – Benjamins Programm bezüglich der »Erziehung«, genauer, das Programm des Kindertheaters, was weiterentwickelt werden müßte, ist bei uns ein bißchen treibender Kern: Beobachtung der Kinder als primäres Moment.
Ho ist permanent tätig und immer – mit fast keinen Ausnahmen – glücklich, kämpfend, sich stundenlang auf eine Sache (z.B. Zug o[der] Autos) konzentrierend, fast nur rennend, aber auch lustvoll bei Gretka oder uns anderen zu liegen, sich dann auf seinem »Ding« bewegend, es »hart« werden läßt, riesig sich freut ... Sein Verhältnis zu den zu bewegenden Sachen, Gegenständen etc. ist viel größer als sein Verhältnis zu »gleichaltrigen Kindern«, sie sind da, sind ihm aber nicht wichtig ...
Wenn Roy mit Sabby kommt, ist er einverstanden und erfreut, Roy ist 3½ Jahre, Ho läßt sich aber nicht bestimmen, obwohl es Roy möchte, schlägt R[oy] einfach hin und wieder ins Gesicht. Roy auf der anderen Seite ist schon ziemlich groß, gut beweglich und freundlich – fast keine Schwierigkeiten zu bemerken.
Wir haben darauf zu achten, daß all die unerläßlichen und objektiven Widersprüche innerhalb der »Familie«, der Haus-Gruppe und ge-

sellschaftlichen Lebensbedingungen, die Ho mitmacht und erfährt, richtig ausgetragen werden: Ohne Austragung der Widersprüche ist Entwicklung des Lebens und Bewußtseins der Individuen unmöglich.
Widersprüche sind überall und permanent sinnlich sichtbar, es gilt sie zu erfassen, zu beobachten und auszutragen.

18. Juli 1969
London
Unsere Lebensbedingungen haben sich »subjektiv« verbessert, meine Lern- und Arbeitsfähigkeiten nehmen zu, ganz zu schweigen von der verbesserten Sprach- und Reaktionsfähigkeit. Ho und Gretka und ich – es ist eine permanente Wechselwirkung, die sich in der letzten Zeit zumeist positiv auswirkt; Ho hat zumeist die treibende Rolle übernommen, wie sollten wir – unter unseren jetzigen Umständen – etwas »dagegen« haben? Mich beunruhigt »etwas« die beschränkte »Hauspraxis«, sie muß recht bald überwunden werden – sonst landen wir auf dem falschen Strom des revisionistischen Mondes …
Schweiz-»Besuch« – Aufenthalt – wird immer wahrscheinlicher, damit der Eintritt in die politische und wissenschaftliche Praxis-Tätigkeit wieder möglich! Die theoretische Aufbauarbeit geht insgesamt voran, Schwierigkeiten sind geblieben, dennoch werde ich in Kürze einen »ersten Artikel« wieder produzieren: Thema – Was ist die materielle Grundlage der poli[tischen] Generationsfrage?

19. Juli 1969
London
Der objektive Klassencharakter der kapitalistischen und revisionistischen Gesellschaften ist überall »noch« vorhanden, es gilt »nur«, die vom Spätkapitalismus organisierte *Kampflosigkeit* der Arbeiterklasse durch Kampf zu liquidieren. Die Kampflosigkeit ist Resultat und Bedingung der »Verbindung« (Beherrschung) von Arbeit und (durch) die Neu-Funktion des Staates. Die Erhaltung der Arbeitsteilung, des Privateigentums und der »Gesamtgesellschaft« benötigte eine Staats-Form, die in der Lage war, die Konkurrenz-Unfähigkeit

»kleinerer« Monopole aufzufangen, diese und andere Trusts regelmäßig zu unterstützen und zu organisieren – um die »gesellschaftliche Gliederung« neu zu bestimmen, Kampf – in den verschiedensten Formen – unbedingt zu vermeiden.
Die »neue Generation«, jene also, die durchaus dem »Kapital« entsprechend, wieder kriegsfähig, einsatzfähig ist, hat aber in den letzten Jahren, wenn auch unter klaren historischen Schranken, einen Gegen-Weg begonnen, einen Weg, der es, wie wir sehen können, immer mehr möglich macht, den vom Kapital »abgeschafften« Klassenkampf neu zu rekonstituieren. Die Neu-Gewinnung des Klassenkampfes impliziert aber auch eine Neu-Bestimmung der Klasse und ihrer treibenden Teile.

22. Juli 1969
London
Foot[263]-Besuch

23. Juli 1969
London
Hos »Beine-Arzt«[264] …

24. Juli 1969
London
Besuch der »amerikanischen Freunde« …

25. Juli 1969
London
Besuch von Gretka, Ho und mir bei den Genossen Reichenbach …

26. Juli 1969
London
Der Tag begann »normal«, Ho ließ von sich hören; Sabby hatte Roy bei sich; beide verstehen sich inzwischen schon recht gut – wenn

263 Michael Foot (geb. 1913), lange Zeit Wortführer des linken Labour-Flügels.
264 Der Verdacht, dass Hosea-Che Dutschke O-Beine hatte, trog.

auch mit vielen Widersprüchen –, sie lassen um 8:00 Uhr von sich hören, der »große Bruder – big brother« läßt immer etwas früher von sich hören, der »kleine« folgt mächtig schnell. Gretka und ich folgen natürlich danach, wir wohnen halt eine Etage höher, ich zuerst, das 2. Kind – mit seiner Basis Gretka – dürfen häufig recht später erst folgen.
Als ich runterkam, waren die Söhne »natürlich« schon hart in Bewegung geraten, nicht gegen sich, vielmehr gegen die »Herrscher«. Ho übernahm die Spitze des Aufstands, griff mich an, okkupierte eine Hand von mir mit einer von ihm, zeigte mit seiner anderen eindeutig die Richtung, vorsprachliche Geräusche ließen gleichermaßen von sich hören – der »lange Marsch auf dem Gehweg« stand wieder vor der Tür. Roy, nicht »direkter Vater« von S[abby][265], von Roy und seiner damaligen Frau aus einer »Heilanstalt« für sich herausgeholt, kennt den Angriff auf den »Vater« wohl auch, wagt ihn aber nur selten durchzuführen, ist schon 5 Jahre alt, bittet aus diesen, aber mehr wegen der anderen angedeuteten Gründe um »Erlaubnis«; er bekam sie, ich hatte so das »Recht« mit Kindern herumzusausen. Die Sonne war schon fast heiß, mit dem unerläßlichen leninistischen Hut[266] begann ich meine Beobachtungstour. Glücklich sausten sie herum, der »Vater Roy« versuchte laufend Ho zu bestimmen, [der] wehrte sich mit allen ihm zur Verfügung stehenden Mitteln, körperliche Schranken mußten von mir »ausgeglichen« werden. Roys »Erziehung« und seine Lebens- und Denkbedingungen durften auf der anderen Seite nicht voll in Frage gestellt werden, er lebt in einer gefährlichen und schwierigen Übergangsperiode, die Liebesbeziehungen haben sich nun mehrfach schon verändert, er sucht die Kontinuität und Sicherheit der Liebe, beides ging immer wieder verloren, ist darum über die Tage (2), die er mit Ho und uns verbringt, recht glücklich …
Nach 30 min. oder mehr war ich simple down, trug sie zusammen manchmal, worüber sie halt mächtig glücklich kreischten, erreichte das Ziel »mit Müh und Not« …

265 Sabby und seine Frau hatten Roy adoptiert.
266 Seit der Operation am Kopf trug Rudi Dutschke zum Schutz gegen die Sonne eine Mütze.

Erschöpft legte ich mich hin, der Vormittag war vollbracht …
Am späten Abend telephonierte Jörg, die Auseinandersetzung mit dem Senat bezüglich der festgenommenen Genossen, die die B[undes-]W[ehr][267] »verlassen« hatten, in Berlin (W.) festgenommen wurden, nach W[est-]D[eutschland] ausgeliefert werden sollten, habe zugenommen, die Auslieferung stehe unmittelbar bevor; wir »hier« in London sollten »aufklären« und vorbereiten, wer nur denkbar wäre. Ganz eindeutig, die Revolution entsteht nur und immer wieder auf der Grundlage der richtigen Behandlung der subjektiven und objektiven Widersprüche der zu zerschlagenden Ordnung. Springen wir den direkten Widersprüchen des Augenblicks vorweg, werden wir »nie« in der Lage sein, den entscheidenden Schlag-Prozeß durchzuführen.

27. Juli 1969
London
»Auseinandersetzung« mit Hubertus [Hüppoff], äußerst interessant.

Die verschiedensten Auseinandersetzungen mit den gesellschaftlichen Vertretern der herrschenden Klasse müssen immer mit voller Gewalt und voller Ausnutzung aller Möglichkeiten voll ausgetragen werden.
Die Austragung der überall zu findenden Widersprüche ist der eigentliche Inhalt der revolutionären praktischen Theorie. Wie werden nun die Widersprüche ausgetragen? Immer geht es darum, sie als solche wirklich zu erkennen, sie in die Hand zu nehmen, sie durch direkte und wandelbare Praxis zu instrumentalisieren. Die wenigen vorhandenen Fische reichen aus, um durch die Instrumentalisierung der Widersprüche in das Wasser hineinzugelangen. Ist das Wasser der Widerspruchserfassung erst einmal von Teilen der unterdrückten Klasse erfaßt, so ist die herrschende Klasse immer weniger in der Lage, die Welle der springenden Kettenglieder gegen die bestehenden Verhältnisse aufzuhalten bzw. zu zerschlagen, die Kampffor-

267 Westberliner Bürger durften nicht zur Bundeswehr eingezogen werden. Das galt auch für Studenten, die aus Westdeutschland nach Westberlin zogen.

men und Entstehungsinhalte der Revolution sind nur daraus zu erklären. Natürlich unterscheiden sich die Instrumentalisierungsmöglichkeiten von Widersprüchen, es gibt verschiedene Ebenen unter verschiedenen historischen Bedingungen, sind Ausdruck einer klar bestimmten historischen Situation, zeigen die Bedürfnisse für den bevorstehenden Kampf. Falsch verstandener Voluntarismus, ein Voluntarismus, der nicht in der Lage ist, die vorhandene Widerspruchsebene als die zu behandelnde zu erkennen, sondern die vorhandene Situation überspringt, um das Wollen zur tragikomischen Phrase werden zu lassen, ist einer der größten Gefahren einer sich erst herausbildenden, historisch erfahrungslosen und kontinuitätslosen Bewegung. Vieles spricht gegen die historischen Erfahrungen, schließlich bilden sie immer wieder eine furchtbare Schranke für die Entwicklung neuen Kampfs, Lebens, Handelns und Klassenbewußtseins.
Wir sind in einer gefährlichen Übergangsperiode, schließlich steht die revolutionäre Welle tatsächlich vor der »Tür«, vieles ist unerkannt, weit zurück – die Zeit, die noch zur Verfügung steht, ist »relativ« gering ...

28. Juli 1969
London
Es fing an mit dem »deutschen Unsinn«[268] (G[retchen] K[lotz]-D[utschke]) – bezieht sich auf den 26., wird bald näher beschrieben.

Natürlich konnte die »British Midland Airway« nur mit »Hilfe« der SU etc. ihren »Charter-Flug«[269]»illegal« durchführen. Wir bestehen wieder einmal, wie immer und gleichermaßen richtig, auf die »bestehenden Rechte« des Systems in der BRD, W[est-]B[erlin], US-Imperialismus u. a. m. – so können wir in der Tat permanent die Widersprüche der bestehenden Charaktermasken sichtbar machen und versuchen dieselben praktisch durch Aktionen auszutragen. Welche

268 Vermutlich eine Anspielung auf den komplizierten Status von Berlin.
269 Gemeint ist die Auslieferung wehrpflichtiger westdeutscher Bürger von Westberlin an die BRD. Aufgrund der alliierten Sonderrechte in Berlin durften deutsche Fluggesellschaften Westberliner Flughäfen nicht benutzen.

Widersprüche lagen vor? BRD/W[est-]B[erlin], W[est-]B[erlin]/Alliierte, Alliierte/SU, Alliierte/DDR, SU/DDR, DDR/BRD, DDR/W[est-]B[erlin] ... etc. etc. An diesen verschiedenen und auch durchaus nichtidentischen Austragungsformen wurde dennoch die Einheit des Widerspruchs, die Einheit des US-Imperialismus und des SU-Sozial-Imperialismus erneut sichtbar. Wir haben damit fortzufahren, wie können wir sonst diese Riesenmaschine der Unterdrückung und Beherrschung aufbrechen? Die 2. Aufklärung hat begonnen, es fehlt an strategischen und damit auch taktischen Militanz-Programmen, die Analyse ist noch immer beschränkt, die Neubestimmung der politischen Ökonomie und Psychoanalyse (u. a. m) wird aber durchaus immer deutlicher.

Hier in England sieht *alles* noch sehr viel niveauloser aus, eine Reaktion auf die geplante »Entführung« der »Deserteure« ist bisher kaum bei den »Linken« zu merken, nicht einmal eine »legale Demonstration« wird stattfinden. Habe mit Tony Cliff[270] gesprochen, fand es interessant, eine radikale Reaktion war nicht einmal bei ihm zu spüren.

29. Juli 1969
London

Die Straßenschlacht[271] in W[est-]B[erlin], um darauf zu kommen, war aus verschiedenen Gründen unerläßlich: a) der Senat mußte eine massive und eindeutige Antwort erhalten, das temporär von der Polizei erreichte Sieges- und Sicherheitsbewußtsein mußte durch Aktion endlich wieder einmal zerschlagen werden; b) die x-fach voneinander getrennten Basis-, Ad-hoc ... -Gruppen kamen wohl erstmalig wieder zusammen, Kommunikation, Aktionseinheit und antistaatlicher Charakter der Bewegung wurden erneut sichtbar; c) die Niveaulosigkeit des Begriffs des Internationalismus hier in England ist »deprimierend«, die Kampf- und Bewußtlosigkeit kann wohl nur durch radikale Aktionen, die nicht die geringste Rücksicht auf die halblinken Traditionalisten nehmen, erreicht werden.

---

270 Tony Cliff (Ygael Gluckstein; 1918–2000), Gründer und Führer der revolutionären britischen Socialist Workers Party (SWP).

271 In Westberlin gab es militante Proteste gegen die Auslieferung westdeutscher Wehrpflichtiger an die BRD.

Die Straßenschlacht hat wahrscheinlich große Ablehnung von seiten einiger Basisgruppen-»Spezialisten« (Revisionisten) – »Betriebspatrioten« nach Leviné – gefunden, dient dagegen viel mehr als »alles andere« der Entwicklung des kämpferischen Klassenbewußtseins.

30. Juli 1969
London
Besuch beim einzigen »Links-Parlamentarier« Englands, bei M[ichael] Foot. Jörg H. und ich besuchten ihn relativ gut vorbereitet, es ging darum, ihn zu »überzeugen«, daß eine öffentliche Erklärung über die »Vorfälle« in W[est-]B[erlin] unerläßlich sei, es gehe um die von den »Alliierten« beschworenen und gemachten Rechte, schließlich in Zusammenarbeit mit der SU – die nach W[est-]D[eutschland] illegal abgeschobenen »Deserteure« müßten mit allen Mitteln zurückgewonnen werden, die W[est-]B[erlin]-Position weiterhin aufrechterhalten bleiben etc ...
Foot hörte ruhig zu, J[örg] ließ ihn – leider – kaum zum Reden kommen, [Foot] war schlecht bzw. gar nicht informiert, kündigte Unterstützung an, wollte sofort das Außenministerium fragen ... – war nett und freundlich wie immer ...
Die Freunde hier im vor-vor-revolutionären Land-Dorf London ließen sich von den Vorgängen und Geschehnissen in W[est-]B[erlin] nicht im geringsten berühren. Die Sektierer träumen weiter von 1917 und der militanten Arbeiterklasse Englands – Mythen lassen sich wohl nur durch härteste Schläge und Umwälzungen beseitigen. Die W[est-]B[erliner] Genossen und Schlacker und ich klauten für Ho lebensnotwendigen Sand ...

31. Juli 1969
London
Christine, die Freundin von Manfred [Scharrer], mußte plötzlich ins Krankenhaus, Wehen im 3. Monat waren eingetreten, das »Kind der Zukunft« konnte sich diesmal noch nicht durchsetzen, beide waren mächtig deprimiert, schließlich bereiteten sie sich schon wie wir auf das »Baby« vor ... Ch[ristine] hätte halt W[est-]B[erlin] gar nicht verlassen dürfen, sie ist »schon« 30 Jahre alt, es »ist« – wird sein – ihr

erstes Kind, aus diesem Grunde müssen sie halt besonders vorsichtig sein. Gesundheitlich ist bei Ch[ristine] alles in »Ordnung« ... Habe mit Erich, noch bevor wir die unangenehme Neuigkeit erhielten, über die Straßenschlacht in W[est-]B[erlin] gesprochen. Wie Manfred schon vor 2 Tagen erzählt hatte, Erich hielt die Zerschlagung von einigen BEA[272]-Fenstern auf dem Kurfürstendamm tatsächlich für »falsch«, schließlich seien BMA und BEA nicht identisch, er hätte eine Wiedergutmachungsaktion – Geldsammlung – für BEA »organisiert«, eine solche Tätigkeit wäre für die »Publicity der Linken« günstig und richtig gewesen. Ich versuchte ihm klarzumachen, daß es zwar Widersprüche innerhalb der verschiedenen nationalen Systeme, besonders zwischen den »nationalen Macht-Interessen«, gebe, daß die Differenz zwischen BEA und BMA rein quantitativen Charakter trage, die Banken und ähnliche Büro-Zentren des Systems – von welchen Ecken sie auch stammen – überall und permanent zerschlagen werden müssen; er gab zwar zu, daß im BEA- und BMA-Fall keine qualitative Frage sich stelle, insistierte dennoch auf Unterschied, schließlich wollen wir »alle« gewinnen ... Hier zeigte sich wieder einmal die Schranke und die Liebe des »Kultur-Bolschewiken« ...

1. August 1969
London
Telephongespräch mit der Gen[ossin] Leviné am Vormittag, sie freute sich riesig, wünschte erneut einen recht baldigen Besuch von uns etc. Hatte sie angerufen, um ihre Verbindungen mit einer L[abour-]P[arty]-Dame politisch bezüglich der Affäre der Konterrevolution in W[est-]B[erlin] in Anspruch nehmen zu können. Natürlich begann unsere Genossin äußerst schnell die Notwendigkeit einer festen revolutionären Partei zu propagieren.

---

272 BEA: British European Airways, Vorgängergesellschaft von British Airways.

17. August 1969
London
Noch immer keinen Brief aus Luckenwalde erhalten, bin inzwischen etwas »nervös«, werde morgen einen Telefonanruf versuchen, an Helmut[273] einen Brief schreiben etc.: a) Briefe nicht durchgegangen b) »Geheimpolizei« greift ein c) »Groß-Familie Dutschke« im revisionistischen Land ängstlich geworden d) sauer über meine Briefe – Sinn dafür wäre recht unklar ...
[John und Margaretta] Ardens[274] Besuch heute war wirklich »dufte«, diese radikalen, direkten, lebendigen und bewußten Anarchisten gefallen mir mehr als manche (viele) ideologisierten Halb-Sozialisten, die nicht einmal in der Lage sind, die elementarsten Lebens-, Arbeits- und Handelnsbedingungen eines »kommuneartigen« Gebäudes erfüllen können ...
Für die Generations-Analyse wäre wichtig eine beobachtende Erklärung, wie sie Arden über die heutigen Demonstrationen in London gab – Ireland-Demonstration; Free-Radio-Demonstration ...
Das absolute Fehlen des subjektiven Faktors d[er] rev[olutionären] Aktion in England ...

30. Dezember 1969
London
Wenn ich mir die »Auseinandersetzungen« im linken Lager der Spekulationsstadt West-Berlin von außen »ansehe«, habe ich den Eindruck von einem »Verwesungsprozeß« der revolutionären Substanz. »Es werden immer mehr«, dennoch werden sie seit »langem« nicht mehr durch klaren revolutionären Inhalt, richtige Parolen zur richtigen Zeit mobilisiert. Sie werden weder durch tiefe Aufklärung mobilisiert noch zu ihrem permanent entscheidenden politisch-militanten Recht gebracht. Aus diesen Widersprüchen entstehen – gerade weil sie nicht ausgetragen werden – Verwirrung, Zerstreuung, linke Integration etc. ...

273 Rudi Dutschkes Bruder.
274 John Arden ist ein englischer Dramatiker. Margaretta D'Arcy ist eine englische Schauspielerin und Dramatikerin. Beide leben heute in Irland.

Rudi und Polly, London, 1970.

1970

4. Februar 1970
London
Meine »Schreiberei« entwickelt sich, dennoch greife ich viel zu selten zur Feder; das ist äußerst gefährlich darum, weil die Entwicklungslinie langsam und somit in letzter Konsequenz deprimierend erscheint.
Hatte ein längeres Telephongespräch mit Tim diesbezüglich; der Kopf, die sich erneuernden, entstehenden Zellen etc. zeigen sich in den Gesprächen und Diskussionen, werden aber erst voll erfaßt in der Logik des Denkens durch die auf den Begriff gebrachte Sprache in der Gestalt des Schreibens.
Die Schwierigkeiten zeigten sich am deutlichsten vor kurzem in dem nur 3seitigen Bericht für die Cambr[idge-]Uni[versität] ...; es dauerte einfach bei weitem zu lange ... Zwar arbeite ich mich erst wieder in die besondere Lukács-Arbeit ein, dennoch müßte ein 3seitiger Bericht »aus der Hand« geschrieben werden können ...
Früher, in der Zeit des sich entwickelnden Kampfes gegen den kap[italistischen] Staat, die bürgerlich-bürokratischen Institutionen etc. fiel es mir relativ leicht, einen Bericht oder einen Artikel zu schreiben. Probleme gab es aber auch »früher«. Ein »komischer« Grund bestand darin, daß wir »Subversiven« permanent lasen und selten schrieben. Warum? Weil, so dachten wir wohl, das Wesentliche geschrieben ist, etwas »Neues« wir noch nicht zu sagen haben usw. ... Um überhaupt wieder in den praktisch-theoretischen Kampf eindringen, eintreten zu können, ist ein tägliches Schreiben unerläßlich geworden. Ein längerer Artikel – mit anderem Namen – muß bald herausgebracht werden, in ihm kann ich mich wiedersehen, Freunde können kritisch den Gang des Dutschke-heads etc. überprüfen. Kritik und Selbstkritik werden ja wohl nur in den verschiedenen Formen der Praxis möglich sein.
Gretchens Abschlußarbeit muß »nur noch« getippt werden, an den Grammatik-Verbesserungen sitze ich gerade. Wir sind erst seit 2 Tagen wieder aus dem Bett, die Grippe war ungeheuer beschissen,

Dünnschiß von oben und unten. Etwas stärker sind wir schon wieder geworden, dennoch ist sogar bei einer solchen Angelegenheit ein »Prozeß« zu sehen.

Die Bäume sehen mies aus, der Nebel verschwindet kaum,
Die Trauben kosten viel,
Ihr Geschmack ist britisch bestimmt,
Der Blumenkohl durchläuft den Mund und Magen weich,
Der Kohl bleibt irgendwo stecken,
Ein neuer Dünnschiß ist die Folge.

5. Februar 1970
London

Die F[rankfurter] R[undschau] ist immer weniger lesenswert, sogar relevante Informationen über die Entwicklung des politischen Weltmarktes, ganz zu schweigen von sozio-ökonomischen, sind kaum noch zu finden. Interessant war nur der Artikel über die KPF[275], der den Aufbau und ihre Schwierigkeiten beschrieb. Man konnte deutlich den Hemmschuh der fr[an]z[ösischen] Revolution »sehen«; 300 000 Mitglieder, 20 000 Zellen etc., seit Jahrzehnten Sozialdemokraten mit »kommunistischer« Ideologie – wie konnte eine solche festgewordene Apparatinstitution die Mai-Rebellion radikal – »die Sache an der Wurzel fassen ... Mensch, »wenden«, in die Hand nehmen etc. ... Dieser KPF-Hemmschuh scheint sich nicht »verändert« zu haben, die »Wendung« der Parteiführung besteht darin, daß sie die diesjährige Partei-Konferenz in Nanterre stattfinden lassen, der Mai-»Aufstand« wird ideologisch gewonnen, um ihn »endgültig« vernebeln zu können.

Eine bestehende und seit Jahrzehnten institutionalisierte Organisation, seit x Jahren ohne Sammlung und Reflexion von Kampferfahrungen, von der bestehenden Gesellschaftsformation »akzeptiert« – es ist die permanente Weiterentwicklung der Hemmnisse der Revolution.

Wie haben »wir« uns einer solchen Tendenz gegenüber zu verhalten? Welche Rolle und Funktion kann und muß dieses Hemmnis in unserem Kalkül spielen?

---

275 KPF: Kommunistische Partei Frankreichs.

Die x-fachen Erfahrungen des mißlungenen Entrismus[276] weisen darauf hin, daß wir ohne eine durch Kampferfahrungen aufgebaute »feste« Organisation, obwohl bei jeder notwendigen Variierung einsatzfähig, jeder revolutionären Möglichkeit hoffnungslos gegenüberstehen. Revolutionäre Sprung-Möglichkeiten haben wir voll auszutragen, die kap[italistische] Formation ist x-fach getestet worden, jeden Test hat sie bisher mit »Klugheit« und »Neuanpassung« beantwortet. Die tiefen Situationen des Aufstands sind nicht »immer« vorhanden, nicht alles im Prozeß der Revolution kann »gemacht« werden, es »entsteht« oft »naturwüchsig«, es drückt aus die Naturwüchsigkeit des Kapitals. Die Umwandlung der Naturwüchsigkeit in den bewußten Akt des Aufstandes hebt dieselbe noch nicht auf, nähert sich aber der vollen Ausnutzung der Möglichkeiten …
Die volle Austragung der sinnlich sichtbar gewordenen Widersprüche ist in letzter Konsequenz nur durch die verschiedenen konkreten Individuen in konkreten sozialen Bedingungen möglich. Die Permanenz-Revolutionäre sind nicht vollständig, nicht primär durch die »feste und variable« Organisation bestimmt, sie sind durch revolut[ionäres] Sentiment, Leben unter dem Aspekt der Freiheit im Reich der Repression tätig. Das vermittelnde und immer wieder zu erweiternde, immer mehr konkret werdende Programm der Alternative ist in letzter Konsequenz die auf den Begriff gebrachte revol[utionäre] Gegenwart und Zukunft.

Die beiden Fragen morgen problematisieren.

Hosea entwickelt sich positiv, scheint ein immer größeres Verständnis unserer Lebenssituation zu gewinnen. Geht mit den Klötzen mit immer mehr Phantasie um. Wenn Laura[277] es wegnimmt, wehrt er sich, aber nicht unter dem Primat der Aggressivität. Pucki und wir räumen dann kurzfristig die »Räume«, um dann wieder die Kinder zusammenzubringen. Gretchen ist noch recht unzufrieden, die mei-

276 Trotzkistische Taktik des Eindringens in fremde (reformistische) Organisationen.

277 Die Tochter von Pucki Treulieb; beide wohnten mit den Dutschkes in der Londoner Wohngemeinschaft.

sten »Dinge« sind noch ungeklärt. Sie freut sich, daß ich mich endlich gebadet habe. Ich freue mich, daß sie sich gefreut hat. –

7. Februar 1970
London
Mit den Kindern heute spazierengegangen, war für den eigenen Körper auch sehr gut. Sonnabend, Sonntag ruht das Schreibtisch-Studium, die Kinder entfalten ihre Diktatur, wir lassen sie notwendigerweise zu ihrem Recht kommen. Bin darüber glücklich und besorgt, es drückt die Ambivalenz des Problems aus.
Manfred [Scharrer] hat mir per Telephon von den sich immer »wiederholenden« »Konflikten« der »Tendenzen« erzählt, die »Harzer«[278] (Praktiker f[ür] d[ie] Betriebe in W[est-]B[erlin]!! – schlimmer läßt sich lokale Borniertheit nicht mehr zeigen) und die »Theoretiker« (Schulung um Christian [Semler], Neitzke[279] etc. ..., Manfred dabei) haben sich nach der scheinbaren Vereinigung auf dem »Arbeitskongreß«[280] nun doch »gespalten« ... ROPREKORR kann kaum noch regelmäßig erscheinen, es fehlt an Beiträgen; vielleicht wird die Kritik d[er] Altgenossin Meyer-Leviné an Fischer[281] aufgenommen, ihre leninistische Position scheint mir noch mehr Substanz zu haben als die der »Neoleninisten«, die sich um Horlemann etc. gesammelt haben. Jürgen [Horlemann], Christian [Semler] ... waren und sind »revol[utionäre]« »Asketen«, eine Entfaltung ihres Gesamt-Wesens haben sie nie durchgemacht. Sie unterscheiden sich stark, dennoch treffen sie sich politisch oft. Ch[ristian Semler] ist sensibel und schroff. J[ürgen Horlemann] hat die Schroffheit schon

278 »Harzer«: Sammelsurium von Westberliner Gruppen – darunter Minderheitsfraktionen der Roten Zelle Germanistik, der Roten Zelle Ökonomie, der Roten Zelle Ingenieure sowie den Betriebsgruppen Bosch und Siemens, die von Germanistikstudenten gebildet wurden, die im Sommersemester 1969 als »Betriebskader« in Fabriken gegangen waren.

279 Peter Neitzke, damals Mitglied des Westberliner SDS, dann KPD/AO, heute Architekturtheoretiker.

280 Auf der Arbeitskonferenz der »Roten Pressekonferenz« am 6./7. Dezember 1969 zeigte sich die Spaltung der nicht an der Sowjetunion orientierten Linken in Basisgruppen und Marxisten-Leninisten (Maoisten).

281 Ruth Fischer (1895–1961), 1924/25 KPD-Führerin und Mitglied des EKKI, 1926 Ausschluß aus der KPD. 1933 Emigration.

tief verinnerlicht, einen solchen »Führer« müssen wir verhindern, bzw. er muß im Kampf sich durch den Kampf, durch die Kritik und Selbstkritik entscheidend verändern. »Selbstkritik« als bürokratische Formel ist bedeutungslos und gefährlich, es gilt sie zu instrumentalisieren, sie in die Totalität des Lebensprozesses hineinzubringen. Die Entwicklung der schon vorhandenen Spontaneitätsfähigkeiten der konkreten Individuen ist durch den Rückgriff auf die Kaderideen etc. tief zurückgeworfen worden, die subversiven Phantasien einer sich neu entwickelnden Wirklichkeit wurden so in die »gleichermaßen« widersprüchliche Ebene der »subculture« abgeschoben, wo sie sich weder entwickeln noch entfalten können ...

Die Lebenslage klagt in sich,
Die Klassen regen sich,
Das Essen wird immer verwalteter,
Das Schlafen verliert die Substanzlosigkeit der Träume,
Der Schlaf entgeht dem Aufstand noch,
Der Gang wird dennoch deutlicher,
Es singen die 3 Kinder,
Es seufzen 2 Frauen voller Lust,
Ein Mann steht unten ...,
Eine Revolutionärin entsteht,
Einer müßte leiden,
Um neue Liebe, Lust, Erfahrungen und Kampfentschlossenheit zu gewinnen.
Die
Siege
sind Niederlagen
Diese Niederlagen lassen neue Siege ermöglichen ...

11. Februar 1970
London
Wie können wir uns einem »sozialdemokratischen Kommunismus« gegenüber verhalten? Es ist außer jedem Zweifel, daß die KPs der Komintern von 1919 bis 1921 einen subversiven Motor der Entwicklung des revolutionären Prozesses darstellten. Wir müssen 1921 als

Beginn des Prozesses der Sozialdemokratisierung d[er] KPs ansehen, weil auf dem 3. Weltkongreß, durch die ihm schon vorausgegangene NEP[282] in der SU, die Entwicklung der Hemmnis-Institution KOMINTERN eindeutig begann. Die Ideologisierung des Marxismus ist als Folge dieser von Lenin inszenierten »Wende« anzusehen. Die »Wende« allerdings trägt einen äußerst komplizierten politischen und ökonomischen Charakter, auf diesen weiter einzugehen ist hier aus verschiedenen Gründen nicht möglich.

Nur soviel möchte ich hier noch anmerken, bei all den ab 1921 sich anzeigenden Sozialdemokratisierungstendenzen in der K[ommunistischen] I[nternationale] bin ich doch der Meinung, daß ein erfolgreicher Aufstand 1923[283] in Deutschland die falsche Wende in der KOMINTERN und in der SU hätte in eine neue Richtung lenken und treiben können. Dem allerdings kann man mit viel Einsicht entgegenhalten, daß gerade die Richtungsveränderungen von 1921 nicht einmal den einzelnen Parteien in der KOMINTERN noch die für die Revolution entscheidenden Kampffähigkeiten, Organisationsformen, Imperialismustheorie etc. ermöglichten.

Wenn wir diese nicht tief ausgeführten Voraussetzungen anerkennen, so können wir sagen, daß die KPs ihren sozialdemokratischen »Kommunismus« seit Jahrzehnten nun schon weiterentwickelt haben, der Hemmnischarakter der KPs für den Prozeß der Revolution immer größer geworden ist!?!

»Unsere Generation«, die eigentlich nicht mehr in dieser Tradition steht, die eigentlich wesentliche neue Erfahrungen, Ideen und Möglichkeiten schon vorfindet bzw. entwickelt hat, ist dennoch, wie gerade der letzte KPF-Parteitag zeigt, nicht »frei« vom sozialdemokratischen Instrument der KPF. Warum? Einer der wesentlichsten Gründe scheint mir zu sein, daß die antiautoritären Sozialismus-

---

282 Mit der Neuen Ökonomischen Politik ließen die russischen Kommunisten in Grenzen wieder Privateigentum an Produktionsmitteln und private Märkte zu, um Versorgungsmängel zu bekämpfen.

283 Im Herbst 1923 orientierte die KPD auf Betreiben der Kommunistischen Internationale auf einen revolutionären Aufstand in Deutschland. Die unrealistische Aktion wurde im letzten Moment abgesagt. Die Absage erreichte allerdings die Hamburger Kommunisten nicht, deren Aufstand bald niedergeschlagen war.

Kommunismus-Tendenzen noch keine konkrete Alternative zu den hemmenden, aber recht fest und sogar noch attraktiv stehenden Org[anisations-]Formen zeigen. Warum wiederum ist das der Fall? Weil diese neue Tendenz

1. äußerst jung ist
2. vermeidbare Fehler, wie die Aufgabe der entscheidenden antiimperialistischen Substanz, bisher nicht beendete
3. Fehler, und zwar [sowohl] temporäre als [auch] prinzipielle, neuerdings durch Rückgriffe auf die »20er Jahre« nicht aufgehoben werden, sondern »verschoben« werden ...
4. die Dialektik zwischen Destruktion (Negation?) und Konstruktion nicht durchgehalten wird
5. die herrschende Klasse die geringsten Fehler und falschen Fraktionierungen innerhalb des Lagers äußerst geschickt innerhalb der Manipulation handhabt
6. Schulungsprogramme fast als revol[utionäre] Programme verstanden werden, während ersteres *ein* wesentliches *Moment* der gesamtgesellsch[aftlichen] revolutionären Analyse darstellt. Letztere ist politische Entscheidung auf der Grundlage des wiss[enschaftlichen] Sozialismus, ist aber nicht als »Wissenschaft« mißzuverstehen ...

25. Februar 1970
London

Verhalte mich Hosea-Che gegenüber manchmal nicht richtig, Reste der autoritären Struktur aus der eigenen Periode der Erziehung zeigen sich in solchen Fällen: schaue ihn an wie eine repressive Autorität in dem Augenblick, in dem er sich manchmal zu stark auf Laura legt, sie angreift, sich zu stark wehrt etc. etc. Ho reagiert so gut, daß ich zumeist meinen Fehler schnell erkenne und das richtige Verhältnis zu Ho wieder herstelle. Seine antiautoritäre Struktur entwickelt sich immer deutlicher, obwohl er des öfteren sich Laura gegenüber »autoritär« »aufspielt«. Eine richtige Behandlung des Phänomens der »Kindererziehung«, in welcher eine tiefe Selbst- und Mit-Erziehung verbunden sein muß, meine damit die »Erziehung des Erziehers«, ist uns bisher nicht gelungen, die Bedingungen sind weiterhin auch nicht die besten.

Bachmann[284] hat Selbstmord begangen, noch immer sehe ich ihn deutlich …; er repräsentierte die Beherrschung von unterdrückt gehaltenen Menschen, die ihre Möglichkeiten und ein lebendiges schöpferisches Leben bisher nie kennengelernt haben. Das Gefängnis ist für einen Menschen, der den Selbstmord durch politischen Mord verwirklichen wollte, die Voraussetzung und Bedingung zum vollen Selbstmord, seine Chancen waren minimal. Das Leben *scheint* immer »freier« zu werden, die Unterdrückung und Belastung nehmen einen immer tieferen Charakter an, das letzte Wort ist noch nicht gesprochen, der Kampf für die Befreiung hat gerade erst begonnen; leider kann Bachmann daran nun nicht teilnehmen …

2. März 1970
London
Der Alltag kostet die volle Zeit, die unter anderen Umständen als volle Studienzeit, Lern-, Lehr- und Agitationszeit gehandhabt würde.
Die Diktatur des sich entfaltenden neuen Menschen, insofern sie nicht durch den schon angerotteten gehemmt wird, verlangt »alles«. Wir versuchen tatsächlich alle Möglichkeiten zu eröffnen, nicht immer vermag ich es, schließlich ist mein gerade begonnener revolutionärer Weg noch nicht hoffnungslos geworden. Gretchen und ich sind uns weiterhin noch nicht klar, besonders Gretka ist unsicher geblieben. Ihr unbedingt zu erkämpfender Abschluß wird den Beginn einer Wende ermöglichen, muß von uns mit voller Kraft ausgenutzt werden. Mein theoretisches Niveau liegt niedrig. Praxis fehlt, Texte produzieren und permanent studieren … – all das fehlt, es kann durch Lehr- und Lernarbeit mit Ho nicht ersetzt werden, obwohl ich durchaus Elemente eines eigenen Resozialisierungsprozesses bei mir sehen kann. Das Lesen geht zwar schon schneller, dennoch bin ich darüber weiterhin unzufrieden. Der Begriff der Geduld oder der des Muts gewinnen unter meinen speziellen Bedingungen einen besonderen Zusammenhang.
Von entscheidender Bedeutung wird es immer mehr, ob es mir endlich gelingt, direkte Beiträge, die sich auf verschiedene Gegenstände

284 Josef Bachmann tötete sich in der Nacht vom 23. auf den 24. Februar 1970.

Rudi mit Polly, London, April 1970.

beziehen, direkt in Artikelform zu erfassen. Ohne diese Praxis-Formen wird der Weg zurückgehen.

18. April 1970
London
Wieder ist weit über ein Monat vergangen, ehe ich Kraft und Zeit für einen Tagebuch-Beitrag finde. Es ist nur zu hoffen, daß ich trotz der objektiven Schwierigkeiten endlich die Permanenz des täglichen Berichts erreichen werde, im Schreiben, im Erfassen der augenblicklich sich bewegenden Wirklichkeit liegt der Stand meiner Entwicklung. Es hat auch in der letzten Zeit keine Rückschläge gegeben, der Fortschritt allerdings geht weiterhin nur langsam voran. Ein gewisser *Sprung* ereignete sich vor ca. 3 Wochen, ich *sprach* in einer *christlichen Jugendgemeinde* hier in London – Bonhoeffer-Kirche – vor ungefähr 50–70 Menschen. Je näher der Termin kam, desto nervöser und zweifelnder wurde ich, sprach mit Freunden, die das Auftreten verschieden interpretierten, schließlich entschied ich mich, die »Pillen immer in der Hand«, ich trat auf, entfaltete im Sprechen Selbsttätigkeit, wurde freier, hörte mit der Ablesung eines aufgeschriebenen Textes auf, sprach frei, entfaltete die Denkzellen, hielt es durch, sprach ca. 45 min., es folgte bald eine 1½stündige Diskussion – es ging um die revolutionären Grundkategorien: Prozeß der Revolution, Gewalt gegen Personen und Sachen, Emanzipation, Klassenkampf …
Das war ganz sicher ein wesentliches Moment von Entwicklung, die körperlichen Schranken zeigten sich in den nächsten Tagen, war einfach down, mußte viel schlafen, was mir nicht immer gelang, die Möglichkeiten und Schranken hatte ich so in der Praxis kennengelernt, anders wird es nie Entwicklungen geben, das gilt wohl für die verschiedensten Glieder menschlichen Daseins.
Wir kommen mit der Tipperei und Verbesserei des Textes von Gretchen nun etwas schneller voran, Gretchen wird aber auch im Hinblick auf die Prüfungen immer gereizter, ihr Bauch gibt kaum noch Ruhe, sie ist aber dennoch allergrößte Klasse, mit einem anderen »Mann« hätte sie so manches »leichter gehabt«, wohl aber auch substanzloser.
Bernd R[abehl] hat geschrieben aus Kolumbien, wohnt im Augen-

blick beim Klaus M[eschkat], trifft mit Uschi [Jantzke][285] zusammen, schaut sich die lateinamerikanische Wirklichkeit an, korrigiert unsere bisherigen Bilder darüber, reflektiert sein eigenes Tun in W[est-]B[erlin] vom »Ausland« aus, der internationale Horizont, der in W[est-]B[erlin] fast unmöglich zu gewinnen ist, klingt aus seinem Brief.

Die Kinder entwickeln sich »richtig«, Laura und Ho essen zusammen mit (uns), gehen gemeinsam schlafen, schreien und schlafen ein ...

Polly ist außerordentlich, sie lacht manchmal so phantastisch wie Ho.

Gisela [Breyer][286] läßt sich wohl noch des öfteren von John »verführen«, ihres eigenen Lebens ist sie sich noch unklar ...

Pucki ist relativ glücklich mit Laura und uns, die wirklich ungelösten Probleme sind uns allerdings nicht klar.

Hier in England hält der Liberalismus und eine »unfähige Marxismus-Clique« von Trotzkisten etc. den Klassenkampf zurück, obwohl z. B. die Genossen um International Socialist[287] dufte und ernsthafte Genossen sind.

W[est-]B[erlin] verrottet und entwickelt sich immer mehr, der Scheincharakter der Rebellion dort wird immer deutlicher, die x Gruppen (Zellen, Kindergärten, Sozialarbeiter etc.) machen sinnvolle Arbeit und zeigen im Mai-Aufruf einen klugen und schöpferischen Kopf.

Die KPD (AO)[288] hat gerade begonnen, ihr Mai-Aufruf ist ein höchstes Maß an Niveaulosigkeit.

Mein Bild von der BRD ist äußerst unvollständig, ganz zu schweigen vom international sich weiter entwickelnden Klassenkampf, in welchen Hemm-Formen auch immer, muß unbedingt nach der Beendigung der Verbesserungen mit dem tiefen empirischen und theoretischen Studium sofort beginnen.

---

285 Freundin von Bernd Rabehl.

286 Gisela Breyer (geb. 1942) lebte mit den Dutschkes in einer Wohngemeinschaft in London.

287 Revolutionäre britische Zeitschrift.

288 KPD/AO: Kommunistische Partei Deutschlands/Aufbauorganisation. Maoistische Parteigründung von u. a. Jürgen Horlemann und Christian Semler.

11. Mai 1970
London
Der zunehmende internationale Klassenkampf zeigt immer mehr seine Rückwirkungen auf die verschiedenen nationalen Sphären und Situationen. In der »Rechtfertigungsrede« von Nixon – bezüglich der Invasion C[ambodschas][289] – war wohl erstmalig das »Gleichgewicht« des *äußeren und inneren Feindes* betont worden. Der weiterhin zunehmende »innere Feind«, marxistisch gesprochen, die sich weiter vermassende emanzipative Vernunft, wird bald der eigentliche Feind des internationalen Kapitals und der internationalen Monopolbürokratie darstellen.
Die Entwicklung in den USA, besonders der Streik der radikalen Studenten und Schüler, bestätigt eindringlich die Richtigkeit der Thesen Herbert Marcuses. »Der Tod der Studentenbewegung« war und ist der Wunsch der herrschenden Bourgeoisie und des verrotteten und dennoch gefährlichen Revisionismus!
Es ging und geht *nicht* um »*die* revol[utionäre] Klasse der Studenten«, es geht um die *zur Zeit* subversivste Kraft in der Vorbereitungsperiode des Aufstandes!
Die radikalsten Kräfte in der Studentenbewegung werden immer deutlicher ein subversiver, geradezu sprengender Transmissionsriemen.

Schule ← → Uni ← → Fabrik
|
»Überbau-Institutionen« …

Die Auseinandersetzungen in W[est]-Berlin zeigen den militanten Geist der Entwicklung, dennoch kommt der US-Imperialismus noch »äußerst gut« davon, der Angriff gegen ihn würde die »neue Qualität« der Auseinandersetzung anzeigen.
Die Dialektik von Aufklärung und Aktion unterliegt zur Zeit, soweit ich es sehe, mehr der Traditionsschulung als der Aufklärung, mehr

289 US-Präsident Richard Nixon und sein Sicherheitsberater Henry Kissinger weiteten 1970 den Vietnamkrieg auf Kambodscha aus.

der vom Gegner *erzwungenen* spontanen Reaktion als der angreifenden, treibenden, zielbewußt agierenden Spontaneität. Die Klassiker-Schulung ist wirklich äußerst wichtig, steht aber dennoch in der permanenten Gefahr des Verlierens der konkret sich täglich entfaltenden Wirklichkeit. In der praktischen Aktivität habe ich viel Phantasie zu zeigen ...

19. Mai 1970
London
Bin des öfteren, nicht erst seit kurzem, einfach fast vollständig »unglücklich«; alles geht voran, aber furchtbar langsam. Die Alltagsaufgaben vermindern immer mehr die schon so geringe Arbeitszeit, die Anstrengungen mit den Zimmern, dem Haus im allgemeinen, die physischen und psychischen Schwierigkeiten – von der so wichtigen Kinder-Arbeit ganz zu schweigen. Bin leicht reizbar, motze auch mit Gretchen, obwohl ich mir ein besseres Verhältnis wirklich nicht vorstellen kann!!
Gretchen nähert sich endlich dem »Ende« der schriftlichen Arbeit, an Golli[290] sind ca. 80 S. abgeschickt, der schwierigste Teil, das Auf-den-Begriff-Bringen der Analyse, muß noch verbessert und überarbeitet werden; dann folgt die mündliche Vorbereitung!
Was geschieht mit »mir«? Wo bleibt der Revolutionär? Er absolviert eine schwierige Aufgabe, er versucht die »Gleichheit zwischen Mann und Frau« praktisch zu erproben!!

Morgen kommt Stoph[291] nach Kassel[292]; zur widersprüchlichen Einheit kann es noch nicht kommen, diese Tendenz wird sich aber »irgendwann« durchsetzen.
Wie haben die revol[utionären] Kräfte darauf zu reagieren??

---

290 Golli (Golly): Helmut Gollwitzer.

291 Willi Stoph (1914–99), zu verschiedenen Zeiten Staatsratsvorsitzender, Innenminister, Verteidigungsminister und Ministerpräsident der DDR. Mitglied des SED-Politbüros seit 1953.

292 Am 21. Mai 1970 trafen sich Bundeskanzler Willy Brandt und DDR-Ministerpräsident Willi Stoph in Kassel. Am 19. März hatten sie sich bereits in Erfurt getroffen.

30. Mai 1970
London
Ein durchaus nicht schöner Tag, kaum wachte ich auf, schon tauchte die Uni-Scheiße[293] in Gestalt von Briefen auf. Oxford hat abgelehnt, wartete nicht einmal meine Gutachten ab. Cambridge-Board – stellte neue Forderungen auf, Lukács-Essay[294] und neue Gutachten von [Richard] Löwenthal und Fleischer[295]. Weiß der Teufel, was aus all dem noch wird, auf jeden Fall werde ich durchhalten, die impotenten Schweine sollen nicht zu schnell siegen, vielleicht fallen sie sogar noch unerwartet auf den Arsch. Strategisch und welthistorisch gesehen, sind all diese Papiertiger nicht mehr tief ernst zu nehmen, dennoch haben wir sie in der jetzigen Periode der Kämpfe ernst zu nehmen, die Schläge gegen sie sorgfältig vorzubereiten, durchzuführen etc. ...
Gerade weil ich physisch nicht vollständig arbeiten kann, wirkt sich ein »Schlag« der Papiertiger gegen mich psychisch schlecht aus; konnte zwar den Tag überstehen – dennoch »fühlte« ich mich doch verdammt »gelackmeiert«. Die Verhältnisse von Schlafdauer/Sporttätigkeit etc./Pillen/Essen/Arbeitsdauer etc. sind einfach noch immer ungeklärt. Vielleicht hilft die bevorstehende Untersuchung von Chris P[allis][296] etwas, ist nur zu sehr zu hoffen. Lesen, Sprechen etc. geht recht gut, dennoch ist der Kopf »mit allem« – was nicht ganz stimmt – unzufrieden. Wir leben, arbeiten, hoffen und warten auf die befreienden Kämpfe der Epoche!! »Wartezeit« ist Vorbereitungszeit!!!

31. Mai 1970
London
Nun ist es doch wieder einmal passiert; eine »Halb-Attacke« spielte sich ab, begann um 10:00 [Uhr] morgens, hatte gerade das Bett ver-

293 Rudi Dutschke hatte sich an verschiedenen Universitäten als Doktorand beworben. Er wurde nach einigen Schwierigkeiten schließlich am King's College in Cambridge angenommen.
294 Rudi Dutschke mußte einen Aufsatz zum Thema seiner Doktorarbeit vorlegen.
295 Gemeint ist offenbar der Marxismusforscher Helmut Fleischer.
296 Einer von Rudi Dutschkes Ärzten in London.

lassen. Fühlte mich am Morgen nicht wohl, hatte Ho schon um 6:00 [Uhr] »bearbeiten« müssen, er war aufgewacht etc. ...
Die notwendige Pille hatte ich noch nicht genommen, so u. a. kam es zur »Augen-Attacke«. War doch sehr unglücklich!! Dennoch konnte ich mich bald wieder halten!!
Wer weiß, vielleicht hört die Scheiße »nie« auf, dennoch gehen meine Ideen durch nichts zurück!
Faktoren der Attacke:
a) in den letzten Wochen nur noch 2 Pillen täglich genommen
b) Uni-Schock; Oxford-Ablehnung, Cambridge-Neuforderungen
c) schon gestern schwere Situation, konnte nicht rennen etc. ...
d) zuwenig geschlafen ...
e) am frühen Morgen keine Pille und kein Essen, zu lange gewartet ...

1. Juni 1970
London
Tag ganz »gut« verlaufen, Hanno [Rinne][297] abgeholt, jetzt ca. 23:00 Uhr.
Mittagsschlaf ca. 1½ Stunden, danach sofort Pille und Essen ...
Im Verhältnis zu der vorherigen Attacke im Oktober (?) 1969 verlief der Tag danach diesmal viel besser!?!

2. Juni 1970
London
Chris P[allis] in seinem Krankenhaus aufgesucht; machte die normalen neurologischen Tests mit mir, stellte eine Entwicklung, aber eine »langsame«, durchaus fest. Bestimmte Sachschwierigkeiten (Schrauben etc. ...) stellen sich weiterhin sprachlich dar, besonders wenn Fragen direkt gestellt werden, dieser Widerspruch ist auch verminderbar, hängt sehr von meiner Trainings-Tätigkeit ab, eine *volle* Aufhebung dieses Widerspruchs sei aber nicht zu erwarten. Soll meine Pillen *äußerst* regelmäßig nehmen, damit steht und fällt die anti-epi-

297 Der damals etwa fünfzehnjährige Sohn von Helga Rinne, einer Freundin von Gretchen Dutschke.

leptische Regulierung im Kopf. Die Halb-Attacke ist *primär* aus der Pillen-Unregelmäßigkeit zu erklären, nur *sekundär* aus psychischen Zusammenhängen (mal 2 x, mal 3x, zu verschiedenen Zeiten; am Tage d[er] Halb-Attacke erst um 10:00 [Uhr] aufgestanden, plötzlich »sprachunfähig«, wollte Trotzki und Lenin sagen, es stoppte, konnte noch etwas reden, die Regulierung war aber blockiert, rief Gretchen, nahm schnellstens die Pille, die »Augen-Attacke« begann, die Entspannung gelang nur unzureichend, sonst hätte mit Sicherheit auch die »Halbattacke« vermieden werden können, knapp 1 min. war ich sprachlos, allerdings noch mit Bewußtsein, etwas vermindert). Wollte nur eine kurze Beschreibung geben, um praktisch Schlußfolgerungen ziehen zu können – damit steht und fällt eine kontinuierliche Entwicklung.

3. Juni 1970
London
Gretka, Ho und ich fuhren zusammen mit Hanno, Sohn von Helga/Hans, in Richtung A1, landeten völlig falsch, nicht weit von Birmingham entfernt, verloren ca. 3 Stunden, erreichten aber dann wenigstens King's College, erhielt die schriftliche Zulassung etc. ... Besprachen mit Bob Y[oung] die taktischen Notwendigkeiten, um gegen den Board[298] vorgehen zu können. Plötzlich bietet sich ein College in Oxford noch an, werde einen Artikel zu schreiben haben, erneut Professoren aufzusuchen haben etc. ... Hoffentlich geht die Scheiße bald zu Ende, möcht endlich mit dem Studium beginnen können.
Kamen über B[ob] Y[oung] mit einem revol[utionären] Ungarn, John F[ekete][299] und Frau C[aroline] zusammen, äußerst gut ausgebildet, ähnlich wie Nicolaus[300], wenn auch nicht durch 15 Jahre Exil »verrottet«, ging schon 1956 als 11jähriger weg, lebte in Kanada, nahm

---

298 Der Board of Graduate Studies in Cambridge war zuständig für die Zulassung von Rudi Dutschke als Doktorand.

299 John Fekete verließ mit seiner Familie 1956 Ungarn. Er wurde kanadischer Staatsbürger und studierte wie Rudi am King's College in Cambridge. Er wurde ein guter Freunde der Dutschkes. Heute arbeitet er als Professor in Kanada.

300 Ein ungarischer Bekannter der Dutschkes.

in Quebec an politisch-stud[entischen] Kämpfen teil, ist außerordentlich theoriefähig und aktionswillig, letzteres kann ich genauer nicht einschätzen.
Gretka hat sich als Driver tapfer geschlagen, Ho hat sich als reisefähig erwiesen, was doch die Verstehens- und Sprachfähigkeit eines Kindes für die Entwicklung der Verhaltensweise bedeutet; in Swansea gab es oft Schreiszenen, diesmal gab es Verständnis und Anpassung, ohne im geringsten den subversiven kleinen Geist und Körper aufzugeben. Hanno mit seinen 15 Jahren ist schon recht selbständig, dennoch ein bißchen viel »altklug«, mal sehen wie er sich z. B. in der »Tory-Familie« verhalten wird.

4. Juni 1970
Cambridge (England)
Schon durch Ho um 6 Uhr wachgemacht worden, schliefen zusammen in einem Zimmer in Cambridge, der frühe Morgen zeigte sich, Gardinen waren nicht vorhanden. Ho pinkelte heute erstmalig in die Toilette, das gleiche gilt für ein bißchen Kot ... Sind dann ohne Schwierigkeiten gegen Mittag in London gelandet, der unvollständige Schlaf konnte nicht nachgeholt werden, Ho wollte sich wieder voll austoben, stundenlang im Auto in den letzten 2 Tagen, er wollte die unausgebreitete Energie nun entfalten, ich hatte darunter »zu leiden«, konnte auch »genießen«, war ca. 10 min. von mir weit weg auf einem Gehweg mit seinem Dreirad, ich hatte mich nämlich versteckt. In dieser Zeit hat er erstmalig nicht nach mir gerufen, schaute sich zwar hin und wieder um, war aber durchaus am meisten auf den Straßen- und Menschen-Verkehr konzentriert, fuhr schließlich dann wieder fröhlich und sicher wieder nach Hause, am Straßenübergang tauchte ich wieder auf, er lachte mich an und aus, wer weiß. Auf jeden Fall bereitet mir sein Sozialisierungsprozeß viel Spannung und Interesse, Gretchen und ich sind über Ho und Po halt glücklich, wenn auch permanent in ambivalenter Form. Deskriptionen sozialer Phänomene sind unzureichend, wir müssen beide etwas tiefer in die Psychoanalyse eindringen!

5. Juni 1970
London
Gegen 7:30 Uhr aufgestanden, Ho war schon wieder etwas früher draußen, gewaschen, angezogen, Hos Hosen gewechselt, »Scheiße« entladen, ihm für seine Produktion gratuliert, aber »Verbesserungsvorschläge« gemacht. Er versteht mich, soweit ich es richtig beurteile, schon recht vollständig, die Sprache wird tatsächlich immer mehr das Instrument der Vermenschlichung. Gegen 8:00 Uhr etwas zusammen gegessen, die anderen im Hause schliefen noch, dann zur Pille gegriffen, sie bereitet mir weiterhin Unzufriedenheit und Angstzusammenhänge, obwohl gerade die Pille die Attacke verhindert, wenn sie regelmäßig und kontinuierlich genommen wird.
Habe gegen 9:00 Uhr Ho erstmalig – nach langer Zeit – allein wieder in den Kindergarten gebracht, Pucki mit Laura hatte mich auf den ersten 100 m zu ihrer Bushaltestelle begleitet, bin dann *relativ* entspannt bis zum Kindergarten mit Ho gegangen; auf dem Rückweg war ich wieder *relativ* gespannt, die Attackenidee verläßt mich noch zu wenig. Ho ging nicht glücklich rein in den Kindergarten, das geschieht immer wieder zu Beginn, konzentriert sich sofort auf die möglichen Spielgegenstände, nimmt uns dann nicht mehr zur Kenntnis, tobt sich gespannt aus, entspannt darum wenigstens einen Teil der vorhandenen Dynamik, die somit nicht immer richtig aufgelöst werden kann. *Zu Hause haben wir die unausgetragene und verdrängte Dynamik neu zu entfalten*, was eigentlich heißt, daß wir auf ein Maximum an »Neins« verzichten müssen, genauer, daß wir die anti-autoritären Tendenzen sich an allen Ecken entfalten lassen müssen, natürlich nicht ein undialektisches, mechanisches Anerkennen der antiautoritären Dynamik kindlichen Verhaltens.
Am Abend erstmalig wieder an einer Party bei Ri. G. teilgenommen, Gretchen sprach mit David, ich sprach mit einem jüdischen Genossen, gingen gegen Mitternacht ab.
Habe Laing[301] mit Gretchen besucht, ihm etwas beschrieben, ca. 90 Min. ging das, Beschnuppern soll fortgesetzt werden, muß jede

301 Der schottische Psychologe und Psychiater Ronald David Laing (1927–89) war einer der führenden Vertreter der humanistischen Psychologie oder Antipsychiatrie.

Zurückhaltung der Analyse gegenüber *abbauen*, schließlich will und kann ich am *revol[utionären]* Prozeß dann wieder *voll* teilnehmen!!

6. Juni 1970
London
Besuchten (Laura, Ho, Polly, Pucki, Gretchen und ich) gegen 11:00 Uhr Catherine [Fried], Erich [Fried], Petra [Fried], Klaus und Thomas [Fried][302]. Später kamen noch andere hinzu. Konnten viel reden, die Kinder tobten sich im Sand, Wasser etc. aus, bereiteten uns keine zusätzlichen Schwierigkeiten. Laura schlief in der Mittagszeit im Zimmer von Petra. Ho schlief *erstmalig* auf einer Decke im Garten, war neben Pucki eingeschlafen, der ins Auge geratene Sand hatte seinen Schlafwunsch vergrößert – der kleine Garten Eden schlief ein, jeder entspannte sich, sogar Cathrin, die sonst zumeist voller Anspannung ihre schwere Alltagsarbeit vollzieht; Erich erarbeitet täglich Aufklärung und Kapital, aus diesen und aus körperlichen Gründen, so könnte man meinen, ist er aber nicht imstande, die Vermittlung zwischen »Ich-Du-Es«, um mit Buber[303] zu sprechen, herzustellen. Eine solche Erklärung halte ich für oberflächlich, der Kern scheint mir in der bei Erich nie aufgehobenen Mutter-Beziehung zu liegen, Cathrin ist die 2. Mutter, hat darum manches »unnötigerweise« zu erleiden. Das Problem ist darum noch komplizierter, weil die wirkliche Mutter sogar im jetzigen Hause mitlebt. Die häufigen BRD-Besuche sind für Erich Befreiung, Entfaltung und Entfaltung des Lustprinzips, drücken aber auch halt Verdrängung, Entfremdung und Problemzusammenhang aus. Die von Erich und Cathrin zu unproblematisierte Entwicklung von Petra, deren ambivalente Verhaltensweisen etc., stellen ein weiteres Glied in der Kette der Probleme dar. *Diese* angedeuteten Problemzusammenhänge versuchen Gretchen und ich mit Schwierigkeiten und manchen befriedigenden Erfolgen in die gemeinsame Hand zu nehmen, viele andere Probleme sind weiterhin ungelöst, meine physische und psychische Beschaffenheit stellt zur Zeit ein Hauptproblem dar.

---

302 Klaus und Thomas sind die Zwillingssöhne (geb. 1969) von Erich und Catherine Fried.

303 Martin Buber (1878–1965), jüdischer Religionsphilosoph.

10. Juni 1970
London
Vor wenigen Tagen Oxford besucht, 2 »Interviews« mit ca. 13 o[der] 14 Professoren und Doktoren, im B.-College äußerst gelungen, soweit ich es persönlich einzuschätzen vermag, das Gespräch mit den Board-Vertretern viel schwieriger; nicht so sehr die Sprache im allgemeinen, sondern vielmehr der Gegensatz der wissenschaftlichen Positionen – Positivismus contra Dialektik ...
Bin durch diese und andere Dinge in den letzten Tagen erneut überarbeitet worden, es fehlt mir der richtige und vollständige Zeitablauf für den Schlaf, der eine Voraussetzung für mein Leben darstellt. Seit langer Zeit träume und denke ich darüber, richtige Praxis ist mir diesbezüglich noch nie gelungen!! Auch was die so wichtige Entspannungsangelegenheit betrifft.

23. Juni 1970
London
Heute noch einmal mit L[aing] ein Gespräch gehabt, möchte die Analyse mit mir machen, ein »Sprach-Vermittler« soll uns begleiten; L[aing] versteht einigermaßen die deu[tsche] Sprache, ist verheiratet mit einer deutschen Frau. Werde noch mit Erich [Fried] und anderen über den ganzen Problemzusammenhang sprechen müssen, M.[304] hat ja L[aing] gegenüber recht starke Bedenken angemeldet, dennoch spricht vieles für einen ersten, etwa dreimonatigen Versuch, um sich dem Schwierigkeits-Phänomen annähern zu können – oder das bisher unklar sichtbare Problem in den Begriff zu bekommen.
Heute ist die Magister-Arbeit von Gretchen tippmäßig vollendet worden, wir fühlen uns »etwas« befreit – obwohl noch viel mehr Schwierigkeiten auf uns zukommen.
Brief an Lie[ber] abgeschickt, bin ja doch »gespannt«, wie er reagiert ...
Hub[ertus Hüppoff] hat einen Brief an uns geschrieben, bezeichnet recht treffend West-Berlin als ein linkes Babylon. Der Unterschied besteht nur darin, daß B[abylon] die Entwicklung der sie umgeben-

304 Vermutlich Manfred Scharrer.

den Gesellschaft durchaus ausdrückte – was bei W[est-]B[erlin] in Verbindung zur BRD absolut nicht der Fall ist. Interessant ist auch seine »neue« Bejahung des »alten« Voluntarismus, bejaht kritisch die »Befreiungsangelegenheit«[305] unserer Genossen ...!?! Darüber muß bald was geschrieben werden; Entwicklung d[es] Klassenkampfes/Terror/Aufstand ...

19. September 1970
Cambridge (England)

a) Einen »schlechten« und »guten« Tag hinter mir. Die Nacht war zu spät begonnen worden, wir waren erst gegen 1:00 Uhr von einem Besuch von freundlichen Ca[mbridge-]Bekannten zurückgekehrt, erst dann nahm ich meine »unvermeidliche« Pille, somit zeitlich unkontinuierlich. Ho wiederum wachte gegen 3:00 und dann gegen 4:30 erneut auf, mich immer »wilder« machend, den Schlaf vermindernd, die Attackenbereitschaft steigernd.

So verlief dann auch gegen 7:30 [Uhr] dieser »schlimme Rhythmus«: stand sauer auf, die Kinder weckten uns laufend auf, plötzlich begann die Verminderung der Sprachfähigkeit, die Gedanken transferierten nicht in Wort-Form, machte mich nicht »wild«, nahm recht bald die Pille, entspannte so gut wie möglich, nicht alles gelang, die Spannung war dennoch nicht so stark wie vor einigen Monaten. Mein Bewußtsein blieb voll erhalten, dieser Sprachabschaffungs- und Wiederaufbau-Prozeß dauerte ca. 2–4 min. Ging sodann schlafen, bis gegen ca. 1:00 Uhr, wurde erneut sprach- und lebensfähig.

Bin bei solchen Ereignissen nicht mehr so gehemmt wie vor 2 Jahren etc., kann Umstände neu in die Hand nehmen, obwohl wirkliche Aufhebungen nicht absehbar sind.

Die Arbeits-, Tipp- und Sportfähigkeit entwickelte sich auch bald, hatte am Nachmittag keine weiteren Schwierigkeiten. Muß »einfach« auf den voll kontinuierlichen Schlaf- und Pill-Prozeß voll Rücksicht nehmen.

305 Am 14. Mai 1970 befreiten Ulrike Meinhof und Gudrun Ensslin den wegen Kaufhausbrandstiftung inhaftierten Andreas Baader.

b) Die englische Bourgeoisie hat sich ihren Liberalismus wiedergewonnen – und das sogar mit einem angeschossenen Revolutionär. Irgendwann wird sich das für sie wieder schlecht auswirken, insofern hat Ma. doch recht, aktuell ist er ein »Idiot«.

20. September 1970
Cambridge (England)
Der Ablauf des Tageslebens hat sich voll normalisiert, es gilt halt primär die Schlaf- und Essensabläufe kontinuierlich zu regeln.
Times hat Artikel angeboten, Neal A[scherson][306] u. a. haben einen Fehler gemacht:
a) Einer »von außen« kann nicht in die »Politik« eingreifen (Internationalismus)
b) Demonstrationskontrolle durch Dutschke
c) Home-Office-Entscheidung[307] wie durch den »Deu[tschen] Faschismus« ...
d) Englische Bewegung nicht ernst nehmen ...
e) Trotzki war keine »absolute Alternative«[308] ...

In »eigener Sache« zu schreiben trägt zumeist einen ambivalenten Charakter, in meinem, unserem Falle insbesondere. Schließlich gibt es Entscheidungen vom L[abour] P[arty]-Tory-Home-Office über das Leben von Individuen und Familien, über die nie ein einziges »öffentliches Wort« verloren wurde. Die »bekannt gewordenen« Menschen erblicken leicht das aufklärende und vernebelte Licht der Öffentlichkeit, die viel unmenschlicher behandelten Menschen bleiben von dieser getrennt. Obwohl gerade die Menschen, denen die fundamentalen Rechte und Fähigkeit menschlicher Selbsttätigkeit vorenthalten werden, das Forum der Enthüllung und Aufdeckung von Problemen zur Verfügung gestellt werden sollte.

306 Neal Ascherson (geb. 1932), Redakteur des »Observer«, Kolumnist des »Independent on Sunday« und Schriftsteller.
307 Das britische Innenministerium betrieb die Ausweisung Rudi Dutschkes aus Großbritannien. Am 8. Januar 1971 entschied ein Geheimtribunal, das Immigration Appeal Tribunal, die Dutschkes auszuweisen.
308 Zu Stalin.

Ein angeschossener Studentenführer (Rebell), gerade wenn entscheidende Teile des Sprachzusammenhangs betroffen sind, hat in einem äußerst komplizierten Trainings- und Wiederaufbau-Prozeß sich zu rekonstruieren. Neue Ideen, Methoden und Moral, die sich in jahrelangen Kämpfen gegen die autoritären Strukturen der Universität und gegen die mystifizierende Öffentlichkeit gerichtet hatten, haben den Kopf nicht verlassen.
Die Lebens- und Produktionsverhältnisse sind nicht wirklich lebenswert. Vor Jahrzehnten hat die englische Arbeiterklasse schon einen 8-Stunden-Tag erkämpft, wo bleiben die Errungenschaften seitdem? Die Banken, Konzerne etc. (die nicht untergegangen sind), dem internationalen Weltmarkt unterworfen, haben dennoch die Profitrate aufrechterhalten bzw. weiterentwickeln können.
Die Entwicklung der Produktivkräfte trägt einen fundamentalen Charakter, die Löhne laufen nicht einmal mit den Preisen konform, die sich permanent entwickelnden Profite fangen die Substanzerweiterung in sich auf.
Solange Warenproduktion einen kap[italistischen] Charakter trägt, solange unterliegen wir notwendigerweise dem Warenfetischismus …

27. November 1970
Cambridge (England)
Letzte Nacht noch aufgeweckt worden. Der Vater und die Brüder von Gretchen ließen per Telephon gegen 24:00 Uhr von sich hören, wir waren schon mitten im Schlaf. So wurde geschwätzt, auch ich sprach recht lange mit ihnen, obwohl ich schon »Angst« vor dem nächsten Morgen hatte (Zeitfrage des Schlafens).
Interessant ist besonders die Entwicklung der Brüder von G[retchen]. John, Gretchen war für ihn immer der Gegensatz, beendet seine relativ hoch bezahlte Arbeit als voll qualifizierter Ingenieur; will, nur psychologisch nachvollziehbar, mit Frau, Kind und Kegel nach Wisconsin ziehen, um dort als Landwirt (Boden ist gekauft worden) ein Leben zu führen …
Unruhen gibt es in Amerika, so sagte er nach Fragen von mir, aber »allgemein gesehen« wäre doch alles in Ordnung. Er scheint mit sich

völlig unsicher zu sein, obwohl er nach außen und am Telephon einen selbstsicheren Eindruck machte. Frau und die 2 Kinder kenne ich noch fast gar nicht, »mal sehen«, wie es weitergeht – aber wir haben nicht den geringsten Einfluß …
Bruder Tim steht kurz vor seinem Abschluß als B[achelor of] A[rts] für Business, will aber wohl gerne weiterstudieren, was wir, soweit wir können, »moralisch« unterstützen sollten. Ist auch verheiratet seit 8 Monaten, und ein Kind ist auch vorhanden. Die Frau kennen wir noch nicht.
Er hat auf mich in Amerika 1966 einen duften Eindruck gemacht, war noch nicht im geringsten, soweit ich es sehen konnte, durch die verrotteten Umstände integriert worden …
Der Tag hatte bis gegen Abend einen normalen Ablauf (7–8:00 [Uhr]; Frühstück, Post, Kinder anziehen, spielen, Polly wechseln, Ho mit Gretchen als driver zum Kindergarten bringen; Arbeit zwischen 10–13:00 [Uhr]; Mittagessen, Polly-Spielzeit, Ausruhen, Ho abholen, Zeit wechseln …). Dann saß ich gegen 18:00 [Uhr] auf der Toilette, plötzlich riefen die C.-H.-Kinder: Ho ist aus dem Fenster gefallen. Aufregung, Ho lag auf dem Gehweg und schien nicht klar bewußt zu sein, Blut war nirgendwo zu sehen. So: Arztanruf, Fahrt zum Krankenhaus etc.; Ho weinte und wollte as soon as possible einschlafen, was uns erschreckte …
Im Krankenhaus erwies sich die Aufregung als ungerechtfertigt, er verfügte über keinerlei »medizinisch interessante Besonderheiten« … Mit Mühe besorgten wir ihm auf der Rückreise ein großes »Icecream« …, jetzt schläft er, werde ihn bald kurz aufwecken …
Polly hatte gegen 21:00 [Uhr] einen großen Erfolg: »der gerade Gang« beginnt, sie trainierte immer wieder, steht allein auf dem Boden auf, balanciert das Gleichgewicht, geht, fällt etc. …

4. Dezember 1970
Cambridge (England)
Die BRD-Faschisten (Aktion Widerstand[309]) zeigen sich immer deutlicher. Der ganze Mist unseres Landes wird deutlicher als je

309 Die Aktion Widerstand war eine Neonaziorganisation.

zuvor nach dem 2. W[elt-]K[rieg] wieder sichtbar. Der Muff der angetasteten, aber unzerstörten Autoritäts-Verhältnisse wird wieder deutschgemäß. Entscheidend wird es mit sein, daß das linke Lager weiterhin in der Lage ist, die täglich größer und breiter werdende Jugend aufklärerisch und subversiv zu entwickeln. Gelingt der Rechten ein Eingriff in die Jugend, meine im Sinne der 20er Jahre, so verlieren wir ein entscheidendes Kettenglied!! Hier wäre auch eine sozialistisch-antiautoritäre Beleuchtung der *Deutschlandfrage* von grundlegender Relevanz. Die scheinbar internationale Unvermeidlichkeit eines »gemeinsamen Europas«, auch wenn es »rotes Europa« heißt, verdrängt die historisch gewachsenen und noch lange nicht beseitigten Elemente der nationalen Besonderheiten.

Diese naturwüchsig (kap[italistisch]) gewachsenen Besonderheiten haben als solche erkannt zu werden, auf den Begriff gebracht zu werden. Dadurch bilden sie Moment einer klaren Strategiebildung.

Unser Volk hat jegliches Selbstbewußtsein verloren, wenn es je ein solches hatte: vielleicht der Stolz über das Volk der Dichter und Denker. Aber gerade dieses subversive Element unserer Geschichte wurde bisher nie Ausgangspunkt einer politischen Selbstbestimmung und Reflexion des Volkes.

1.) Preußische Deutschland-Bestimmung

2.) 1. Weltkrieg (Versailles) …

3.) 2. Weltkrieg (Potsdam) …

4.) Spaltung …

5.) Gegenwärtige Phase …

6.) *Sozialist[isch]-antiautoritäre Wiedervereinigung (von GDR*[310] *und BRD*)

7. Dezember 1970

Cambridge (England)

Oh, wie lügen diese Medien gegen die Massen! Heute streikten in England die Arbeiter der Elektro-Industrie: für 20%ige Lohnerhöhung und gegen das morgige Gesetz[311] der Schweine Englands. Was

310 GDR: German Democratic Republic = DDR

311 Das von den Konservativen – »Torys« – eingebrachte »Gesetz über industriel-

machte TV daraus? Der Streik gefährdete das Leben vieler Menschen in den Krankenhäusern, 2 Krankenhäuser seien nicht vorgewarnt worden, Chaos in den Straßen etc. …; ein Streikführer wurde für 30 sek. gemein befragt. Von den Ursachen war nichts zu vernehmen …
In deutschen Radio schließlich war von dem allgemeinen Protest dieser Arbeiter gegen das neue gewerkschaftsfeindliche Gesetz nicht die Rede.
Die *Bedeutung der Medien* für die Aufrechterhaltung der Herrschaft (Ruhe und Ordnung) ist in jedem Augenblick deutlich zu erblicken.
Gretchen ist nun schon seit Freitagabend krank (Grippe). Die Hilfe von Nachbarn und Freunden ist äußerst freundlich. Seit mehreren Tagen schläft pro Nacht ein anderer Freund bei uns. Vor wenigen Tagen wurde eine Attentatsdrohung an die Presse per Telephon durchgegeben. Nicht zu ernst zu nehmen, schließlich fehlen die Voraussetzungen in letzter Konsequenz.
Dennoch ist ein solches Klima, von Verrückten und Faschisten ganz zu schweigen, in den Tagen des Tribunals[312] nicht auszuschließen!
Morgen soll ein allgemeiner Protest-Streik gegen die neue Bill stattfinden, einige Grüppchen träumen von Generalstreik. Dazu scheinen aber, soweit ich über Informationen verfüge, keinerlei Voraussetzungen erfüllt zu sein (Zunahme der obj[ektiven] Widersprüche, Klimaveränderung, system[atische] Aufklärung, Mobilisierung, Auseinandersetzungen, Potentialität der Machtfrage, rev[olutionäre] Organisation, Verankerung in den Betrieben im besonderen, in der Jugend im allgemeinen, militante subversive Elemente vorgeformt etc. …) Nur zu oft geht Geschichte einen unerwarteten Gang, weiß der Teufel!
Was für ein Streik auch immer stattfinden möge, die allgemeine Niederlage ist wohl nicht zu umgehen. Eine Niederlage aber, wenn sie kämpferisch und aufklärerisch erfolgt, kann durchaus ein Moment des zukünftigen Sieges werden!

---

le Beziehungen« (»Industrial Relations Bill«) zur Beschneidung von Gewerkschaftsrechten.

312 Des zum Teil geheimen Verfahrens über die Ausweisung der Dutschkes aus Großbritannien.

W[illy] Brandt hat heute in *Warschau* den Vertrag[313] mit *Polen* unterzeichnet, ein weiterer Schritt der SPD, ihre historische Rolle zu Ende zu spielen?

24. Dezember 1970
Cambridge (England)
Der historisch größte Mythus feiert seinen Jahrestag, im Grunde ist es der Tag der noch nicht abgeschlossenen Befreiung des Menschen. Ganz im Hintergrund steht der Wunsch nach Aufstand. Armer Papiertiger »Sir Peter[314] …«, er wird schon mal mit seiner ganzen Minderheitsklasse draufgehen, sonst wird die Barbarei wieder voll triumphieren.
Jeder hat sich »gut geschlagen«, Anwalt bleibt etwas borniert, er tat es aber seiner Funktion gemäß außerordentlich gut. Nun müssen wir warten, daran ist nichts zu ändern!
Ohne politisch-subversive Gruppe, in einem »fremden« Lande, die Kampfbedingungen tragen so einen besonderen Charakter. Darum mußten wir auch den Umständen gemäß handeln! Der *Aufstand in Polen*[315] hat historische Bedeutung, Arbeiter streikten, und die »neue Generation« motzte, das gilt es zu vermitteln. In der DDR vermittelt mit Aufklärung und direkter Aktion in der BRD – so kann das deutsche Wesen wieder genesen!!

26. Dezember 1970
Cambridge (England)
Seit Tagen sind wir schon aus London zurück[316], und dennoch hat die Aufregung, ist die Spannung[317] noch nicht verschwunden. Gilt

313 Der Warschauer Vertrag garantierte u. a. die Oder-Neiße-Linie als polnische Westgrenze.
314 Sir Peter Rawlings, Staatsanwalt im Verfahren über die Ausweisung der Dutschkes aus Großbritannien.
315 Wegen der sich schnell verschlechternden wirtschaftlichen Lage streikten Arbeiter in Polen, besonders in Danzig. Wegen der Streiks mußte der Erste Sekretär der Polnischen Vereinigten Arbeiterpartei (PVAP), Wladislaw Gomulka, zurücktreten.
316 In Cambridge.
317 Wegen des Ausweisungsverfahrens.

für Gretchen wohl etwas mehr als für mich. Die ganze Sache war für mich in letzter Konsequenz doch äußerst produktiv. Zum erstenmal sah ich für mich wirklich eine subversive Zukunft. Nach langer, äußerst langer Zeit stand ich wieder einmal unter politischen Kampfbedingungen, auch wenn die Form dennoch noch einen etwas unterentwickelten Charakter trug. Eine Auseinandersetzung, die ich dann noch in fremder Sprache zu führen hatte, bereitete mir viel Freude und Lust. Meine spezifische Aggressionsfähigkeit zeigte sich, Klarheit und politisch-subversiver Witz kamen zusammen, teilweise weiterentwickelte Vergangenheit. Das Moment der Praxis als einziges treibendes Element zeigte sich mit außerordentlicher Klarheit. Das pig[318] arbeitete und fragte ohne Logik, war darum auch besonders leicht anzugreifen.

27. Dezember 1970
Cambridge (England)
Durch die Auseinandersetzungen im *Tribunal* sind hochentwickelte psychologische Hemmnisse (Nervosität, Angstgefühle, Attackengefühle, Minderwertigkeitsaspekte, Sprachfragen etc.) aufgelöst bzw. aufgehoben worden. Vielleicht nur temporär, ihre Auflösbarkeit wurde sichtbar, kann für mich nur gute Auswirkungen haben. Bei Gretchen noch nicht zu sehen, ist noch voller Spannung und Angst, besonders wegen der Spy-Geschichte[319], gilt es abzubauen und nicht zu ernst zu nehmen. Die Unklarheit unseres Anwalts über die Namen Schlacker und Kavan[320] hat neben den wichtigen Aspekten für den Prozeß auch negative Rückwirkungen.
Hosea hat sich zwar noch immer nicht ganz »beruhigt«, im Grunde will er nicht mehr schlafen, weil er unsere erneute Abreise befürchtet, aber heute blieben er und Polly schon mit kindlicher Klarheit und Lust bei Sarah[321] und Schilla[322].

---

318 Sir Peter Rawlings.
319 Der Staatsanwalt hatte Rudi Dutschke vorgeworfen, eine Militäreinrichtung in Swansea ausspioniert zu haben.
320 Jan Kavan lebte damals im Exil in London. Später wurde er tschechischer Außenminister und Parlamentsabgeordneter.
321 Tochter von Bob und Sheila Young.
322 Sheila Young, Bob Youngs Frau.

Hoseas *Willen* ist äußerst entwickelt, Kampffähigkeit und Entschlossenheit, darf sich aber nicht überziehen, gilt es immer neu von unserer Seite zu reflektieren.
Pollys »aufrechter Gang« zeigt immer bessere Auswirkungen, sie beginnt Persönlichkeitsbesonderheit zu entwickeln. Ist nicht mehr durch Abschiebungen verschiedenster Art zu befriedigen, besteht auf das jeweils gefundene Interesse – bis sie sich durchsetzen kann.

28. Dezember 1970
Cambridge (England)
Wird es in Spanien zu einem Neubeginn des Bürgerkrieges[323] – unter veränderten Bedingungen – kommen? In diesem Zusammenhang stellt sich die Frage der Dialektik der Besonderheiten – die Frage der Basken und ihres Anspruchs auf Selbständigkeit – unmittelbar. Es erscheint ein weltweites Phänomen, wozu wir weder theoretisch noch politisch bisher eine Antwort der praktischen Theorie haben. Die zaristischen Schweine der Führung der SU gehen totalitär gegen Juden etc. aus dem eigenen Lande vor. Die israelischen Halb-Faschisten können damit nur profitieren. Lang lebe doch Fidel, er öffnet das Land für die Feinde, damit sie verschwinden können.[324]
Das Moment des Anarchismus, noch in unpolitischer Form, beginnt sich in der SU zu entwickeln. Wir werden überrascht werden, die Ruhe steht vor dem Sturm!

29. Dezember 1970
Cambridge (England)
Bei aller Entwicklung und Weiterentwicklung des Kapitalismus in England zeigen sich dennoch erneut die Besonderheiten des Landes. Die Analyse der Besonderheiten ermöglicht erst gesamtgesellschaftlichen Blick. Das ist mir nicht möglich und ist nicht mein Ziel. Betaste also nur gewisse Erscheinungen der letzten Zeit. Die Halbwahrheiten und Verschleierungen in der englischen Presse sind unüber-

---

323 Von 1936–39 bekämpften sich spanische Faschisten mit deutscher und italienischer Unterstützung und Republikaner mit internationaler Hilfe. Am Ende stand die Errichtung der Franco-Diktatur in Spanien.
324 Die meisten Exilkubaner leben im US-Bundesstaat Florida.

sehbar, jede potentielle und besonders aktuelle Streiksituation der Arbeiterklasse wird mit allen Instrumenten der herrschenden Klasse in die Hand genommen.
Dennoch sind die Momente der bürgerlichen Demokratie, obwohl schon vermindert, noch vorhanden. Der Fall Dutschke zeigt es ohne jeden Zweifel. Ob diese demokratischen Reste der bürgerlichen Revolution genug Widerstandskraft gegen »McCarthy«-Politik[325] im Lande haben, ist nicht genau absehbar.
Die von [unleserlich] so ernst und aufrichtig beschworene Arbeiterklasse hier wird sich dann erneut zu beweisen haben. Seit Jahrzehnten hat sie jeden politischen Kampf gemieden. Sicherlich, so kann dem entgegengehalten werden: Es fehlte an der entsprechenden sozialistischen Organisation, die das Ziel der Revolution den Massen erklärt und beigebracht hätte. Eine solche Antwort ist absolut unzureichend. Der subjektive Faktor der Organisation entscheidet historisch nur unter wirklich revolutionären Umständen. Diese gab es nur in bestimmten Phasen der Weltlage und der nationalen Situation, eine Klasse, die seit Jahrzehnten mit der herrschenden Klasse irgendwie kooperiert, und dann noch vermittelt durch die Gewerkschaften etc., eine *solche historische Klasse* ist gebrochen. Sie hat sich eigentlich erst wieder als Klasse, und zwar als kämpfende Klasse, zu konstitutieren.
Wie findet ein solcher komplizierter Prozeß statt? Die gegenwärtig herrschende Klasse scheint wieder die Absicht zu haben, eine »welthistorische Rolle« zu spielen. Um das aber tun zu können, gilt es die Ausbeutung und Profitrate zu steigern, anders läßt sich eine starke Weiterentwicklung der Kapitalakkumulation kaum durchführen. Der »Kampf« gegen die Gewerkschaften im allgemeinen findet nicht statt, ihre Kraft und ihr Einfluß allerdings sollen vermindert werden; das neue Gesetz zeigt es klar. Unter diesen Umständen entwickeln sich immer deutlicher aktuelle Klassenkampfbedingungen. Die Vermittlungsglieder der beiden Grundklassen werden unter Druck

325 Joseph R. McCarthy leitete die Verfolgung von Intellektuellen, Künstlern und Regierungsangestellten in der ersten Hälfte der fünfziger Jahre in den USA. Der »McCarthyismus« kennzeichnete den Höhepunkt der antikommunistischen Hysterie.

gesetzt, d.h. auch Druck gegen die Arbeiterklasse. Die entscheidende Frage ist, ob es den »militanten« Kräften innerhalb der Gesamtheit der Gewerkschaftsbewegung gelingt, die aktuelle Kampf-Situation kämpferisch zu handhaben und mit klaren Zielbestimmungen zu versehen. Die Abstraktion des Kampfes, ohne klare Zielbestimmung, und die Betonung des Kampfes ohne Konkretisierung der Inhalte erscheint als »militant«, ist aber in Wirklichkeit jene revolutionäre Phrase, wie wir sie geschichtlich immer gefunden haben; allerdings ist schon der Kampf mit relativer Zielbestimmung, die »reine Motzerei« in bestimmten Phasen der Entwicklung eines Landes qualitativ wichtiger als jede »hochentwickelte Theorie«.

30. Dezember 1970
Cambridge (England)
Um auf den Besuch von Schlacker und Ann (und Kinder) zurückzukommen, will ich noch Anmerkungen machen. Ann arbeitet äußerst ernsthaft und kontinuierlich mit militanten Arbeitergruppen zusammen. Wieweit ihre Einschätzung der Gesamtsituation des Landes hier der Wirklichkeit entspricht, vermag ich wenig einzuschätzen, dennoch vertraue und schätze ich sie sehr. Allerdings scheint sie in ihrem Arbeitsgebiet verfestigt zu sein; meine eine gewisse Starre des Denkens und Formulierens. Entspannung, Lachen etc. sind kaum noch anzufinden. Natürlich sind gewisse Probleme davon nicht zu trennen; vier Kinder im Alter zwischen 6 und 11 wohl, Schlacker ist an der »Hausarbeit« nicht bzw. wenig beteiligt. Nicht weil er »faul« wäre, ganz im Gegenteil: er schuftet wie ein Teufel in der politisch-filmischen Sphäre. Ihm und Ann fehlen wirkliche Freunde in der harten Arbeit, zum Lesen z.B. kommt Schlacker seit langem schon nicht mehr. Seit 4 Monaten ist er auch schon ohne Paß, vielleicht war er die »Hauptfigur« am Geheimtag[326]. Schließlich war und ist er die politisch-subversiv handelnde Person für mich, vielleicht müssen wir beide dran glauben …

326 Im Verfahren über die Ausweisung der Dutschkes aus Großbritannien.

Hubertus Hü[ppoff] tauchte kurz auf, ist wie immer recht freundlich, verschleiert aber wohl als zuvor die persönlichen Wahrheiten. So sein Leben und den Bruch mit Dorothea. Er kommt aus dem heraufsteigenden Kleinbürgertum, davon konnte er sich bisher einfach nicht lösen.

Hat einen guten Job als Lehrbeauftragter in Frankfurt, arbeitet gleichermaßen an einem interessanten Projekt: es geht um die Analyse der Differenz kindlichen Verhaltens in Arbeiterfamilien und Bürgerschichten (Klein-, Großbürgertum) ...

Irvan H. und andere Tschechen (Slowaken) habe ich besonders gern, die »schönen Zeiten«[327] tauchen dann immer wieder auf ...

31. Dezember 1970

Cambridge (England)

Gisela B[reyer] und ihr Freund Karl tauchten auf, wohnen bei uns, erzählen viele interessante Einzelheiten über die Verhältnisse innerhalb der Linken in W[est-]B[erlin].

Unsere spanischen-baskischen Genossen werden weiterleben, die Revolution allein kann sie befreien. Die sowjetischen Bürger sollten sich an den Basken ein Beispiel nehmen.

Die Bedeutung der technischen Mittel der heutigen Welt zeigte sich in den letzten Tagen mir zu deutlich. Franco[328] »gab nach«[329], die Revisionisten folgten[330] – wenn auch unter durchaus verschiedenen Umständen.

327 Vermutlich eine Anspielung auf Rudi Dutschkes Aufenthalt in der Tschechoslowakei zur Zeit des »Prager Frühlings«.

328 Francisco Franco (1892–1975), spanischer Diktator, leitete den faschistischen Militäraufstand gegen die spanische Republik, der zum Bürgerkrieg von 1936–39 führte.

329 Anfang Dezember 1970 wurde der deutsche Honorarkonsul Eugen Beihl in San Sebastian von baskischen Separatisten entführt. Sie wollten damit die Verhängung von Todesurteilen gegen sechzehn Basken vor dem Kriegsgericht in Burgos verhindern. Der Konsul kam Ende Dezember frei, die Angeklagten wurden begnadigt.

330 Gemeint ist der Rücktritt des polnischen Parteichefs Gomulka.

Kurz mit Manfred [Scharrer] telephoniert, mit ihm werde ich in der Zukunft bestimmt zusammen organisieren. Ernest M.[331] bemüht sich sehr um ihn …

Das Jahr geht zu Ende, was bringt das »neue Jahr« mit sich? An Überraschungen wird es nicht mangeln, oder?

---

331 Vermutlich Ernest Mandel.

1971

1. Januar 1971
Cambridge (England)
Jede Nacht-Schwärmerei, wie z. B. die letzte für kurze Zeit, ist für mich noch immer eine Attackengefahr. Darauf muß ich mich klar einstellen, für lange Zeit muß mein Leben mit größter Effizienz organisiert und gehandhabt werden. Die Pillen »retten« »großartig«, wenn ich sie in entscheidenden und richtigen Momenten einsetze.

Bob [Young] getroffen, wollten eigentlich für Sarah etwas abgeben, war aber mit Schilla[332] unterwegs. Werden höchstwahrscheinlich dort leben, wenn die Entscheidung uns erreicht!
[Bob und Schilla] scheinen von Gerhard [Wilke][333] eine gute Meinung zu haben, was er auch verdient. Allerdings trifft er seit relativ »langer Zeit« halbe und andere »Berühmtheiten«, ohne eine authentische Entwicklung durch praktische Theoriebildung durchzumachen. Liest viel, verarbeitet es durch Essays, vielleicht erreicht er in d[er] BRD einen für seine Entwicklung besseren Weg, vielleicht ist ein Studium hier bei King's ausgezeichnet – obwohl ausgezeichnete Lehrer fehlen.
Die Anwesenheit von Gisela und Karl ist hilfreich und entspannend, die Berichte über W[est-]B[erlin] sind von anderen kaum zu unterscheiden.

2. Januar 1971
Cambridge (England)
Will die Studienarbeit nun doch kontinuierlich in die Hand bekommen, ist nicht voll sicher. Wartende, d. h. unvollendete, Bücher (Sering, Logik[334], H.[335], Rosdolsky etc.) muß ich unter allen Umständen recht schnell beenden. Wollte Luk[ács] schon vor vielen Wochen

332 Sheila Young.
333 Der Bruder von Manfred Wilke lebt heute als Psychologe in London.
334 Vielleicht Hegels »Wissenschaft der Logik«.
335 Vielleicht Hegel.

in die erste Reihe stellen, für einen potentiellen Aufenthalt in Dänemark ist die Konzentration auf die Lukács-Forschung nun inevitable geworden. Freue mich irgendwie darauf, beidseitig und ambivalent zu betrachten.
In Schottland ca. 30/40 wohl junge Menschen in einem Sportplatz in Glasgow »draufgegangen«, fielen durch »Druck« aufeinander. Die 1000fachen Erfahrungen von Unfällen in Sportplätzen ist für den Kapitalismus noch immer nicht ausreichend, neue Formen der Plätze und Wege zu entwickeln, um solche [Unfälle] zu verhindern. 80 000 preßt man zusammen, statt nur 40 000 Plätze zu gestatten, neue Sitzplätze und Gehwege im Sportplatz aufzubauen. Warum nicht? In letzter Konsequenz allein aus einer noch immer reinen privatkapitalistischen Profitsucht! Wie fühlte ich mich sofort an die fr[an]zösische Tanzparty mit 1400 [oder] mehr Toten erinnert, derselbe Grundcharakter steckt dahinter!

3. Januar 1971
Cambridge (England)
Der psychologische Aspekt von Attacken war am frühen Morgen äußerst deutlich zu sehen. Gestern abend sagte ich zu Gisela: G[isela], ich werde morgen früh als erster das Bett verlassen, wenn die Kinder sich bemerkbar machen. Um dir auch mal ein längeres Schlafen zu ermöglichen. Ging aus diesem Grunde etwas früher zu Bett, so zwischen 10 und 10:30 [Uhr]. Im Bett spielten Gretchen und ich etwas miteinander, nicht ganz entspannt. Hatte eigentlich etwas »Angst« vor dem nächsten Morgen, hielt eine Attacke für möglich. Nicht zuletzt deswegen, weil wir in der Zeit unseres Zusammenlebens in London solche Attacken am frühen Morgen von mir halt manchmal sahen. Gewissermaßen antizipierte ich die Attacke von heute morgen.
Bin schon »lange« vor dem Auftauchen von Hosea wach gewesen, hatte keine Uhr, wollte Gretchen nicht aufwecken, konnte darum den Zeitablauf nicht genau bestimmen. Nach einer gewissen Zeit tauchte Hosea dann auf, Lärm von Polly ließ nicht auf sich warten – das Aufstehen, der Prozeß der Konstituierung des geraden Ganges des Tages begann. Relativ gespannt, zog ich mich an, nahm die

Kinder in die Hand, und schließlich gingen wir in die Küche. Fühlte mich schwach, war ein bißchen von Kälte »erschüttert« und versuchte mich mit Gymnastik warm zu machen, was nicht ganz gelang. Schließlich gab ich Polly Joghurt und nahm mir die ominöse, aber unvermeidliche Pille. Eigentlich schien damit »alles« Unerläßliche getan zu sein. Die Spannung ließ nicht nach, ich ging in den hundekalten Garten, um mich in Bewegung zu bringen, auch das gelang nicht, wurde vielleicht »alles schlechter«. Kehrte in die Wohnung zurück, Gretchen war auch da, sie bemerkte meine Schwierigkeiten, und plötzlich fühlte ich mich »ganz schlecht«, d. h. der Narbenschmerz nahm rapide zu. Damit ist bisher immer eine gewisse Sprachverminderung verbunden. Ist wohl nur mit Blutstauungen zu erklären.
»In den Minuten der Gefahr« griff ich zu einer 2. Pille und legte mich aufs Bett nieder. Gretchen half mit bei der Entspannung, und schließlich beruhigte sich der Kopf allmählich.
Von großer Bedeutung ist mein Verhältnis zu Gretchen, bin ich »unzufrieden mit ihr«, streiten wir uns *unproduktiv* etc. – dann nimmt die Attacken-Potentialität zu; das gilt für alle ähnlichen Dinge, bei Gretchen nur besonders. Leben und streiten, lieben etc. wir uns *produktiv*, so scheint mir meine Abwehr- und Behandlungsfähigkeit der Epilepsie-Geschichte viel größer zu sein.
Wenn mich Gretchen vor Freunden oder anderen angreift, wenn sie mich »lächerlich« macht oder ähnliches, dann bin ich äußerst säuerlich, unzufrieden und »ängstlich«, die Narbe schmerzt mehr! Arbeiten wir zusammen, sprechen wir in Dialogform, helfen wir einander, lieben wir [uns] in verschiedenster Form – dann vermindert sich die Angst, verschwindet sie manchmal sogar ganz.
Die schon vor einigen Tagen beschriebene *Kampfsituation* in den Tagen des *Tribunals beseitigte Attackenangst und Sprachverminderung, befreite und beruhigte mich äußerst vielseitig.*
Der Lärm der Autos, der Flugzeuge und das Schreien der Kinder, auch das Brüllen von Ho erregen mich ziemlich stark. Das Warten auf die Entscheidung[336] spielt dabei natürlich auch eine nicht unwichtige Rolle.

---

336 Im Ausweisungsverfahren.

Im Augenblick (gegen 12:00 Uhr) bin ich müde, aber durchaus einigermaßen arbeitsfähig und entspannt.

4. Januar 1971
Cambridge (England)
Heute wieder mehrere Stunden lang gelesen, und zwar »Jenseits des Kapitalismus«[337]. Die Aufarbeitung der Produktionshierarchie erscheint äußerst einsichtig und auch politisch von großer Wichtigkeit. Daran muß weitergearbeitet werden, es geht um die konkrete Analyse der spezifischen Prod[uktions]weise der »gegenwärtigen Periode«. Durch die Hilfe von Gisela und Karl ist einfach die Zeit fürs Studieren gewachsen.
Die Nervosität allerdings wächst auch, bald kommt es ... Die Kälte ist »hundeartig«, der Nebel verdichtet sich. Gretchen hat die Story verbessert, bin gespannt. Ho pennt gut, Polly liebt die Nächte ...

5. Januar 1971
Cambridge (England)
Die Tage der Tribunals-Entscheidung nähern sich, dennoch vermag ich noch zu arbeiten, nicht zuletzt wegen der Hilfe von Gisela und Karl. Gegen 3:30 Uhr werden wir Rosemarie treffen, es geht um die taktische Bestimmung unseres politischen und persönlichen Verhaltens in den nächsten Tagen.
a) Positive Entscheidung – a) Verschwinden b) Rosemarie-Erklärung: Für die Demokratie im Lande von größter Bedeutung ...
b) Negative Entscheidung – a) Verschwinden b) Warten auf das Parlament – oder?
Wann die Veröffentlichung des Interviews?
Noch andere Aktivitäten, Interviews oder ähnliches?

!»We are relieved and going now to our work«!
If the Tribunal decision is negative, then something against the Institution!!

337 Paul Sering (Richard Löwenthal), Jenseits des Kapitalismus. Ein Beitrag zur sozialistischen Neuorientierung, Wien 1948.

Gretchen fällt einfach jede Woche mehr oder weniger mit äußerst zweifelhaften Argumenten über mich her. »Du nimmst mich nicht ernst«, »Ich kenne deine politische Haltung nicht«, »nur deinen schlechten Spiegel-Artikel nach dem Attentat« o[der] ähnliches. Die wirklichen Gründe der uneinsichtigen Motzerei sind mir unbekannt, erst recht die Motivationen. Der »beschissene Gesamtzustand der Warterei« wird eine wesentliche Rolle dabei spielen, ist es aber der einzige Zusammenhang?
Gretchen ist sich ihrer noch nicht sicher, obwohl sie eigentlich hier in Cambridge viel aktiver und selbstsicherer als je zuvor geworden ist. Ich bin auch in diesen Tagen empfindlicher als in den Tagen des Tribunals, hoffentlich reizt mich die Scheiße dieser Tage nicht zu erregten Kopf-Zuständen. »Eigentlich« sollten wir in der Lage sein, die Umstände und Situationen in die Hand zu nehmen.
»Times-Interview« wird zur »rechten Zeit« erscheinen, d. h. 1 o[der] 2 Tage, bevor wir in Dänemark ankommen. Das gleiche gilt für ein eventuelles Fernseh-Interview. Große Aufklärungs-Auswirkungen sind eigentlich nicht zu erwarten, dennoch gilt es, das Unerläßliche aus politischen Gründen zu absolvieren. Für mich sind es immer Kampf-Momente, ich liebe das irgendwie – aber gegenwärtig halt mit anderen Implikationen.

6. Januar 1971
Cambridge (England)
Gisela und Karl sind heute morgen abgefahren, haben uns wirklich in den letzten Tagen eine gute rote Hilfe gegeben. In den nächsten Tagen wird es weit schwieriger werden, primär wegen der bevorstehenden Entscheidung des Tribunals.

7. Januar 1971
Cambridge (England)
Wohnen ab heute bei Schilla und Bob, von den Kindern Sarah und David ganz zu schweigen. Mal sehen, auf jeden Fall ist eine zunehmende Nervosität deutlich zu sehen.
Erich [Fried] ruft laufend an, scheint fast nervöser als wir zu sein. Im »Untergrund« der Presse gegenüber sich zu befinden erscheint etwas

komisch, hat dennoch reale Momente in sich. Gerade in Zeiten unaktiven Daseins, politisch-subversiv begriffen, gilt es äußerst genau mit den »Umständen« umzugehen. Nur zu leicht wird man ein vollendetes Objekt des »Überbaus« der herrschenden Klasse.
Bob hält Gerhard für einen »außerordentlichen Studenten«, zeigt in letzter Instanz doch nur den schwachen Stand der englischen Studentenschaft. Dessen ungeachtet halte ich G[erhard] auch für prima. Seine Entwicklung, und besonders seine Richtung liegt noch nicht im geringsten klar vor.
Die G[erhard] und Manfred sind einige von vielen Studenten, die aus der Arbeiterschaft kommen. Sie weisen nur darauf hin, daß diese Klasse in sich voller potentieller Kräfte ist. Die noch immer zumeist unterdrückt und integriert sich zeigt.
Bob etc. haben ein recht tiefes Verständnis und Bedürfnis für intellektuelles Denken, auch teilweise für die Notwendigkeit einer »veränderten«, »neuen«, »besseren«, »sozialistischen« Gesellschaft.
Die Implikationen einer seiner solchen Reflexion, und ich meine besonders die politischen Konsequenzen, sind schon eine »andere Frage«.
Es ist immer wieder irgendwie erregend, Menschen – Frauen und Männer – zu treffen und ihre Kantsche Benennung als »krummes Holz«[338] zu verstehen. Die fundamentale Schwierigkeit des »geraden Ganges« im Blochschen Sinne ist für mich seit langem »kein Problem« mehr: Es ist wahr.
Theorie – Praxis; praktische Theorie, Geist und Blut (Shakespeare – in Bereitschaft sein ist alles) …
Hosea bleibt heute bis 4:30 Uhr im Kindergarten, hoffentlich ist er nicht unglücklich. Werde mit ihm dann – in jedem Falle – viel spielen.
In Dänemark zu lehren wird mir ein lustvolles Vergnügen sein, wird für mich große Entwicklung und Erfahrung mit sich bringen.
Die Entwicklung im geliebten, aber auch verachteten Deutschland bereitet mir immer mehr Sorgen. Wenn es in W[est-]B[erlin] einen

338 »Aus so krummem Holze, als woraus der Mensch gemacht ist, kann nichts ganz Gerades gezimmert werden.«

Rutsch im Parlament wirklich geben sollte, die CDU die Wahl gewinnt – dann »Gnade Gott« die unmittelbaren Rückwirkungen auf die Wahlen in Rheinland-Pfalz, auf die Gesamtlage im Lande.
Wenn es 1971 keinen »eindeutigen« Vertrag der Großmächte über W[est-]B[erlin] geben sollte, eigentlich ist er nicht im geringsten wirklich zu erwarten, dann sind die Auswirkungen auf das politische Klima in W[est-]B[erlin] und besonders W[est-]Deutschland verhängnisvoll.
An Kissinger[339] und seinen Bemerkungen in der letzten Zeit, auch durch den Bericht im Spiegel, findet sich die Spaltung von Theorie und Praxis sehr deutlich. Die herrschende Klasse, schon ohne »wirkliche« Theoriebildung, erreicht Faktensammlung und eine Theorie der Aufrechterhaltung bestehender Verhältnisse.

8. Januar 1971
Cambridge (England)
Konnte nur wenig schlafen, war eigentlich nicht nervös, dennoch »konzentriert«. Mein Kopf ist über den Straßenlärm in der Wohnung von Sch[illa] und B[ob Young] nicht glücklich, reagiert aber nicht attackenartig!
Bob und Erich [Fried] sind Personen verschiedenen Kalibers, allerdings mit gleicher Grundhaltung der Presse gegenüber: der eine ist »überängstlich«, der andere »überfixiert«. Es ist lustig und interessant, die Verhaltensweisen von Menschen in unnormalen Situationen sehen zu können. Beide sind für praktische Theorie wohl nicht fähig, sind aber als Glied des revol[utionären] Prozesses schier unerläßlich.
Es ist auch wichtig, gewisse Konkurrenzhaltungen von Menschen zu erleben. Die Selbstreflexion und eine verändernde Selbstkritik wären die höchsten Grade menschlicher Weiterentwicklung. Hier gilt es aber, den zerschlagenen Begriff der Selbstkritik inhaltlich neu und unzweideutig zu definieren. Selbstkritik hat in sich ein – Selbst –, d. h., ein konkretes Individuum erkennt sich seiner selbst, ist sich seiner Lage, Rolle und Bedeutung »klar« genug bewußt. Allein solche

339 Henry A. Kissinger (geb. 1923), 1969–77 US-amerikanischer Sicherheitsberater und Außenminister. Mitverantwortlich für die Verstrickung der USA in den Indochinakrieg.

Menschen haben das Recht und die Pflicht für Selbstkritik? Nein, natürlich nicht! Denn der Erkenntnisprozeß hat in sich eine Vielfalt von Momenten und Teilen. In einer Organisation, die sich stalinistischer Richtungen enthalten will, gilt es gerade, den Prozeß der Entwicklung des »Selbst« systematisch zu ermöglichen und zu erweitern. In der Organisation wird das nur möglich werden, wenn es in ihr konkrete subversive, der Selbstkritik fähige führende Genossinnen und Genossen gibt.
Nun ist es doch passiert, die pigs schmeißen uns raus. Auf 19 Seiten begründet das Tribunal ihre Entscheidung. Ihre widersprüchliche und schier lügenhafte Logik überrascht mich »theoretisch« nicht im geringsten, dennoch erzeugt diese Logik im Moment der Konfrontation mit ihr Überraschung und Unsicherheit – allerdings eine zunehmende Sicherheit und Überzeugtheit über die Notwendigkeit einer radikalen und sprengenden Revolution.

12. Januar 1971
Cambridge (England)
In den ersten Stunden nach der Entscheidung in London durch das Tribunal fühlten wir uns außerordentlich »stark« und subversiv. Schrieb das Statement, reagierte auf die verschiedensten Notwendigkeiten des Augenblicks. Nach 2/3 Tagen begann die Rückwirkung. Gretchen begann zu »murren«.

Februar
Cambridge (England)
Gretchen hat sich »abgefunden« mit der Reise ins »neue Land«, wird aber mit Sicherheit mehr Schwierigkeiten haben als ich, sie hatte in Cambridge wirklich ihre ersten lebendigen Momente der Identifikation sich erarbeitet.

11. Februar 1971
Cambridge (England)
Erstmalig seit einer »Ewigkeit« ein intensives zweistündiges Gespräch über uns selbst und unser Verhältnis gehabt.

a) Debatte über die Entwicklung nach dem Attentat bis heute ...
b) 3 Aspekte des Verhältnisses a) Liebesverhältnis b) Intellektuellenverhältnis c) Arbeits-, Kinder- und Verantwortungsverhältnis ...
c) Prozeß der Selbstbefreiung: a) Gretchens Kampf um die Identifikation; Freiwerden von Rudi, Zurückgewinnen von Rudi auf neuer Stufe. b) Allerdings beidseitig zu betrachten!!
d) Problem des Liebesverhältnisses: Sie selbst hält das Liebesverhältnis für fest und ungebrochen, sieht »nur« ihre größeren Ansprüche mir gegenüber; ihre Ansprüche sich selbst gegenüber; will vollständig kämpfen gegen ihre Abhängigkeit von meiner »Rollenfunktion«. Will ihre »gesellsch[aftliche] Rollenfunktion« – Frau von einem »Führer« – durchbrechen und freies, selbständiges, anerkanntes, durch Arbeit gewordenes Subjekt werden.
e) Frauen kämpfen mit allen Mitteln für ihre Freiwerdung, berücksichtigen bisher in diesem Kampf nicht den Faktor der Entwicklung des Motors, des Hemmnisses, des Mannes, der sie liebt und den sie vielleicht selbst hat oder noch liebt. Die Wechselwirkungen und Rückwirkungen, die Zwischenglieder etc. werden bisher von Gretchen nicht gesehen. Auch ein Begriff wie Prozeß ist für sie noch etwas bedeutungslos, obwohl sie ihn manchmal durchaus richtig angewendet hat. Dennoch überwiegt in der gegenwärtigen Phase mehr die unmittelbare, sinnliche Erfahrung als die reflektierte Erkenntnis!

England

Es ist vollbracht – für Mr. Madling[340]. Für die rev[olutionären] Soz[ialisten] und für alle Rebellen und kritischen Denker hier in England hat das Problem erst gerade begonnen. Die »Fälle« P. Hook, Dutschke, Miguel[341] etc., nicht zu verschweigen die englischen Rebellen[342] ... zeigen die zunehmende Repression der kap[italistischen] Staatsmaschine. Die Parteien der Ruhe und Ordnung riechen

340 Der damalige britische Innenminister hieß Reginald Maudling.
341 Miguel Garcia saß als Anarchist unter Franco in spanischen Gefängnissen und emigrierte nach England. Er arbeitete dann als Sekretär der anarchistischen Gruppe Black Flag.
342 Die englischen Rebellen waren die Angry Brigade.

den Bürgerkrieg. Um den wirklichen Aufstand des kritischen Denkens und Handelns zu verhindern, spricht Heath[343] et comp[anions] vom »inneren Feind« in einer Periode, in der die soziali[stische] APO Englands nur in relativ geringer Gestalt existiert.
Der sozialistische Widerstand gegen die zunehmenden Angriffe der Tory-Regierung trägt noch einen schwachen Charakter. England erschien uns während unseres Aufenthalts als eine Gesellschaft der Kompromisse, Widersprüche werden verdrängt und verschoben, nie wirklich ausgetragen.
Die Zahl der englischen und ausländischen Genossen und Rebellen in Gefängnissen ist gestiegen, nicht aber die treibende und mobilisierende Kraft von Aufklärung und direkten Aktionen. Die unerläßliche Methode von Aufklärung und direkten Aktionen ist weiterhin in England unbekannt. Die Integrations- und Beruhigungsform der Petitions ermöglicht die Sicherheit und Ruhe im Lande.

a) Was sind die Lehren?
b) Welche Fehler haben sich gezeigt?
c) Wohin geht der Weg?

Kein revol[utionärer] Sozialist wird die *Differenzen* zwischen einer Labour-Regierung und einer Tory-Regierung leugnen. Im selben Augenblick würde er aber hinzufügen: Eine qualitative Differenz (wesentliche, fundamentale) ist nicht im geringsten festzustellen. Beide Parteien sind Parteien der kap[italistischen] Ruhe und Ordnung, die eine mit direkter Gewalt und Macht gegen die Arbeiterklasse, gegen die rebellischen Intellektuellen und Studenten. Die andere unter dem Schein der Arbeiterpartei, in Wirklichkeit aber in Zusammenarbeit mit den Monopolen.
Und dennoch gibt es auch in der Labour-Partei der Ruhe und Ordnung noch Genossen, die das alleinige Ziel des Klassenkampfes, den Sozialismus nicht aufgegeben haben.
Die Organisation der rev[olutionären] APO ist sich dessen nur zu bewußt, arbeitet ohne jede Illusion mit diesen Kräften zusammen.

343 Edward Heath (geb. 1916), konservativer britischer Premierminister 1970–74.

Nun weiß es jeder Ausländer, die Fähigkeit zum kritischen Denken allein ist schon ein Risiko für die jetzige Regierung.
Direkte politisch-organisatorische Tätigkeit konnte mir nicht nachgewiesen werden, weil eine solche nicht existiert. Wie sehen die Herren des Tribunals diesen Zusammenhang? »In our view … we consider that planning and organization can be as important … and the like.«
Die Logik dieser Sätze impliziert, daß das Denken, die Diskussion in sich schon Planung und Organisation politischer Aktivitäten bedeutet. Wenn das die Wahrheit wäre, gäbe es schon eine qualitativ veränderte Welt. Warum schafft das Innenministerium das Denken insgesamt nicht ab?
Das Tribunal in der Öffentlichkeit war eine vollständige Niederlage für Mr. Maudling. Allein die Geheimversammlung enthüllte Telephon-Gespräche, wieder war das Denken das Risiko des Landes. Was sagt das Tribunal dazu: »For our part … kind.« Hiermit bestätigt das Tribunal, daß Dutschke kein Problem der Nationalen Sicherheit ist. Nun wird jeder denkende Engländer potentiell mit dem gleichen Problem konfrontiert sein. Wir werden weiter kritisch denken und weiterleben. Ist die Tory-Regierung nicht das eigentliche Risiko des Landes?

Februar/März 1971
Aarhus (Dänemark)
Seminar, 4. 3. 1971, 11:00–13 [Uhr], Institut für Ideengeschichte

1. Einführungsreferat (Gegen den Mythos vorgehen)
2. Die Perspektive des Semesters aufweisen
3. Befragung der Seminarteilnehmer (wieviel Marx-Studium liegt vor?)
4. Referatsentwürfe
5. Alle Teilnehmer um Name, Adresse, Studiensubjekt, bearbeitetes Marxismus-Material benennen, spätestens bis Dienstag die Karten im Institut bei der Sekretärin zurücklegen!

Kommilitoninnen und Kommilitonen
Das eigentliche Thema der Vorlesungen und der Seminararbeiten bezieht sich auf eine kritische Betrachtung und Bearbeitung der historischen Grundbegriffe des »Marxismus«, d.h. Lohnarbeit–

Kapital, abstrakte Arbeit, Wert d[er] A[rbeits]k[raft], Akkumulation d[es] Ka[pitals], Entfremdung, Klassenkampf, *Diktatur des Proletariats*, Arbeiterklasse etc.

Um das aber überhaupt ermöglichen zu können, scheint es mir unerläßlich zu sein, die allgemeinen und doch spezifischen Grundthesen der *kritisch-materialistischen Theorie* von Marx und Engels darzulegen.

1. Alle Lehrsätze dieser Theorie tragen einen spezifischen, besonderen Charakter; auch alle Sätze, die einen allgemeinen und verallgemeinernden Charakter tragen, sind in sich Analyse der Besonderheiten.
2. Die kritisch-materialistische Theorie verliert ihre Kritik- und Selbst-Kritikfähigkeit, wenn sie apologetisch, wenn sie positiv wird (Ideologisierung, Mythologisierung des Marxismus).
3. Das Subjekt-Objekt-Verhältnis für diese Theorie liegt in der bestehenden und sich bewegenden kapitalistischen Gesellschaftsformation; in dieser Formation allerdings entwickelt sich im Entstehen durch die Widersprüche der Dynamik des Kapitals selbst auch das tendenzielle Vergehen dieser historischen Ordnung. Der *treibende Motor* der weltweiten Entwicklung der menschlichen Lebens- und Produktionsbedingungen wurde nach der Durchführung der 1. industriellen Revolution zu einem *Hemmnis* der Entfaltung menschlicher Schöpfungskräfte und ihrer Befriedigung.
In diesem Zusammenhang findet der kritisch-materialistische Begriff der *Krise* seinen Kontext.
4. Die kritisch-materialistische Theorie ist keine kontemplative Reflexion bestehender Verhältnisse; ihr fundamentales Ziel ist die praktische Umwälzung, sie ist kritisch-subversiv, oder sie hört auf, eine kritisch-materi[alistische] Theorie zu sein. Die 11. Feuerbachthese von Marx aus dem Jahre 1845 sagt es so: Die Philosophen haben die Welt nur verschieden *interpretiert*; es kommt darauf an, sie zu *verändern*.[344]

344 »Die Philosophen haben die Welt nur verschieden interpretiert, es kömmt drauf an, sie zu verändern.« (Karl Marx, Thesen über Feuerbach, in: MEW, Bd. 3, S. 7).

Die entscheidenden Konflikte als Momente der »konkreten historischen Einheit« innerhalb der aktiven revolutionären Bewegung sind:
a) in der *Wirtschaft* (ökonomische Struktur der Gesellschaft), gemeint ist damit der Widerspruch zwischen *Produktivkräften* und *Produktionsverhältnissen.*
Dieser Widerspruch zeichnet sich dadurch aus, daß die *Produktionsweise* durchaus gesellschaftlich ist, sich immer mehr vergesellschaftet, die *Aneignungsweise, die Eigentumsform* aber ihren *privaten Charakter des Besitzes* beibehält.
b) Die für diese Struktur der Ökonomie unvermeidliche *Klassenscheidung*, der aus ihr sich konstituierende und entwickelnde *Klassenkampf* der sich gegenüberstehenden *sozialen Klassen (potentiell* immer vorhanden, *aktuell* scheint der Konflikt *sehr oft* beseitigt zu sein).
c) Im *logischen Denken*, der Gegensatz zwischen *These und Anti-These* (Korsch)

Diese drei fundamentalen Widersprüche in der kapitalistischen Struktur erarbeitete Marx durch das treibende *»Prinzip empirischer Forschung«*. Diese Forschung wiederum wurde durch das *»Prinzip, die Methode materialistischer Dialektik«* – konkrete spezifische und historische Begriffsbildung – logisch-analytisch gefaßt (historisch bestimmte Objekte).
Die Entmythologisierung und wirkliche Aufhebung der Hegelschen Dialektik erfolgte gerade durch die konkrete, spezifische und historische Analyse der ökonomischen Struktur des Kapitalismus durch Marx. K[arl] Korsch sagt dazu: »Das gesamte Problem ist in dem Augenblick gelöst, wo wir anstelle der allgemeinen Frage nach der Wirkung von ›Wirtschaft als solcher‹ – auf ›Politik als solche‹ oder auf ›Recht, Kultur und Kunst als solche‹ und umgekehrt – die bestimmten Beziehungen *detailliert beschreiben*, die zwischen bestimmten ökonomischen Phänomenen auf einem bestimmten historischen Entwicklungsstand und bestimmten Phänomenen, die gleichzeitig oder nacheinander auf jedem anderen Feld politischer, juristischer und intellektueller Entwicklung bestehen.«

In der »Einleitung zur Kritik der politischen Ökonomie«[345] von August/September 1857 läßt sich diese prinzipielle Problemstellung und Problembehandlung skizzenartig und dennoch äußerst klar nachlesen.
Diese Methode »schließt vom *Objekt* aus eine empirische Untersuchung all seiner Verhältnisse sowie seiner Entwicklung ein, ausgeführt mit der Genauigkeit der Naturwissenschaften«, und vom *Subjekt* einen Nachweis, wie die machtlosen Wünsche, Vorstellungen und Forderungen einzelner eine historisch wirksame *Klassenmacht* bilden und zur »revolutionären Praxis« führen.« (Korsch, 1934)
Die kritisch-materialistische Theorie von Marx bestimmt so eine »neue Wirklichkeitsstruktur, die gesellschaftliche Wirklichkeit und deren Bestandteile, die geschichtlichen Klassen, als Subjekte der Produktion und der mit ihr zusammenhängenden und aus ihr sich entwickelnden Bewußtseinsprozesse«. (Fogarasi[346], S. 13)
Die wirkliche Bedeutung der kritisch-materialistischen Theorie, das gilt es zu wiederholen, liegt in der Behandlung und Erforschung der gesellschaftlichen Wirklichkeit durch eine theoretische Methode, die die revolutionäre Aktion der unterdrückten Klassen permanent in den Mittelpunkt der Reflexion stellt.
»Zur Vollständigkeit der Klassenwirklichkeit gehört nicht nur, daß ihre Mitglieder gemeinsame wirtschaftliche Interessen haben. In diesem Falle ist die Klasse noch keine Wirklichkeit *für sich selbst.*« Sie wird es erst dann, wenn die Menschen zum *Bewußtsein* ihrer *Klasse*, ihrer *Klassenlage* innerhalb der sich entfaltenden *Klassenkämpfe* gelangen.
»Solange wir *nur* in wirtschaftlicher Hinsicht die Klasse betrachten, also die Gruppe derer, die gemeinsame wirtschaftliche Interessen haben, ohne Rücksicht auf das Bewußtsein, solange bleiben wir innerhalb der Wirtschaftswissenschaft, solange kann die (unterdrückte) Klasse nur objektiv als wirtschaftlicher Begriff erscheinen.«

345 Karl Marx, Einleitung zur Kritik der politischen Ökonomie, in: MEW, Bd. 13.
346 Béla Fogarasi, marxistischer ungarischer Philosoph, Mitbegründer des Frankfurter Instituts für Sozialforschung.

Die kapitalistische Arbeitsteilung und Zerspaltung des Klassenkampfes in »Kampf um Löhne« auf der einen Seite, integrierten und beruhigten politischen »Kampf« auf der anderen Seite zeigt diese der »Ruhe und Ordnung« dienende Tendenz nur zu deutlich.
Solange die unterdrückte Klasse, in der Zeit von Marx das Proletariat der 1. industriellen Revolution, nicht zum vollen Bewußtsein ihrer ökonomischen und sozialen Lage kommt, solange bleibt diese Klasse unbewußt, verfügt über Klasseninstinkte, die in Phasen sozialer und ökonomischer Krisen immer von Relevanz gewesen sind, ist aber nicht in der Lage, das *bestimmende Subjekt* der Krisenperiode zu werden.
Worin besteht *Klassenbewußtsein*? Wie entsteht es? »Die unterdrückten Klassenmitglieder machen sich selbst zum *Objekt* ihrer Erkenntnis. Indem sie sich als Objekt-Subjekt selbst erkennen, erkennen sie die Zusammenhänge jener Elemente, die die Klassenstruktur der Gesellschaft bilden – die sozial-ökonomische Welt.«
»Die *Theorie* kann dem praktisch-gesellschaftlichen *Tun* nicht gegenübergestellt werden, denn ›allein auch die Theorie wird zur materiellen Gewalt, sobald sie die Massen ergreift‹.« (Zur Kritik der Hegelschen Rechtsphilosophie)
Diese *Einheit* von Theorie und Praxis, die die Theorie des Klassenkampfes in die Praxis des Klassenkampfes hineinbringt, ist keine fertige, keine scholastische, keine immer schon existierende Einheit, sie ist vielmehr in jeder neuen geschichtlichen Epoche neu analytisch und politisch-praktisch in die Hand zu nehmen durch die direkten Aktionen der unterdrückten Klassen.

8. März 1971
Knebel (Dänemark)
»Erste« und hoffentlich »letzte« Attacke im »neuen Land«. War spät ins Bett gegangen, hatte am 7. mein 31. Lebensjahr angetreten. War um 7:00 Uhr schon aufgestanden, hatte die Kinder unter »Kontrolle« an diesem Morgen. Habe dann viel »rumgeschuftet« mit dem »Ausziehen«, »Waschen«, »Anziehen« ... nahm nicht gleich bzw. nach einer relativ kurzen Zeit meine unerläßliche Pille. Gegen 9:00 Uhr, eigentlich die Zeit der Abfahrt, um die Kinder in den [Kinder]garten

Karola und Ernst Bloch besuchen Rudi in Dänemark, August 1971.

zu bringen, begann ich nervös und säuerlich, müde und unzufrieden zu werden. Suchte vergeblich die »rote Jacke« von Polly, eilte von Raum zu Raum. Gretchen war auf der Toilette, all das machte mich fälschlicherweise noch unruhiger. Setzte mich schließlich erschöpft in unserem Schlafzimmer nieder, plötzlich schlug Hosea aus Versehen mit seinen Händen gegen die Tür, was ihn schmerzte und mich psychologisch erregte. Fast zur selben Zeit gab es in der Küche ein großes Lachen, ich nahm an, sie »lachen über mich« und haben Pollys Jacke gefunden. In diesen Sekunden begann mein »brain wild zu werden«, meine Sprachfähigkeit verminderte sich, ich versuchte schnellstens die Hilfe und Rettung in den Pillen zu finden, legte mich nieder, brüllte nach Gretchen, die auf der Toilette noch immer war. Schließlich erschien sie, meine brain-Spannung hatte schon einen Höhepunkt erreicht. Statt mich bei ihr sofort zu entspannen, was ich »normalerweise« immer tue, reagierte ich völlig falsch, klagte ich sie gewissermaßen an, »zu spät« zu kommen ... Die Attacke begann,

das rechte Auge erhielt die »üblichen bunten Farben«, ich klammerte mich fälschlicherweise an Worten fest (Auto-car), die ich natürlich nicht richtig ausdrücken konnte, was mich weiter verkrampfte. Es kam schließlich zu einer ca. 20–30-sec.-Zungen-Verkrampfung, alles bei voller Beibehaltung des Bewußtseins.
Es hängt *entscheidend* davon ab, ob ich die objektiven Bedingungen (8 Stunden Schlaf ohne Unterbrechungen) mit guten subjektiven Verhaltensweisen vermitteln werde!!
Der Aufenthalt hier in Dänemark scheint den Umständen entsprechend durchaus gut zu werden. Die Seminararbeit[347] bereitet mir viel Lust, an Nervosität und Unruhe fehlt es allerdings auch nicht!

Attacken: Attacke in London – Sept. 69
1) Tag der 1. Entscheidung von Mr. Pig – Ende August 70
2) Sehr kleiner Fokus
3) Fokus-Attacke mit Bewußtsein – 5.3.71

Fokus-Attacken (2) am gleichen Tag, krank gewesen, Fieber *wenige Tage nach* Ankunft in Dänemark; äußerst niedriger Grad, halte es voll unter Kontrolle.

Henry A. Kissinger, Kernwaffen und auswärtige Politik, 1957 (Balance of power); Konzeptualisierung und Planung d[er] Außenpolitik; denkbare Verfahrensmöglichkeiten (Optionen); »Macher → ← Denker«: Kissinger steckt in der bornierten und verschleierten »Praxis«; Theoriestudium, Lesen von Büchern etc. findet seit langem nicht mehr statt.

14. März 1971
Knebel (Dänemark)
Unerläßliche Arbeit: kritische Reflexionen über die Geschichte der »Theorie des sozialistischen Internationalismus«.
1. Internationale → Kommune → Beendigung
2. Internationale → 1. Weltkrieg → Beendigung

347 An der Universität in Aarhus.

3. Internationale → SU-Nationalismus → Stali[nismus] → KOM-inform[348]
4. Internationale → abstrakter Rest ohne revol[utionären] Chance (?!) 5. Internationale Monopolbildung im internationalen Rahmen; dort ansetzen!?

Der »proletarische Charakter« der russ[ischen] Revol[ution] von 1917 war geringer als der prol[etarische] Charakter der Pariser Kommune!!!?

6. April 1971
Knebel (Dänemark)
Das Leben im Kollektiv geht einen kollektiven und lebendigen Gang bezüglich der unmittelbaren Forderungen des Alltagslebens. Sogar in der Zeit des Aufenthalts von Pucki, Laura, Gisela und Karl, der ~~Weihnachtsferien~~ Osterferien an der Uni etc. werden die Abläufe der Arbeit im Hause geregelt. An »kleinen« persönlichen Problemen mangelt es auch nicht, dennoch haben Gretchen und ich den Eindruck, daß es das beste, wenn auch noch beschränkte Kommuneverhältnis darstellt, was wir bisher kennengelernt haben.
Thomas [Ehleiter] hat seine Abschlußarbeit abgeliefert (Aristoteles, Th[omas] v. Aquin und Marx ...) und tauchte mit Nanna unerwartet bei uns auf. Hat mich besonders gefreut, haben über die verschiedensten theoretischen, politischen und persönlichen Zusammenhänge diskutiert. Hat mich in großer Klarheit und Freundschaft auf die Notwendigkeit der Abschlußarbeit aufmerksam gemacht. Nahm sogar die wichtigsten ungarischen Texte[349] der 20er Jahre mit, um sie für mich zu übersetzen.
Haben über den Begriff der Diktatur des Proletariats, über die ungarischen Fraktionskämpfe und die Org[anisations-]frage am meisten diskutiert.

348 Kommunistisches Informationsbüro, 1947–56 Gremium der moskautreuen kommunistischen Parteien, in gewisser Hinsicht Nachfolgeorganisation der 1943 von Stalin aufgelösten Kommunistischen Internationale.
349 Texte von Georg Lukács, Béla Fogarasi u. a.

Nahm auch an einem Seminar von mir teil, fand es »außerordentlich« gelungen, besonders der inhaltliche und pädagogische Aufbau hätten sich richtig ergänzt.
Nun ja, will hier in Dänemark nicht mithelfen, »Seminar-Sozialisten« aufzubauen, natürlich nicht, dennoch scheint mir in einer vorrevolutionären Phase gerade die Aufklärungsarbeit in der »Pest-Zeit« besonders unerläßlich zu sein ...

14. September 1971
Knebel (Dänemark)
»Plan-Treue« (in der DDR): »Rabatt-Treue« in der BRD – es zeigt die Differenzen und die Entfremdungs-Gemeinsamkeit der beiden Systeme. Neues Semester steht bevor; – VR China – Kulturrevolution; Ziel: Weiterentwicklung der Problematisierung des Begriffs der »Diktatur des Proletariats«.

Rudi mit Polly bei den Gollwitzers, Berlin, 1971.

1973[350]

19. September 1973
Berlin
Das Verhältnis mit Elsa[351] war äußerst produktiv, aber ich kann und will nicht dem folgen, was sie sagt: Die Zeit mit dir war die schönste in meinem bisherigen Leben ... Sie wird hoffentlich an den amerikanischen Klassenkämpfen so teilnehmen wie ich an den deutschen.

Oktober 1973
Berlin
Bin wieder in Berlin-West. Quäle mich wieder herum an meinem Buch[352], das für mich eine Abrechnung meinerseits mit den 20er Jahren sein soll. War es zuerst als eine Lukács-Kritik verstanden worden, so stellt sich im Laufe der Realisierung heraus, daß das nur möglich ist, wenn Lenin und sein Geschichts- bzw. Wissenschaftsverständnis in den Mittelpunkt der ganzen Sache gestellt wird. Lukács hat sich nach seinem Eintritt in der KPU[353] kontinuierlich als Marxist in der Theorie, Leninist in der Praxis verstanden. Alle Wendungen, besonders auch das theoretische Rückzugsgefecht von »Geschichte und Klassenbewußtsein«[354], sind unter diesem widersprüchlichen Doppelcharakter zu verstehen. So ist natürlich danach zu fragen, wie Lukács die russische Entwicklung im allgemeinen und die Revolutionsgeschichte von 1905 und 1917 im besonderen rezipiert. Rosa Luxemburg wird dadurch viel weniger relevant für G. Lukács, als es in der Oberfläche so häufig erschien.
Indem wir Lenin–Lukács im individuellen, Rußland und Ungarn im besonderen, aber die K[ommunistische-]I[nternationale]-Geschichte im allgemeinen reflektieren, wird für uns zentral das Leninsche und

350 Es ließ sich nicht klären, ob Rudi Dutschke 1972 kein Tagebuch führte oder ob es verlorengegangen ist.
351 Rudi Dutschke hatte kurze Zeit eine amerikanische Freundin namens Elsa Rassbach.
352 Mit der Doktorarbeit.
353 KPU: Kommunistische Partei Ungarns.
354 So umstrittene wie bekannte Aufsatzsammlung von Georg Lukács.

Lukácssche Kapital-Verständnis auf der einen Seite und das Verständnis der asiatischen Produktionsweise[355] und ihrer Geschichte auf der anderen. Unsere These ist, daß die russische Entwicklung einen *halb-asiatischen Strukturzusammenhang* trägt. Etwas, was von der Tatarisierung sowenig zu trennen ist wie von der türkischen Okkupation, über die es zur Herausbildung eines asiatischen Grundeigentums kommt. An diesem Punkt trennen Bernd Rabehl und mich »Welten«. Das wurde mir nach dem Lesen seiner Doktor-Arbeit[356] bewußt. Statt die Akkumulation des Kapitals über die halb-asiatische Tendenz zu bestimmen, geht er wie Rjasanov[357] von einem Vergleich der preußischen und russischen Entwicklung in der Agrarfrage aus. Indem er die preußische Entwicklung ab 1840 verfolgt, ist es ihm möglich, den westeuropäischen Feudalismus- und Kapitalismus-Begriff mit dem russischen gehen zu lassen über den Weltmarktzusammenhang. Scheinbar richtig, aber dennoch grundlegend falsch. Habe ihm das gesagt, als ich ihm seinen Text zurückgab, genauer, er ihn aus der Pfalzburger Straße[358] abholte. Er war überrascht, besonders auch über meine Argumentation über die Geschichte der asiatischen Pro-

355 In den Werken von Marx und Engels finden sich verstreut Hinweise auf eine Gesellschaftsformation oder Produktionsweise, die aus der angenommenen Abfolge der Gesellschaftsformationen – Urgesellschaft, Sklavenhaltergesellschaft, Feudalismus, Kapitalismus, Sozialismus-Kommunismus – herausfällt: die (auf die Urgesellschaft folgende) »asiatische Produktionsweise« oder »orientalische Despotie«. Engels schreibt z. B.: »Die alten Gemeinwesen, wo sie fortbestanden, bilden seit Jahrtausenden die Grundlage der rohesten Staatsform, der orientalischen Despotie, von Indien bis Rußland. Nur wo sie sich auflösten, sind die Völker aus sich selbst weiter vorangeschritten, und ihr nächster ökonomischer Fortschritt bestand in der Steigerung und Fortbildung der Produktion vermittelst der Sklavenarbeit.« (Friedrich Engels, Herrn Eugen Dührings Umwälzung der Wissenschaft, in: MEW, Bd. 20, S. 168) Die wenigen Marxisten, die sich – nicht nur zu Rudi Dutschkes Zeit – mit den betreffenden Auslassungen von Marx und Engels beschäftigten, diskutierten kontrovers über die Existenz einer asiatischen Produktionsweise, sie erörterten vor allem, ob es sich dabei um eine eigenständige Gesellschaftsformation gehandelt habe.

356 Bernd Rabehl, Marx und Lenin, Berlin 1973.

357 David B. Rjasanov (David Goldendach; 1870–1938), führender Marx-Experte der Sowjetunion, 1921–31 Leiter des Moskauer Marx-Engels-Instituts (später Institut für Marxismus-Leninismus), Opfer des Stalin-Terrors.

358 Rudi Dutschke wohnte dort bei Helga Reidemeister (geb. 1940). Sie lebt als Filmemacherin in Berlin.

duktionsweise. Konnte nichts entgegenhalten, weil er es nicht kannte. Wie ich die Preußensache überhaupt nicht herangezogen hatte.

November 1973
Berlin
Bernd [Rabehl] war in Amsterdam, nahm dort an einer Veranstaltung über Probleme der Übergangsgesellschaft[359] teil. Jan aus Hamburg ließ mich davon wissen, Bernd R[abehl] desgleichen.
Bin mit meiner Arbeit »fertig«, es bereitet mir aber alles weiterhin Schwierigkeiten. Bernd bietet seine Hilfe an, die entsprechenden Profs. usw. Ich finde das solidarisch. Seine Abschlußarbeit, die *fast* identisch ist mit der meinen – beide versuchen die Entwicklung des Kapitalismus in Rußland zu verfolgen –, stoßen zusammen. Hoffentlich beginnt nicht die alte Konkurrenzscheiße, die uns im SDS immer wieder lähmte! Inhaltlich wird die Sache spannend. Die Lenin-Kritik vom »Projekt Klassenanalyse«[360] geht mit der von Bernd ähnlicher als die meine, ist aber desgleichen nicht identisch.
Gehen erstere vom allgemeinen Kapitalbegriff [aus] und verbleiben in ihm in ihrer Kritik, so geht Bernd zweifellos darüber hinaus, seine, genauer: unsere Rezeption von konkreter Geschichte – Klassenkämpfen – geht einen anderen Weg ...
Der Unterschied zwischen Bernd und mir ist aber der, daß er die preußische Agrarentwicklung (1840 ff.) zum Ausgangspunkt für den Vergleich der Entwicklung [nimmt].

15. November 1973
Berlin
Die chilenische[361] und die israelisch-arabische Kampf-Front[362] zeigen fundamental die Schwächen des proletarischen Internationalismus unserer Zeit.

359 Die Gesellschaft in der Phase des Übergangs vom Kapitalismus zum Sozialismus-Kommunismus.
360 Ein 1973 ins Leben gerufenes Projekt des DKP-nahen Instituts für Marxistische Studien und Forschungen (IMSF).
361 In Chile hatte der Oberkommandierende des Heeres, General Augusto Pinochet, mit Unterstützung der US-Regierung im September 1973 die rechtmäßig gewählte chilenische Regierung des Sozialisten Salvador Allende gestürzt.

Haben wir über die vietnamesische Revolution neue Widersprüche des internationalen und nationalen Kapitals immer mehr kennengelernt, so mußten wir uns aber unserer Schwächen gleichermaßen bewußt werden.
Die Dominanz der Sektiererei im linken Lager und die zweideutige, manchmal sogar eindeutige Weiterentwicklung der Streik-Bewegungen als Grundform des politischen Klassenkampfes in der BRD und W[est-]B[erlin] steht in einem fundamentalen Gegensatz. Wir sind zum schwächsten Glied in der Kette geworden!!

Weihnachten 1973
Bayern
Unsere Klein-Kommune fährt mit der Schwester vom Hans [Halter][363] nach Bayern, um dort bei M.[364], U[lrike Halter][365] und H[ans] uns auszutoben. Unsere Reise führt durch Schnee-Gebiete, besonders Fichtelgebirge, aber wir landen in einer Zone, in welcher der Schnee schon weg ist. Für die Kinder ist immer genug zu tun, für mich auch, ich hacke zumeist Holz. Die anderen machen ihre Arbeit wie in der Stadt oder ruhen sich aus. Niemand ist unglücklich.

362 Im Oktober 1973 hatte der 4. israelisch-arabische Krieg stattgefunden.
363 Dr. Hans Halter und seine Frau Regine waren Freunde Rudi Dutschkes. Hans Halter ist »Spiegel«-Redakteur.
364 Wahrscheinlich Regina Halter, sie trug den Kosenamen Muah.
365 Tochter von Hans und Regina Halter.

1974

20./21. Februar 1974
Berlin
Beinahe wäre mit der Jutta aus der KIHO[366] das entstanden, was für mehrere Monate mit der Elsa entstanden war. Wochenlang näherten wir uns in verschiedener Form. Kam nicht so »unheimlich« schnell zustande wie mit der Elsa, sondern ging über die Intellektuellen-Diskussion, über die Nöte der sozial-ökonomischen Bremsen bei ihr und besonders bei mir. Als die Suche mit dem »Langen Marsch«[367] (Renate [Franke], Dieter, Manfred [Scharrer], Christine [Scharrer][368]) begann, wurde ich irgendwie auch besonders initiiert. Als Manfred mich für die Diskussion über politisch-sexuelle Probleme abholte, ging ich direkt vor der Abfahrt zu ihr und sagte: »Jutta, du regst mich auf.« Ging raus, rannte noch einmal zurück und sagte ihr: »Ich komme bald wieder.« Leider war es 4:00 Uhr am frühen Morgen, so begann unser direktes Verhältnis erst am nächsten Tag. Wir liebten, soweit das möglich war. Sie hatte ihrem Freund in Cambridge gesagt, daß sie etwas später kommen wird. Leider mußte ich sie »enttäuschen«, in Hamburg hatte ich über Sol[schenizyn] zu sprechen[369], die Liebe zur Revolution und Politik bedeutet dann mehr als zu einer lieben Genossin. Diese wollte dann sogar noch nach Hamburg mitkommen. Ließ sich leider nicht realisieren.

22. Februar 1974
Berlin
Kurz vor der Abfahrt besuchen Evi und ich noch Mitarbeiter von Bernd, um mit ihnen über die Schwierigkeiten von mir und von Bernd zu sprechen.

---

366 KIHO: Kirchliche Hochschule.
367 Die von Rudi Dutschke mitbegründete Zeitschrift hieß »Der lange Marsch – Zeitung für eine neue Linke«.
368 Manfred Scharrers Frau.
369 Im Februar 1974 gab es an der Hamburger Universität ein Hearing über Alexander Solschenizyn, der am 13. Februar ausgewiesen worden war aus der Sowjetunion.

28. Februar 1974
Berlin
Wieder nach Berlin. Hoffentlich kommt es nun endlich zur »letzten Schlacht«. Nach der sehr guten, mehr oder weniger schönen sexualökonomischen Nacht mit dem Kobold[370] ging die Reise ganz anders. Für lange Zeit schaute ich immer auf Kontakt, Kommunikation und Berührung etc. mit Frauen. Die Not trieb mich. Das war diesmal ganz anders. Nach einer gewendeten Not (temporär) setzte ich mich ganz einfach in einer Abteilung nieder, in welcher die Entspannung, Schlaf und Lesemöglichkeit gegeben war.
An der Grenze BRD/DDR (Spaltung unseres Landes) begann ein Grenz-Polizist der BRD mit mir die Diskussion über Kommunismus, SU–VR China, seinen Bruder (Geologe mit SU-Forschung) u. a. m., z. B. über Aust[371] und dessen Wiedervereinigungsverständnis. Ich versuchte ihm klarzumachen, warum der ehemalige SU-Kommunist Aust zu einem VR-China-Kommunisten geworden ist, seinen *autoritätsbefangenen* Führungsanspruch aber nicht im geringsten aufgegeben hat. Eine Ver-Führung allerdings, die keine Chance hat, eine Unterstützung der treibenden Kräfte in der Klasse der »Unterdrückten und Beleidigten« zu erhalten. Interessant an dem Gespräch war besonders, daß der Grenzpolizist den Sieg des Sozialismus auch in der BRD voraussagte – und dennoch meinte, daß dieser Sieg mit unveränderten Verhältnissen (qualitativ) vor sich gehen könne. Schlußfolgerung: Die Aufklärung der DKP über den *unvermeidlichen* Sieg des Sozialismus ist so falsch wie der Versuch, mit revisionistischen »Tricks« die Massen zu gewinnen. Historische Wahrheit in konkreter Form ist die einzige Perspektive mit futurischer Schärfe.

2. März 1974
Aarhus (Dänemark)
Register-»Prüfung« bei Bernd [Rabehl]. Da ich dedektivistische[372] Verkehrsformen in den letzten Wochen entwickelte – in widersprüchlicher Form –, halte ich Org[anisations]-Fähigkeiten bei mir

370 Kobold: Gretchen.
371 Ernst Aust, Gründer und Führer der KPD/ML, gestorben am 25. August 1985.
372 Vielleicht meint Rudi Dutschke »detektivische«.

nicht mehr für ausgeschlossen ... Hoffentlich stimmt das. D. h. die Dialektik von Spontaneität und Organisation neuen Typus.

Bernd behauptet, daß sein Buch mit Ausnahme von S. 217–250 und Nachwort schon immer so gewesen sei, wie es ist.
Es geht nun um die Wahrheit, weil ich behaupte, daß sein Buch[373] eine grundlegende theoretische, damit auch teilweise politische Verschiebung erfahren hat. Ich behaupte, daß er meine Position, nicht meine Sätze, bezüglich des Verhältnisses von »asiatischer Produktionsweise« und russischer Entwicklung bzw. Stagnation unsolidarisch und widersprüchlich adoptiert hat. Ist das so schlimm? Eigentlich nicht im geringsten, wenn solidarische Verkehrsformen dabei aufrechterhalten bleiben. Ich behaupte, daß Bernd sie durchbrochen hat.
Die Auseinandersetzung zwischen Bernd und mir (theoretisch-politisch-persönlich) ist so gewissermaßen das letzte Zeichen des Niedergangs einer »Bewegung«! Da mein Interesse nicht der Vergangenheit zugerichtet sein will (hoffentlich ist), gilt es, die ganze Sache mit Bernd als ein echtes Problem im allgemeinen zu sehen. Als das Problem von Solidarität und Zusammenarbeit von Genossinnen und Genossen mit sozialistischem bzw. kommunistischem Anspruch.
Nun zur Sache: Bernd behauptet, daß der Titel »Marx und Lenin – Widersprüche einer ideologischen Konstruktion des Marxismus-Leninismus« schon immer feststand. Als erster Beweis galt der Genosse Kuhn[374], der dem Bernd das vorgeschlagen haben *soll*. Also schon im Mai-Juni-Juli (?) 1973?
Urs [Jaeggi[375]] und Peter [Furth[376]] haben das Spiel von Bernd halbdirekt mitgespielt. Als ich bei ersterem nach dem Erscheinen des

373 Bernd Rabehls Doktorarbeit, die unter dem Titel »Marx und Lenin« 1973 erschienen war.
374 Wahrscheinlich Hans-Martin Kuhn, der zu SDS-Zeiten »Kapital«-Kurse geleitet hatte.
375 Urs Jaeggi (geb. 1931) war damals Professor für Soziologie an der FU. Er wurde bekannt durch seine Studie »Macht und Herrschaft in der Bundesrepublik« (1969). Jaeggi war einer der beiden Doktorväter Rudi Dutschkes.
376 Peter Furth war seit 1953 Mitglied des SDS und promovierte 1957 zum Thema Rechtsradikalismus. Seit 1973 Professor für Sozialphilosophie an der FU Berlin. 1995 emeritiert. Furth war einer der beiden Doktorväter Rudi Dutschkes.

Buches von B[ernd] meiner »Säuerlichkeit« und »Enttäuschung« Ausdruck gab, sagte er: »Wir haben vor wenigen Tagen diesen neuen Titel unterschrieben«, d.h. professoral legitimiert. Beide haben, wie Bernd nicht nur mir vor Monaten erzählte, seinen Text last not least nicht gelesen, er hat ihre Gutachten geschrieben usw. – für seinen Abschluß. Ohne die professorale Neu-Absicherung hätte das Buch so heißen müssen wie das Original, das ich Mitte Juni /Juli in der Pfalzburger Straße las, Bernd hatte es mir gebracht nach dem Abschluß, weil ich ihn darum gebeten hatte, heißt: a) »*B. Rabehl, Zur politischen Theorie der Veränderung der Produktionsverhältnisse in Rußland zwischen 1840 und 1921.* Dissertation, W[est-]Berlin 1973«. Gott sei Dank, daß ich keine Photokopie gemacht habe, meine Wut nach dem Erscheinen des Buches von Bernd war so groß, daß ich sein Original veröffentlicht hätte. Wahrscheinlich nicht, schließlich haben wir gemeinsame Kampf-Geschichte, aber dennoch!
Bernd mußte, nachdem er über Urs [Jaeggi] von meiner Säuerlichkeit-Enttäuschung erfahren hatte, mit dem Lancieren-Manipulieren beginnen. Sein »Glück« war auch noch, daß ich direkt nach seiner Information durch Urs [Jaeggi] und Christine B. explodierte, sagt Ch[ristine], nach Dänemark mußte, um eventuell an Gelder heranzukommen. So hatte er Zeit, um an die Arbeit zu gehen. Natürlich etwas hektisch, aber clever.
Die Überschrift der Doktorarbeit wurde doppelt neu benannt.
b) »Zur politökonomischen Theorie der Veränderung der Produktionsverhältnisse in Rußland zwischen 1860–1921«.
Da er wußte, daß doch zu viele (wenn nur Renate und Birgit, Rudi u.a.) über die Originalüberschrift tendenziell und real wußten, so formulierte er einen mißlungenen Kompromiß. Clever ist, daß er dadurch, daß er an allen »gefährlichen« Stellen seine neue Bestimmung unterbrachte, mir den Fehler zuschieben will. Er hat es aber dennoch nicht gut genug gemacht. Besonders darum, weil er weder den wirklichen noch den zweiten Titel im Buch erscheinen läßt und die Doktorarbeit mit
c) B. Rabehl, Marx und Lenin. Widersprüche einer ideologischen Konstruktion des »Marxismus-Leninismus« benennt.

Zum anderen dadurch, daß er sogar in b) 1921 beibehalten wird, wo jeder Leser lesen kann, daß die Arbeit infolge der Verschiebungen und Erweiterungen bis 1923/24 geht. Und zwar nicht im »Nachwort«. Es ist schon komisch, zu lesen im zweiten Original (1860–1921) und im Teil III, Abschnitt 4: Lenins Untersuchung und Bestim mung des Aufbaus des Sozialismus in Sowjetrußland zwischen 1917 und *1923* unter den Bedingungen rückständiger Produktionsverhältnisse und der allgemeinen Zerrüttung der Wirtschaft, S. 323 ff. in der gebundenen Doktorarbeit.

Kommen wir nun zu dem ersten wesentlichen Punkt der inhaltlichen Verschiebungen von Bernd. Was bedeutete bei Bernd »1840–1921«, und was bedeutet »1860–1921«? Hier liegt der nun verschleierte, nur teilweise beseitigte Punkt der Differenz in der Einschätzung Rußlands zwischen uns beiden. Bernds theoretisch-politische Position begründete sich gerade durch einen Vergleich der preußischen Agrarreformen mit den russischen. Noch bis Oktober/November 1973 sah er die Stärke seiner Arbeit mir gegenüber darin, daß er die preußische Entwicklung ab 1840 in einem ganzen Abschnitt behandelte. »Gott sei Dank« habe ich ihn nur gelesen, schließlich hielt ich den Vergleich auch einfach für falsch. Bernd hatte, wie Rjasanov und wenig modifiziert Lenin, Preußen als Muster der Entwicklung der »Autokratie« und des »Absolutismus« in Rußland herangezogen. Im 3. Buch (1. Doktorarbeit; 2. Doktorarbeit; 3. Doktorarbeit = Buch) bleibt noch übrig auf S. 152: »Die zaristische Regierung wollte diese Ablösung der Bauern ähnlich wie in Preußen durch die Staatsbehörden kontrollieren, indem sie den Gutsbesitzern 3/4 bis 4/5 des Bodenwerts …« (S. 152) Nach mehrfachen Diskussionen, Diskussionen, die schon im August/September 73 in der Pfalzburger Str[aße] begannen, wurde ihm klar, daß sein Preußenvergleich ihn in die Sackgasse führt, geführt hat. Er begann sich mit dem zu beschäftigen, woran der »Bruder«, Genosse und Konkurrent Rudi seit langem arbeitete, eine »verrückte« Position bezüglich Rußland entwickelt hatte. Da die »asiatische Produktionsweise«, der »asiatische Despotismus« im Original-Text der Doktorarbeit *keine* Rolle spielten, ich Bernd gerade deswegen kritisiert hatte, bei sonstiger Anerkennung, begann das alte Dilemma mit B[ernd]. Bei der Fahrt zur Mensa an

der F[reien] U[niversität] sagte er kurz: »Richtig, ich hab's gefunden, aber es ist ein Relikt.« Es war klar, was stattgefunden hatte. Er war beim Umbauen seines Textes. Hatte gewisse Teile von mir gelesen, hatte verstanden, daß sein »Absolutismus« beschränkt war, glaubt, durch die Hinzufügung einer Produktionsform seinen preußischen Fehler abschaffen zu können und dennoch nicht das ganze Buch umbauen zu müssen. So werden die 20–25 Seiten des Vergleichs mit Preußen eliminiert, und die Kategorien der asiatischen Produktionsweise werden eingeführt. Er hielt sich seit meiner Kritik an seinem ersten Text jeglicher Diskussion darüber fern. Stellte entweder Fragen oder hörte zu. Ich wurde November/Dezember immer unruhiger und fragte ihn: »Hast du die asiatische Sache eingebaut?!«
Er antwortete: »Nein, vielleicht eine Anmerkung.«
Als ich M.[377] und Ch.[378] davon erzählte, grinsten diese: »Du wirst dich wundern.« Und ich wunderte mich in der Tat über sein Buch, wie es in der EVA[379] erschien. Er es mir »freundlicherweise« nach kurzem Nachdenken in dem Photokopie-Raum der Babelsberger Str[aße] in die Hand drückte.
Daß Bernd mir bei der Vorbereitung des Abschlusses half, d. h. mir die formalen und personellen Hinweise gab, mit mir rumfuhr, mir schließlich bei der Photokopiererei half, hatte einen doppelten Grund: a) alte Solidarität – b) eigenes Interesse. Warum b)? Weil er wollte beim Photokopieren alle Anmerkungen in bezug auf seine Doktorarbeit überprüfen, besonders aus 1840 per Verbesserung 1860 machen. An einer Stelle tat er es, von seiner Schweinerei wußte ich noch nicht, ich nahm *seine* »6« wieder weg, tippte die weggenommene »4« wieder rein. Wie sie originär auf S. 14 bei mir sich befindet. Warum b) noch? Er wollte, daß mein Text mit seinem zur gleichen Zeit erscheinen würde – um mir die Angriffsmöglichkeiten insofern wegzunehmen. Die Angriffe bei mir an ihm, wie sie auf der Grundlage des Originals von Bernd bestimmt worden waren, als falsch und lächerlich erscheinen zu lassen. Kotowskis Absage und meine Text-Befangenheit verhinderten die Realisierung der Interessen von

377 Vermutlich Manfred Scharrer.
378 Vermutlich Christine Scharrer.
379 EVA: Europäische Verlags-Anstalt.

Bernd. So ist die Lage, daß ich mich mit einem schwabbeligen Bernd auseinandersetzen muß. Einer, der keinen festen und kontinuierlichen Standpunkt hat. Der sich anpaßt, ohne Standpunkt zu haben. Ein miserabler Zentrist.

Inhaltsbestimmung

2. Original 3. Original (Buch)

Vorwort: Über die »Weiterentwicklung« bzw. »Revision« der Marxschen Theorie in der sowjetischen *Marxrezeption* – eine Problemstellung	*Einleitung:* Über die »Weiterentwicklung« bzw. »Revision« der Marxschen Theorie in der sowjetischen *Marx- und Leninrezeption* – eine Problemstellung
Teil I: Der *Marxsche* allgemeine Kapitalbegriff und die methodologischen Fragestellungen der konkreten Untersuchung der ursprünglichen Akkumulation des Kapitals in Rußland	Teil I: Theoretische Fragestellungen der konkreten Untersuchung der ursprünglichen Akkumulation des Kapitals in Rußland bei Marx

Die Differenz wird ein Zugang zum Veränderungsprozeß bei Bernd.

1. Die materielle Grundlage der Werttheorie	./.
2. Die doppelte Bestimmung des allgemei[nen] Kap[ital]begriffs	./.
3. Die historischen Schranken des Wertgesetzes	./. (wie im Buch)
4. ./.	./. („)
5. ./.	

Teil II: Etappen der Entwicklung kap[italistischer] Prod[uktions]verhältnisse in Rußland – die materielle Grundlage eines spezifisch russ[ischen] Marxismus	Teil II	./.
1. Das Verhältnis … Bauernbefreiung von *1861*		./.
Warum beginnt sein 2. Original mit *1860*–1921? Weil aus »1840« sich ein »1860« besser machen läßt als »1861«.		
2. Fortschritt und Stagnation		./.
3. Ursprüngl[iche] Akk[umulation] d[es] Kap[itals] u[nd] d[ie] Durchführung der Industrialisie[rung] in Rußland		./.
4. Sozial[istische] und bür[okratische] Tend[enzen] d[er] rev[olutionären] Umwandlung Rußlands i[n] d[er] Periode zwischen 1917 und 1921		./.
5. Grundelemente eines russ[ischen] Marxismus		./.
Teil III: Anwendung und Weiterentwicklung der Marx[schen] Theorie durch Lenin		./. ./.
1. Die Leninsche Marxrezeption		
2. Die Leninsche Taktik …		

3. Die Leninsche Imperialismustheorie … Staat und Rev[olution]	./.
4. [Die Leninsche Theorie des] Aufbaus d[es] Soz[ialismus] in Sowjetrußland zwischen 1917 und *1923* …	./.

Es ist lächerlich, wenn er nicht »zugibt«, daß gerade aus Publikations- und Doktor-Gründen der Buchtitel gewählt wurde (1860–1921), diese mißlungene Neubenennung konnte nicht übergangen werden; mal so, mal anders – ist das der Bernd-Typus?
Bernd hat meine (verfrühte) (und verspätete) Säuerlichkeit nicht erwartet, er hat in seiner »Eile« nicht einmal darauf achten können, daß S. 1 dort beginnt, wo er das Thema der Dissertation und seinen Namen niederlegt. Darum läßt er sogar absichtlich über »Über die Weiterentwicklung …« die »1« weg! Gerade das, was er mir bei meinem Text »gelehrt« hatte, ließ er bei sich in der Panik fallen … Er hat einfach vergessen, der Sekretärin zu sagen, daß die Neutipperei seitenmäßig so und so zu benennen ist. Die andere Möglichkeit, die fast wahrscheinlicher ist, daß er die verfrühte Reaktion von mir nicht erwartet hat, er den ganzen Text, so wie er vorliegt – mit wenigen wesentlichen Ausnahmen –, für EVA neu hat tippen lassen. Bei der Vorbereitung für die Neusetzung er feststellte, er müsste *alle* Nummern verändern – so er es vorzog, »S. 1« nicht erscheinen zu lassen.
Die entscheidende Wendung von Bernd erfolgt mit S. 80 (Ursprüngliche Akkumulation …).
Hier ist ihm erst einmal durch die Beseitigung aller bisher zugänglichen Quellen gelungen, die notwendigen Seiten zu liquidieren. Wir haben also an anderen Stellen danach zu suchen. Die theoretische Begründung hat in Offenheit zu erfolgen, hier geht es um die […][380]

380 Kurze Auslassung der Herausgeberin.

Verkehrsform von B[ernd]. *Er baut die asiatischen Kategorien ein*, und sein Kategorien-System unterscheidet dennoch mechanisch zwischen den »vorkapitalistischen Herrschafts- und Knechtschaftsbedingungen« (S. 80 – 2. Doktor) und »kapitalistischer Produktion«. Schauen wir also danach, wo meine These, daß Bernd einen »Absolutismus«-Begriff für Rußland hat(te), die asiatische Sache *hinzugefügt* wurde, verifizierbar ist.

So sagt er noch, nach der allgemeinen Hinzufügung im *Original* 2, S. 130: »Die Entwicklung des Kapitalismus wird behindert und modifiziert durch das Experiment des russischen *Absolutismus*, sich Klassengrundlage des Feudalismus zu erhalten bzw. auf dem Wege vorsichtiger Reformen umzuwandeln in den Überbau einer bürgerlichen Gesellschaft.« Ersteres wie im Original, zweites, über die *asiatische Hinzufügung*, gewonnen. Aber verworren.
Im Original 3 (Buch) heißt das, *nachdem* gesehen wurde, daß das noch Teile vom Original sind: »Die Entwicklung des Kapitalismus wird behindert und modifiziert durch das Experiment des russischen *Despotismus*, sich die Klassengrundlage des Feudalismus zu erhalten bzw. auf dem Wege vorsichtiger Reformen umzuwandeln in den absolutistischen Staat und weiter in den Überbau einer bürgerlichen Gesellschaft.« (Buch, S. 121)
Er war sich klar geworden, daß, wenn er die Erweiterung macht, daß es aufzupassen gilt. Nicht überall.
Die Hinzufügung von Bernd im Kapitel über die ursprüngli[che] Akku[mulation] ist für jeden klar, der diesen taktiererischen Fehler von B[ernd] sieht. Die dreifache Tour von Bernd ist an den Photokopien desgleichen feststellbar:

a) S. 0 (1)
b) S. 64ff.
c) wirklicher Originaltext, s[iehe] S. 251ff.

Wie sehr er seinen Übergang bezweifelte, aber ihn dennoch tat, zeigt sich auf S. 170, 171 und 172 (2. Arbeit, also die mir neben der 3. {Buch} zugänglichen). Er hat zweifellos sich typisch angepaßt.

Das sieht so aus:
»in der despotischen Form« (B[ernds] handschriftliche Hinzufügung) (S. 170)
»Die kapitalistische Entwicklung selbst verschärfte den Widerspruch zwischen diesem *absolutistischen* System auf dem Lande und der Industrialisierung.« (Original 2, S. 170)
Im Original 3 (Buch) heißt es: »Die kapitalistische Entwicklung selbst verschärfte den Widerspruch zwischen diesem *despotischen System* auf dem Lande und der Industrialisierung.« (Original 3, Buch, S. 158)

Auch hier ist der Übergang von Bernd vom »autokratischen System« in das »despotische System« nur zu verstehen über seine Standortveränderung und seine taktiererische Anpassung. Er hatte begriffen – in widersprüchlicher Form –, daß der R[udi] u. a. in ihrem Standpunkt durchhielten. Schwabbelig, aber prinzipienlos paßt er sich an. Und tut so, als ob er die nun bezogene Position schon immer gehabt hätte. Diese theoretischen Übergänge, die Bernd prinzipienlos durchführt, haben natürlich ihre Wurzel darin, daß er die asiatische Sache einführt, er riecht im nachhinein nach dem Lesen unserer Beiträge und Entwürfe – an die er über U[rs Jaeggi] u. a. herankam –, daß seine Position falsch ist. O[der] a[nders] gesagt, er läuft immer mit dem Strom, aber nie gegen einen solchen. Ist darum unfähig, kontinuierlich Standpunkte zu haben.
Die Verworrenheit, das Nicht-Durchhalten taucht natürlich hier laufend auf. Er hat die asiatische Sache reingepfropft, weiß aber nicht voll damit etwas anzufangen. So »vergißt« er natürlich now and then, sich daran zu erinnern, daß er »absolutistisch« und »despotisch« identisch setzt oder mal so, mal so argumentiert.

»Dazu wäre allerdings eine gleichzeitig einsetzende Industrialisierung in weitem Maßstab notwendig gewesen und die einseitige Ausrichtung der absolutistischen Regierung auf die Bauernklasse hätte geschehen [sic!], ein Unterfangen, das auf dieser gesellschaftlichen Grundlage unmöglich zu lösen war.« (Original 2, S. 171; Original 3 {Buch}, S. 159) (Dieser Satz war mit Sicherheit, wahrscheinlich, im Original 1.)

Mal »absolutistisch«, mal »despotisch«, letzteres mal hinzugefügt, mal draußen gelassen:

»Der absolutistische Staat mußte neben den Interessen der Grundeigentümer die Interessen reicher Bauern und der Fraktionen der Großbourgeoisie akzeptieren und den Versuch unternehmen, Teile der Kleinbürger, Bauern und der Arbeiter in das politische System zu interessieren[381], d. h., der absolutistische Staat mußte eine Umwandlung in einen bürgerlichen, bonapartistischen Staat durchstehen.« (S. 172)
»und die despotische Form endgültig aufgeben« (B[ernd] – handschriftliche Hinzufügung, die fürs Buch unbeachtet blieb) (2. Original, S. 172)

(Derselbe Text im Buch {3}, S. 160)

Oder noch weiter vorher: im zweiten Original (zugegebene Doktorarbeit) heißt es [auf] S. 143: »Der Zarismus war trotz seiner *feudalen* Bindungen und trotz seiner *absolutistischen* Struktur gezwungen, ›der Vollstrecker der ökonomischen Notwendigkeit der nationalen Situation‹ zu sein.«

Im Buch, S. 120: »Der Zarismus war trotz seiner *feudalen* Bindungen und trotz *seiner despotischen* Vergangenheit und seiner *absolutistischen* Struktur gezwungen, ›der Vollstrecker der ökonomischen Notwendigkeit der nationalen Situation‹ zu sein.« (Immer wieder erfolgt die Hinzufügung, immer wieder Ausdruck der preußischen Abschaffung und der asiatischen Hinzufügung. Sein »Absolutismus-Begriff«, der von seinem [Begriff] des »Feudalismus« und »Kapitalismus« im Rahmen der bürgerlichen Formation nicht zu trennen ist.)

Wie sehr das Rußlandverständnis von B[ernd] mit Westeuropa fixiert war, wird noch in Original 2., S. 148 sehr erkennbar:

381 Vermutlich meint Rudi Dutschke »integrieren«.

»Marx ... Engels ... Mit der Unterjochung der Arbeiter in Frankreich triumphierte dort der Bonapartismus über die Bourgeoisierepublikaner und festigte der *feudale Absolutismus* im übrigen *Europa* seine Herrschaft gegenüber den politischen Ansprüchen der bürgerlichen Klasse ... England oder besser die englische Wirtschaft war zu diesem Zeitpunkt nicht nur das *Zentrum des Weltmarktes*, es versuchte zugleich seine wirtschaftliche Hegemonie in Europa und Asien abzusichern durch das politische *Bündnis* mit dem *russischen Absolutismus*.«

Diese theoretische Identität beruht auf dem Rjasanov-Ansatz, dem Preußen-Vergleich. Beides hielt und halte ich für falsch, erklärte es dem Bernd – wie gesagt. Nun – wie gehen die zitierten Sätze mit ihrer Widersprüchlichkeit weiter?
»... England ... Bündnis mit dem russischen Absolutismus« (S. 148).
Im Buch: »... England ... Bündnis mit dem russischen despotischen Absolutismus« (S. 138).
Dann: »Das bedeutete aber auch, daß der handelspolitische Einfluß der englischen Wirtschaft auf die *Feudalverhältnisse* Rußlands so groß war, daß diese einbezogen wurden in die kapitalistischen *Weltmarktverhältnisse* und somit der Zersetzungsprozeß dieser Verhältnisse fortschritt.
Das *russisch-englische Bündnis signalisierte das Ende des Feudalismus* in Rußland.« (S. 149) (Original 2)

Was macht er daraus im Buch? Dasselbe wie *fast überall*, er mischt etwas hinein, fügt etwas hinzu, nachdem er anderes weggeschmissen hat: »... Das russisch-englische(s) Bündnis signalisiert *das Ende der Mischformen der asiatischen Produktionsweise*, des *Feudalismus* und frühkapitalistischer Verhältnisse in Rußland und somit die Transformation des *staatlichen Despotismus* in die Form des *Absolutismus* und des *bürgerlichen* Staates.« (S. 138)
Was für ein Unsinn!! Aber er mußte halt mischen! Es schmeckt nicht immer so gut!
Die Verwirrung und die versuchte Verwischung sind hier besonders erkennbar. Bei Original 2 und 3 geht es so weiter: »Marx und Engels

betrachteten ...« Theoretisch werde ich den Unsinn von B[ernd] noch in Anmerkungen angreifen!
Die »Mischformen« von B[ernd] sind überall zu finden; mit wenigen Ausnahmen. Bei diesem Kapitel ist wichtig, daß [von] B[ernd] die Preußen-Sache (aus ca. 35 ca. 9 Seiten) herangenommen wird. Er weiß, ganz darf darauf nicht verzichtet werden! Wie üblich, manche Beiträge aus der 2. Buch-Sphäre sind noch ohne Vermittlung mit der dritten (asia[tischen]). Darum die großen Differenzen und Bemühungen.
Es wird im fast eliminierten Preußen-Beitrag noch genug erkennbar. Da bleibt sehr oft sein »Absolutismus« so, wie er im 1. Original verstanden wurde (s. Buch, S. 139; 2. Original, S. 150). Preußen versteht B[ernd] als absolutistisches Regime, das französische als bonapartistisches. Nach seinem westeuropäischen Feudalismus-Verständnis bleibt logisch, daß Rußland, wie auch Rjasanov ihn »gelehrt« hatte, ein absolutistisches Regime [war]. Wie wir es x-fach fanden. Nach der Hinzufügung der asiati[schen] Kategorien wird daraus ein »despotischer Absolutismus«. Richtig, so geht's aus. Hat schon immer alles gewußt, hat nur vergessen, es hinzuzufügen. Nein, nein, der R[udi] spinnt, das war *alles* schon drin.

Auf S. 155 des 2. Originals (also des bisher allein zugänglichen, in aller »Eile« zurechtgemachten) heißt es unten: »... erlangte der russische *Absolutismus*, ... eine spezifische historische Bedeutung. Seine *Funktion* läßt sich nur erklären aus seiner Vermittlerrolle zwischen *ausländischen* und *russischen* Kapitalisten auf der einen Seite und der *feudalen* Klasse auf der anderen. Die Notwendigkeit kapitalistischer Entwicklung ...« (Das, was weggelassen [ist,] ist in beiden Originalen (2 + 3) gleich zu finden.)

Auf S. 144 (des Buches) heißt der gleiche Gegenstand: »... erlangte der russische Zarismus ... seine spezifische historische Bedeutung, veränderten sich die *despotischen Staatsfunktionen* in *absolutistische* und kapitalistische, wenn auch bis *1917* Relikte des Despotismus im Staatsaufbau des Zarismus konserviert bleiben. Seine Funktion läßt sich nur erklären aus seiner Vermittlerrolle zwischen ausländischen und russischen Kapitalisten auf der einen Seite und der *feudalen* Klasse und der *Bourgeoisie* auf der anderen.« (Die freigelassenen Stellen sind in Orig[inal] 2 und 3 (Buch) die gleichen.)

Hin und wieder erinnert sich B[ernd] daran, daß er im Original 2 die asiatische Produktionsweise im Akk[umulations]-Kapitel einführte: »*Indirekt* knüpfte der zaristische *Staat* an die Tradition der asiati[schen] Produktionsweise an, indem er als höhere Einheit und despotische Regierung den Bauern die Mehrarbeit abverlangte, um einen Kapitalfond für die Industrialisierung zu bilden.«
Aber auch hier noch wird die Verschiebung der Texte von B[ernd] erkennbar, zu dem zitierten Satz wird im Original 3 (Buch) hinzugefügt:
»Die despotische Form der Staatseinmischung, um die kapitalistische Veränderung der ländlichen Verhältnisse unter Kontrolle zu halten und die ursprüngliche Akkumulation des Kapitals zu fördern, beeinträchtigte nicht den Funktions [sic![382]]

3. März 1974
Aarhus (Dänemark)
B[ernd Rabehl] (1960/61)
In den gemeinsamen Seminaren (Soziologie) kamen wir in Kontakt, gingen fast gemeinsam in die »Subversive Aktion«. War für direkte Aktionen wenig zu haben, ein mir gegenüber anderer Typus; dennoch nicht mechanisch zu verstehen.
Als wir (Horlemanns etc. und ich) in Moskau waren, machte Bernd einen Beitrag über »Legalität und Illegalität[383] (G[eorg] L[ukács]). Fühlte sich als »sekundär« behandelt. Das wurde in den nächsten Jahren fortgesetzt. Es kam ca. ab 1966 nicht mehr zu einer gemeinsamen politischen Arbeit mit B[ernd]. Mal machte er mit, mal nicht. Hat erst 1967 mit seinem 1. SDS-Seminar begonnen; allerdings machten er, Schmidt und ich im »Argument« für 1 Semester zusammen. Wichtig in der Einschätzung von Bernd scheint mir sein zynischer

382 Hier bricht der Text ab.
383 »Legalität und Illegalität« heißt ein Aufsatz in Georg Lukács' Buch »Geschichte und Klassenbewußtsein«.

Charakter, der Depression stark, Solidarität wenig in sich enthält. Die Konkurrenz mit mir wird ihm schwer zu schaffen gemacht haben – bei mir war es durchaus nicht ohne ähnliche Tendenzen. Allerdings bei großer Differenz.
Warum kämpfte er zwischen Mitte 67 bis April 68, ab Herbst im besonderen gegen die Richtung, in der ich arbeitete? Persönliche, politische und theoretische Gründe?

4. März 1974
Aarhus (Dänemark)
Auffällig ist, daß B[ernd Rabehl] immer so tut, als ob er nicht verfolge, was ich treibe. Tut so, als ob er den »Spiegel« seit »langem« nicht mehr lese, war aber ganz »erfreut« zu hören, daß mich der »Spiegel« in der Sol[schenizyn-Veranstaltung] verkürzte. Behauptet Manfred W[ilke][384] gegenüber, daß er von der Sol[schenizyn-Veranstaltung] in Hamburg nichts gewußt habe … B[ernd] hat ein echtes Verfolgungsproblem, ist mir noch nicht klar, woher und wohin. Daß ich »verfolgt« werde, ist mir seit vielen Jahren klar, bereitet mir aber keine Schwierigkeiten mehr. In der ersten Phase half die »Naivität«, nach der Schießerei begann ein echtes Verfolgungssyndrom – das ich aber, gerade weil ich mich im Ausland rumtrieb mit G[retchen] und d[en] Ki[ndern], im Prozeß des Unter-Kontrolle-Nehmens der Ep[ilepsie] auch beseitigen konnte, sonst würde ich kaum allein durch die Stadt mich bewegen. Was wahrscheinlich bald zu ändern ist; es gilt, die Naivität zu überwinden (aufheben), um neu nach vorn und hinten, spezifisch in die Augen und Verkehrsformen schauen lernen. […][385]
Daß er[386] mir gegenüber anläßlich der Spiegel-Solschenizyn-Sache

---

384 Manfred Wilke (geb. 1941) ist heute Professor für Soziologie an der FU Berlin und Ko-Leiter des Forschungsverbunds SED-Staat.
385 Kurze Auslassung der Herausgeberin.
386 Bernd Rabehl.
387 Rudi Dutschkes Leserbrief wurde im Spiegel, Nr. 4/1974 (21. Januar 1974) veröffentlicht. Darin heißt es u. a.: »Solschenizyn kommt ungewollt in Gefahr, das Objekt anti-kommunistischer, anti-sozialistischer Interessen der herrschenden Klassen Westeuropas zu werden. Und zwar um bei uns die soziale Revolution der ›Erniedrigten und Beleidigten‹ (Bloch) als von vornherein

bedauernd sagte – meinen: Leserbrief[387] betreffend –, er lese keinen »Spiegel« mehr, ich bei ihm den letzten Spiegel sah über SU – China, als er Manfred W[ilke] gegenüber sagte, er wisse nichts von der Sol[idaritäts]-Veranstaltung in Hamburg[388] ..., so ist danach zu fragen, ob er aus »rein« persönlichen Problemen der Konkurrenz mit mir das Lesen bestimmter Sachen (bis hin zum fast gehaßten »Langen Marsch«) leugnet oder tatsächlich tut. Es ist aber desgleichen danach zu fragen, ob andere, spezifische Gründe dabei eine Rolle spielen!!! Bernd hat mein Zeug zweifellos gelesen. Es war schon spannend für mich, von ihm zu hören, daß er den Titel des neuen Artikels in der Prokla[389] so ungefähr sagte: »Gegen Sozialdemokratie und tradierten (?) Kommunismus«. Es ist klar, was ich die Kritik des gekrümmten Kommunismus nenne, die Kritik des mißratenen Bruders, aber Bruder, wird bei ihm erneut verschoben. Inwieweit es sich bei ihm um *ideologische Präventivmaßnahmen* handelt, muß immer wieder bedacht werden.

Es *könnte* sich um folgendes handeln: B[ernd] war durch die Dominanz von unserer Fraktion, von mir in eine besonders ambivalente Lage geraten. Auf der einen Seite waren da Liebe und Solidarität, auf der anderen halber »Haß«, tendenzielle Konkurrenz und Neid in widersprüchlicher Form. Als wir, genauer: die SDS-Basis der Aktivisten (Ramba[390], Eike[391] etc., Rudi [Dutschke] mit seiner Internationalismus-Truppe) im »Ça Ira«[392] eine Wahl gewannen und die B.[393], W.[394], Ursel[395], Peter[396] usw. ihren Rücktritt erklärten, muß (kann) ein Übergang erfolgt sein. Die allgemein auf uns zukommenden

hoffnungslosen Versuch desavouieren zu können. [...] Trotz meiner Distanz der Position von Solschenizyn in seinem neuesten, hoffentlich nicht letzten, Buch gegenüber, stehe ich in diesem Augenblick voller kritischer Solidarität auf seiner Seite.«

388 Für Alexander Solschenizyn.

389 Prokla: die Zeitschrift »Probleme des Klassenkampfs«.

390 Peter Rambauseck, damals Mitglied des SDS.

391 Eike Hemmer, damals Mitglied des SDS.

392 Politischer Klub in Westberlin.

393 Vermutlich Bernd Rabehl.

394 Vermutlich Wolfgang Lefèvre.

395 Ursula Henning.

396 Vermutlich Peter Gäng.

Gefahren wurden immer deutlicher, deutlicher als unsere politischen *Schwächen*. Bernd bildete eine direkte Gegenfraktion uns gegenüber heraus. Darin lag ein richtiges *Moment*. Da er kein Aktivisten-Typus ist, konnte er einige »Führungsleute« des SDS um sich scharen, aber nicht mehr. Halt besonders auch die, interessanterweise, die den Übergang zur Aufbauorganisation[397] vollzogen (mit der wichtigen Ausnahme von T.[398], worüber später zu sprechen ist). B[ernd] in seiner defensiven Position mit zynischen Ansätzen in seiner Charakterstruktur, die er schon in R[athenow] herausgebildet haben muß, geriet in immer stärkeren Abstand mir gegenüber. Als ich ihn kurze Zeit vor den Schüssen an der Uni Gab.-Boltz[mann] traf, konnten wir noch miteinander sprechen, aber die Distanz war riesig geworden. Besonders war es aus seinen zynischen Bemerkungen bezüglich der Zusammenarbeit von unserer im SDS führenden Fraktion mit der SED (heute SEW) zu entnehmen. Ein *einziges Mal*, und zwar zu Beginn der Einheitsfront d. h. 67, war er mit uns bei D[anelius][399]. Offensichtlich wollte er den Laden sich anschauen, dann aber nicht mitmachen! Er konnte uns nicht hindern! Daß er den Gaston [Salvatore] heute so haßt, liegt gerade darin, daß dieser für uns, für mich eine elementar wichtige Arbeit leistete, eine internationalistisch treibende, die mit mir eine identische Dialektik hatte. Die Lage kann ich auch daran messen, wie sich G[retchen] G[aston] gegenüber verhielt und B[ernd] auf der anderen. Sie war »sauer«, weil er den R[udi] zu oft wegnahm, sie von uns nicht ausreichend, mehr o[der] weniger gar nicht beteiligt wurde, B[ernd] war nicht nur sauer, er war zynisch, verbittert.

Was geschah 1967 im Verhältnis von B[ernd] u[nd] U[schi], soweit ich es genau wie (1963/64–66) 1967/68 verfolgen konnte – wenn ich dazu Minuten zur Verfügung hatte, also, ich sah es unzureichend, so steigerte sich der Konflikt zwischen B[ernd] und U[schi] immer mehr. Ähnlich, aber mit großen Unterschieden, wie bei mir und G[retchen]. Ein Unterschied ist der, daß G[retchen] von mir noch

---

397 KPD/AO.

398 Vermutlich Tilman Fichter.

399 Gerhard Danelius, Vorsitzender der Sozialistischen Einheitspartei Westberlins (SEW; vormals SED-Westberlin).

irgendwie befriedigt wurde, der Ho begann sich bei ihr zu entwikkeln, wir machten pro Jahr unsere Reisen, die uns vom SDS wegbrachten, sie mit mir, ich mit ihr mehr verkehren konnten.
Im Verhältnis von B[ernd] u[nd] R[udi] waren wesentliche Veränderungen vor sich gegangen. R[udi] war »erfolgreich« (heute post festum ein sehr oft beschissener), machte Publikationen (kleine) mit Gen[ossinnen] und Gen[ossen] bzw. allein, R[udi] führte im SDS eine Mehrheit an, R[udi] hatte einen neuen Freund[400], R[udi] konnte es mit G[retchen] halten – was ihm [Bernd Rabehl] mit der U[schi] (nach x Jahren) nicht gelang.

Wir haben ja auch nie genügend reflektiert, warum Ba[chmann] mich im April 68 zusammengeschossen hat; welche Interessen sich, real und konkret bestimmbar, dahinter verbargen. Nach dem Vietnam-Kongreß war der Höhepunkt der faschistoiden Tendenz bald beseitigt. Im März fuhren wir (Gr[etchen], H[osea], R[udi]) nach Prag, ich hatte bewußt und symbolisch die Teilnahme am SDS-Kongreß abgesagt. In Frankfurt wollten sie mich rausschmeißen. Besonders wegen des betrogenen »Kapital«-Interviews[401] – aber nicht nur. Der Gen[osse[402]], der dabei besonders auftrat, war einer, der heute bei der KPD/AO ist. Für die bürgerliche Öffentlichkeit war ich, der sie von der Aktualität lebt, etwas »gestorben«.
Im Pariser SDS (S.[403], U ...) geschah etwas, was die Konterrevolution seit Jahren verhindert hatte, die Einheitsfront der Militanten jenseits der KPF. Der SDS war das vermittelnde Glied. Der Pariser SDS lud mich ein zu einer Großveranstaltung am 1. Mai 1968. Das erste Gespräch fand in Ansätzen nach dem Vietnam-Kongreß statt,

400 Gaston Salvatore.
401 Am 31. März 1968, während Rudi Dutschke in Prag war, lehnte eine außerordentliche Delegiertenkonferenz des SDS in Frankfurt a. M. die Eröffnung eines Ausschlußverfahrens gegen ihn ab. Es war beantragt worden, weil Dutschkes Konterfei auf dem Titelblatt der Zeitschrift »Capital« erschienen war und weil er für ein in der Ausgabe abgedrucktes Interview mit dem Titel »Wer bezahlt Rudi Dutschke?« 1000 Mark Honorar bekommen hatte.
402 Hannes Heer (geb. 1941), Filmregisseur und Autor; er gehörte damals zur DKP-Fraktion im SDS, später war er Organisator der ersten Wehrmachtausstellung.
403 Vermutlich Gustav Lamsche (Schlacker).

wurde kurz vor der Prag-Reise, endgültig mit Ul. per Tel[efon] bei G.[404] wenige Tage vor dem 1. o[der] nach dem 1. April. Die Kampagne und Vorbereitung in Paris waren schon seit langem gelaufen (SDS, Mandelisten[405], Lambertisten[406] usw. … stud[entische] Org[anisationen]), ich hatte nur noch einmal »ja« zu sagen – was ich tat. Die soziale Lage in Frankreich im allgemeinen, in Paris im besonderen, in den einzelnen Unis im Individuellen war gespannt, die objektiven Bedingungen der Rebellion, des Klassenkampfes waren gegeben, noch viel mehr als in der BRD und W[est-]B[erlin]. Einzelne Personen haben in einer solchen Situation ja »nur« die Aufgabe und Möglichkeit, die objektiv vorhandene Sprengkraft subjektiv-agitatorisch auszudrücken. Da die Konterrevolution ein Geschichtsverständnis hat, in welchem die »Persönlichkeiten« und nicht die obj[ektiven] Klassenkampfbedingungen dominieren, war R[udi Dutschke] für die fr[an]z[ösische] Konterrevolution, für den seit Jahrzehnten ausgebildeten kontinuierlich-ungebrochenen Geheimdienst, ein wichtig-interessanter Fall: Wie sie es im Inland und Ausland schaffte, Genossen zu erschießen, so war R[udi] D[utschke] auch ein lösbares Problem. Es war *nicht die ideologische Präventivmaßnahme*, auf die wir noch später zu sprechen kommen, es war die politisch-allgemeine Präventiv-Aktion in W[est-]B[erlin], um das gesellschaftliche Kochen in Frankreich zum deutschen Durchbruch kommen zu lassen. In der Hoffnung, die rev[olutionäre] Sprengkraft zu verkürzen, zu vermindern usw. In Paris sind am Tag des Attentats, erst recht in den nächsten 2 Tagen Bullen-Autos in die Luft geflogen, abgebrannt worden usw. Aber die Nöte der Arbeiterklasse fanden darin *noch nicht* ihren Ausdruck – so sind die obj[ektiven] Bedingungen der Klassenspannung die Voraussetzung, Bedingung und Möglichkeit der Mai-Kämpfe in Frankreich …
[…][407]

404 Vermutlich Gaston Salvatore.
405 Anhänger des Trotzkisten Ernest Mandel.
406 Weitgehend konspirativ arbeitende trotzkistische Strömung, benannt nach Pierre Lambert.
407 Kurze Auslassung der Herausgeberin.

Unser und besonders mein Fehler war, mit ihm[408] die Kontakte nicht aufrechtzuerhalten, ich bin sicher, daß er bald zum »Singen« bereit gewesen wäre. Vergessen wir nicht, seine Depression begann, als ich *schon längere Zeit* aus der Todesnähe schon raus war. Werde mich demnächst mit der ganzen Scheiße ein bißchen »beschäftigen« müssen. Vergessen wir auch nicht die Selbstmord-Form und die Mittel! Nehmen wir Schlageter[409] als ein faschistisches Beispiel. Chauvinistisches Kämpfen, aber nicht Selbstmord war drin – o. a. Daß die Springer-Lakaien ihm die »Erziehung« gaben[410] – ihn aber dann liegenließen, scheint mir auch unzureichend zu sein. Die Frage, die sich mir neu stellt, ist die Frage der Möglichkeit nach *medizinischen Suggestionsmitteln! Halt nicht einfache Massenpsychologie!! Was hat die Konterrevolution schon seit langem benutzt? Und Ba[chmann] gegenüber z. B. benutzt?* Es müßten die letzten Wochen – wohl kaum mehr – seines Lebens vor der Tat genau rekonstruiert werden. Mit dem alleinigen Ziel, die Präventivaktionen der Konterrevolution richtig abfangen, den Verlauf der Vorbereitung der Präventivaktion so durchschauen, daß am Tage derselben die reale (historisch angemessene) Aktion (in welcher Form und Sphäre auch immer) subversiv-sozialistisch zuschlägt!!! Es wäre eine historische Methodenstudie der modernen Konterrevolution – Revolution. Und zwar über die Marxsche Krisentheorie, über das Inflationsproblem an die Sache herangehen. *Wie hat eine »säkulare Inflation« mit Präventiv-Aktion zu tun*, mit der Konterrevolution zu tun? Sehr spannende Fragestellungen.
Die richtige Idee von G[retchen]: »R[udi], du hast nur eine Chance, wenn du dich im Hintergrund hältst«, erhält für mich einen neuen Sinn. Gleichermaßen die richtige *Empfindung* von vielen Militanten gegen einen Führer, also gerade das, was ich zwischen 1966–68 predigte – aber nicht durchbricht und mir fast den ganzen Kopf kostete. Diese richtige *Empfindung* war auch bei M.[411] zu spüren.

408 Josef Bachmann.
409 Albert Leo Schlageter, deutscher Offizier. Er organisierte während der französisch-belgischen Rheinlandbesetzung 1923 Anschläge gegen die Besatzungstruppen und wurde von einem französischen Kriegsgericht zum Tod verurteilt. In der Weimarer Republik Heldengestalt der nationalen Rechten.
410 Ihm die »Erziehung« gaben: aufhetzten.
411 Vermutlich Manfred Scharrer.

Gehen wir nun noch zur ideologischen Präventiv-Aktion über.

Zum Problem der ideologischen Präventivaktion

Da der geschichtliche Vorgang der Vergesellschaftung der Arbeit voranschreitet, wird die *Fähigkeit des bornierten Bewußtseins* größer, in Widersprüchlichkeit der Planung gesellschaftlicher Probleme näherzukommen. Wie sieht es nun aber mit der wachsenden Möglichkeit, wie sieht es mit der *Fähigkeit des durchschauenden Bewußtseins* aus? D. h. des revolutionären, des sprengenden Marxismus aus? Wie nahe sind sich unter den heutigen Verhältnissen »Opportunismus« und herrschende Verhältnisse geworden? So, was zeichnete die Bernstein-Debatte[412] aus, was bedeuten heute Revi[sionismus] und Anti-Revi[sionismus]? Wie nahe sind die herrschenden Verhältnisse dem Umschlag? Die ökonomische und ideologische Präventivaktion über die Aufrechterhaltung der Profitrate durch Inflation, durch »demokratischen Sozialismus«, durch »Mitbestimmung« usw. muß spezifisch bekämpft werden. Nicht durch Berührungsangst, sondern über Spaltung und Sprengung. Auf keinen Fall über Infiltration, über klugen Doppelagenten, trotzkistischen Entrismus unserer Freunde usw. Ohne aufrechten Gang der Sozialisten bzw. Kommunisten wird es keinen Sieg geben.

Und das bringt uns erneut zu B[ernd]. Warum gibt er seine Positionen laufend auf, und zwar opportunistisch. Warum ist sein verändertes Buch, und zwar grundlegend, als eine Präventivaktion auf ideologischer Ebene zu bewerten? Was jetzt im April in der Prokla[413] erfolgt gleichermaßen?! An der Methode, an den Verkehrsformen etc. von B[ernd] lerne ich sehr viel, das gilt desgleichen für »Bild« und ihre Attacke gegen mich in Februar.

R[udi] paß auf, dein Kopf und Körper gehen sonst noch schneller drauf als beim letzten Mal ...[414]

---

412 Eduard Bernstein (1850–1932), zunächst angesehener Marx-Interpret und Freund von Friedrich Engels, kritisierte er seit 1896/97 Grundaussagen des Marxismus, vor allem dessen Revolutionserwartung. Bernsteins Thesen entfachten die Revisionismusdebatte. 1917 stieß Bernstein zur USPD, 1920 kehrte er zurück zur SPD.

413 Der Zeitschrift »Probleme des Klassenkampfs«.

414 Rudi Dutschkes Ängste erklären sich durch seine Attentatserfahrung.

10. März 1974
Berlin
War gerade bei J[aeggi]. Hatte erst vor kurzem den Text[415] erhalten – was verwunderlich ist. Desgleichen, daß das Paket aufgerissen wurde. Von dem Brief im Paket schien er zu wissen, bin mir aber nicht sicher, daß das mein Brief (1 volle Seite getippt) war. Das Paket war mit Eilbrief gesandt worden. Es sind ca. 4–5 unnormale Tage – ohne jeden Zweifel. Von Hamburg nach Berlin sind 4–5 möglich!, aber nicht 8–9 Tage vom Absender zum Empfänger.
Wer spielte da herum, ist die Frage. Werde ich wahrscheinlich schon morgen bei J[aeggi] sehen! Es gilt auf den Brief und auf die Stellen in meinem Text zu schauen, in denen es um »1840–1921« usw. geht. B[ernd] hat die Verschiebung beim Photokopieren begonnen.

11. März 1974
Berlin
Mal schauen, was mit dem Buch (Arbeit) und dem Brief von mir an Urs geschehen ist. [...][416]

17. März 1974
Berlin
Es ist erneut die Rede von der Ausweisung. Es sind aber noch ca. 2 Monate Zeit. Werde ich voll ausnutzen! Gut geeignet, um taktische Schmiegsamkeit zu erproben. Revolutionär-subversive Präventivaktionen als Alternative zur anderen Seite. Wir werden sehen. In England waren es auch ca. 2 min. vor dem Rausschmiß. Was ist der Unterschied?

19. März 1974
Berlin
Ehemaligen DDR-Bürger in Wittenbergplatz getroffen – »habe drüben $2\frac{1}{2}$ Jahre gesessen«, hält die Finger in der Tasche; ich schmeiße meine Tasche, stelle mich in Kampfbereitschaft; enthüllt sich als junger Linker (vielleicht).

415 Vermutlich der Doktorarbeit.
416 Kurze Auslassung der Herausgeberin.

27. März 1974
Berlin
Das Verhältnis von *Korruption*, abstrakter *Emanzipation* muß in den nächsten »Langen Marsch« rein.
J[aeggi] verschwindet plötzlich im Karibischen Meer, B[ernd Rabehl] ist unauffindbar, P[eter Furth] ist in der Schweiz, seine Frau hat'n Fuß gebrochen ... ganz glaube ich dem letzteren auch nicht ...

4. April 1974
Berlin
Eine etwas eigenartige Situation. In Berlin verschwanden die B[ernd Rabehl] und J[aeggi] von der Oberfläche, Furth erst nach schweren Anstrengungen (finanziell) erreichbar – ein Betrugsystem mit linkem Schleier breitet sich um mich herum aus. Konkrete Wahrheit wird von diesem gehaßt wie die Pest. So wie Unseld[417] sich verhält[418] in diesen Tagen, ein gelernter Kapitalagent, so treten die B[ernd Rabehl], J[aeggi], auch F[urth] und andere auf.
Die mich in diesen Tagen erreichenden Briefe (einer scheinbar von Habermas abgesendeter, ein zweiter scheinbar, so meine ich, von Libération[419] {Paris} geschickter), sind, wenn nicht alles täuscht, voller Drohungen (im besonderen der Hinweis auf Verrat, ein scheinbar Verratener macht mich darauf aufmerksam, daß er von ..., einem

417 Siegfried Unseld (1924–2002), Leiter und Haupteigentümer des Suhrkamp Verlags in Frankfurt a. M.
418 Der scheidende Bundespräsident Gustav Heinemann wurde am 23. Juli 1974 75 Jahre alt. Zu diesem Datum wurde im Suhrkamp Verlag eine Festschrift vorbereitet, zu der auch Rudi Dutschke einen Beitrag liefern sollte. Spät erfuhr Rudi Dutschke, daß auch der CDU-Vorsitzende Kohl zu den Beiträgern gehören sollte. Rudi Dutschke wollte deshalb seinem Beitrag einen Zusatz nachstellen, in dem es u. a. heißen sollte: »Vergessen wir nicht, den dreckigsten Kohl der deutschen Geschichte, den NSDAP-Faschismus, werden wir nicht wieder erhalten. Aber die Chaoten der ›freien Marktwirtschaft‹, der Inflation, die Vertreter von ›Ruhe und Ordnung‹ schicken sich immer mehr an, die Partei der Zweideutigkeit [die SPD] zu brechen, um den Sieg der Eindeutigkeit des Kapitals zu garantieren.« Unseld lehnte es ab, den Zusatz zu veröffentlichen, woraufhin Rudi Dutschke seinen Beitrag zurückzog.
419 Französische Tageszeitung.
420 Vermutlich Daniel Cohn-Bendit (geb. 1945), einer der Führer der Rebellion von 1968 in Paris, heute Abgeordneter der französischen Grünen im Europaparlament.

Freund d[es] Gen[ossen] D.[420] in Paris verraten wurde. [...][421] Die Ankunft der Spanier, ETA[422]-Leute (Francesco Bofrell!?), so meinen sie, ist mir auch nicht angenehm. Die Einladung nach Paris von Libération ist obskur – (im April wurde ich zusammengeschossen, jetzt soll ich am 12. mein Manuskript ü[ber] Marcuse, das erscheinen soll, beendet haben, am 15. ca. in Paris ankommen ...) Wenn ich in den nächsten Tagen spreche, so kann es einen von uns Kopf und Kragen kosten!?!

Man hält mich in Schwung, in Berlin, in Aarhus usw. Wie die produktive Wendung aussehen sollte, ist mir nicht klar. Wichtig ist »nur«, daß ich nicht gleich zu Beginn abgeschossen werde. Wenn es heute mit U[rs Jaeggi] schiefgeht, werde ich wahrscheinlich nach Frankfurt müssen ...

Morgen kommt J[aeggi], da wäre ein gewisser Ausgleich!! Das Ding[423] jetzt zu gewinnen ist verflucht wichtig!! Der Vorwurf der »Verbürgerlichung« steht zur Debatte!! Wer da alles mitwirkt, zusammenwirkt etc., wird uns bald beschäftigen. Die schon seit 1969/70 »Normalisierten« (Verbürgerlichten) wollen der subversiven Fraktion im allgemeinen, ihrem durchgehaltenen R[udi] nicht die Möglichkeit geben, neu auf Massenbasis zuzuschlagen; die S[olschenizyn]-Veranstaltung hat ihnen schwer zu denken gegeben. Mir allerdings gleichermaßen.

Habe verrückterweise »Libération« angerufen, niemand wußte von einer bevorstehenden Marcuse-Anwesenheit in Paris, wurde auf den ominösen Sell verwiesen. Zwar werden die heutigen Telefonate 400–600 DM gekostet haben, aber die werde ich über *U[nseld] hineinprügeln*, oder von anderswoher ...

Bin eine Woche hier »zu Hause«, echt zu Hause mit G[retchen], P[olly], H[osea], bin nicht wirklich zum Arbeiten gekommen und weiß noch nicht, wie die nächsten Tage ausgehen werden. Erneute echte Vernebelung ist eingetreten. Am Durchbruch wird gearbeitet. Nach T.[424] ist J[aeggi] weg, B[ernd Rabehl] desgleichen, werde mor-

421 Kurze Auslassung der Herausgeberin.
422 ETA: Euzkadi Ta Azkatasuna (»Das Baskenland und seine Freiheit«), terroristische baskische Separatistenorganisation.
423 Den »Kampf« um die Doktorarbeit.
424 Vermutlich Thomas Ehleiter.

gen um 15:00 Uhr über ihn von der Einschätzung der Lage durch F[urth] erfahren. Ist schon eine Riesen-Scheiße von A bis Z. Wenn ich davonkomme in den nächsten Tagen und Wochen, vieles, nicht alles, spricht dafür, werde ich selbst radikale Wendungen umsetzen oder recht bald den Kopf verlieren.

8. April 1974
Aarhus (Dänemark)
Nun hat es sich abgespielt. Habe ich es gewollt? Oder habe ich eine objektive Tendenz richtig durchschaut und detektivistisch antizipiert? Was geschah?
Ich erhielt, vermittelt über Studenten von dem Musiker-Haus, einen ETA-Kontakt, einen sehr ominösen. Einer (Francesco) stellte sich als Philosoph und Schreiber von Agitationsbüchern vor, hatte eins mitgebracht, in Italienisch geschrieben.
So ist die Lage im Augenblick. Am letzten Freitag, einer der obskuren [...][425] Briefe war gerade erneut erschienen, konzentrierte sich eine kleine Mafia im Garten vor uns, einer direkt unmittelbar vor dem Eintritt. Ich sprach ihn in Englisch an, was er wolle, er schüttelte seinen Kopf, sprach auf englisch – »I don't know.« Die Gruppe, im besonderen the chief hinter der Hecke, zu dem sie Kontakt hatten – diesen Eindruck hatte ich nach mehrfacher Überprüfung gewonnen –, erweiterte sich, ich sah die Zeit für einen Eingriff als gekommen an. Ich lud dieselbe Person (ca. 20–25) zu mir ein, machte die Tür zu, holte meine Gas-Pistole raus, fragte ihn nach seinen Interessen, den Aufgaben der Gruppe und der Bezahlung, die sie durch eine Schlägerei mit mir erhalten würden. He didn't answer, er schlug zu, ich wollte nicht die Gas-Pistole benutzen, war technisch überhaupt ein Fehler, sie in die Hand zu nehmen, schließlich war sie wertlos last not least. Er schlug gezielt auf die Operationsstellen – als ob er es wüßte. Ich verteidigte mich, konnte standhalten, haute ab ins Auto, wo die Gretchen schon in Bereitschaft war. Ich weiß nicht, ob ich mit dem Leben davongekommen wäre, wenn ich zusammengebrochen wäre.

425 Kurze Auslassung der Herausgeberin.

Wir fuhren zur Fremdenpolizei, erzählten den Vorgang, dann zurück zum Haus, der andere hatte die Polizei auch gerufen, dann standen wir erneut zusammen. Spannend bei der Sache ist, daß zum Schluß von ihm geleugnet wurde, daß es um ihn herum andere Menschen gegeben hat. Sie erschienen weder als Zeugen noch als Verteidiger. Ich und der andere wurden arrestiert, aber nach 10 min. wieder freigelassen. Einen Fehler habe ich noch begangen, ich ließ gerade die Briefe und mein Tagebuch bei den Bullen zeigen, um Beweise für meine Argumentation zu haben. Die wollten aber eine solche gar nicht haben. Das werden wir bald merken.
Es wurde in der rechten Presse eine Attacke begonnen, aber schnellstens beendet (Haus-Spectakel[426]). Ich kann mir vorstellen, daß ihnen die Sache »unklar« ist, genauer, R[udi] D[utschke] ist nicht »umgelegt«, noch nicht »rausgeschmissen«, darum lohnt es sich nicht. Fühle einen starken psychischen Terror, der systematisch von Tag zu Tag von den H. M. u. a. betrieben wird, über Tel[efon-]N[umme]rn, die nicht stimmen, falschen Telegrammen usw. Johanna [Hoornweg][427] ging gestern, genauer, heute, ab nach Berlin. Habe ihr viele Briefe mitgegeben, mal sehen, ob sie ankommen.
Fühle mich schwer gespannt, hoffe, daß morgen Freunde hier sind.
Die T. ist mir inzwischen unklar, ist sein Bruder in Gefahr geraten, darum erpreßbar? Wäre für mich eine schwere Überraschung.

9. April 1974
Aarhus (Dänemark)
Von der Methode her argumentiert und aktiviert M. so wie B[ernd]. Mit Hilfe von Abweichungen die eigene Manipulation verschleiern. Die Reise nach H[annover] ist ein einfacher Schwindel, der Oscar war im Himmel, aber nicht in der Nähe von M. Oder: R[udi Dutschke] soll das Rosa-Seminar erhalten, er wird aber an P. v. Sch.[428] verschaukelt, es kommen nur drei, nach der zweiten Sitzung

426 Die Auseinandersetzung, bei der Rudi Dutschke seine Gaspistole benutzen wollte.
427 Eine amerikanische Bekannte der Dutschkes, wohnt in Berlin.
428 Vermutlich der Universitätsassistent Peter von Sperling.

ist das Seminar pleite! Und das bei einem »Institut f[ür] Ideengeschichte« mit marxistischen Ansprüchen.
Es ist nicht uninteressant, daß der Raus-Schmiß (die offizielle Forderung) der kommunistischen (»Moskau«-orientiert) Leiterin des Kindergartens von Ho und Po mit dem Tag des Krachs (Gas-Pistole) übereinstimmt. Welche Vermittlungen da gegeben waren bzw. sind, wird die baldige Zukunft zeigen. Typisch für M. ist desgleichen, daß er nach der Rausschmißforderung gegen die Kommunistin »sofort« »solidarisch« aktiv wird ... Auch nicht uninteressant, daß Ch[ristian][429] drin ist bei der M[ikkeline][430], Po und Ho aber nicht reindürfen ... In jedem Augenblick Vermutungen haben ist besonders unangenehm, aber diese Dialektik von *Spannung* und *Entspannung*, von *Dedektivismus*[431] und *Spontaneität* etc. stehen zur Debatte ... Mal sehen, wie die Nacht vergeht, werde wahrscheinlich durcharbeiten. Oder?
Wie auch die Argumentation für das Dutschke-Stipendium[432] völlig falsch ist, der Rausschmiß wird antizipiert, vom Bild auf der ersten Seite (Dut[schke]-Sol[schenizyn]) bis zum Inhalt des Artikels.

11. April 1974
Aarhus (Dänemark)
Die Narbe reagiert auf die Sonne etwas mehr als vorher. Insofern müssen wir bald eine Neu-Untersuchung haben. Es wäre beschissen, wenn ich schon an diesem Punkt einen schweren Rückschlag (oder mehr) abkriege!!! Ich wäre Gott dankbar, du siehst die christliche Befangenheit gerade in Gefahrenmomenten, und zwar isoliert, 1967/68 ging die Gefahr mit mir, ich war aber niemals isoliert, – wenn ich Ostern hinter mich bringe und genauer beginne, mit M[anfred Scharrer] (Berlin), D. (Berlin usw.) den Kampf anzugehen!

---

429 Ein Freund von Hosea Dutschke.
430 Ein dänisches Kind.
431 Vielleicht gemeint: Detektivismus.
432 Vermutlich bezieht sich diese Äußerung auf den Streit um Rudi Dutschkes Stipendium von der Deutschen Forschungsgemeinschaft.

14. April 1974
Berlin
Nun in der »Höhle des Löwen« gewesen, der psychische Terror davor in Dä[nemark] scheint sich hier in W[est-]B[erlin] zu relativieren. Die Unsicherheit, der Vertrauensverlust usw. ist nicht beseitigt, aber die *Möglichkeit* der Wendung ist denkbar, aber nicht sicher. Zu viele Unsicherheitsfaktoren sind geblieben, einige weg, einige neu. Wir werden sehen. Ich stehe auf schwachen Beinen, ob sie stärker werden, hängt u. a. davon ab, ob B[ernd Rabehl] seine gezeigte Ehrlichkeit von heute durchhält und mir über J[aeggi] keine Bremsen legt!

15. April 1974
Berlin
Der Telephon-Terror ist zweifellos ein systematischer, einer voller »Verrücktheit« und Kalkulation. Dennoch ist darüber noch nicht die Entscheidung gefallen. Bin etwas »ruhiger« geworden, Gretchen wohl auch, aber die »Entscheidungen« sind da noch nicht gefallen.

18. April 1974
Berlin
Die mehrfachen Gespräche mit Bernd tragen viel Schein in sich! Wieweit reale Wirklichkeit da vermittelt ist, subversive Ehrlichkeit eine Rolle spielt u. a. m., ist mir noch nicht klar. Mal sehen, wie dieser Tag vorübergeht, noch ist *alles* möglich. Die Chancen für uns sind minimal, aber noch drin! Werden bald Gaston [Salvatore] treffen, fast symbolisch! Auch nach den Träumen über ihn, echt unbewußte!! Nun, trotz alledem, wenn heute richtig (geschichtlich) vorbeigeht, so werde ich, werden wir erneut die Kurve wenden. Die Korrektur ist unvermeidlich, um nicht ein Objekt der anderen Seite, ein Objekt von sektiererischen Interessen zu werden.
Die Wagenbach-Richtung beginnt mir nun allerdings auch Schwierigkeiten zu bereiten. Wo stehen die K., W., K.[433] usw. eigentlich? Was soll für sie Schlageter usw. bedeuten? Ich schließe nicht mehr

433 Rudi Dutschke meint Mitarbeiter des Wagenbach Verlags.

aus, daß gerade nach der Spaltung beide Seiten einfach bestochen wurden. Bestochen, um Richtungen bei der Stange halten zu können. Die Rußland-Fixierung von B[ernd] im besonderen, das Hinterherrennen, die opportunistische Anpassung ist bei *B[ernd]* wie bei *Wagenbach* konstatierbar.
Wenn die FR vom 23.3.74 von E[rnest] Mandel über Sol[schenizyn] eine Pseudo-Nummer war, so war es eine geeignete und gut gemachte Pseudo-Produktion, um Wahrheit und Lüge zu vermischen. Dann hätte er mich clever reingelegt. Der Kopf ist noch nicht gerollt.
Bin in den Tagen hier etwas »normalisiert« unter unnormalen Bedingungen! Oder?

19. April 1974
Berlin
Gaston besucht. Vorher, wie Gretchen sagt, von ihm geschrieen! Tiefes Un-Bewußtsein. War entspannend und neu be-spannend! »Habe dich lange gesucht«, »Telephon war geblockt«, »habe nie verraten«, »bin nicht auf Posten gelandet, wollte keine« usw. Zeigte mir sein langes Buch über Wolfgang[434], von ihm gemacht, d. h. Gaston hat die Geschichte unseres Clowns (im subversiven Sinne des Begriffs) geschrieben. Hat uns die Feltrinelli-Passage vorgelesen! Werde morgen eine Erweiterung vorschlagen, Feltrinelli war nicht ein »Liberaler mit der Bombe« (Rudi), sondern er *wurde* ein anarchistischer Liberaler, als er seine große Hoffnung, die Linke in W[est-]B[erlin] niedergehen sah! Er ist darum kein »Liberaler mit der Bombe«, weil er lange Kampferfahrung als Jung-Kommunist, Parteigeschichte der KPI usw. hinter sich hatte ...
Gaston introjiziert hier *etwas*, aber nicht mehr, seine und auch meine gemeinsame Kampf-Erfahrung.
Die Gespräche mit ihm, G[retchen] und der Freund von Gaston waren dabei, waren anregend, sein internationalistisches Dasein ist immer produktiv ...

434 Gaston Salvatore, Wolfgang Neuss. Ein faltenreiches Kind, Frankfurt a. M. 1974.

Die Vorschläge von ihm, schnell und wenig vermittelt, über JUSO und SPD an die Spaltung und den langfristigen Sieg herankommen zu können, waren mir nicht zuwider – aber es wird viel komplizierter werden.
Wenn es aber dazu kommen sollte, wäre ich in der Tat sicher, daß er wieder an meiner Seite stehen wird, viel kritische Kontrolle ausüben könnte, er auf der einen, M.[435] auf der anderen Seite, D.[436] vielleicht dabei – vieles spricht dafür.
Absurd war das Gespräch in einigen Augenblicken, die Vergangenheit war zu stark dabei, Rückerinnerungen waren immer wenig wert.
Sein Freund war ein Sänger, im Verhältnis zu Wolf [Biermann] erschien er mir noch schwach, allein vom Inhalt her betrachtet! Unser Gretchen beteiligte sich kritisch an dem Gespräch, besonders als es um die Sexualgeschichte von E[rich Fried] ging. Wendete eigenartig den Laden gegen mich, weiß nicht ganz, warum. Um sich zu legitimieren? »Haß« – »häßlich« –, wie es mit der Liebe aussieht, blieb unklar. Oder hab' ich falsch gehört?

20. April 1974
Berlin
Ga[ston] spricht am Telephon von »Mafia«, »nun werden wir es mal anwenden« – auf wen eigentlich?
Werde von Freunden laufend angerufen, viele fragen nach meiner Arbeit in widersprüchlicher Art und Weise. Da ich zur Zeit alle Aussagen in eine Vergleichs-Methode einbeziehe, kommt es zu absurden, zu halb-klaren und zu extrem klaren Einschätzungen ...
Wenn die nächsten Wochen und Monate »richtig« zur »Normalisierung« führen, so werden sich – vielleicht – manche wundern!
Polly und Hosea werden, wenn wir oder andere die Geschichte und die kontinuierliche Aktualität des Kampfes aufrechterhalten, den Kampf um die Emanzipation der »Unterdrückten und Beleidigten« fortsetzen bzw. unter neuen gesellschaftlichen Bedingungen die

---
435 Vielleicht Manfred Scharrer.
436 Vielleicht Daniel Cohn-Bendit, damals einer der Wortführer der Frankfurter Spontiszene.

soziale Emanzipation weiterführen. Viele bemühen sich um »uns«, ich traue den Menschen, die aktiv in den Kämpfen stehen, mehr als denjenigen, die seit Jahren ohne Kampf, ohne Konfrontation mit den Verhältnissen dahinvegetieren. Mein *Mißtrauen* dem eigenen Freundeskreis gegenüber ist gewachsen, mein *Vertrauen* auf die *real* Unterdrückten und Beleidigten, wie ich sie so oft treffe, ob nun im Zug, Bus oder auf der Straße, ist mächtig gewachsen. Warum? Weil ich ihnen näher komme, vom Abstrakten langsam zum Konkreten komme, zum wirklichen, zum besonderen und individuellen Menschen. Allein über dieses weiterzuentwickelnde Vertrauen, was sich in pol[itisch]-org[anisatorischer] Form zeigen muß, werde ich das »Mißtrauen« in die richtige Tendenz treiben, bzw. aufheben können!
H.[437] war gekommen, erzählt von seinem Abschluß, M.[438] von seinem, usw. Bei Ha. klingen Sätze auf, die direkt auf mich bezogen sind, nicht objektiv, aber subjektiv.
He[lga Reidemeister][439] und Rosa [Reidemeister][440] sind mächtig verändert, woher die Verschiebung gekommen ist, ist mir unklar. Rosa ist manchmal mit Polly identisch. Werden wir bald sehen ...

Habe über Ha.[441] nun gesprochen, Gr[etchen], He[lga Reidemeister] und ich! Habe Partei für Ha. etwas ergriffen, empfand die Angriffe auf ihn als Angriffe auf mich, mit dem *großen Unterschied*, ich versuchte die Kritik von der Selbst-Kritik aus zu sehen. Was bei He[lga Reidemeister] und Gr[etchen] nicht der Fall war – was sie bestreiten würden. Das hat meiner Ansicht nach äußerst viel mit verschiedenen politischen Erfahrungen zu tun!

Nun gegen Mitternacht. Vom Besuch von Pucky [Treulieb] zurück, (Gi[sela Breyer], Die[trich][442], Jo[hanna Hoornweg], Gr[etchen] ...). Bin mir über die soziale Schichtung nicht im klaren, habe

437 Vielleicht Horst Kurnitzky.
438 Vielleicht Manfred Scharrer.
439 Freundin der Dutschkes.
440 Tochter von Helga Reidemeister.
441 Vermutlich Hans Halter.
442 Gisela Breyers Freund.

doch den laufenden »Verdacht«. [...][443] Ich muß total selbständig werden, *in jeder Hinsicht!* Dann hört die Belastung der anderen auf, neue Basis beginnt! Das Verhalten von Gr[etchen] mir gegenüber ist verständlich, aber oft verwunderlich (s[iehe] Brief-Verkehr).

Furth nach kurzem Gespräch down (Niere), gerade dann, als ich die Frage auf die B[ernd]-R[udi]-Differenz in der Sache lenkte; sonst bei F[urth] und J[aeggi] Zustimmung und Bestimmung des Terminkalenders[444] für mich!
Infolge meiner unzureichenden Vermittlungen können sie mich, sie und andere, dennoch reinlegen. Manches scheint noch immer der Fall zu sein. Nach Hannover bzw. Frankfurt komme ich nicht durch, ob in Frankfurt und Hannover die Veranstaltungen stattgefunden haben, wie das erfolgte usw., ist mir ein Rätsel. Die Widersprüche der Darlegung und Information sind offensichtlich. Wieviel schlimmer muß es Lenin in seiner letzten Phase gegangen sein?!!!
Bin mit Gretchen von Pu[cky] zu He[lga Reidemeister] gegangen, ließen uns nicht fahren, war wichtig. Die Post-Polizei war schnell hinter uns her, um zu prüfen bzw. technisch einzugreifen. Wie ich aus diesem Block rauskomme, ist mir nicht klar, wann der Horváth-Baum[445] »auf mich donnert«, ist nicht klar, versuche davonzukommen – bin mir aber nicht sicher!
War heute morgen schwach, hatte zu wenig geschlafen!! Ganz echtes Zeichen! Muß verflucht aufpassen. Hoffentlich nicht zu spät, wegen des zu großen Mauls dem B[ernd] gegenüber!?! Bin mit letzterem »gut« in Kontakt, die Frage der Ehrlichkeit muß sich noch beweisen.
Werde in zwei Stunden Gaston treffen, Enzensberger, Neuss u. a. m. Toi, toi ...
Ho und Po werden es schaffen, sich auch lieb haben, mit den anderen Kindern und Eltern es schaffen. Ho und Po werde ich nach der Rückkehr mehr lieben noch als vorher, sie sind die größte geschicht-

443 Kurze Auslassung der Herausgeberin.
444 Rudi Dutschke meint die Prüfungstermine.
445 Ödön von Horváth (1901–38); der österreichische Schriftsteller wurde in Paris von einem niederstürzenden Ast erschlagen.

liche Sicherheit der Subversivität. G[retchen] scheint kräftig zu wachsen, wunderbar – möchte sie nicht verlieren!!

28. April 1974
Berlin
Seit einigen Tagen wieder eine normale Verhaltensweise. Bin mit KSV[446]-Gen[ossen] durch die Stadt gefahren, betrachte die Menschen so, wie sie sind, unterstelle Menschlichkeit und nicht das Gegenteil. B[ernd] hat gerade angerufen, werde beim Doktor Skat spielen. Der Anruf von B[ernd] vor wenigen Stunden war komisch, auf der einen Seite verkündete er seinen Ass. Prov. [sic!] eigenartig genug, trotz K. usw., auf der anderen fragt er mich, ob ich »Feinde« hätte. Was soll ich dazu sagen?

10. Mai 1974
Berlin
Es kam zu eigenartigen Telephon-Gesprächen, es wurde angerufen, der Name verweigert – aber auf B[ernd]-Probleme hingewiesen: »Laß dich nicht reinlegen Rudi.« Weiß der Teufel, bin mächtig reingelegt worden in der letzten Zeit – ob ich mich wieder rausfinde? Ja, als Revolutionär in einer *latenten*, aber noch nicht aktuellen Zeit der entfalteten Klassenkämpfe muß ich extrem genau schauen lernen!!

11. Mai 1974
Berlin
Die »Grübelei« beginnt erneut. Warum? Hatte vorgestern »Tag und Nacht« durchgearbeitet, um den ersten Teil des Buches[447] vollständig zu korrigieren. War darum gestern gegen 17:00 Uhr absolut schlafüberfällig. Leider war ich nicht nach gut einer Stunde wieder aufgewacht – Gretchen rief nämlich an. Die Gollis haben dann mit ihr gesprochen. Ich bin erst in der Nacht gegen 3:00 Uhr aufgewacht,

---

446 KSV: Kommunistischer Studentenverband, Organisation der maoistischen KPD/AO.

447 Rudi Dutschkes Doktorarbeit »Zur Differenz des asiatischen und europäischen Weges zum Sozialismus« erschien im August 1974 im Wagenbach Verlag unter dem Titel: »Versuch, Lenin auf die Füße zu stellen«.

schlief dann bis 7:00 Uhr weiter. Also gut nachgeholt, der Kopf scheint nicht schlecht dran zu sein.
Was mich nun beunruhigt, ist die Tatsache, daß die Gretchen gesagt hat, daß mein mit Eilpost geschickter Brief sie nicht erreichte, er wurde Freitag vor einer Woche, heute ist Sonnabend, von mir in der Post von Zehlendorf-Mitte abgeschickt. Was war drin im Brief? Wichtig nur, daß ich Gretchen bat, mir schnellstens zu sagen, ob sie die Telephonrechnung zu bezahlen hat, die große Summe, schon erfahren hat wieviel, nichts von M. zu nehmen habe, sondern daß ich es schicken werde bzw. sie es bezahlt! Um nicht neue Informations- und Abhängigkeitsverhältnisse entstehen zu lassen. Hab sie auch gebeten, nicht alle Informationen herauszugeben. [...][448] Wenn die überarbeiteten Texte verschwinden bzw. nach der Veröffentlichung diskutiert werden (mein Buch), dann wird manches sichtbarer werden. Hoffentlich bin ich dann noch dabei! Aufpassen ist die erste Revolutionspflicht in den nächsten Tagen und Wochen. Es ist in diesem Zusammenhang nicht uninteressant, daß »er« von der Verhaftung[449] von 30 griechischen Genossen sprach, die »Schuld« J. M. unterschob. [...][450]
Ein bisher völlig unbedachter Aspekt ist der J., er kündigte etwas von München an, etwas Ähnliches wie das an der Aarhus-Uni. Es sollte aus dem Otto-Suhr-Institut[451] kommen. Kam nie an. Kündigte er den anderen danach an, als er meine saure Miene sah, als ich diese Lügerei hörte, daß das bei mir nicht ziehen wird? [...][452]
Die DDR hat vor unserer Richtung den größten Schiß – nach den Vertretern und Agenten von rechts. Oder? Ist das der Grund warum mich B[ernd Rabehl] als libertären Kommunisten versteht, der es mit der Wahrheit ernst nimmt? Er es mit der dialektisch verfransten Halb-Lüge besser aushält, mit zynischen Etappen!
Er war mächtig sauer, jetzt erinnere ich mich, über meinen 17.-Juni-Artikel ... Da stießen bei ihm Anti-Kommunismus und Bürgertum

448 Kurze Auslassung der Herausgeberin.
449 Bis zum Juli 1974 herrschte in Griechenland eine Militärdiktatur.
450 Kurze Auslassung der Herausgeberin.
451 Der FU Berlin.
452 Kurze Auslassung der Herausgeberin.

zusammen, ein Legitimations-Sozialismus der staatlichen Borniertheit kommt heraus.
Heute kommt die Ma. zu Besuch, bin gespannt und erfreut.
Gre[tchen] war nach dem Tel[ephonat] mit Golli beruhigt, sie ist eine dufte Frau.
Gerade mit T.[453] gesprochen, werde ihn [in] D. treffen, will mit mir über Solschen[izyn] sprechen. Unterstelle viel, spekuliere viel, reflektiere das aber noch mehr.
Im linken Milieu gibt es eine Korruptionsfraktion, die mit dem »Kapital« und Büchern gut leben kann!!
T. behauptet, die B[ernd-Rabehl-]Kritik in der vorletzten »Zeit« gefunden und gesehen zu haben, will sie mir mitbringen …
Ob der Man.-Artikel[454] ü[ber] So[lschenizyn] seiner ist, wage ich zu bezweifeln. Mein Brief wurde nicht beantwortet, was bei E. und G. absolut unnormal ist. Wie sieht das bei S. aus? Sie ist durchgekommen beim Kampf mit Stein …
Gerade 400 m recht schnell gerannt mit dem Freund von der G[retchen], 100-m-Spezi hat es schon zu 10,9 gebracht; war beim Rennen mit der Lunge relativ gut, aber nicht besser …

12. Mai 1974
Berlin
Gestern bei der KIHO gelandet, wollte nicht allein im Golly-Komplex wohnen. Ist Ausdruck des richtigen Verhältnisses von Mut und Angst. Der M[anfred Scharrer] wurde in einem Fußballspiel zusammengeschlagen, von einem Trotzkisten. Als ich das erfuhr, wurden mir so manche Überlegungen zugänglich.
Das Gespräch mit J[utta] war komisch, sie will mich haben, erzählte von einem verrückten DDR-Film, in welchem eine Familie zerrissen wird über den Tod eines Kindes von ihnen. Mir wurde schlecht zumute. Ich erzähle noch immer zuviel, hatte davon erzählt, daß mir nichts Schlimmeres passieren könne als die Ausschaltung von H[o] u[nd] Po. Gretchen möge noch Glück haben, bis ich komme, dann

453 Vielleicht Tilman Fichter.
454 Vermutlich Manfred Wilke.

werde ich hoffentlich Glück und Kraft bringen. Werde mich auch physisch/psychisch weiter vorantreiben!
Daß der J. ein G. in unserem Milieu ist, scheint mir nachweisbar zu sein. Wenn ich ein Moralist wäre, so hätte ich mit manchen Halb-Betrügern von heute auf morgen zu brechen. Nein, die Betrugereien zu durchschauen und mit ihnen vom Standpunkt der konkreten Wahrheit umzugehen, das wird entscheidend sein! Aufpassen, R[udi]!!!!

21. Mai 1974
Berlin
Meine Bedenken sind nicht beseitigt, stehe ihnen aber anders gegenüber. Versuche die Haltung, die die G[retchen] mir richtig empfohlen hatte, anzuwenden. Die Lage ist kompliziert, muß versuchen mich der Realität zu nähern. Die vom »Langen Marsch« sind sich unsicher, sind verworren und »freundlich«. Dadurch, daß ich *alles* nur über *Zwischenhändler* erfahre, bin ich ziemlich sicher, daß ich viele Vernebelungen noch zu durchbrechen habe. Viele (!) von denen, die »Politik« machen, die die Massen ver-führen, werden sich mit *allen* (!) Mitteln dagegen wehren! Ich kann das nicht nur »spüren« …

24. Mai 1974
Berlin
»Sie« sind hinter mir her. M. war also fälschlicherweise bei mir, bin nicht sicher, daß ich über Göttingen davonkommen kann. Wann schlägt physischer Terror in psychischen um? Und umgekehrt? Habe mit Gretchen gesprochen, beide sind wir down – will endlich alle bei mir haben! Neue Kraft und Energie sammeln! Leviné sagte richtigerweise, daß wir »Kommunisten Tote auf Urlaub« sind, allerdings auch Menschen des Lebens und der Liebe. Ja, das Risiko ist gegeben, nicht anders wie der Unfall – eine revolutionäre Tätigkeit ist mir aber lieber als ein »Unfall«! Aber Romantik, Pessimismus oder Romantizismus waren schon immer falsch. Das Erlernen des Herangehens an die Wirklichkeit steht weiter zur Debatte!! Habe mit Gretchen telephoniert, war sauer mit mir über meine übertriebene DKP-Kritik. Freue mich über sie und die Kinder immer wieder. Eine leben-

dige, auf Befreiung gerichtete und nicht die Mitglieder unterdrükkende Partei revolutionären Typus steht zur Debatte! Mehr denn je!

26./27. Mai 1974
Berlin
Es blitzt ganz kräftig, möchte keine abkriegen, am neuen Haus kann alles schnell sich abspielen. B. sagt allerdings, sie hätten eine Absicherung ... Wie dem auch sei, die Fahrt nach Göttingen und Hamburg war eine Qual und brachte nichts »Reales« ein. Ein »Jein« erfolgte erneut. Muß mich nicht verrückt machen lassen, möchte allerdings Gretchen und die Kinder bald sehen und lieben. Die Aufpasserei von mir durch »beide Seiten« ist offensichtlich. Ob ich davonkomme oder durch Unfall draufgehe, ist noch nicht sicher. Man kann auch Haus-Unfälle organisieren. Oder?

17. Juni 1974
Berlin
Im letzten Jahr brachte der »LM«[455] den langen Beitrag über den 17. Juni, diesmal leider nichts – am nächsten aber werden wir die erste Großveranstaltung darüber u. a. m. veranstalten, viele Jahre voller Übergänge sind vorbei, neue stehen bevor, – am meisten aber die politische Auseinandersetzung mit der SPD und SED/W; die CDU/CSU/FDP repräsentieren eindeutige Kapitalbeziehung, erstere sind verschiedenartig – zweideutig. Viele Genossinnen und Genossen sehen die nationale Frage als Glied des Internationalismus überhaupt *nicht*!! W. H.[456] gibt zu, daß Brecht richtig lag in der Einschätzung dieser Tage der DDR-Arbeiterklasse, meinte, daß ich das, was ich sagen würde über den 17. Juni, demnächst auch in der DDR sagen könne. Offensichtlich hofft er auf die bald bevorstehende Veröffentlichung von St[efan] H[eyms Roman] ü[ber] 17. Juni[457] in beiden deu[tschen] Staaten.

---

455 LM: »Langer Marsch«.
456 Vermutlich Wolfgang Harich (1923–95), Philosoph, 1957 in der DDR wegen »Bildung einer konspirativen staatsfeindlichen Gruppe« zu zehn Jahren Zuchthaus verurteilt.
457 Stefan Heym (Hellmuth Flieg, 1913–2001), DDR-Schriftsteller. Stefan Heyms

Anfang Juli
Berlin
Daß ich wochenlang keine Tagebuch-Empfindungen bzw. Notizen niederschrieb, ist Ausdruck einer »gewissen« Dialektik von Unruhe und Ruhe. In der Zeit vorher dominierte die hektisch-mechanische Unruhe.

18. September 1974
Aarhus (Dänemark)
Gretchen ist seit kurzem von W[est-]B[erlin] zurück, geht ihr nicht so gut – und dennoch waren diese 3 Wochen für sie und für mich wichtig. Sie war zum erstenmal (!) – wurde allerhöchste Zeit – befreit für relativ »lange« Zeit von den Kindern und von mir. Dennoch sind wir nicht gleich ins Bett gesprungen, da sind noch so viele Bremsen. Die Kinder und ich haben die Wochen gut überstanden, war physisch-psychisch für mich von besonderer Bedeutung. Es hat auch keine Attacke gegeben, toi, toi ...

10. Oktober 1974
Aarhus (Dänemark)
Jetzt ist das Buch von H[eym] im »Westen« heraus, aber die DDR verweigert noch immer die Veröffentlichung. Wer mag da dahinter stecken? Alte Ängste vor einer Masseninitiative. Plenzdorf[458] war ihnen wohl vorläufig genug ...?!
Die Wahlen in England stehen bevor, ist nicht uninteressant, den Weg in diesem klassischen Land der Arbeiterklasse zu verfolgen. Labour hat Chancen, aber in einer Krisensituation zu siegen und dann *nicht* mit sozial-revolutionärem Programm »konkreter Utopie« der Übergangstufen an die Sache herangehend, kann zu einer extrem ambivalenten Rolle werden ...

Roman »5 Tage im Juni« über den 17. Juni 1953 erschien 1974 bei C. Bertelsmann.

458 Ulrich Plenzdorf (geb. 1934), Schriftsteller und Drehbuchautor. Rudi Dutschke meint Plenzdorfs Erzählung und Bühnenstück »Die neuen Leiden des jungen W.« (1973).

12. Oktober 1974
Aarhus (Dänemark)
Labour hat gesiegt, Mehrheit errungen, eine äußerst schwache. Eine Partei, die in der Europa-Frage hoffnungslos (?) zerstritten ist, kann im Parlament schnell auf den Arsch fallen. Italien und England sind in der EWG[459] im Augenblick die schwächsten Glieder in der Kette. Aber die Vermittlung zu den Kämpfen ist verworren …

14. Oktober 1974
Aarhus (Dänemark)
Gretchen und Ho/Po mit Familien an der Westküste, zum erstenmal allein hier in Aarhus, macht mich etwas, aber nicht übermäßig, nervös. Habe aber in einigen Stunden gut gearbeitet, beschäftigte mich primär mit H[olger] M[eins][460]/RAF[461] und mit dem Untergang von Bucharin[462], hat beides miteinander nichts (!) zu tun, RAF und H[olger] M[eins] müssen aber aufgearbeitet werden. Bucharin interessiert mich insofern, als er als einziger neben Lenin das Problem des Verhältnisses von Arbeiterklasse und Bauernschaft, das dabei besonders auftretende Moment der Kulturrevolution richtig anvisiert hat. Auf die Marxschen Skizzen an V[era] Sassulitsch[463] zurückgreifend. Warum aber waren Bucharin und die ganze alte Garde etc. Stalin und dessen Bürokratie-Fraktion gegenüber so naiv?
Wir waren es auch, ich besonders in der beginnenden Schlußphase

459 EWG: Europäische Wirtschaftsgemeinschaft, Vorläuferin der Europäischen Union.

460 Das RAF-Mitglied Holger Meins, ehemals im SDS, protestierte mit einsitzenden Gesinnungsgenossen gegen die Haftbedingungen. Am 9. November starb er nach fünfzigtägigem Hungerstreik in Wittlich. Am 13. November wurde er beerdigt. Rudi Dutschke ballte am offenen Grab die Faust und sagte: »Holger, der Kampf geht weiter!«

461 RAF: Rote Armee-Fraktion.

462 Nikolai Iwanowitsch Bucharin war ein führender marxistischer Theoretiker in der Sowjetunion. Er wurde 1938 in einem der Moskauer Schauprozesse zum Tod verurteilt und 1988 rehabilitiert.

463 Karl Marx, Brief an Vera Sassulitsch, in: MEW, Bd.19, S. 386; Vera Sassulitsch (1851–1919) gehörte erst zu den russischen Volkstümlern, schloß sich später den Menschewiki an.

der Rebellionsperiode, aber Rebellionsgeschichte ist noch keine Revolutionsgeschichte.
In der BRD bringt sich Strauß widersprüchlich ins Spiel um die Führung, taktisch geschickt: schwerer Angriff gegen die anderen Kanzler-Kandidaten, dann allgemeiner Rückzug: soll nicht öffentlich diskutiert werden. Mal sehen, diese Sau ist nicht ungeschickt – aber an kleinen Fehlern scheiterte er bisher …
Wollte mit Gretchen telefonieren, schlief schon, so sagte Elsebeth[464]. Schade, hatten es eigentlich ausgemacht. Telefonierte mit Katja. Das »Buch«[465] ist nun in »Die Zeit« und »Süddeu[tsche] Zei[tung]« rezensiert worden, weiß noch nicht wie; erschien auch im Fernsehen und im »Spiegel« … Aufpassen!

15. Oktober 1974
Aarhus (Dänemark)
Ist schon wieder 24:30 Uhr, habe all »meine« Türen geschlossen, allein im Hause noch immer – fühle mich sicher, aber in Spannung. Morgen (heute) fahre ich zu den anderen, mit wem, weiß ich gar nicht. »Freunde von Elsebeth«, wird wohl stimmen.
Habe das längere Tagebuch bisher nicht finden können. B[ernd Rabehl] besucht in diesen Tagen Kopenhagen, wie er in seiner Antwort auf meinen Brief schrieb, kann mich aber nicht besuchen, sollen uns in Berlin »aussprechen«. Hoffentlich, möchte nur zu gern, daß ich Unrecht habe, aber mein Mißtrauen (persönlich und politisch) ist noch nicht ausreichend geklärt …
Lese gerade den R. Medwedew[466], die Darlegung des despotischen Machiavellismus von Stalin und dem Geheimdienst ist wie das Lesen über CIA-Geschichten. Die Differenz und strukturelle Ähnlichkeit sind eindeutig. Die gemeinsame Nähe zum Faschismus ist offensichtlich.
In Italien demonstrieren erneut Arbeiter und Anti-Faschismusgruppen gegen terroristisch-faschistische Umtriebe, aber der Kampf um

464 Elsebeth Kirk Larsen, eine dänische Nachbarin.
465 »Versuch, Lenin auf die Füße zu stellen«.
466 Wahrscheinlich Roy A. Medwedew, Die Wahrheit ist unsere Stärke. Geschichte und Folgen des Stalinismus, Frankfurt a. M. 1973.

die politische Macht wird dadurch nicht gewonnen. Wenn die Krise anhält und die Kommunisten-Sozialisten keine sprengende Lösung immer deutlicher werden lassen, so werden sie und niemand anders für die Krise verantwortlich gemacht ...
Im »Spiegel« werden B[ernd Rabehl] und ich von DKP angegriffen, was da Wahrheit ist, wird sich herausstellen. Ob B[ernd] – wie J[aeggi] – mit der SPD (und SED) zusammenarbeitet, ist nicht unmöglich. Oder? Wenn die I[nes Lehmann][467] mit mir eine RAF-Diskussion beginnt, so erscheint mir das desgleichen fragwürdig. Und vielleicht sehe ich zu schnell etwas ... Ist noch Resultat der Ereignisse, ist die andere Seite der früheren Naivität. In der *subversiven*, immer in entspannter Bereitschaft stehenden *Mitte (aufrechter Gang)* muß ich landen – Mut und Klugheit.
Unser Genosse der MIR ist im Kampf gefallen, einer der besten – die Junta ist froh, einen Staatsfeind Nr. 1 erschossen zu haben. Wann endlich wird E[ugen] Leviné *nicht* mehr recht haben – »wir Kommunisten sind Tote auf Urlaub«. Am Plan muß gearbeitet werden!! Bin zur Zeit durch das Buch[468] erneut im »Gespräch«, die Konterrev[olution] (»Die Welt«) hätte es lieber gesehen, wenn mein Kopf »verrückt« geworden wäre – leider drückt das Buch von R[udi] D[utschke] den Vormarsch der Linken an der Uni aus. Unser SED-W[olfgang Fritz] Haug wird über den Vergleich mit mir nicht besonders froh sein – obwohl uns viel mehr bezieht [sic!] als ein Kontakt mit der anderen Seite. Haug sagte zu mir: »Ihr wollt auf beiden Seiten die Revolution, ich aber nur auf der einen.« SEW[469], SED, SPD, CDU-CSU, FDP sind gegen uns, die relevante Spaltung muß über die SPD gehen, daran müssen wir messen!!
Ob CIA schon nach Dutschke forstet bzw. aufpaßt, weiß ich nicht. Sie werden zuschlagen, wenn sie eine Gefahr sehen. Noch bin ich für sie wahrscheinlich Schreiberling, es sei denn, sie wollen schon am Beginn stoppen. Die Sachen im März/April/ Mai sahen danach im Psycho-Terror so aus.

467 Eine Freundin von Rudi Dutschke.
468 »Versuch, Lenin auf die Füße zu stellen«.
469 SEW: Sozialistische Einheitspartei Westberlins, ein Ableger der SED.

16. Oktober 1974
Aarhus (Dänemark)
Weiter in Medwedew gelesen, bringt ausgezeichnet Einzelinformationen über die Repressionsgeschichte, steht aber in dem Widerspruch, den anti-sozialistischen Terror der Parteiführung über Partei, Klasse und Gesellschaft mit »sozialistischer Entwicklung« in der Industrialisierung »kombinieren« zu müssen. Es mangelt an angemessenen Begriffen und inhaltlichen Bestimmungen bezüglich der sozialistischen Perspektive. M[edwedew] spricht vom Stalinschen Despotismus, vermag es aber nicht, den Begriff des »Despotismus« sozialökonomisch u[nd] geschichtlich zu begründen.
Das Verhältnis von »Faschismus« und »Stalinismus« müßte konkretisiert werden, die historische Identität–Nicht-Identität ist so offensichtlich!?
Komme gerade mit Clique und Freunden von der Westküste zurück, haben uns mächtig getummelt, nur die Gretchen hatte Asthma – war in den ersten Tagen ohne mich. Hätte nicht fahren sollen, ist einfach noch nicht voll wiederhergestellt.
Bin ins Meer baden gegangen, hielten mich wohl alle für verrückt und »besonders« – war dufte. Habe die Fernsehsendung »Presse … und Studentenbewegung« abgelehnt, sollen sie ohne mich machen, würde nur ein Objekt sein – unsere Politik von damals und verändert heute würde sich nicht wirklich ausdrücken können. Warum? Natürlich nicht darum, weil der R[udi] D[utschke] »Schiß« hat, sondern weil die objektive Lage für unsere Richtung *im Augenblick* ungünstig ist. Die Publikationsarbeit für das nächste Buch[470] usw. ist darum wichtiger, gilt desgleichen für die Erweiterung der persönlich-politischen Beziehungen.

18. Oktober »1974
Aarhus (Dänemark)
Gretchen ist noch immer krank, die Asthma-Scheiße ist noch nicht weg. Polly ging am frühen Morgen von sich aus zum Einkauf von

470 Rudi Dutschke/Manfred Wilke (Hg.), Die Sowjetunion, Solschenizyn und die westliche Linke, Reinbek 1975.

Milch, Ho wußte auch nicht, wo sie wäre. Als sie wiederkam, zeigte sie die Milch, und alle waren überrascht; Ho fand das gut, bedauerte aber, daß die Schwester keine Süßigkeiten mitgebracht hatte – schlug eine neue, nun beidseitige Tour vor. Gesagt, getan – mit Geld vom Ho wurden nun Süßigkeiten beschafft. Po ist in mancher Hinsicht sozialer als der Bruder …

Heute kamen St[efan] A[ust[471]], P[eter] M[erseburger[472]] und das Fernsehteam, wollten mich interviewen, habe abgelehnt, sie waren verwundert und ein bißchen sauer, ging aber. Alle waren wir über den Manager M[erseburger] sauer. Ich müßte mal »nein« sagen, will nicht »hochgeschaukelt« werden, will langfristigen Unterbau gewinnen.

Die US-Regierung mit Senat haben der SU die »Meistbegünstigungsklausel« für den Handelsverkehr zukommen lassen, Kissinger etc. wollen damit der »Entspannung« dienen, in Wirklichkeit geht es vielmehr um die zeitweise »Lösung« von Krisenproblemen in den einzelnen Systemen auf der einen Seite, der kooperativen Beherrschung des revolutionären Widerstands in den einzelnen Zonen auf der anderen.

19./20. Oktober 1974
Aarhus (Dänemark)

W[illy] Brandt wurde in Portugal (Lis[sabon]) empfangen, bekannte sich zur »Bewegung der Streitkräfte«[473] und erntete viel Beifall von den dortigen Sozialisten und Sympathisanten. Im Ausland steht B[randt], wie üblich, der sozialistischen Position näher als im Inland … Werde vielleicht an eine Rezension seines Buches[474] herangehen?!

---

471 Stefan Aust (geb. 1946); der heutige »Spiegel«-Chefredakteur arbeitete von 1970–86 für den Norddeutschen Rundfunk, vor allem für das Politmagazin »Panorama«.

472 Peter Merseburger (geb. 1928) moderierte ab 1967 das Fernsehmagazin »Panorama« und war ab 1969 TV-Chefredakteur des NDR.

473 Am 25. April stürzte die »Bewegung der Streitkräfte«, eine linke Offiziersgruppe, die Diktatur in Portugal. In Folge wurden die Parteien wieder zugelassen.

474 1974 wurde Willy Brandts zweibändiges Werk »Reden und Interviews« veröffentlicht.

Gen[osse] Strasser[475] von der JUSO-SPD-Richtung soll sich in der »FR«[476] mit meinem Buch[477] auseinandergesetzt haben. Manfred Sch[arrer] meint, daß sich in diesem Beitrag ein gewisses Bündnisangebot sehen lasse. Wäre eine nicht unwichtige, aber auch nicht unproblematische Sache. Entscheidend muß sein, ob das Ziel, die *historisch* angemessene Spaltung der SPD, sich über solche Bündnisse erreichen lassen wird. *Nicht* »Spaltung um jeden Preis«, vielmehr Spaltung, wenn die Schmidt[478] und Co. sich als unfähig erweisen, die gesellschaftlichen Probleme zu lösen. Eine Spaltung hat nur Sinn, wenn es sich nicht um ein Intellektuellen-Grüppchen, sondern um eine starke Arbeiter- und Mittelschichten-Fraktion handelt. Wieweit das So[zialistische] Bü[ro][479] in diesem Komplex eine Rolle spielen kann, muß sich erst noch erweisen.

Ch[ristine][480] liegt noch weiter im Bett, der Nachwuchs bereitet im 4. Monat noch keine Sorgen, potentieller Vater M[anfred Scharrer] ist recht optimistisch. In seiner Abschlußsache fühlt er sich noch gar nicht wohl, ist sich über Kautsky[481] endlich wieder klar geworden, über die USPD im besonderen wohl aber noch nicht. Ist ja nicht einfach, könnte auch ein wichtiger Beitrag für die heutige SPD-Problematik werden. Werde darum immer wieder nachfragen und Hinweise etc. zu geben versuchen.
Bin erkältet, ob es vom Besuch des Meeres kommt? Ist nicht unmöglich! Gretchen bessert sich, ohne schon ganz fit zu sein. Brachte mir

475 Johano Strasser (geb. 1939) war damals ein bekannter Juso-Theoretiker. Er arbeitet heute als freier Schriftsteller.

476 FR: Frankfurter Rundschau.

477 »Versuch, Lenin auf die Füße zu stellen«.

478 Helmut Schmidt (geb. 1918) war seit dem 16. Mai 1974 Bundeskanzler, Nachfolger des kurz zuvor zurückgetretenen Willy Brandt.

479 Das Sozialistische Büro (SB), ursprünglich: »Sozialistisches Büro Offenbach«, wurde 1969 von Linken gegründet als lockerer Zusammenschluß, der die maoistischen K-Gruppen genauso ablehnte wie die DKP oder die Spontis. Die Zeitschrift des SB hieß »links«.

480 Christine Scharrer, Frau von Manfred Scharrer.

481 Karl Kautsky (1854–1938), bis zum Ersten Weltkrieg Cheftheoretiker und führender Marx-Interpret der SPD. 1917 USPD, 1922 Rückkehr zur SPD. Um die Jahrhundertwende einer der Hauptstreiter in der Revisionismusdebatte mit Eduard Bernstein.

etwas bei über ihr Chemie- und Vitamin-Studium. Ist schon was wert, muß bloß auf ein höheres Niveau nach dem offiziellen (oder schon vorher) Abschluß gebracht werden. Sie muß sich, ob sie will oder nicht, mit dem Marxismus auseinandersetzen.
Vielleicht kann ich sie dafür gewinnen über Marx-Frauen, Engels-Frauen, Rosa-Frauen, Lenin-Frauen, Stalin-Frauen, Mao-Frauen, und dann Schlußfolgerungen und aktuell angemessene Analysen.

20. Oktober 1974
Aarhus (Dänemark)
Die Nationalchauvinisten u.a. konnten sich in der Schweiz nicht durchsetzen, der Mehrheit war klar, daß der Rausschmiß des großen Teils des internationalen Proletariats im Lande den Lebensstandard etc. gefährden würde.[482] Die spezifischen Krisen unserer Zeit im Kapitalismus werden daran wenig ändern. Kohl versucht mit dem DGB in Kontakt zu gelangen, will die CDU-Partei als Unternehmerpartei nicht mehr wahrhaben ... Diese Anpassungstour wird den »Kampf um den Sieg« nicht erleichtern. Oder?
Schmidt wird bald nach Moskau [reisen], für die deutsche und sowjetische Arbeiterklasse wird vielleicht mehr Arbeit, aber kaum mehr Arbeitszeitverkürzung herauskommen.
Gretchen wird besser, geht aber noch immer langsam. Hält den Vorschlag für ein gemeinsames Buch nicht für uninteressant.
Ho und Po sind ziemlich kooperativ miteinander, das Problem mit Christian ist schwer knackbar – Ho sieht aber den Zusammenhang schon immer besser.
Die Niederlage bei der Hausbesetzungsaktion[483] in Frankfurt zeigt klar, daß die Herrschenden auf solche »Fälle« »clever« vorbereitet sind. Der direkte Kampf ohne Straßen- bzw. Stadtteilabsicherung muß scheitern. Eine mehrfache Niederlage ist kein Lernprozeß, ist vielmehr die Erhöhung des Frustrationsgrads.

482 Der Volksinitiative »Gegen Überfremdung und Überbevölkerung« stimmten nur 34,2 Prozent der Schweizer zu.
483 In den Jahren 1970–74 protestierten viele Frankfurter gegen die »Modernisierung« und Privatisierung von Mietwohnungen. Es kam zu Mietstreiks und Hausbesetzungen. Polizeiaktionen und eine Prozeßwelle gegen Besetzer brachen den Widerstand.

21. Oktober 1974
Aarhus (Dänemark)
Viele Bücher und Briefe an Freunde und Bekannte abgeschickt, bis zu Herbert [Marcuse] nach Amerika. Hoffentlich kommt alles gut an. Die chinesischen Genossen haben im Augenblick eine erneute Kampagne gegen den sowjetischen Großmachtchauvinismus am besonderen Beispiel der Ukraine (20 Mill[ionen]) und Balkan-Zone eröffnet. Warnen desgleichen Westeuropa vor der sowj[etischen] Armee, die in den letzten 2 (?) Jahren um eine Million zugenommen haben soll. Und das in der Entspannungs-Phase. Dient die Phase der beginnenden ökonomischen Kooperation und politischen Koexistenz der SU in der Tat dazu sich zu »stärken«, um in erhöhten Krisensituationen erfolgreich hervorgehen zu können. Sie könnte sich aber eventuell schwer täuschen, der Klassenkampf im eigenen Lande, im besonderen die Kämpfe um die nationale Selbstbestimmung werden unerwartete Auswüchse annehmen.
Gretchen wird ganz langsam gesünder, Ho und Po ohne Krankheiten, ich all right.

22. Oktober 1974
Aarhus (Dänemark)
Was waren die Differenzen und Gemeinsamkeiten zwischen dem deutschen Faschismus und dem zerstörten Sozialismus in der SU?
(Das soll mein Beitrag werden!!?![484])
Ob es diese Erkenntnis und die damit gegebenen schwierigen Aufgaben sind, daß ich sehr nervös bin, oder die Referate[485] in Köln und Hannover im November, worüber ich mir erst heute zeitlich ganz klar wurde – ich weiß nicht. Es muß aber in diesem Rahmen drinliegen. Aufpassen! Der Besuch von P. B.[486] war dufte, hoffe, ihn bald mal länger treffen zu können. Sport machen!

484 Rudi Dutschke meint seinen Beitrag zu dem Buch: Rudi Dutschke/Manfred Wilke (Hg.), a. a. O. Dieser Beitrag befaßt sich allerdings ausschließlich mit der »despotischen Verfremdung« des Kommunismus in der Sowjetunion und der DDR.
485 U. a. über sein distanziertes Verhältnis zur RAF.
486 Vermutlich Peter Brückner (1922–82), Psychologieprofessor in Hannover.

23. Oktober 1974
Aarhus (Dänemark)
Was hat Faschismus mit Sozialismus zu tun? (NSDAP)
Was hat Stalinismus mit Sozialismus zu tun? (KPdSU)
Was hat der Faschismus mit der Industriebourgeoisie zu tun?
Was hat der Stalinismus mit der Industrialisierung zu tun?
Warum ist bei a) *kein* wirkliches »Primat der Politik«?
Warum ist bei b) *ein* wirkliches »Primat der Politik« gegeben?
Die Sache beginnt mich zu interessieren, macht mich etwas nervös, kann wichtige Schlußfolgerungen ermöglichen.
Heute haben G[retchen] und ich seit langer Zeit miteinander rumgeknutscht und aufgeregt – Polly griff ein.
Ho spielt in der Schule mit anderen, war angenehm zuzuschauen – Christian mit seinen Riesenschuhen kann sich schlecht bewegen.

24. Oktober 1974
Aarhus (Dänemark)
Heute mit der DDR-Vorbereitung[487] begonnen, interessierte mich »so stark«, daß ich mich durch Hinschauen auf ein Mädchen ... immer wieder in Bewegung brachte; wahrscheinlich hatte mir der unzureichende Schlaf auch nicht wohlgetan. Am spannendsten war der Bericht in »Die Welt« über die Bayern-Wahlen. Die Bourgeoisie-Zeitung scheute nicht davor zurück, »die Arbeiterklasse« – so direkt und ohne Anführungsstriche à la »DDR«[488] – als solche zu benennen und das zunehmend gute Verhältnis von F[ranz Josef] Strauß und der Arbeiterklasse zu betonen. Habe sich Strauß vor kurzem noch nicht träumen lassen ... Beginnt sich die Geschichte der Sache gemäß zu wiederholen?
Hitler 1923 gewinnt in der Arbeiterklasse erste Durchbrüche, Strauß 1974? Und dennoch, bei aller Ähnlichkeit dominiert dennoch die historische Differenz.

487 Rudi Dutschke meint sein Projekt für die DFG.
488 Die Springer-Presse schrieb damals die DDR nur in An- und Abführungszeichen.

25. Oktober 1974
Aarhus (Dänemark)
Wahlen in Bayern und Hessen stehen vor der Tür – die Resultate sind nicht unwichtig. Habe mit G[retchen] im Bett viel rumgeflirtet. Haben heute abend den Film von F[assbinder] gesehen internationaler Arbeiter (Marokko) und deu[tsche] Putzfrau.[489]

26. Oktober 1974
Aarhus (Dänemark)
Spät aufgestanden, waren erst spät nach Hause gekommen. Wenig produktiver, aber auch nicht unangenehmer Tag, kann mich nicht besonders konzentrieren. Im Brief von Ernest M[andel] ist seine FR-Kritik mit drin – hält mein Buch in der Lenin-Kritik für »grundfalsch«, gerät in viele Probleme – es ist eine nicht unschwierige Situation für den Trotzkismus entstanden. Ich werde von der Kritik lernen – aber nach einer gewissen Zeit zurückschlagen. E[rnest] hat sich über mein Buch »geärgert« und »gefreut« – das ist die Konsequenz, wird in der »Internationale« noch breiter und intensiver werden. Im Verhältnis zur Strasser-Kritik ist die von Ernest interessanter und für eine produktive Polemik eher geeignet.
Morgen sind die Wahlen in Bayern und Hessen. Meine Spekulation ist folgende:

Bayern	1970	1974	Gretchen	Hessen	1970	1974	Gretchen
CSU –	124	128	(126)	CDU –	46	55	(45)
SPD –	70	68	(67)	SPD –	53	50	(54)
FDP –	10	8	(9)	FDP –	11	9(?)	(11)

Wenn in Hessen Dregger[490] an die Macht kommt, so wäre das ein besonderer Rückschlag für die SPD – es wäre eine politische Sensation, eine eigentlich unwahrscheinliche. Wenn es aber zustande kommt, so müssen wir unbedingt Schlußfolgerungen daraus ziehen.

---

489 Gemeint ist der Film »Angst essen Seele auf« von Rainer Werner Fassbinder.
490 Alfred Dregger war von 1967–82 CDU-Landesvorsitzender in Hessen. Er zählte zum rechten (»Stahlhelm«-)Flügel der Union.

Wichtig sind auch die kleinen quantitativen Ergebnisse für Hessen
KB-W[491] 20 000, DKP 35 000, KPD (AO) 12 000

27. Oktober 1974
Aarhus (Dänemark)
Ausreichend geschlafen, aber am frühen Morgen etwas Krach mit diesem Dynamit im Hause, diesem Hosea-Che. Wir brüllten einander »gleichberechtigt« an, meine Narben waren sauer, mußte mich schnellstens entspannen, was erfolgreich geschah. Es ist klar, ich darf mit dem Ho nicht rumbrüllen, er ist so anti-autoritär mir gegenüber jedenfalls strukturiert, daß die Brüll-Ebene die anti-autoritäre Entwicklung hemmt. Also aufpassen, die Dialektik von Aufklärung und Aktion muß angemessen beachtet werden.

Treiben uns gerade im Risskov (Wald)[492] herum, mal Regen, mal Sonne. Bin ziemlich erkältet, meine Nase läuft. Gretchen hat wieder ihre Nasenhöhlenentzündung, fühlt sich aber sonst einigermaßen wohl. Denkt auch daran, mich wieder in ihr Bett häufiger »reinzulassen« – ist manches komisch und aus verschiedenartigen Situationen zu erklären; sie will sich von mir weiter »entfernen«, auf der anderen Seite aber »annähern« – wahrscheinlich könnte das eventuell richtig *werden*. Wird noch lange dauern.
Strauß hat mit G. und der CSU nach den Hochrechnungen mit über 60 % in Bayern gewonnen, wahrscheinlich sogar in München gewonnen; er hat damit sein vorläufiges Ziel erreicht, seine chauvinistische Führungsqualität nachgewiesen, seinen Kanzler-Anspruch damit erneut sichtbar gemacht. Die Interview-Serie wenige Wochen vor den Wahlen hat zweifelsohne einen wichtigen Stellenwert für ihn gehabt. Die Niederlage von SPD und FDP (gerade knapp über 5 %) ist eindeutig, und das in einem wohl 13 Jahre alten CSU-Bayern-Land. Strauß machte Wahlpolitik ganz nationalchauvinistisch, die Ost-Politik und die Inflation, die Arbeitsplätze usw. wurden in einen Topf geworfen – »alles muß anders werden«, »Stabilität«, »Sicherheit« usw. müssen »wiederhergestellt« werden … Und es kam an, ich

491 Gemeint ist der Kommunistische Bund Westdeutschlands (KBW).
492 Ein Park in Aarhus.

muß mir unbedingt Wahlkampfreden von Strauß besorgen, sie mit denen von Schmidt usw. vergleichen.
Dregger hat in Hessen mit über 47% die Mehrheit unter den Parteien, wenn auch nicht die absolute Mehrheit erreicht; seine über 7% liegende Verbesserung ist in Strauß-Methode erreicht worden, d. h. unzweideutig, daß nicht nur Bayern ist anfällig für nationalchauvinistische Vernebelungen. Die SPD hat ihre Kampf-Unfähigkeit und Kapital-Befangenheit erneut dadurch bewiesen, daß nirgendwo eine radikalreformerische Position aufrechterhalten wurde. Inwieweit Schmidt in Bayern und Hessen die erste schwere Niederlage einsteckte, werden wir bald sehen. Wir müssen genau schauen, wenn die SPD weiter in die Niederlage marschiert, der Weg der absoluten Mehrheit für die CDU/CSU bei der nächsten Bundestagswahl näher rückt, so müssen wir die SPD-Spaltung systematisch anvisieren; damit wird die Lage in der BRD komplizierter, aber eine neue Perspektive für die Klassenkämpfe in der BRD wird möglich.

29. Oktober 1974
Aarhus (Dänemark)
Noch immer nicht sehr arbeitsreich, alle mögliche Klein-Scheiße zu tun, besonders die Fremdenpolizei bereitet eine gewisse Sorge; besonders Gretchen ist darüber nervös, eigentlich kann nichts gegen uns unternommen werden – Dänemark ist EG-Mitglied, ha, ha ..., ha ... Die DDR-Studie beginnt mir »Spaß« zu machen, ist aber alles für mich noch begriffslos. Schmidt etc. quatschen mit Breschnew[493], Honecker wird in solchen Augenblicken unsicher, wagt aber »natürlich« kein Wort verlauten zu lassen. Taktisch war die Verminderung der Zwangsumtauschgeschichte[494] in Ost-Berlin klar kalkuliert, Ost-Berlin sollte weniger einnehmen, um für Moskau höhere Einnahmen über Schmidt zu ermöglichen ... Was für Knechtschaftsverhältnisse unter dem Schleier der »Solidarität« und des »Sozialismus«. Die

493 Leonid I. Breschnew (1906–82), 1964–82 Generalsekretär der KPdSU.
494 Am 26. Oktober 1974 senkte die DDR die Sätze für den Zwangsumtausch zum 15. November. Seitdem mußten Einreisende aus dem NSW (nichtsozialistischen Wirtschaftsgebiet) beim Besuch der DDR nur noch DM 13,– pro Kopf und Tag, beim Besuch in Ostberlin nur noch DM 6,50 tauschen.

Arbeiter und Bauern müssen es ihnen mal zeigen! Wird noch lange dauern – aber wie dem auch sei: Kapitalismus und Staats-Sozialismus werden dran glauben müssen.

30. Oktober 1974
Aarhus (Dänemark)
Aus einer schwach-oberflächlichen Analyse der Landtagswahlen läßt sich schon erblicken, daß die Gesamtheit der Stimmen für DKP, KBW und KPD (AO) geringer ist als die Stimmenzahl für die DKP vor vier Jahren, echt katastrophal. Der Hinweis auf den systematischen Anti-Kommunismus im Lande ist völlig unzureichend. Alle drei Richtungen haben vielmehr sich als unfähig-sektiererisch erwiesen. Wie können wir das durchbrechen? Das ist die aktuelle Frage. Das Warten auf die Krise hat sich erneut als ein Warten auf Godot erwiesen!

5. November 1974
Aarhus (Dänemark)
Gegen 7:30 Uhr aus dem Bett, Ho geholfen, kamen aber dennoch nicht zur rechten Zeit in der Schule an; Gretchen meint, daß Ch[ristian] und H[o] auf dem Wege noch zuviel rumspielen, kann schon sein, haben noch kein richtiges Zeitverhältnis, fällt mir ja noch schwer...
Die DDR-Einschätzung geht vorwärts, gewinnt auch Interessantheit. Bin froh gerade über die Phil[osophisch]-Ök[onomischen] Man[uskripte], die Marxsche Differenzierung von *demokratischem* und *despotischem* Kommunismus[495] gefunden zu haben – *beide Typen* des Kommunismus sind noch der Arbeit und dem Privateigentum gegenüber; haben den Begriff, aber noch nicht das Wesen des Kom-

---

495 »Der Kommunismus a) nach politischer Natur demokratisch oder despotisch; b) mit Aufhebung des Staats, aber zugleich noch unvollendetem und immer noch mit dem Privateigentum, d. h. der Entfremdung des Menschen, affiziertem Wesen. In beiden Formen weiß sich der Kommunismus schon als Reintegration oder Rückkehr des Menschen in sich, als Aufhebung der menschlichen Selbstentfremdung, aber indem er das positive Wesen des Privateigentums noch nicht erfaßt hat und ebensowenig die menschliche Natur des Bedürfnisses verstanden hat, ist er auch noch von demselben befangen und infiziert. Er hat zwar seinen Begriff erfaßt, aber noch nicht sein Wesen.« (Karl Marx, Ökonomisch-philosophische Manuskripte aus dem Jahre 1844, in: MEW, Bd. 40, S. 536).

munismus durchschaut. Der *3. Typus*, der entscheidende für uns, ist der, der die Verallgemeinerung des Kapitals aufgehoben hat, das *Reich der Freiheit* in sich trägt.
Hätte ich das schon vor dem Buch von mir[496] herausgefunden, so wäre der Begriff des Staats-Sozialismus viel deutlicher geworden.
Komisch an der Uni in Aarhus war das Kennenlernen von Herrn Jens J. Wilhelmsen (Norweger, mit Schweizerin verheiratet und 2 Kinder), ist mit ca. 10 Europa-Orientierten zusammen, kommt gerade aus Berlin, war auch in Ost-Berlin, traf dort FDJler und andere, waren zumeist gegen das »System«, wollten aber nicht abhauen, klang mir alles bekannt, wird laufend »gehört«, oder habe ich eine überscharfe Sensibilität mit Fehlinterpretationen von Informationen? Daß mich weder die DDR-Agenten noch die West-Agenten gern haben, ist klar. Er war in »moralischer Aufrüstung« von 1945–50, im Ruhrgebiet bei Gewerkschaftlern, scheint christlich orientiert zu sein, war in W[est-]B[erlin] in christl[ichen] (evang[elischen]) Familien. Na ja, was soll's, klang freundlich, ich soll nicht überempfindlich sein, natürlich soll mich weiter leiten: »Vertrauen ist gut, an angemessener Kontrolle aber darf es nicht fehlen.«

9. November 1974
Aarhus (Dänemark)
Nun ist wieder einer gefallen, H[olger] M[eins][497] starb im Knast, die Schweine werden einen RAF-Toten im Rahmen des Hungerstreiks durchaus einkalkuliert haben; laut D.[498] in Frankfurt haben das auch die RAFs für möglich gehalten, um auf diese Weise die Isolationshaft zu durchbrechen. Die Zerstörungs- und Selbstzerstörungs-Logik ist offensichtlich.
Wie wird die uninformiert gehaltene breite »Öffentlichkeit« auf diesen Halb-Mord reagieren? Wird es der Ausgangspunkt sein, der nach der Ermordung von Benno [Ohnesorg] erfolgte? Niemals. Die Lage ist völlig verändert.

496 »Versuch, Lenin auf die Füße zu stellen«.
497 Holger Meins starb am 9. November 1974 infolge eines Hungerstreiks trotz Zwangsernährung.
498 Vermutlich Daniel Cohn-Bendit.

Wer wird die Sache ausnutzen können? Wahrscheinlich die Herrschenden, die mit einem ersten Aufwall des linken (gespaltenen) Lagers und einem erweiterten Zersetzungsprozeß rechnen werden. *Verzweifelte* Aktionen und Anschläge werden folgen, alle zum Tode verurteilt. Bloß, was tun? Schwere Etappe! Die im Herbst 68 begonnenen Verwirrungen besonderer Art rächen sich noch heute, da ist so viel »wiedergutzumachen« bzw. neu zu beleben.
Gretchen ist nervös, bei den geringsten Anreizungen, nicht einmal klar woher, geht die hemmende Spannung los. Po hat heute mit uns und Freundinnen ihren Geburtstag gefeiert, hat ein Fahrrad erhalten, sie und Ho Briefmarken ...
Fühle mich für die Reise nach Tyskland[499] nicht nur »wohl«, bekomme noch immer latente Gefühle in falsche Richtungen, teilweise Ausdruck eines nicht aufgehobenen Traumas ...

10. November 1974
Aarhus (Dänemark)
Es geht weiter, heute wurde der Kammergerichtspräsident in W[est-]B[erlin] erschossen[500], Großfahndung hat begonnen. Wenn die Schützen nicht erwischt werden, so bin ich sicher (?), so halte ich es auf jeden Fall für möglich, daß die Konterrevolution die H[olger-]M[eins]-Sache systematisch und konsequent durchkalkuliert hat. Es ist aber gleichermaßen möglich, daß im Prolet-Milieu Halb-Intellektuelle oder Agenten völligen politischen Unsinn in potentiell wichtige junge Genossen hineintragen. Unsere Niederlage von »damals« hat heute noch katastrophale Rückwirkungen. M.[501] und ich waren am Telephon einer Meinung, diejenigen, die uns interessieren für den politischen Klassenkampf, an diesen Morden und Selbst-Morden, zu einem Viertel auf jeden Fall, geht diese Massenkraft mit Abscheu und Unverständnis vorbei. U[lrike Meinhof], B[aader] usw. – wie es mit J[an-Carl Raspe][502] ist, weiß ich noch nicht – wol-

499 Tyskland (dänisch): Deutschland.
500 Am 10. November 1974 ermordeten RAF-Mitglieder den Kammergerichtspräsidenten Günther von Drenkmann.
501 Vermutlich Manfred Scharrer.

len den Hungerstreik fortsetzen, wollen den Tod nun voll riskieren, also nicht einmal mehr Wasser trinken – um die Isolationshaft zu durchbrechen oder zu sterben. Unabhängige Ärzte sind ihnen erstmalig zugestanden worden, scheint ihnen nicht zu reichen. Sie halten ihr richtiges Ziel konsequent durch, haben es im Knast aber völlig verlernt, proletarische Politik nicht mit existentialistischen Ambitionen und Gefühlen zu verwechseln.
Die Erschießung des Kammer[gerichts]präs[identen] hat der politischen Sache des halben o[der] $^{3}/_{4}$ – Mords an H[olger] M[eins] den Boden für eine erweiterte politische Öffentlichkeit entraubt. Golli u. a. werden darunter besonders zu leiden haben.

25./26. November 1974
Aarhus (Dänemark)
In den letzten 14 Tagen war viel »los« (Hannover, Köln, Berlin, Hamburg), höchste Aufsicht und konkrete Genauigkeit von »Angriff« und Absicherung ist geboten. Bin wieder »mitten« drin, aber die Lage ist objektiv verändert, manches kann sich viel schneller als vorher abspielen. »Bild und besonders die Hamburger Mottenpost[503] zeigen mich als RAF-Apologeten auf, die FR beschuldigt mich, das »harmonische Fest« am Grabe von Holger [Meins] durch die erhobene Faust usw. eklatant gestört zu haben. Der »Spiegel« wiederum macht mich zum »Revolutionär«, statt erst einmal »Sozialist-Kommunist« zu sagen. Jeder versucht immer wieder seinem Interesse gemäß zu agieren – ist ja klar. Die RAF-Reste und AOs[504] werden hoffentlich nicht immer saurer werden auf mich …
Die Anklage gegen Scharf[505] ist unglaublich, hoffentlich ist das eine *totale* Lüge – otherwise können die Springer-Schweine voll zuschla-

502 Ulrike Meinhof beging im Mai 1976 im Gefängnis Stuttgart-Stammheim Selbstmord, Baader und Raspe im Oktober 1977.
503 »Hamburger Morgenpost«.
504 AOs: Mitglieder der KPD/AO.
505 Vermutlich meint Rudi Dutschke Kurt Scharf (1902–90), damals Bischof der Evangelischen Kirche in Berlin-Brandenburg. Der Pazifist Scharf gehörte zu jenen Besonnenen, die sich in der Terroristenhysterie den Vorwurf des Sympathisantentums einhandelten.

gen. Karstens[506] wird dann nicht mehr die alten Gesetze in Frage stellen, er wird neo-faschistische bald vorlegen.
Jan K.[507] muß morgen abend einen Beitrag per Telephon erhalten, der Kobold wird es übersetzen und vorlesen. Bin ihr gegenüber solidarisch, hoffe das durchzuhalten, wird ihr und mir helfen.

28. November 1974
Aarhus (Dänemark)
Müde, zuviel investiert, zuwenig herausgekommen – ČSSR-Sache. Und dennoch volle Solidarität mit J[iri] Müller[508] usw.

30. November 1974
Aarhus (Dänemark)
Habe viele Briefe geschrieben, versuche wieder mal »rumzuhören«, ist unerläßlich für eine Gesamteinschätzung in dieser verworrenen Periode. Gerade noch Nachrichten gehört, auf den CDU-Finanzmann [Leisler] K[iep][509] soll ein Anschlag ausgeübt worden sein, drei Schüsse gingen fehl. Die Hysterie kann also weiter zunehmen. Bei dieser Sache wie bei der Ermordung von D[renkmann] fallen CDU-Interessen und RAF-Dummheit zusammen. Die SPD/FDP wird weiter nach rechts getrieben, durchschaut den ganzen Prozeß nicht, bereitet aber die Machtergreifung von Strauß insofern ungewollt vor. Im Augenblick sich ohne poli[tisch-]org[anisatorischen] Unterbau politisch bewegen kann bald einen selbstmörderischen Charakter tragen. Muß mich schnellstens entscheiden!!
Am späten Abend wurde die Verhaftung von W. M.[510] gemeldet, hoffentlich erweist sich die Anklage als falsch, in Knebel hatte er uns von

506 Karl Carstens war 1973–76 Vorsitzender der CDU/CSU-Bundestagsfraktion; 1976–79 Bundestagspräsident und 1979–84 Bundespräsident.
507 Vielleicht Jan Kavan.
508 Der ČSSR-Bürgerrechtler und ehemalige Vorsitzende des tschechoslowakischen Studentenverbands Jiri Müller saß im Gefängnis. Müller gehörte später zu den Gründern der Bürgerrechtsorganisation Charta 77.
509 Auf den damaligen CDU Schatzmeister Walther Leisler Kiep wurde am 30. November 1974 in Kronberg (Taunus) ein Anschlag verübt. Er blieb unverletzt.
510 Vielleicht Wolfgang Meyer.

seinem Krach mit dem Baader erzählt. Als einer der wenigen Kenner in technischen Fragen blieb er weiterhin für die Fetischisten der Illegalität äußerst reizvoll. Mensch, wie viele Genossinnen und Genossen sind jetzt schon gefallen, dufte Typen, die wir gerade im Prozeß der zunehmenden Klassenkämpfe an wichtigen Kampfpunkten haben müßten. Selbstveränderungsprozesse sind über einen Illegalitätszwang nur unproduktiv, aber nicht emanzipativ möglich. W. war ein Super-Anarchist, voller Ehrlichkeit und schwacher Brust in der Gesellschaftsanalyse!
Wenn die Hysterie zunimmt, werde ich die BRD-Veranstaltungen absagen!!
Am späten Nachmittag wurden Polly und ich – beim Fahrradtraining – von einem VW beinahe angefahren; wurde komischerweise nach einem Mädchen befragt, schienen Ausländer zu sein, vielleicht fünf. Bin wieder etwas empfindlich. Muß absolut (!) ruhig die Lage nehmen und schnellstens an meiner Absicherung arbeiten.
Werde Mitglied in Soziali[stischen] Büro schnellstens werden! Hoffentlich mit B.[511] und M.[512] in dieser Sache gut kooperieren.

1. Dezember 1974
Aarhus (Dänemark)
Vater ist schon wieder abgefahren aus W[est-]Berlin, fühlte sich bei H[elga Reidemeister] u[nd] d[en] a[nderen] wie üblich wohl. Erzählte mir am Telephon, wie viele aus Luckenkiene[513] meinen »Auftritt« in Köln (Fernsehen) gut fanden, dieselben u. a. meinen Satz: »Holger, der Kampf geht weiter« sehr mißbilligten: Rudi ist wohl bei den Anarchisten gelandet. Ja, ja, so schnell sind Menschen in ihrem Denken, dialektische Kontinuität, gerade am Grabe, ist ihnen völlig fremd. Muß ich als Agitator berücksichtigen. Die Konkretisierung im »Spiegel«[514] hat da sicherlich geholfen, viele lesen

511 Vielleicht Bernd Rabehl.
512 Vielleicht Manfred Scharrer.
513 Dialektbegriff für Luckenwalde.
514 In einem Leserbrief an den »Spiegel« (Nr. 48/1974) schreibt Rudi Dutschke u. a.: »›Holger, der Kampf geht weiter‹ – das heißt für mich, daß der Kampf der Ausgebeuteten und Beleidigten um ihre soziale Befreiung die alleinige Grundlage unseres politischen Handelns als revolutionäre Sozialisten und

den, aber viel mehr schauen auf die Fern-Birne. Die negativen Auswirkungen der RAF-Scheiße sind vielerorts erkennbar, CDU/CSU im besonderen, Regierung im allgemeinen und RAF-Kacke im einzelnen scheinen verheiratet zu sein: um den politischen Klassenkampf zu hemmen!!
Die Dokumentation, wenn sie wahr ist, und viel spricht dafür, zeigt das Denken von »Desperados« (H[einz] Brandt), eine nicht mehr zu überbietende Höhe der Verdinglichung und Instrumentalisierung der Sprache, zeigt eine Inhaltslosigkeit, zeigt Anti-Kommunismus. Da ist nichts mehr von kommunistisch-sozialistischer Emanzipation, die Arbeiterklasse und ihre Verbündeten existieren für die RAFler nicht mehr. Aus dem Gespräch mit J[an-Carl] R[aspe][515] hatte ich einen anderen Eindruck gewonnen, hoffentlich habe ich mich nicht getäuscht.
Bin jetzt wieder mit G[retchen] im Zimmer zusammen, mal sehen was da rauskommt ...
Ho und Po ziehen erneut ins große Zimmer, wollen dem Ho einen Elektro-Zug besorgen. Po ist mit der Violine besser geworden, spricht mit Ho fast immer dänisch, die deutsche Sprache ist schwach; versteht gut, drückt es aber unzureichend aus. Ho ist weiter glatt in beiden Sprachen, kommt in der Schule gut mit.

3. Dezember 1974
Aarhus (Dänemark)
Montag
»Die Demokraten West Europas sehen sich der ernsthaftesten und weitverbreiteten innenpoli[tischen] Bedrohung gegenüber seit dem Aufkommen des Faschismus in den frühen 30er Jahren ...

Kommunisten ausmacht. Unsere Methoden und die Lösung der aktuellen politischen Aufgaben sind somit von dem sozialistischen Ziel des Sieges der Arbeiterklasse nicht zu trennen. (...) Die Ermordung eines antifaschistischen und sozialdemokratischen Kammer-Präsidenten ist aber als Mord in der reaktionären deutschen Tradition zu begreifen. Der Klassenkampf ist ein Lernprozeß. Der Terror aber behindert jeglichen Lernprozeß der Unterdrückten und Beleidigten.«

515 Rudi Dutschke hatte den RAF-Terroristen Jan-Carl Raspe (1944–77) in der Haft besucht.

1. Die Neue Linke ... bereits Judos[516] und Jusos beeinflußt
2. Die anarchist[ischen] Vereinigungen, die *teilweise* aus der Linken kommen
3. Die orthodoxen Kommunisten ...
Die westdeutschen Marxisten haben mit der Belagerung nahezu jeder wichtigen Einrichtung im Lande begonnen ...
Der *rote Radikalismus* ist gefährlicher als der anarchistische Terrorismus ... gegen diese Feinde ...« (Bild am Sonntag, 1. 12. 74, S. 11)
Zitiert wird ein Bericht des *rechten Sozialdemokraten* Hans Josef Horchem (47)[517], wohl der in England anläßlich der Sicherheitskonferenz gehaltene Beitrag.
Er stellt richtigerweise die »Orthodoxen« auf den dritten »Rang«, überzieht aber mächtig die realen Kräfte- und Massenverhältnisse. Die zweite Richtung befindet sich im Selbstzerstörungsprozeß, ein Prozeß, der von den Herrschenden »gefördert« wird. Darum sieht »Bild« »richtig«, daß der »rote Radikalismus gefährlicher ist ...« Die N[eue] L[inke] mag in einzelnen Institutionen Unterschlupf und Basis gefunden haben, sie ist aber in sich so zersplittert, daß sie eine einheitliche politische Kampfkraft zur Zeit nicht zustande bringen kann.

4. Dezember 1974
Aarhus (Dänemark)
Heute berichtet die Presse im Westen, daß die DDR durch Erhöhung von Rohstoffpreisen durch die SU im nächsten Jahr mit Sicherheit in Schwierigkeiten geraten werde. Muß ich über die Brüder unbedingt herausbekommen.

5. Dezember 1974
Aarhus (Dänemark)
Mittwoch.[518] Gretchens Krankheit taucht wieder auf, erst schien sich alles zu bessern, aber das dauerte nicht lange. Das beschissene dä-

516 Judos: Jungdemokraten.
517 Hans Josef Horchem war von 1969–81 Präsident des Landesamts für Verfassungsschutz in Hamburg.
518 Eintrag bezieht sich auf den Vortag: Mittwoch, 4. Dezember 1974.

ni[sche] Regenwetter allein kann nicht dafür verantwortlich sein. Sie hat keine wirkliche Widerstandskraft, meine eine produktive Gegenkraft. Ist zu sehr existentialistisch-nihilistisch, die christliche Hoffnung bzw. die materialistische ist bei ihr nicht voll verankert. Sie kommt mit sich nicht zurecht, es mangelt ihr an Anerkennung und Kommunikation, offensichtlich kann ich kein Ausgleich sein. Hin und wieder sind wir freundlich zueinander, zum Beischlaf ist es schon seit langem nicht mehr gekommen. Sie scheint in fast jedem Versuch von mir einen Vergewaltigungsansatz zu erblicken bzw. schon vorher anzunehmen, daß es nicht »gut«gehen wird. So kann man in der Tat einen progressiven Durchbruch schier unmöglich machen. Daß ich so des öfteren im Inneren mit ihr sauer bin, ist nicht verwunderlich. Verwunderlich ist bloß, daß wir beide unseren Kindern gegenüber guter Stimmung und bester Verhaltensweise sind. Wir unterscheiden uns auch dabei, aber da gibt es eine widersprüchliche Einheit. Wären die nicht, ich weiß nicht, ob wir die Beziehung aufrechterhalten könnten. Das kann vielleicht mal wieder produktiv umschlagen. Aber im Augenblick ist da wenig zu bemerken.
Sartre[519] hat gerade den Viertel-Marxisten Gen[osse] Baader besucht, kritisierte richtig die poli[tische] Irrelevanz der Gruppe, forderte richtig Solidarität gegen Isolationshaft.

[Undatiert]
Bukowski, Nikola Plachotnuk, Sinowi Krassiwski, Juri Bjelow, Anatoli Lupinos, Waljachmet Timochin, Boris Jewdokinow, Viktor Rfalski – psychiatrisch objektiviert durch KGB[520].

6. Dezember 1974
Aarhus (Dänemark)
Gretchen ist weiter krank, die Kinder und ich guter Gesundheit und Dynamik. Habe gerade B. vom »Vorwärts« angerufen. Die Gelder sind angekommen, er war so verwundert wie ich, schon seit langem keinen »Vorwärts« mehr zur erhalten. Wer da mitmischt, kann ich

519 Jean-Paul Sartre (1905–80), französischer Philosoph und Schriftsteller.
520 KGB: Komitee für Staatssicherheit, sowjetischer Geheimdienst.

mir denken, am Telephon sagte ich es aber nicht. Das dürfte auch gelten für den angebrannten Brief von J. Haben mehr Schiß denn je zuvor, das Buch[521] u. a. m. bereitet ihnen Sorgen. Eine kritische Solidarität wie eine Selbsttätigkeit war und ist ihnen ein Greuel. Und dennoch werde ich sie weiter als Brüder, wenn auch mißratene Brüder und Schwestern behandeln. Die Kooperation zwischen »demokratischen Kommunisten« und »despotischen Kommunisten«, aufrechten und gekrümmten, war und ist eine Schwierigkeit. CIA u[nd] die anderen Geheimdienste desgleichen, die Springer-Säue usw. werden mich genau »verfolgen«, wenn ich aber keine gefährlichen und unabgesicherten Sachen durchführen werde, scheine ich zur Zeit nicht »bedroht« zu sein. Aber in die nächste »Runde« – ab Januar – werde ich schon als Mitglied des So[zialistischen] B[üros] agitieren und organisieren!

Lucio Cabanas[522] und seine Guerilla-Truppe ist nun nach 5monatiger Großfahndung von mehreren mexikanischen Eliteeinheiten »gestellt« und umgelegt worden, die Schweine sollen nur zwei Tote gehabt haben. Viel wahrscheinlicher ist ein Nachtangriff mit Groß-Erschießung bzw. Raketenangriff. Nicht mehr Fisch im Wasser, sondern isoliert und eingekreist im Gebirge – da sind die Ausweichmöglichkeiten minimal. In großen Teilen des mexikan[ischen] Volkes, der Bauern und Arbeiter werden Gen[osse] Cabanas und seine Guerilla-Gruppe nicht vergessen werden, ganz im Gegenteil zur RAF-Truppe.

Wird erste als Freund verstanden, so letztere als zerstörerischer Feind. Da ist viel falsch berichtet worden, aber eins ist wahr, so, wie Sartre es benannt hat, die Gruppe war und ist politisch ohne Relevanz und Perspektive. Und dennoch werden wir von der kritischen Solidarität nicht abweichen. U. a. auch darum, weil das auch für unsere politische Lebensgeschichte von Bedeutung ist.

---

521 »Versuch, Lenin auf die Füße zu stellen«.

522 Der Grundschullehrer Lucio Cabanas war Führer der »Partei der Armen« (PDLP), einer Bauernguerilla in Mexiko. Er wurde im Dezember 1974 von Soldaten erschossen.

7./8. Dezember 1974
Aarhus (Dänemark)

Bin zu fast nichts anderen als zu Briefen gekommen. Bin relativ in Spannung, hat mit der ganzen Zunahme von Repression in der BRD und W[est-]B[erlin] zu tun im allgemeinen, mit der Lage der Linken im besonderen. Dadurch, daß ich mich immer mehr beteilige, gerate ich natürlich auch immer mehr in Angriffe von verschiedenen Seiten. Ist kein Wunder. Muß mich dabei nicht aufheizen lassen. Und so viele kriegen eine panische Angst, eine noch immer unberechtigte. Aber das Vertrauen von vielen mir gegenüber ist da – bloß kann ich es vorläufig absolut nicht erfüllen, objektiv und subjektiv desgleichen. Da ist ein zur Zeit unauflösbarer Widerspruch. Ein klein bißchen »Verfolgungsängstlichkeit« spüre ich gerade jetzt, einige Tage vor der Abfahrt von Gretchen für einige Tage nach Hamburg zu H[elga Reidemeister]. Hat natürlich etwas mit der individuellen Isolation hier zu tun, mit dem Fehlen einer absichernden Kommune!

10. Dezember 1974
Aarhus (Dänemark)

Vor einigen Tagen ging die Carstens ... auf die Bedeutung der »nationalen Frage« ein, die nationalchauvinistische Variante der Strauß und Dregger findet ihre »offizielle« CDU/CSU-Ausdrucksform. Hoffentlich bin ich nicht zu früh (und zuwenig abgesichert) in den Kampf eingestiegen. Auf der einen Seite habe ich schon wieder ein »großes Maul«, auf der anderen Seite sehe ich mehr denn je die objektiven und poli[tisch]-org[anisatorischen] Schranken von mir. Schwere Übergangsperiode, die *Verzweifelten* nicht abstoßen, aber schon mit anderen sozial-ökonomischen Klassenschichtungen primär kooperieren. Wie die Konterrevolution meine beginnenden Tätigkeiten einschätzt, vermag ich noch nicht zu sehen. Die Presse versucht mich noch gegen die »Anarchisten« auszuspielen bzw. zu benutzen. Woraufhin ich von »vielen« Anarchos angegriffen wurde. Na ja, ich muß halt laufend »zurückschießen«, ohne dabei zeitlich mich selber abzudonnern, nur noch Zeit für Briefe und Kleinartikel zu haben. Ernest M[andel] kann da, bei aller Ablehnung und Unterscheidung, ein Beispiel sein.

Gretchen fährt übermorgen zu Helga [Reidemeister], hoffentlich verbringen wir die 2 »leeren« Tage gut. Meine Nase beginnt schon »rot« zu werden, drückt wieder die zugenommene Spannung aus.

Mittwoch, der 11. Dezember 1974
Aarhus (Dänemark)
Bin kurz vor der gar nicht langen Reise von Gretchen nach Hamburg zu Helga wieder etwas überzogener Stimmung. Versuche wieder alles auf mich zu beziehen, distanziere mich danach davon, aber es ist nicht glänzend. Mit den Kindern alleine ist es eigentlich nicht schlimmer als vorher, aber dennoch empfinde ich es so. Ich muß mich so schnell wie möglich kommunal und personell absichern. Bis heute halte ich die Ermordung von Dre[nkmann] und die Schüsse gegen den CDU-Finanzier[523] für eine rechte Sache, das würde dann auch für Bremen[524] gelten, können natürlich eingeschleuste »Rechte« sein. Daß der CDUler nicht einmal ein Gesicht beschreiben konnte, im Nu verschwunden war, läßt es nicht unmöglich sein, daß das eine organisierte Manipulation war. Ich muß mich in der nächsten Zeit raushalten, sonst legen sie mich im Nu um. Sie kennen mich als Gefahr – meine Möglichkeiten sind groß, meine unmittelbare Realität beschissen klein.

523 Walther Leisler Kiep.

524 Am 7. Dezember 1974 explodierte in einem Schließfach des Bremer Hauptbahnhofs eine Bombe, die fünf Verletzte forderte. Die RAF distanzierte sich von dem Anschlag.

1975

Rudi, Polly und Gretchen in Bayern, ca. 1975.

5. Januar 1975
Aarhus (Dänemark)
Am Vorwort für das Ro-Ro[525] gearbeitet, das von H.[526] mußte völlig umstrukturiert werden. Die Kämpfe in Vietnam nehmen zu, diese originäre Revolution kann keine Macht mehr verunmöglichen!

525 Rudi Dutschke/Manfred Wilke (Hg.), a. a. O.
526 Vermutlich Robert Havemann.

6. Januar 1975
Aarhus (Dänemark)
Vorwort fast abgeschlossen, das ganze Buch bereitet mir Sorgen, wie auch die Heidelbergveranstaltung, in der »Höhle« des »Löwen«, aber ich bin kampfbereit ..., werde vorher Jan[-Carl Raspe] im Gefängnis besuchen.

7. Januar 1975
Aarhus (Dänemark)
Die DKP schießt aus allen Ohren gegen mich, gegen mein Buch[527]. Bisher volle Denunziationsebene. Mal sehen, ob UZ[528] meine kritische, noch immer solidarische Gegenattacke veröffentlicht!? Rief an, die Sekretärin und eine Genossin der Redaktion taten so, als ob der Brief vom 3. 1. (aus Hamburg abgeschickt) gerade erst angekommen wäre ... Nun ein »eigenes« Telephon, erhielten es schnell, offensichtlich sollen wir gut unter »Kontrolle« gehalten werden ...

8. Januar 1975
Aarhus (Dänemark)
Besuch von Ogors[529], und gegen 8:00 Uhr nach einer harten Spielerei mit den Kindern eine kurze Flipperattacke. Scheiße, Resultat der letzten kurzen Nacht, ca. 6–7 Stunden. Jetzt aufpassen f[ür] 1975!!

10. Januar 1975
Aarhus (Dänemark)
Die Revolution in Vietnam schreitet weiter, ist von weltgeschichtlicher Bedeutung.

11. Januar 1975
Aarhus (Dänemark)
UZ lehnt ab – Wiederholung des Denunziationsvorwurfs – Anti-Sowjetismus – Anti-Kommunismus.

---

527 »Versuch, Lenin auf die Füße zu stellen«.
528 UZ: »Unsere Zeit«, Zeitung der DKP.
529 Rudi Dutschke meint Professor Johannes Aagaard von der Universität Aarhus.

15. Januar 1975
Aarhus (Dänemark)
Vorgestern erhielt ich den Brief des General-Bundesanwalts gegen die RAF. Meine bisherige Zusage für einen Besuch von Jan[-Carl] R[aspe] wurde nun negiert, werde als RAF-Sympathisant denunziert. Otto Sch[ily][530] angerufen, will dagegen etwas tun, – mal sehen.
Heute den Rosa-Text von Oskar[531] angefangen zu lesen, sehr interessant und anregend!! Für die Diskussion über die Org[anisations-]-Frage von großer Bedeutung!
Zur Zeit ohne Paß, ist auf dem Wege nach Kopenhagen. Hoffentlich komme ich mit dem Ersatz-Paß über die Grenzen.

17. Januar 1975
Aarhus (Dänemark)
Die Hamburger sind schon kleine Scheißkerle, lassen mir die Beiträge nicht zukommen, verlangen aber eine Einleitung[532] ...
Die Entscheidung der SU gegen die reaktionäre US-Meistbegünstigungsklausel ist verständlich, aber desgleichen reaktionär (Identität-Nicht-Identität).

19. Januar 1975
Berlin
Habe komischerweise heute das so seit langem »abwesende« Tagebuch wiedergefunden. Und zwar an der Stelle hinter den Büchern auf dem Tisch, wo ich es vermutet hatte, aber verzweifelt nach ihm gesucht hatte – es aber nicht fand. Ist schon Scheiße. Hat mir mein schwaches rechtes Auge oder haben andere mir einen Streich gespielt. Hoffentlich nicht ein elementar gefährlicher gewesen!! Gretchen sagt, vielleicht ist es über R. C. etc. wieder eingeschleust wor-

530 Otto Schily (geb. 1932), damals RAF-Verteidiger, heute SPD-Bundesinnenminister.
531 Oskar Negt (geb. 1934), 1970–2002 Lehrstuhl für Soziologie an der Universität Hannover, damals Mitglied des SB. Rudi Dutschke meint das Buch: Oskar Negt, Rosa Luxemburg. Zur materialistischen Dialektik von Spontaneität u. Organisation, Hannover 1974.
532 Zu dem Buch: Rudi Dutschke/Manfred Wilke (Hg.), a. a. O.

den?! Macht mich »nervös« auf der einen, auf der anderen unklar und sicher. Klingt sehr widersprüchlich – gebe ich zu. Nun habe ich aber miserable Monate durchstehen können, warum sollte das jetzt unmöglich werden. Wenn etwas in Deu[tschland] o[der] Ost passiert, Gretchen weiß jedenfalls, worüber wir vorher gesprochen haben. [...][533]

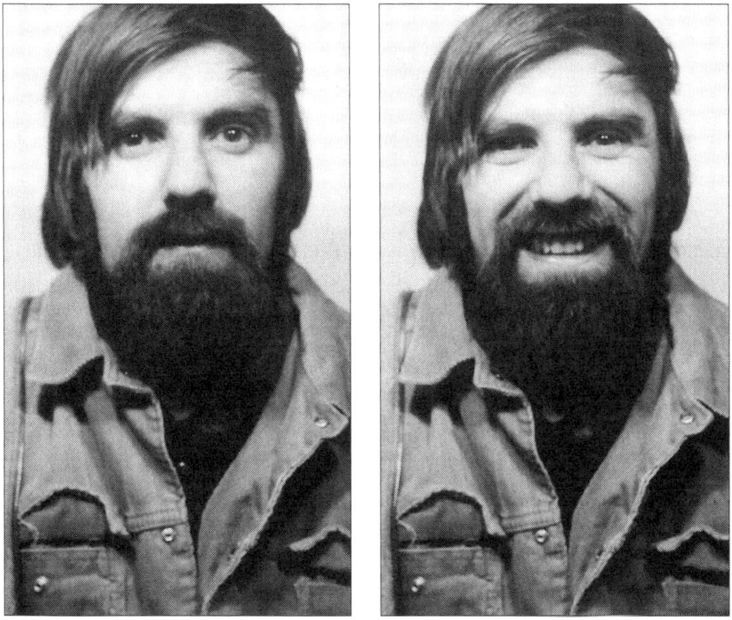

Rudi, ca. 1975.

21. Januar 1975
Berlin
Ob mir das Siuk-Buch von Th. und der Korsch-Text geklaut sind, ist noch nicht sicher, aber beides ist unauffindbar. Wer weiß? Geht die alte Scheiße vom April wieder los? [...][534]

533 Kurze Auslassung der Herausgeberin.
534 Kurze Auslassung der Herausgeberin.

22. Januar 1975
Berlin
Als These würde ich sagen, daß der Beitrag[535] von B[ernd Rabehl] im Roro-Band den von mir über R. C. etc. geklauten Korsch-Text über die Abschaffungen benutzt. Würde mich freuen, wenn das nicht der Fall ist. C. hat ihn in Berlin nicht gefunden, ich habe alles bei mir durchgesucht. [...][536] Ist schon eine Scheiße, bin aber noch immer ungeheuer naiv. Hoffentlich kostet es mir nicht den Kopf. Aber wichtig ist das alles nicht im Verhältnis zu den Klassenkämpfen in Portugal[537], den militärischen Entscheidungsschlachten in Vietnam und Kamb[odscha][538] ...

23. Januar 1975
Berlin
Meine Nervosität steigert sich wieder, es beginnt eine Wiederholung vom letzten April – tendenziell. Warum? Ich fühle mich nicht nur kontrolliert, ich werde von verschiedener Seite betrogen, und es wurden wichtige Bücher geklaut. 1) Tagebuch, 2) Siuk-Buch von F., weiß nicht, wie ich es ihm zurückgeben kann, 3) Mein in Amsterdam vor vielen Jahren abgeschriebenes Korsch-Buch über die Abschaffungen ist verschwunden. 1) kam über ominöse Vermittlungen zurück, 2–3. Sind verschwunden [...][539]. Warum zum Teufel haßt er[540] mich so

535 Bernd Rabehl, Der »neue« Staat und die Keimformen einer »neuen« Klasse in der Sowjetunion. Über die politische Zielsetzung einer Kritik am Marxismus-Leninismus, in: Rudi Dutschke/Manfred Wilke (Hg.), Die Sowjetunion, Solschenizyn und die westliche Linke, a. a. O.

536 Kurze Auslassung der Herausgeberin.

537 Den Auseinandersetzungen zwischen bürgerlichen, sozialdemokratischen und kommunistischen Kräften um die politische und wirtschaftliche Entwicklung des Landes nach dem Sturz der Diktatur.

538 Im Frühjahr 1975 brach nach dem Abzug der US-Truppen 1973 der Widerstand der südvietnamesischen Regierungstruppen zusammen. Am 30. April besetzten Truppen des Vietcong Südvietnams Hauptstadt Saigon (heute: Ho-Chi-Minh-Stadt). Damit endete der Indochinakrieg. Am 17. April 1975 stürzten in Kambodscha die Roten Khmer die US-orientierte Regierung Lon Nol.

539 Kurze Auslassung der Herausgeberin.

540 Bernd Rabehl.

und tut auf »Liebe« hin und wieder, wenn ich in Berlin bin, antwortet aber auf keinen Brief.

25. Januar 1975
Berlin
M[anfred Wilke] gibt die alte, statt die neue B[ernd-Rabehl]-Adresse. M[anfred Wilke] und C. spinnen über die Roro-Dokumente, M[anfred Wilke] sagt, die Bilder von G[retchen] erhalten zu haben – ziemlich spät – will sie radikalisieren und in den LM reinnehmen. B[ernd] sei schon in Österreich ... Hoffentlich muß ich da nicht noch weitere Überraschungen mitkriegen ... Die von der DDR müssen ja mächtig Schiß haben vor den Kommunisten neuen Typus. Diese Säcke lassen sich von Strauß etc. so reinlegen wie die KPD in den 20er und 30er Jahren?

27. Januar 1975
Berlin
Die revolutionären Kämpfe in Kambodscha und Vietnam gehen weiter, die Revolution schreitet vorwärts!!!

28. Januar 1975
Berlin
Der »Lange Marsch« mit seinem kurzen Arsch wird zum DKP-Handlanger. Veröffentlicht die Schweinereien von Steigerwald gegen mich, ohne meine Antwort, die die UZ abgelehnt hatte zu veröffentlichen.[541] Und hatten es versprochen. Meine These scheint sich als richtig zu bestätigen.

541 Im Februar veröffentlichte der »Lange Marsch« (Nr. 15/1975) eine Stellungnahme der Redaktion zu Robert Steigerwalds Kritik, Steigerwalds Rezension des Buches »Geschichte der deutschen Arbeiterbewegung« und die Antwort von Rudi Dutschke darauf. Es gab in der Redaktion Streit um die Veröffentlichung von Rudi Dutschkes Beitrag, weil dieser offenbar schon woanders veröffentlicht worden war.

29. Januar 1975
Berlin
Nun hat die Auseinandersetzung begonnen, schon geht es mir besser, die totalen Vernebelungen psychischer Natur verschwinden dann am ehesten. Die Gründe sind mir nicht klar, aber meine Spannung vermindert sich.

30. Januar 1975
Berlin
Nach »Androhung«, meinen Text in »Info« rauskommen zu lassen mit der Überschrift: »UZ und LM wollen R. Dutschke nicht zu Wort kommen lassen«, kommt es zu einer LM-Wendung im letzten Augenblick. Es beginnt eine harte politische Auseinandersetzung. (s[iehe] die vielen Briefe von mir an LM-Genossen und die wenigen Antworten). M[anfred Scharrer] spielt bei der ganzen Sache nicht gerade die beste Rolle, von D. ganz zu schweigen.

7. März 1975
Berlin
Im West-End-Krankenhaus bei Janz[542]. Unterhalten uns über mein Buch[543], scheint tatsächlich wesentliche Teile gelesen und teilweise verstanden zu haben.
Beim EEG gratuliert mir eine Krankenschwester zum Geburtstag – überraschte mich …

9./10. März 1975
Hamburg
Hingeflogen, fühlte mich ziemlich frisch, trotz der verkürzten Nächte in der KIHO. In der neuen Wilke[544]-Wohnung machte ich mich an meinen Text[545] für rororo weiter heran. Beschissen war, daß die »Einleitung« sich im Verlag befand – wohl in der Hoffnung, sie

542 Ein Arzt, der Rudi Dutschke behandelte.
543 »Versuch, Lenin auf die Füße zu stellen«.
544 Für das Buch: Rudi Dutschke/Manfred Wilke (Hg.), a. a. O.
545 Rudi Dutschke, Der Kommunismus, die despotische Verfremdung desselben in der UdSSR und der Weg der DDR zum Arbeiteraufstand vom 17. Juni 1973,

gar nicht mehr in meine Hände kommen zu lassen. Ich verblieb in Hamburg, benachrichtigte Gretchen – und Montag ging es in den Verlag. In Kürze mußte alles »geordnet« werden, nie die beste Möglichkeit. Mal sehen, wie es mir noch gelingen wird, in den Fahnen am 10.–13.4. mitzuwirken.

10. März 1975
Auf dem Weg nach Aarhus (Dänemark)
War ganz froh von W[ilke] und dem Verlag weg zu sein; der M[anfred] W[ilke] versucht in verschiedener Hinsicht sich wie ein manipulativer Despot auf Kleinformat zu gebärden. Lieb und hilfreich auf der einen Seite, leere Kalkulation, wenn seine Interessen sich nicht angemessen durchsetzen können. Muß es mir x-fach überlegen, ob ich jemals (!) mit ihnen eine Buch-Sache noch einmal mache. Ich bin nicht gut in der Einhaltung von Terminen, das hat verschiedene Gründe, ich stehe aber von oben bis unten für die Sache ein, versuche sie so wahr wie nur möglich kritisch-materialistisch zu bestimmen. Letzteres ist den W[ilke]-C[rusius][546] noch ein spezifisches Rätsel, wird durch Solschenizyn-Ethik »gelöst«. Dadurch entstehen schwere historische, politische, erst recht theoretische Fehler. Die ganze Einleitungsauseinandersetzung spiegelt das wider.

23. März 1975
Aarhus (Dänemark)
Erich F[ried] hat angerufen, hat Briefe von mir nicht erhalten; findet komischerweise, daß ich mich von der Industriesoziologie zurückziehen sollte – sonst »würde ich mich übernehmen«. Verteidigte unvermittelt den L[angen] M[arsch] und den »guten Extra-Dienst[547]«. Es scheint da eine Kontinuität zwischen H[ans] W[er-

in: Die Sowjetunion, Solschenizyn und die westliche Linke, a. a. O., S. 261–304.

546 Reinhard Crusius war Mitarbeiter des Buches: Rudi Dutschke/Manfred Wilke (Hg.), Die Sowjetunion, Solschenizyn und die westliche Linke, a. a. O.

547 Das linke Informationsblatt »Berliner Extra-Dienst«, gegründet 1967, erschien zweimal in der Woche.

ner] Henze, Weiss[548] und Fried zu bestehen – was das Verhältnis zu der DDR betrifft.

25. März 1975
Aarhus (Dänemark)
Die I[nes Lehmann] aus Hannover ist eine angenehme Genossin, ihr Standpunkt liegt zwischen Klarheit und Unklarheit.

27. März 1975
Norwegen
Nun sind wir auf dem Wege nach Norwegen, um uns voll auszutoben. Das Schiff fuhr um 21:00 Uhr ab, die Kinder begannen gegen 10:00 Uhr mit dem Schlaf.

19. Mai 1975
Aarhus (Dänemark)
Stehe noch in der Vorbereitung des erneut neu (3x) zu schreibenden *Zwischenberichts* für die DFG[549]; die Hinweise von M. Sch[arrer] waren wichtig und richtig, auch wenn ich meinen 2. Bericht für wichtig halte vom Klassenstandpunkt des wiss[enschaftlichen] Sozialismus. Dirks-Adorno[550] (BRD) und Kunze etc. (DDR) kamen bei der Betriebsklima-Kategorie nicht gut davon.
Werde hoffentlich fortfahren können, werde es auch nicht aufgeben, wenn mir das 2. Jahr[551] gestrichen werden sollte.
Die international-nationale Klassenkampflage ist weiterhin im Verschiebungsprozeß. *Der US-Imperialismus* versucht seine Niederlagen[552] mit Papiertiger-Tricks (*Kambodscha*/Container-Schiff[553])

---

548 Peter Weiss (1916–82), Schriftsteller und Maler. Hauptwerk: »Die Ästhetik des Widerstands« (3 Bände, 1975–81).

549 Rudi Dutschke hatte sich für ein Stipendium bei der Deutschen Forschungsgemeinschaft (DFG) beworben. Er erhielt einige Monate lang Zahlungen. Die DFG lehnte den Antrag nach einigen Auseinandersetzungen ab, nicht zuletzt aufgrund politischen Drucks.

550 Theodor W. Adorno/Walter Dirks (Hg.), Betriebsklima. Eine industriesoziologische Untersuchung aus dem Ruhrgebiet. Im Auftrag des Instituts für Sozialforschung, Frankfurt a. M. 1955.

551 Des Stipendiums.

552 Am 30. April 1975 waren nordvietnamesische und Vietcong-Truppen in Süd-

auszugleichen. Es spricht vieles dafür, daß es sich um einen geplanten Akt der Ford[554]-Schlesinger[555]-Regierung handelte. Sie wollen ganz einfach ihre »Führungsrolle« durch nichts gefährden lassen, scheinen nun auch zu Militäraktionen größeren Ausmaßes bereit zu sein (was war die Spezialbombe in Kamb[odscha] ...?).
Die *Genfer Gro[myko]*[556]*-Kiss[inger]*[557]-Verhandlungen in Genf[558] werden wahrscheinlich über eine Sackgasse nicht hinauskommen. Die von Peking angedeutete, fast als unvermeidlich angesehene Gefahr eines 3. Weltkrieges muß ernst genommen werden, allerdings kritisch durchleuchtet werden.
Die Entwicklung in *Portugal*[559] scheint schon ein Testfall für die »neue US-Außenpolitik« werden zu können.
Der neue Hungerstreik der RAF-Häftlinge vermindert die Durchhaltekraft derjenigen, die sich unmittelbar vor dem Prozeß[560] befinden. Offensichtlich hat die Isolationshaft weiterhin negative Auswirkungen auf die Denk- und Handlungsfähigkeit – die Durchleuchtung der gesell[schaftlichen] Totalität scheint unmöglich zu sein für sie. Das konkretistische der reinen Unmittelbarkeit der Zelle wird von ihnen

---

vietnams Hauptstadt Saigon einmarschiert. Damit wurde die längst feststehende militärische Niederlage der USA und ihrer südvietnamesischen Verbündeten offenkundig.

553 Am 15. Mai 1975 setzte die US-Regierung Marinesoldaten und die Luftwaffe ein, um die Besatzung des amerikanischen Handelsschiffs »Mayaguez« zu befreien, das zwei Tage zuvor kambodschanische Kanonenboote in von Kambodscha beanspruchten internationalen Gewässern aufgebracht hatten. Dabei setzten die USA eine Bombe mit einer Sprengkraft von 15 000 Tonnen ein, den stärksten nichtatomaren Sprengkörper. Die amerikanischen Verluste waren hoch, die kambodschanischen sind nicht bekannt. Die Aktion war sinnlos, da die Besatzung längst frei war, als die Operation begann.

554 Gerald Ford (geb. 1913), 38. Präsident der USA (1974–79).

555 James R. Schlesinger (geb. 1929), 1973–75 US-Verteidigungsminister.

556 Andrej A. Gromyko (1909–89), damals sowjetischer Außenminister, 1985–88 Staatsoberhaupt der UdSSR.

557 Henry A. Kissinger war damals Sicherheitsberater und Außenminister der USA.

558 Die Verhandlungen um einen zweiten Vertrag zur Begrenzung der strategischen Waffen (SALT 2).

559 Damals schien es zeitweise, als könnten Kommunisten und linksgerichtete Offiziere die Macht in Portugal übernehmen.

560 Am 21. Mai 1975 begann der Prozeß gegen Andreas Baader, Gudrun Ensslin, Ulrike Meinhof und Jan-Carl Raspe.

zum Konkreten hochstilisiert – und sie glauben ehrlich, noch M-L-Genossinnen und -Genossen zu sein.
Ein poli[tischer] Sinn des Hungerstreiks wäre nur möglich gewesen, wenn der Streik unmittelbar nach der erhöhten Isolierung erfolgt wäre. Auf der anderen Seite hat sich diese Richtung, soweit davon noch die Rede sein kann, so isoliert, daß all ihre Aktionsformen zum *Objekt* der Herrschenden werden – »denn sie wissen nicht, was sie tun« ...
Die Auswirkungen des morgen beginnenden Prozesses sind noch nicht abzusehen! Die Bedeutung derselben f[ür] d[ie] nächsten Bundestagswahlen wird sekundär sein ... Oder? Die ganze Sache verschleiert viele der realen Bewegungen des Klassenkampfes, aber das drückt auch noch die Schwäche der Bewegungen aus. Andererseits hätte es im ganzen antikap[italistisch]-antiimp[erialistischen] Lager schon entscheidende Klärungen des Klassenstandpunktes gegeben. Polly lacht und will den Rudi in den Mülleimer schmeißen, will wie G[retchen] nicht küssen, und Ho will nur zu gerne küssen ...

20. Mai 1975
Aarhus (Dänemark)
»Einige Fortschritte« (Kiss[inger–]Gro[myko]). Worin soll der schon bestehen? »Paramilitärisches Korps« in Südkorea aufgebaut – wie in den 50er Jahren. Kiss[inger] kommt heute nach Westberlin, an Demo[nstrationen] wird es mangeln nach der Wendung der M-L-»Maoisten«[561] ...
Schlesinger: »Neues Embargo« im Nahen Osten wird weniger »toleriert« ...
F[ord]: »Stolz auf die Marine-Soldaten«[562] ...
Die Auseinandersetzungen in Portugal zwischen Kommuni[sten] und Sozialis[ten] steigern sich erneut (Besetzung der SP-Zeitung durch KP-Setzer ...) ...
Die Hungerstreik-Ankündigung hat sich »gelohnt«, die Gruppe[563]

561 Die sich infolge der Annäherung zwischen der VR China und den USA mit Protesten zurückhielten.
562 Die an der Operation »Mayaguez« beteiligt waren.
563 Die inhaftierten Mitglieder der RAF.

durfte sich für 90 min. treffen; der Prozeß geht morgen also »normal« los. Die große Show soll beginnen, mal sehen ob Otto [Schily] bzw. die Gruppe die Öffentlichkeitsmöglichkeit politisch ausnutzen. Wenn sie sich durch Sprachlosigkeit nun auszeichnen, so ist ihre politische Impotenz und Massenfeindlichkeit evident geworden – lassen wir uns überraschen.
Volle Selbstkritik und radikale – an die Wurzel gehend – Kritik der BRD-Verhältnisse müßten geäußert werden, nicht eine Phraseologie, die unfähig ist, an die Wurzel und Tendenz der Kapital- und Klassenkampfbewegung heranzukommen.
Wie groß war und ist die ostasiatische Revolution, wie klein war im Verhältnis dazu unsere kurze Rebellionsperiode (1964/65–68/69) und wie *phrasenhaft hochstilisiert* – ohne relevante Basisbewegung und emanzipativen Inhalt – wird die RAF-Richtung. Herbert M[arcuse] hat im Fernsehen da klar unterschieden die objektive Lage und das Widerstandsrecht im allgemeinen. Wenn erstere falsch eingeschätzt wird, geht das »subjektive Recht« in eine äußerst ambivalente Richtung. Und dennoch, es gilt unter allen Umständen, [daß] den Herrschenden keine einzige Münze in ihre dreckige Hand gegen Antikapitalisten in die Hand gegeben wird!! Das ist ein Weg zwischen den Stühlen, ein Weg der emanzipativen Bewegung, die den Inhalt des Ziels in keinem Augenblick aus dem Auge verliert.
Jan. S. hat angerufen, wollen am 17.6. in Hamburg über den von 1953[564] eine Veranstaltung stattfinden lassen. Finde ich sehr gut, kann mich aber zeitlich nicht reinhängen, bin in Ch. (Uni).
Ho ist laut Urteil der Lehrerinnen (vor Gretchen) ein »sehr entspannter, gut mitarbeitender«, von den anderen Kindern »sehr« geschätzter Mitschüler, soll mit zu den »besten« gehören und benimmt sich wie all die übrigen, hat somit keine »Angeberei« bisher in sich verankert, sollten wir weiter versuchen durchzuhalten in unserem Verhalten ihm und Po gegenüber.

564 Jahrestag der Arbeiterrebellion in der DDR am 17. Juni 1953.

21. Mai 1975
Aarhus (Dänemark)
»Herausforderung des Rechtsstaats«; »späte Ausschlüsse« der Anwälte (3?); »politischer Prozeß«; »viel Publizität«; »eigentlich psychoanalytische Fälle, aber zu spät« usw. – so die deutsche (BRD) Presse über den heute beginnenden Prozeß. Gestern abend hatte der D[eutschland]funk 20 min. lang über die »Anarcho-Szene« in der BRD und W[est-]B[erlin]berichtet – wußten verflucht wenig ... Oder? Wiesen darauf hin, wohl zu »Recht«, daß die APO-Bewegung Basis hatte, daß die RAF-Fraktion isoliert ist, die einzelnen Grüppchen und Aktionen können darüber nicht hinwegtäuschen. Zum Schluß wurde der R[udi] D[utschke] noch als Begründer der »Gegengewalt« benannt, ohne den Inhalt der soziali[stischen] Demokratisierungskonzeption auch nur im geringsten anzudeuten.
Kissinger ist heute in W[est-]B[erlin]. Wird es von den K-Richtungen Demonstrationen geben? Ich zweifele daran. KPD (Jung)[565] und KPD (ML)[566] sind sich über die chinesische Weltkriegs-Einschätzung[567] einig geworden ... Ha ... Ha ...
Wenn die Chinesen (KPCh[568]) eine 5. (4.) Internationale[569] gründen, werden die KPD (Jung) und KPD-ML wie in früheren Zeiten Befehle und Losungen durchführen. Allerdings bin ich noch davon über-

565 Die KPD/AO von Jürgen Horlemann und Christian Semler, die seit Frühjahr 1972 auf das Anhängsel »AO« verzichtete, das ihr bei politischen Gegnern den Spottnamen »A Null« eingebracht hatte.
566 1968 von dem ehemaligen KPD-Funktionär Ernst Aust gegründete maoistische Kleinpartei (ca. 800 Mitglieder), die bald wieder in noch kleinere Gruppen zerfiel: KPD/ML – Roter Morgen, KPD/ML – Revolutionärer Weg, KPD/ML – Neue Einheit, KPD/ML – Rote Fahne.
567 Die Führer der chinesischen KP erklärten damals, ein Weltkrieg zwischen den Supermächten USA und Sowjetunion sei unvermeidlich. Die aggressivere und gefährlichere Supermacht sei die sozialimperialistische Sowjetunion. Daher betrachteten es manche K-Gruppen wie etwa die KPD/AO als ihre Hauptaufgabe, die Sowjetunion, die DDR und ihre westdeutschen Ableger – DKP, SDAJ und MSB Spartakus – zu bekämpfen und die Aufrüstung der NATO zu unterstützen.
568 KPCh: Kommunistische Partei Chinas.
569 Trotzki gründete 1938 die IV. Internationale, der aber weitgehend die Anerkennung versagt blieb. In den siebziger Jahren war hin und wieder die Rede von einem Zusammenschluß der unter sich zerstrittenen maoistischen Gruppen im Westen unter Führung der KP Chinas.

zeugt, daß der Weg der VR China sich vom sowj[etischen] Weg wesentlich produktiv unterscheidet. Meine Doppelkritik in der Einleitung des »rororo«[570] hat primär eine taktische Bedeutung für die Kämpfe *in* unserem Lande.
Der Stuttgarter Prozeß hat schon seinen ersten Abschluß erfahren, Staatsanwaltschaft und Otto-Truppe waren aus verschiedenen Gründen für eine Überprüfung der juristischen Lage bezüglich den Baader-Verteidigern ...; die einen wollten verhindern, was sie anderen ermöglichen wollten. Es ist zweifellos ein politischer Prozeß, das begreifen die Herrschenden vielleicht mehr als die Angeklagten!?! Im Laufe des Prozesses wird mit 99,9%iger Sicherheit eine »Öffentlichkeit« nicht mehr weiterleben. Es ist ein schlechter Witz, von der hiesigen »Information« zu erfahren, daß am Abschluß des Prozesses eine Freilassung »nicht unmöglich ist« ...
Mein Rücken schmerzt weiter, nicht schlechter, aber auch nur selten besser. Der psy[chische] Zustand ist nicht ganz gefestigt, aber dennoch relativ stark.

5. Juni 1975
Aarhus (Dänemark)
Auf dem Wege nach Hause traf ich in Hamburg Johannes [Schenk][571], er war in der Telephonzelle, wollte nicht aufhören ..., ich motzte, und dann »enthüllte« er sich – war schon lustig. Hatte gerade bei Ro[wohlt] einen Vertrag über einen Gedichteband abgeschlossen und Moneten empfangen ... Dann hatten wir eine lustige und erwähnenswerte Auseinandersetzung mit zwei Frauen (Mutter – Tochter – 50–30) über den Kauf der Fahrkarten ... »Sie haben doch noch nie gearbeitet«, »wir sind nicht in Berlin«, »die Hamburger werden sprechen, wenn die Zeit gekommen ist«, – als ob die CDU noch immer bzw. jemals in Hamburg »gesiegt« hätte ..., haben mich erkannt, donnerte auch angemessen zurück; etwas leiser sprechend, aber durchaus hörbar, sagte ich lachend zu J[ohannes]: »Beim näch-

---

570 Rudi Dutschke/Manfred Wilke (Hg.), Die Sowjetunion, Solschenizyn und die westliche Linke, a. a. O.
571 Johannes Schenk (geb. 1941) fuhr jahrelang als Matrose zur See, lebt als freier Autor in Berlin, schreibt Gedichte und Hörspiele für Kinder und Erwachsene.

sten Mal werde ich diesen Leuten, die von Arbeit reden und gerade eine Schlafkarte nach Wien kaufen, sagen: ›Bitte mit Dr. anreden.‹« – Wir lachten riesig, und die »Gegenseite« verstummte … Der Kartenverkäufer, der uns aufgefordert hatte, die sich steigernde Diskussion »hier nicht weiterzuführen«, grinste zustimmend und fröhlich, als ich ihm zum Schluß sagte, daß ich mit ihm gerne »außerhalb der Dienstzeit« mal diskutieren würde.
J[ohannes] nach Berlin, ich nach Aarhus – unterwegs quatschte ich stundenlang mit einer Pädagogiklehrerin (dän[isch]) über die DDR … hinterließ zum Schluß eigenartigerweise – bewußt o[der] unbewußt – zwei rote Krickstöcke aus rotem/weißen Zucker, – ich ließ sie einfach liegen; die Zähne der Kinder sollten nicht unnötig belastet werden …
Gretchen schlief schon, Ho desgleichen, und Polly war im Kinderlager.

Briefe durchgeschaut, am interessantesten das Angebot des Gen[ossen] Haug, eine Replik zu einer Kritik meines Lenin-Buches in seinem »Argument« zu schreiben, habe eigentlich vor, eine breite Antwort auf die größeren Rezensionen zu schreiben …
Gretchen ist in Reise-Panik, reagiert auf mich sonst kaum, der sexuelle Motor scheint zwischen uns beiden nicht zu arbeiten, ich möchte, stoße aber auf Ablehnung, bzw. versteht sie mich nicht.

16. Juni 1975
Aarhus (Dänemark)
Mal wieder nach langer Zeit W[agenbach][572] angerufen des Buches willen, es geht um eine Neuauflage. Gab sich ganz »entspannt«, tat so als ob er meine Buch-Bemerkung nicht erhalten hätte.
V.[573]-Artikel hat dem Buch[574] kurzfristig geschadet, wird aber bald keine Rolle mehr spielen.

---

572 Klaus Wagenbach (geb. 1930), Gründer des Wagenbach Verlags, in dem Rudi Dutschkes Buch »Versuch, Lenin auf die Füße zu stellen« erschien.
573 Vielleicht »Vorwärts«.
574 »Versuch, Lenin auf die Füße zu stellen«.

Rudi mit Polly, Clausthal-Zellerfeld, Juni 1975.

Die Entwicklung in Portugal ist weiterhin ungewiß. Die Informationen durch I[nes Lehmann] sind wertvoll, werfen aber zumeist Fragen auf in letzter Konsequenz.

17. Juni 1975
Aarhus (Dänemark)
Bin mächtig in Eile, der FR-Beitrag (Clausthal-Zell[erfeld]-Referat[575], überarbeitet) muß fertiggestellt werden, Bad-Godesberg-Theater steht bevor, das E[rnst-]B[loch]-Essay muß entworfen werden u. a. m.
Komme mit der Alltagsarbeit einigermaßen hin, ist aber schon eine besondere Sache.

575 Am 13. Juni 1975 hielt Rudi Dutschke eine Rede auf der 200-Jahr-Feier der Technischen Universität Clausthal-Zellerfeld, in der er u. a. die Terroristenhysterie und die Terroristen in der Bundesrepublik kritisierte.

Gretchen läßt von sich hören, hat »blöderweise« all ihre Adressenlisten hier liegengelassen, schwer zu finden gewesen. »Sei nicht stolz«, schreibt sie, warum sollte ich, bringt mir bloß Sucherei, Gretchen ist so »ähnlich« wie ich ein Huddersack.
Am Abend machte der Deutschlandfunk einen 20-min.-Bericht über »Der 17. Juni und die Linke«, die Rezeption war nicht uninteressant, besonders Havemann[576] und Dutschke werden zitiert ...
Zu einer Veranstaltung haben wir es leider nicht gebracht, ist nicht verwunderlich bei bestimmten Personen ...

18. Juni 1975
Aarhus (Dänemark)
Nun ist Mitternacht, harter Tag rum, morgen wird nach Bremen abgefahren, die Kinder freuen sich schon.
Über J. und S. ärgere ich mich kräftig, haben sich wieder taktiererische Sauereien geleistet, ein System von Zufälligkeiten ... Gerade im Tel[efon-]Gespräch wurde die ganze Abneigung gegen das Projekt besonders deutlich.

19. Juni 1975
Bremen
In Bremen bei M.[577] gelandet, die Kinder sind in guter Verfassung – gegen 21:00 [Uhr] kamen Genossen, darunter die Vulkan-Betriebsratsvorsitzenden zu uns, hatten eine äußerst intensive Diskussion. Konnten mit ihnen gut kommunizieren, sind parteilos und doch standortfest. Der Kontakt muß weiter ausgebaut werden. Alle Möglichkeiten und Schwierigkeiten zeigten sich!!
Am nächsten Tag geht es weiter, wir bringen die Kinder zu S. in Göttingen.

---

576 Robert Havemann (1910–82), Physikochemiker und marxistischer Theoretiker. Von den Nazis als Widerstandskämpfer zum Tod verurteilt, inhaftiert bis 1945. Mitglied der SED, Volkskammerabgeordneter, Sprecher einer innerparteilichen Oppositionsgruppe. Parteiausschluß, Berufsverbot und sonstige Schikanen gegen den prominenten Bürgerrechtler und Freund von Wolf Biermann folgten.

577 Vielleicht Manfred Wilke.

20. Juni 1975
Bremen
Volle Konfrontation mit dem Vizepräsidenten der DFG – M[anfred Scharrer] meint: »Du hattest einen Gegner, jetzt hast du einen Feind.«
»Durchgefallen«, Ablehnung und freundliche Empfehlung zu einem Neuantrag. In der Angst um die Institutsmoneten[578] ging fast alles unter, und dennoch loben sie mich, finden die nun konkretisierte Vergleichung »ausgezeichnet« ... Was nützt mir das, die Moneten gehen nicht mehr weiter ..., wohin?

21. Juni 1975
Göttingen
Über B. muß ich noch einmal nachdenken, mein breites Tagebuch fällt hoffentlich mal wieder in meine Hände. Auf jeden Fall war die J.-Empfehlung ein Riesenfehler!
Sind über Frankfurt gefahren, hatte meine Tasche bei K. gelassen.

Wieder in Göttingen gelandet, Kinder sollen »glänzend« gewesen sein. Nach dem Essen machen wir uns auf die Socken, fahren nach Hannover, suchen den Zoo auf, und ich weiß nicht, was zu tun. Entscheide mich, nach Berlin zu fliegen, um am Tag darauf an der Radio-Sendung über mein Buch teilzunehmen ...

22. Juni 1975
Berlin
Wenig, nicht vorbereitet, kann ich mich aber einigermaßen schlagen. Nach der Veranstaltung kam es mit P. F.[579] zu einer kleinen SEW-Konfrontation, muß mal unbedingt ausdiskutiert werden.
Längere Gespräche mit Klaus[580]; mit den Kindern (Ro, Po, Ho) im Zoo, große Freude; A[melie]s[581] Bauch explodiert fast. H[elga Rei-

578 Das Stipendium.
579 Vielleicht Peter Furth.
580 Vielleicht Klaus Wagenbach.
581 Künstlerin, Freundin von Jürgen Holtfreter.

demeister] und J[ürgen Holtfreter][582] wirken entspannt. H[oltfreter] verteidigt W. K. übermäßig, J. befragt mich eigenartig, ob ich schon M. besucht habe …

25. Juni 1975
Aarhus (Dänemark)
Polly ist nun immer sicherer mit dem Fahrrad, Ho kann nun mit ihr zusammen gemeinsame Touren machen.

1. Juli 1975
Aarhus (Dänemark)
Der Tübinger AStA telephoniert mit mir, will eine Bloch-Veranstaltung organisieren. Mal sehen, will nicht allein, will am liebsten den O[skar] N[egt] dabeihaben.
Gretchens Brief wieder angekommen, beschwert sich, von uns nichts erhalten zu haben. Ist schon eine Scheiße, wir haben schon viermal geschrieben, nichts kommt an; ich kann das nicht verstehen, habe meine eigene Interpretation.
Das Bloch-Gedenkbuch[583] bei Wagenbach trägt schon einen eigenartigen Charakter. Warum zieht er es zu sich heran, warum informiert er mich nicht wirklich, warum werde ich nicht eingeladen? Offensichtlich will er seine DDR-Lizenzen nicht gefährden …
Soll doch, wie er sagt, mein Buch ihn diesbezüglich gefährden …; es hat ihm viel gebracht, und dennoch ist das eigenartig: In offenen Veranstaltungen vor nun insgesamt ca. 25 000 Teilnehmern wurde nicht ein einziges Mal mein Buch vorgelegt. Alle festen K-Organisationen hassen es, andere wollen sich keinen Ärger schaffen.

582 Jürgen Holtfreter ist ein Berliner Künstler. Von ihm stammt das Plakat: »Alle Reden vom Wetter. Wir nicht. SDS«. Er wohnte mit seiner Freundin zeitweise bei Helga Reidemeister.

583 Ernst Bloch zum 90. Geburtstag. Es muß nicht immer Marmor sein. Erbschaft aus Ungleichzeitigkeit. Beiträge von Detlef Horster, Thomas Leithäuser, Oskar Negt, Joachim Perels und Jürgen Peters, Berlin 1975.

2. Juli 1975
Aarhus (Dänemark)
Ein Genosse (24) von der Il-Manifesto-Gruppe[584] besuchte mich. Spricht die deutsche Sprache glatt. Hatte von Hamburg aus angerufen, besuchte dort »konkret«, in Berlin Altvater[585] und PLK[586] … A.[587] motzte erneut über das Buch im allgemeinen, über mich im besonderen und V.[588] im einzelnen herum. Ist schon eigenartig, ich werde ihm schreiben. War schon immer gegen meine kritisch-solidarische Auseinandersetzung mit der DDR usw. So manche im So[zialistischen] Bü[ro] stehen noch immer auf der SDS-Position bezüglich der DDR *vor uns*. ČSSR[589] scheint schon längst bei ihnen vergessen zu sein. Der junge Genosse spricht glatt die deu[tsche] Sprache, man kann sich mit ihm interessant unterhalten, gibt mir viele Informationen über die Lage der italie[nischen] Gruppen, über die so wichtigen regionalen Fragen. Die bevorstehenden Tarifkämpfe werden eventuell die Machtfrage in die Nähe rücken, davor soll die KPF mit ihrem »hi[storischen] Kompromiß[590]« große Sorgen haben.

3. Juli 1975
Aarhus (Dänemark)
In Jerusalem war ein schwerer Terroranschlag, 14 Tote und mehr als 50 Verletzte. Hoffentlich ist Gretchen[591] nicht dabei gewesen bzw. mit dem Leben davongekommen. Sie wird sich sagen, wäre ich doch nicht gefahren. Bin nervös, lasse es die Kinder nicht merken!!

---

584 Gruppe um die unabhängige linke italienische Tageszeitung »Il Manifesto«.
585 Elmar Altvater (geb. 1938), Professor für Politikwissenschaft an der FU Berlin, marxistischer Theoretiker.
586 Vermutlich die Redaktion der Zeitschrift »Probleme des Klassenkampfs«.
587 Vielleicht Andreas Buro, Mitglied des SB.
588 Vielleicht Klaus Vack, Geschäftsführer des SB.
589 Der »Prager Frühling« 1968.
590 Eine Anspielung auf die Politik des historischen Kompromisses der KPI, die eine Koalition mit den Christdemokraten umfaßte. Rudi Dutschke meinte offenbar die Zusammenarbeit von Sozialisten und Kommunisten in Frankreich.
591 Gretchen Dutschke hielt sich in der Nähe des Anschlagorts auf, blieb aber unverletzt.

Sitze am Bloch-Essay für den »Spiegel«, ob er es publizieren wird, ist nicht so sicher.[592]
Der italie[nische] Gen[osse] ist abgefahren, hatten ein langes Interview über verschie[dene] Theor[ien] und hist[orische] Komplexe. Komischerweise scheint er das Weber[593]-Buch über 25 Jahre DDR[594] mitgeschleppt zu haben, und dann noch ein Buch der Staatsbibliothek. Polly kommt mit mir gut zu Rande, von Ho war noch nichts zu hören.

4. Juli 1975
Aarhus (Dänemark)
Noch habe ich aus Jerusalem nichts gehört. Fange an den Kindern zu erzählen. P[olly] sagt: »Ist Gretchen tot?«, sind viel weniger gespannt als ich und nehmen an, daß G[retchen] bald nach Hause kommt. P[olly] will ihr doch den von ihr herausgerissenen Zahn zeigen.
Der Aufenthalt von W[illy] B[randt] in Moskau ist ambivalent, Sozialdemokraten können despotisch orientierten Kommunismus nicht wirklich durchschauen. G. im Hintergrund. Allein demokra[tisch]-subversiver Kommunismus-Sozialismus ist in der Lage, beide Systeme zu durchblicken, ob er aber jemals die poli[tische] Machtfrage stellen wird können – darüber ist das letzte Wort in unserer Generation noch nicht gesprochen.

5. Juli 1975
Aarhus (Dänemark)
Habe das Bloch-Essay »Philosophie und Politik« abgeschickt, wäre recht froh, wenn es veröffentlicht wird.
Am Abend holten wir Hosea ab. Gegen Mittag war endlich ein Telephonanruf aus Jerusalem, ich war sicher, daß es keine Hiobsmeldung war. Gretchen erzählte kurz, sie war mitten in dem Hause, welches

---

592 Der Essay wurde nicht veröffentlicht.
593 Hermann Weber (geb. 1928), Mitglied der KPD bis 1954, danach SPD. Als Historiker befaßt er sich vor allem mit der Geschichte der SED und der DDR.
594 Wahrscheinlich meint Rudi Dutschke das Buch: Hermann Weber, Die Sozialistische Einheitspartei Deutschlands 1946-1971, Hannover 1971.

fast vollständig zusammenbrach. Kam mit dem Leben ganz (!) davon, Gott sei Dank. Ist ohne Wohnung im Augenblick, wird bald wieder von sich hören lassen.

6. Juli 1975
Aarhus (Dänemark)
Habe mit den Kindern gut zusammengearbeitet, in ihrem Zimmer etwas reorganisiert. Hin und wieder gibt es Krach, ich muß aufpassen mit mir, hin und wieder greife ich den Hosea zu hart an ... Und sie sind beide so glänzende Typen.

7. Juli 1975
Aarhus (Dänemark)
»Spiegel« hat mein Essay gegen Mittag (?) erhalten, ist nicht sicher, ob es durchkommt. Die FR lehnte die C[lausthal]-Z[ellerfeld]-Rede doch ab, die Bezogenheit zur SPD ist zu eindeutig. Sozialistisch-kommunistische Positionen dürfen offensichtlich gerade in der jetzigen Phase kaum in größeren Organen veröffentlicht werden. Bloch könnte eine Ausnahme sein – aber wäre eine »Wiederholung«, der erste B[loch]-Beitrag von (?) kommt in der jetzigen Wochenausgabe raus.
Telegramm von »Das-Da-R[öhl]« erschien, will nun meine C[lausthal]-Z[ellerfeld]-Rede haben, werde es morgen erneut überprüfen. Mit der Arbeit im allgemeinen komme ich zur Zeit nicht sehr gut voran, bin doch etwas durch die DFG-Niederlage gehandikapt. Die Perspektive muß gefunden werden, und zwar die ökonomi[sche] Basis für die Fortführung. M[anfred Scharrer] hat »gut reden«, mich »beglückwünschen«, davon nun frei zu sein, ist schon komisch. Soll wohl Parteivorsitzender, und zwar bezahlter, werden? Herzlichen Dank ...
Hosea ist in der Leserei nicht »schlecht«, die deu[tschen] Kinderbücher kann er bald beherrschen, wenn wir *regelmäßig* etwas lesen. Po ist angenehmer Stimmung. Die Deutsch-Sätze werden des öfteren recht glatt.

8. Juli 1975
Aarhus (Dänemark)
Ein »schwerer« Tag gewesen. Nach ausreichender Nacht, ca. 8 Stunden geschlafen, ist Hosea gegen 8:10 Uhr in den F[ritidshjem] gegangen, habe ich die Polly zum Kindergarten gebracht. Ab ca. 10:00 Uhr, nach ausführlicher Aufnahme von Radio-Informationen, nie die besten, habe ich mich daran gemacht, die C[lausthal]-Z[ellerfeld]-Rede für »das da«[595] zu korrigieren, besser lesbar zu machen usw. Schwere Arbeit, gilt es doch, Proletkult zu verunmöglichen und die abgeschlossene Stud[enten-]Rebellion von Nostalgie fernzuhalten. Schreibe liegend im Bett, nicht so einfach. Gegen 16:30 Uhr kam Hosea, und wir fuhren mit den Fahrrädern zu Po, Ho ist verflucht stark. Dann kauften wir bei V[ime][596] ein, dann hatte ich die Polly und die Tasche bei mir, und die Rückfahrt begann, verflucht schwere Tour. Ho hält gut durch. Zu Hause wird ein Kuchen vom Ho gemacht, Po fährt mit ihrem Fahrrad rum, und ich bereite das Abendessen vor. Leider ist die Heizung im Eimer, ein eigenartiger Kuchen entsteht über die Gas-Heizung oben. Es schmeckt den Kindern, aber der Bauch wird geplagt, jedenfalls der meinige. Dann Sport, zum Schluß bin ich fast fertig, die Kinder weniger. Hab gerade noch gebadet, gehe jetzt gegen 23:00 Uhr in den Schlaf.

13. Juli 1975
Aarhus (Dänemark)
In den letzten zwei Tagen waren H[ans Halter] und U[lrike Halter] zu Besuch. Die Kinder spielten gut miteinander zusammen, besonders in gemeinsamen Touren mit den Fahrrad. Gestern wurde der Zirkus besucht, der Clown faszinierte uns wohl alle am meisten. H[ans] hat fast alle Kosten getragen. Sonst nutzten wir die Zeit, um über die poli[tische] Szenerie zu diskutieren. CIA-Geheimdienste in linken Organisationen hält er für wahrscheinlich, aber viel weniger SU-DDR usw. ...!??! [...][597] Wer da mit wem sein dreckiges Spiel

595 Nach seiner Entmachtung bei »konkret« gründete Klaus Rainer Röhl die Zeitschrift »das da«.
596 Ein Lebensmittelladen.
597 Kurze Auslassung der Herausgeberin.

treibt, ist nicht uninteressant, aber meine Narben sind dafür ungeeignet. Der sozialen Revolution kann ich gegenwärtig nur dienen durch eine Verschärfung der wissenschaftlichen Arbeit. Und zur richtigen Zeit wieder eingreifen, »in Bereitschaft sein ist alles«.
Zur Zeit schreibe ich noch immer an der Einschätzung der Rebellion herum. Bläht sich aus, muß es morgen abschließen.
Von Gretchen nichts weiter gehört, hoffentlich kommt sie mit ihrer Arbeit hin und zum 20. zurück. Muß ja dann recht schnell nach Berlin.

14. Juli 1975
Aarhus (Dänemark)
Die Entwicklung in Portugal wird für mich im Augenblick immer undurchsichtiger. Möchte es unbedingt genauer kennenlernen! Gretchen kommt erst am 27., muß schon vorher in Berlin sein, z[um] a[nderen] möchte ich die Blochs bald besuchen. Freue mich schon drauf. K[arola Bloch] wußte nichts von dem Wagenbach-Buch, bedauert, »das da« hat die erste Hälfte meiner C[lausthal]-Z[ellerfeld]-Rede zugesendet bekommen, soll unbedingt ungekürzt gedruckt werden. Über die »konkret«-Sache[598] muß ich noch überlegen, z[um] a[nderen] werde ich mich nicht fixieren.
Der Körper wird wieder stärker, das schwüle Wetter ist aber seit langem eine zusätzliche Unangenehmheit.
Die Banditen im Hause sind guter Stimmung, Ho spielt des öfteren mit Su[ne][599], hat es wohl gern, nicht so bedrängt und provoziert zu sein wie von der Schwester. Spielt also mit Älteren und mit Jüngeren, nicht so schlecht.
Mit der eigenen Arbeit stagniere ich noch, bin in einer Flaute, genauer, suche wieder einmal überall herum. Soll nicht zu lange dauern.

---

598 Rudi Dutschkes Streit mit »konkret« erreichte 1977 seinen Höhepunkt, als Hermann Gremliza Dutschkes Namen aus dem Autorenverzeichnis strich. Der tiefere Grund für den Zwist war die Orientierung von »konkret« an der Linie der SED/DKP.
599 Spielkameradin von Hosea Dutschke.

23. Juli 1975
Bremen
Nach Bremen abgefahren, kurz vor der Abreise mit dem Bus zum Bahnhof kam ein Telegramm von K[arola] B[loch]. Gret[chen] rannte mir nach, der alte Ernst [Bloch] ist übermüdet, Verschiebung; ich fahre aber dennoch, um den M.[600] zu treffen. Fahre relativ entspannt und lande gegen 17:00 Uhr in Bremen. Den M. kann ich weder von der Uni noch vom Telephon aus erreichen.

24. Juli 1975
Berlin
Von Hamburg aus mit den aus Aarhus kommenden G[retchen], H[osea], P[olly] nach Berlin weitergefahren. Eine gewisse Nervosität beginnt, zu viele Finanzscheiße steht bevor. Die Rückkehr von Gret[chen] war gut, auf der anderen Seite ist damit potentiell ein neues Spannungsklima gegeben. Mal sehen, wie wir das hinkriegen. Ho ist weiter Rebell, Po wiederum rebelliert oft ihm gegenüber. In Hamburg traf ich G[remliza], als linker Journalist ist er wertvoll, zieht durchaus in Diskussionen Konsequenzen. Ob das in der realen Praxis durchgehalten wird, weiß ich nicht. Steht mit »das da« und »Spontan« in Konkurrenz; will mich »gewinnen« mit seinem Pluralismuskonzept. Warnt mich vor R[öhl], unterstellt dem So[zialistischen] Bü[ro] den V. ... Als ob das so einfach wäre. Mein B[loch]-Essay war vom »Sp[iegel]« wie vom »Sonntags ...« mit Journalismus-Argumenten abgeschoben worden. Nun »konkret«, denen dürfte es aus anderen Gründen nicht schmecken. Sprechen viel über DKP, SED, Portugal und die Schwierigkeiten der Linken in der BRD. Über die Org[anisations-]Frage wird die Differenz am sichtbarsten. Beide[601] sind sich einig über die Notwendigkeit, aber der eine geht mit der Kategorie Disziplin und der andere mit der der Selbstveränderung im Prozeß des org[anisierten] Klassenkampfes um.
In Berlin holen uns die Halters ab, Hansemann[602] hatte den Schlüssel für Hohenz[ollerndamm][603] ...

600 Vielleicht Manfred Wilke.
601 Rudi Dutschke und Hermann Gremliza.

25. Juli 1975
Berlin
Die Kinder wachen nach der kurzen Nacht gegen 8 ½ Uhr auf, gegen 10 bis 11 beginnt die Einkauferei für die Luckenkiener …

26. Juli 1975
Berlin
Schon gegen 10:00 Uhr machen wir uns auf die Socken, um zur rechten Zeit in Ostberlin zu sein, wo die Luck[enwalder] den Ho abholen werden.

27. Juli 1975
Berlin
Quäle mich durch die Finanzscheiße, Zettel usw., um von der DFG noch Gelder »rauszuholen«. Die Auseinandersetzung mit der kapitalistischen Realität wird konkreter in verschiedenen Bereichen. Das »Berufsverbot« wird mich wahrscheinlich betreffen.
Am Nachmittag besuchten wir die Sch[arrer]s. Dem Nachwuchs geht es gut. M[anfred Scharrer] erhält einen Uni-Job bei den SEW-Sympathisanten. Na ja …; in der Portugalfrage ist er sehr ambivalent, die KPI ist da viel klarer.

28. Juli 1975
Berlin
Treffe den T.[604] in der Babelsberger Straße, W. vorher. Letztere versuchte sich davonzureden bezüglich der B.-Sache[605] usw.

Po hat noch keinen Kindergarten, Gr[etchen] denkt schon an Abreise, die Spannung in meinem Gesicht nimmt wieder zu.
Bin erneut in der Babelsberger Straße, um mit S. die DFG-Scheiße zu »lösen«, Moneten noch rauszuholen.

---

602 Hans Halter.
603 In der Wohngemeinschaft Hohenzollerndamm hatte Rudi Dutschke ein Zimmer.
604 Vielleicht Tilman Fichter.
605 Wahrscheinlich meint Rudi Dutschke den Streit mit Bernd Rabehl.

Gretchen ist nicht zu Hause, lasse mich zu A[melie] und J[ürgen Holtfreter] fahren, dort gelange ich durch J. an den Rosa-Kindergarten[606] für Polly, die Stimmung zu Hause wird besser.

29. Juli 1975
Berlin
Gegen 9:00 Uhr holte mich H[ans Halter] ab, wir mußten nach Kreuzberg fahren, um meine Bluntuntersuchung durchzuführen.[607] Hatte erneut genug geschlafen, hätte eigentlich »guter Stimmung« sein müssen – aber dennoch war ich im Gesicht nervös. Wurde dann durchgeführt von einer qualifizierten Schwester, das Resultat werde ich erst morgen erfahren. Danach fuhren wir in eine Ku[damm]-Kneipe, um zu frühstücken, vorher hatte H[ans Halter] die Tageszeitungen besorgt. KSZE[608] stand weiter im Mittelpunkt. Es ist schon eine eigenartige Geschichte. Sicherheit wird angestrebt, und in der realen Wirklichkeit der westlichen Länder des Kapitalismus wächst die Unsicherheit. Ist das der Hintergrund? Geht die SU einen doppelstrategischen Weg? Auf der einen Absicherung nach außen und Blick auf revolu[tionäre] Prozesse? Sehr unklar, – wie weit ein Konflikt SU – VR China da eine elementare Rolle spielt, muß noch genauer herausgefunden werden. Am Nachmittag besuchte ich L. in der Babelsb[erger], T.[609] war auch da, desgleichen ein CDU/CSU-Spezi[alist] der Linken; klang mir nicht einsichtig.

30. Juli 1975
Berlin
An der Uni rummarschiert, um »Endabrechung« zu absolvieren, Bücher zu beschaffen, im O[tto-]S[uhr]-In[stitut] (Rosa) einige Stunden zu schreiben; dann bei G[olli][610] gebadet.

606 Rosa Reidemeisters Kindergarten.
607 Rudi Dutschke war nicht krankenversichert in Deutschland. Hans Halter organisierte immer »Gratismedizin«.
608 KSZE: Konferenz für Sicherheit und Zusammenarbeit in Europa.
609 Vielleicht Tilman Fichter.
610 Die Gollwitzers hatten einen Swimmingpool.

31. Juli 1975
Berlin
Besuch in Ost-Berlin usw. (Chemiker, Intellektuelle usw.)

1. August 1975
Berlin
Gegen 8:15 Uhr die Po wieder zum Z[oologischen] G[arten] gebracht, sie fuhr mit der Kindergärtnerin und den anderen Kindern um 9:00 [Uhr] mit Bus 66 ab nach Wannsee …
Danach fuhr ich zum W[agenbach]-Verlag, kein Mensch war zu Hause, danach in die B[abelsb]erger [Straße], auch dort waren die Türen noch zu.
Gegen 10:00 Uhr erwischte ich dann die C[arla] im Verlag, erhielt den eigenartigen G.-Brief, diskutierte mit ihr über W[agenbach] und den Verlag. Sie beklagte sich über den stark unpolitischen Charakter der Verlags-Mitglieder, die ihren Standpunkt von Stimmung zu Stimmung und Mode änderten.
Gegen 1 Uhr gingen wir Pizza essen, quatschten dort bis gegen 15:30 Uhr über K. M.[611], T[ilman] F[ichter] u. v. a. Sie ist eine angenehme Zeitgenossin mit einigen Besonderheiten. Was sie über Th. erzählte, blieb mir ominös – na ja …

2. August 1975
Berlin
War erstmalig nach einer Woche erst um Mitternacht ins Bett gegangen, stand darum gegen 8:00 Uhr auf. Die Regelmäßigkeit des Schlafs hat viel für sich, mein Kopf benötigt es, wohl desgleichen der Körper.
Gegen 9:00 Uhr kam H.[612], wir gingen alle zusammen baden in der Nähe, hat jedem wohlgetan. P[olly] war äußerst aktiv tätiger als bei Anwesenheit des Bruders!? G. und H. sprachen über einen Umzug in ca. 2 Jahren nach Bayern; klang etwas verworren; klang so wie bei Ha[ns Halter] usw.

611 Vielleicht Klaus Meschkat.
612 Vermutlich Helga Reidemeister.

Mittagessen nahmen wir zu Hause, H. hatte keine Zeit, ist stark unter Druck durch die F[ilm-]A[kademie], sonst aber zur Zeit entspannt.
Längere Tel[efon]-Gesprä[che] mit T.[613] und M.[614], besonders ersterem. Es geht um die angemessene Interpretation des Rev[olutions-] Prozesses in Portugal. Die Übersetzung des italie[nischen] Beitrages läuft, T. wendete ein, daß die deutsche Szenerie (BRD) zur Zeit so phrasenhaft »spricht«, daß jede andere Stimme denunziert wird. Gegen den Strom zu ziehen ist zur Zeit wichtiger denn je, dem stimmte er zu.

4. August 1975
Berlin
Montag. Gegen 8:30 [Uhr] bei J. im Krankenhaus mit H[ans Halter] gelandet. EEG, Blutüberprüfung usw. wurden durchgeführt. Unveränderte Lage, die Narbe hat »noch einen Zacken«, die Pillen müssen weiterhin genommen werden. Wir hatten ein langes Gespräch über die verschiedensten Fragestellungen (DDR, Epilepsie-Formen, paranoide Tendenzen durch positive Wendungen um»wälzen« … u. a. m.). War weit entspannter als vorher, hat sich über das rororo-Buch gefreut.

5. August 1975
Berlin
Mit Polly gegen 8:20 Uhr aufgebrochen in Richtung Zoo; dort fährt sie mit J., St. usw. ab. Danach beschaffte ich Moneten, fuhr zu W., um mit Th. über die Übersetzung des italie[nischen] Artikels zu beraten. Wichtige Angelegenheit, hoffentlich wird es in der FR veröffentlicht. Die deutsche Szenerie der Verworrenheit kann es gebrauchen. Dann mit M. nach Ost-Berlin, »Spiegel«, … und Genossen Th., K. … Riesensauerei, u. a. wurden Bücher und Texte entzogen, Texte kamen zurück, wenige Bücher, auch das von mir verblieb bei der Stasi … Despotismus und demokr[atische] Tendenzen sind zur Zeit widersprüchlicher denn je verquickt!

---

613 Vielleicht Tilman Fichter.
614 Vielleicht Manfred Scharrer.

6. August 1975
Berlin
Mittwoch. »Ich soll G[eld] verdienen«, wodurch ist mir nicht ganz klar. Heute den italie[nischen] Beitrag beendet, W. half noch zum Schluß, war vom Text ganz angetan – ich sagte: »Du verkappter KPI-Genosse«. Wäre nicht so schlimm, ganz im Gegenteil.
Ja, die Entwicklung in Portugal nimmt den Typus des Dramas an, der Übergang zur Tragödie ist nicht schwer.
Abends mit Po, Ga. und Mi. essen gegangen in Steglitz.

7. August 1975
Berlin
Donnerstag. P[olly] zum Zoo gebracht, hatte schlecht geschlafen. Geriet in Gefahrenzone, die Sonne und der schlechte Schlaf wirkten beschissen, mußte mich vorschnell von den Kindern und dem Kindergärtner entfernen. Der Eingriff lohnte sich, ich bekam alles unter Kontrolle, und kein Flimmern kam zustande.

8. August 1975
Berlin
Freitag. Essen gemacht mit G. für G[aby], E[vi], C[lemens] u[nd] ... Die Studiererei ist wichtig, WAA[615], DDR usw., aber im Verhältnis zu den Prozessen in Portugal ist es stinklangweilig!

16. August 1975
Berlin
Mitten auf der Straße »erwischte« ich E. A.[616]

17. August 1975
Aarhus (Dänemark)
Nun sollen sie auch den F[ritz] T[eufel][617] ... aufgespürt haben. War das nicht zu erwarten? Gar kein Zweifel, eine fetischisierte Ille-

615 WAA: atomare Wiederaufarbeitungsanlage.
616 Vielleicht Elmar Altvater.
617 Der Ex-Kommunarde Fritz Teufel hatte zwei Jahre in der Illegalität gelebt.

galitätsarbeit, ob gewollt oder gezwungenermaßen, führt, wenn da nicht die geringste Vermittlung mit dem Alltagsleben der Massen und der möglichen Politik verbunden ist, zu einer hoffnungslosen Lage. F[ritz] hat offensichtlich nicht mehr im geringsten jene poli[tische] Phantasie gehabt, die es möglich machte 1967/68, mit ihm zu kooperieren. Allerdings war es schon damals sehr schwer, der SDS hat sich nicht umsonst von der K1 losgelöst. Um überhaupt noch politisch überleben zu können. Hat viel zu spät stattgefunden, als »Versöhnler« war ich da nicht klar. Aber diejenigen, die sich nur noch distanzieren wollten, um auf KP-Traditionalismus sich zu bewegen, lagen noch viel unklarer!

18. August 1975
Aarhus (Dänemark)
Montag. »Bild-Zeitung« macht zwar Titelbild und Überschrift über F[ritz] T[eufel], versucht den Hamburger Bombenanschlag damit zu vermitteln, verliert aber im vernebelnden Bild-Kommentar auf S. 2 kein Wort darüber. Was steht dort zur Debatte? – *»Schweigen ist Geld«*, es wird darauf hingewiesen, daß in Jugoslawien, in der »soz[ialistischen] Gesell[schaft]« »Mitreden (ist) gut ist – arbeiten besser« (... Schiffswerft ...). Betriebsgruppen machen »zu viele Sitzungen«. »Schluß damit! Die Regierung droht ... mit Geldstrafen ...« *Das paßt der »Bild-Zeitung«*: »Schweigen ist manchmal Geld«, »Das kann man verstehen, den Kapitalagenten soll es endlich wieder besser gehen«. Geht es ihnen überhaupt schlecht? Bestimmt nicht.
Sonst sitze ich an der DDR-Sache, wird immer breiter und spannender. Hoffentlich kommt irgendwann mal was raus.
Vor wenigen Nächten »vergewaltigte« mich die Gretchen, zum erstenmal wieder ... War erstaunt, daß mein Penis überhaupt stark wurde; aber es war so. Ging nicht glänzend, aber wie kann das bei totaler Unregelmäßigkeit, Frustration und total langer Ablehnung durch G[retchen] anders sein? Bei E[rika] ging es bisher am besten. Wir taten es halt regelmäßig – dann spielt sich der Rhythmus ein! Bei J[utta] steht immer alles unter Zeitdruck, mit kaum einer Ausnahme. Dennoch macht die Sache, das Quatschen und »Bumsen« beiden einigermaßen Spaß.

Rudi mit Vater Alfred Dutschke, Ostberlin, August 1975.

Die Banditen, unsere lieben Kinder, sind weiter gewachsen, physisch und geistig. Ho ist schwer in Rebellion mit mir, will sich absolut durchsetzen, zumeist mit nicht schlechten Argumenten.
Po ist für uns ein Phänomen, ein Problem und eine besondere weibliche Kraft. In phys[ischer] Hinsicht ist sie glänzend, bis in den Sport hinein. Die Sprache, das abstrakte Denken und die Ohren[618] sind noch immer eine Unklarheit. Da müssen wir weiterhin aufmerksam sein.

19. August 1975
Aarhus (Dänemark)
Hab im Tagebuch von T. B.[619] weitergelesen. Die Lage der Arbeiter im DDR-Betrieb ist der BRD-Lage überaus ähnlich. Ob nun das

618 Polly Dutschke litt unter Schwerhörigkeit.
619 Vielleicht Thomas Brasch (1945–2001), Schriftsteller, lebte seit 1976 in Westberlin, zuvor war er in der DDR inhaftiert.

»Oben«-»Unten«-Verhältnis, ob nun der Haß gegen die Maschinenschufterei, ob nun die Träume …
Im *»Bild-Kommentar«* werden Leber[620]-Zitate aus dem »Spiegel« hingesetzt, um den »Sieg der linken Minderheit in der SPD« »deutlich« zu zeigen.
Bei »Bild« wird der Anti-Kommunismus immer klar sein. Worum soll es dem BND gehen? –»Entlarvung der Agenten Ost-Berlins u[nd] anderer kommu[nistischer] Geheimdienste; Einschleusung von V-Männern in linksradikale und kommunistische Organisationen«. Warum soll eigentlich die Rechts-Szenerie nicht »beleuchtet« werden? Klar, sind keine wirklichen Feinde des Kapitalismus. Die demokratischen Sozialisten und demo[kratischen] Kommunisten sind in diesem Selbstverständnis »Verfassungsfeinde«. Das Wesen der Verfassung, die Erbschaft der bürgerlichen Revolution, kann nur von uns begriffen und neu umgesetzt werden. Die Verfassungsfeinde standen und stehen rechts.

17. September 1975
Aarhus (Dänemark)
Mittwoch. Große Scheiße, miserabler Stimmung aus dem Bett gestiegen. Erkältet und relativ arbeitsunfähig. Gehe am Nachmittag schlafen, um »fit« zu werden. Wache einigermaßen »gut« auf, gehe mich rasieren, um danach zum Doktor zu gehen, wegen der Blutuntersuchung. Dann beginnt der »übliche Prozeß«, greife noch zur Pille, lege mich im Bett nieder, entspanne so stark wie möglich – aber ein leichter Flimmer findet statt. Sehr zu bedauern, es stellt sich auch Fieber heraus, ein ganzer Tag geht drauf.
In der *»Bild-Zeitung«* ein Kommentar *»Unsere Armee«*, weist stolz auf die »Sicherheit der Bundeswehr« hin, 74 % aller BRDler halten die B[undes]-W[ehr] für wichtig …, ist gegen »Militärdiktatur«, meinen aber, ohne es zu sagen, die Revolution in Portugal …

620 Georg Leber (geb. 1920), 1972–78 SPD-Bundesverteidigungsminister.

18. September 1975
Aarhus (Dänemark)
Donnerstag. Etwas besser, aber noch immer nicht glänzend. Der Text von G[retchen] wurde beendet, finde ihn diskussionswert, ihre Schreibfähigkeit hat sich durchaus verbessert. Mit den Kindern gut gespielt, gequatscht und Krach gehabt ... »Bild-Zeitung«, »Kohls Stunde«, auf der ersten Seite Carstens, [Helmut] Schmidt und Wehner werden desavouiert ... »Es wird jetzt spannend in Bonn«, das kann man sich vorstellen ...

19. September 1975
Aarhus (Dänemark)
Freitag. M[anfred Scharrer] macht klar, es fällt ihm schwer, in der nächsten Nummer vom LM etwas über den Gen[ossen] St[eigerwald][621] auszudrücken. Was sind bloß seine Gründe? Habe ihm erste »Vorwärts«- und »UZ«-Verdrehungen geschickt.[622] Über Rosa [Luxemburg] schreibt der Gen[osse] M.[623] eine kritische Diplomarbeit, zeigt sich aber politisch unfähig, einige Zeilen über Steigerwald zu schreiben ... Im *»Bild-Kommentar«* – »Dank« an die abgereisten 400 000 Arbeiter und SPD-Attacke (Leber[624] ...) ...

---

621 Robert Steigerwald war Chefideologe der DKP. Er hatte Rudi Dutschkes Buch »Versuch, Lenin auf die Füße zu stellen« kritisiert.

622 Rudi Dutschke drängte Manfred Scharrer, sich einzumischen in einen Streit um die Edition der Werke Rosa Luxemburgs durch die SED. Der Historiker Hermann Weber hatte im »Vorwärts« kritisiert, daß der Satz von der Freiheit der Andersdenkenden in eine Fußnote verbannt worden sei. Daraufhin wurde Weber auch von einem Sozialdemokraten kritisiert, woraufhin Rudi Dutschke im »Vorwärts« (21. Juli 1975) Weber verteidigte. Dies wiederum nahm Robert Steigerwald zum Anlaß, in der DKP-Zeitung »Unsere Zeit« Dutschke und Weber anzugreifen. Scharrer veröffentlichte im »Langen Marsch« (Nr. 18/1975) einen Aufsatz unter dem Titel »Die Freiheit der Andersdenkenden oder die schlichte Logik des normalen Stalinismus – Zur Aktualität von Rosa Luxemburg«.

623 Vermutlich Manfred Scharrer. Die Arbeit erschien 1976 unter dem Titel »Arbeiterbewegung und Obrigkeitsstaat« im Rotbuch Verlag.

624 Georg Leber.

22. September 1975
Aarhus (Dänemark)
Montag. Es ist schwierig, hier oben[625] zu leben, die Auseinandersetzung im Hause wird schwerlich zurückgehalten – wird auch nicht ausgeglichen durch Auseinandersetzungen gegen den poli[tischen] Gegner. Mit dem werden wir hier in Dänemark kaum konfrontiert. Ho ist weiter Rebell, scheint mir aber entspannter zu sein. U. a. darum, weil er zwei neue Freunde seit einigen Tagen hat (9 u[nd] 10 Jahre alt). Po wird mit G[retchen] nach Berlin fahren, wird ihnen gut tun!
Im *»Bild-Kommentar«* ... »Den Erfolg der Frankfurter Autoschau ... weder durch Ölscheichs[626] noch durch engstirnige Politiker mit ihren Forderungen nach Schleichtempo oder Ablösung des Autos durch Busse ... Die Autos rollen. Wir alle hoffen ... ganze Wirtschaft wieder rollt.« Daneben eine breite Attacke gegen die SPD, im besonderen gegen Brandt, der eine »Mischung« von Schweden, Jugoslawien und Portugal haben will ... – nach »Bild«: *»Weiß Brandt selbst noch, welche Partei er führt?«*

24. September 1975
Aarhus (Dänemark)
Mittwoch. Gretchen und Po sind abgefahren, Ho und ich werden es schaffen. Po war recht »stolz«, Ho zuerst nicht ganz froh. Offensichtlich muß Po wie Gretchen einiges nachholen ...
Mit der Arbeit komme ich verflucht schlecht voran, die Antragsscheiße[627] ist eine Qual. Danach wird es besser gehen.
Bild-Kommentar ... würdigt die Arbeitskraft von Inge Meysel, 65 Jahre alt, Hand gebrochen, und macht dennoch das Th[eater]-Stück mit. Die »Moral von der Geschi[cht']« für Bild ...: »Die wenigen?, die sich mit einem kleinen Schnupfen ein paar freie Tage machen, sollten über diese *Arbeitsmoral* vielleicht ein bißchen nachdenken.

625 hier oben: in Aarhus.
626 Seit 1973 stiegen infolge des vierten Nahostkriegs die Ölpreise. Arabische Länder setzten Öl als Waffe gegen den Westen ein, weil dieser Israel unterstützte.
627 Vermutlich der Antrag bei der DFG.

Ein Schnupfen ist nämlich ganz bestimmt kein Beinbruch.« Ja, ja, so wollt ihr Schweine mit dem Bewußtsein der Arbeiterklasse umgehen. Der Setzer-Arbeiter hat wahrscheinlich aus den »vielen« die »wenigen« gemacht …
Die *Wendung* im Prozeß gegen die *RAF* ist spannend, der Vorwurf der Isolationshaft, die Auswirkungen usw. haben sich durch die Analyse der Psychologen usw. als berechtigt erwiesen.

25. September 1975
Aarhus (Dänemark)
Donnerstag. Geht gut mit Ho, Stimmung ist entspannt – tut uns gut. Der Gretchen geht es in Berlin schlecht: a) als sie am Morgen mit Po ankam, war keine »Sau« im Hause, schon verwunderlich, gerade M.[628] ist gegen 9:00 [Uhr] fast immer zu Hause. b) dann ist solch eine »Scheiß«-Katze bei G. …
Der Polly allerdings ging es gut, sehr wichtig.
Was wird in Spanien geschehen? Der Faschist[629] wird nicht seine jahrzehntelange Politik am Ende seines faschistischen Lebens aufgeben. Aber erst recht nicht werden die Revolutionäre mit ihrem begonnenen Kampf nachgeben.

26. September 1975
Aarhus (Dänemark)
Freitag. Ho und seine zwei Gefährten (Junge und Mädchen) schlafen »schon«. Franco, dieses echte Schwein, hat »durchgehalten«, in 12 Stunden werden 5 Genossen mit dem Leben dran glauben müssen.[630] Die Parole im Munde: Freiheit für die Basken, Sieg des Sozialismus, werden sie aus dem Leben scheiden. »Wir Kommunisten sind Tote auf Urlaub«, diese Worte von E[ugen] Leviné sind noch weiterhin wahr! Hab bei den Vacks-Genossen[631] angerufen, Mitgliedschaft[632] beantragt. War überfällig!

---

628 Vielleicht Manfred Scharrer.
629 Spaniens Diktator Francisco Franco starb am 20. November 1975.
630 Am 27. September 1975 wurden zwei Mitglieder der ETA hingerichtet.
631 Klaus Vack.
632 Beim SB.

27. September 1975
Aarhus (Dänemark)
Sonnabend. Der internationale Protest gegen die Ermordung von Genossen in Spanien zeigt Breite und ist real schwach. Es mangelt einfach an internationalen Aktionen höherer Qualität.
Mit Ho gegen 20:00 [Uhr] Krach gehabt, wollte unbedingt bei den Freunden schlafen. Ich mußte nein sagen, in der Nacht vorher spät ins Bett gegangen und früh raus (22:00–7:00 Uhr), das wäre beim Freund noch stärker gewesen. Nach einer ½ Stunde beruhigte er sich, und wir konnten gut miteinander sprechen. Hat eine gute Nacht gehabt, von 21:00 bis 8:00 Uhr!

1977[633]

11. Februar 1977
Aarhus (Dänemark)
Über die Veröffentlichung von »Versuch, Lenin ...«[634] in Spanien freue ich mich sehr. Wohl bis zur ungarischen Revolution – eine volle Übersetzung in der Wagenbach-Form wurde nicht durchgeführt. Verständlich.
In der Herbstzeit des letzten Jahres war in Spanien gleichermaßen unser SDS-Buch[635] herausgegeben worden, die Zensur war aufgehoben worden. Die Übersetzung lag schon gegen 1968/69 vor. Nicht uninteressante Geschichte. Aus Hamburg wurde angerufen, Radice[636] will mich gerne treffen. Die vom OEK[637] haben eine kleine Macke – hoffentlich verbergen sich dahinter nicht unangenehme politische Interessen.
Die Arbeit geht langsam voran, lese weiterhin in Heller[638], S.-Rethel[639] u. a., wage mich an die Schreiberei[640] nur langsam heran – und die Zeit drängt. Die G[retchen] ist da unbefangener, hat Vor- und Nachteile.
Die Kinder sind von A bis Z zu Hause anti-autoritär, hoffentlich stekken sie außerhalb des Hauses nicht den Schwanz ein. Mit mir wird richtig rebelliert, soweit ich Zeit- und Schul-»Forderungen« stelle.

---

633 Im Jahr 1976 führte Rudi Dutschke kein Tagebuch, oder seine Aufzeichnungen sind verschwunden.
634 1974 war Rudi Dutschkes Buch »Versuch, Lenin auf die Füße zu stellen« in Deutschland erschienen.
635 Rebellion der Studenten oder Die neue Opposition. Eine Analyse von Uwe Bergmann, Rudi Dutschke, Wolfgang Lefèvre, Bernd Rabehl, Reinbek 1968.
636 Der Mathematikprofessor Lucio Lombardo-Radice war Mitglied des Zentralkomitees der KPI und verantwortlich für die Arbeit der italienischen Kommunisten in Westdeutschland.
637 OEK: Sozialistisches Osteuropakomitee. Unterstützte Bürgerrechtler in Osteuropa.
638 Die ungarische Marxistin Agnes Heller (geb. 1929) ist Lukács-Schülerin. Wahrscheinlich las Rudi Dutschke das Buch: Agnes Heller, Hypothese über eine marxistische Theorie der Werte, Frankfurt a. M. 1972.
639 Alfred Sohn-Rethel (1899–1990), Historiker und Philosoph, Rudi Dutschke las sein Werk »Geistige und körperliche Arbeit« (1970).
640 Das nie erschienene Buch sollte »Sozialismus für Anfänger« heißen.

Rudi und Gretchen in Dänemark, ca. 1977.

Mit M[anfred Scharrer] telephoniert, berichtete kurz von W[olf Biermann], die Frauen ... »rollen an«, soll keinen glücklichen Eindruck machen. Kaum war er aus hinterhältigen Gründen »frei« geworden, dreht sich das DDR-Karussell auf BRD-Boden bald neu an. Fehlt bloß noch der Robert [Havemann], wird eine Frage der Zeit sein. Wenn sie den KPI-Gen[ossen] [Lombardo-]Ra[dice] zu ihm heranlassen, so wird dieser wahrscheinlich versuchen ihn zu überzeugen. W[olf] deutete es schon über ein Gespräch an Rom an; schickte sofort einen Brief an R[obert Havemann] and riet ab, aus zweifachen Gründen, versteht sich.
Th.[641] und K. beginnen sich »zurechtzufinden«, am Telephon war sie schon wie »drüben«, dufte und liebe Berliner Schnauze. Mit seinem Buch kam er »gut an« in der bürgerlichen Öffentlichkeit, »die Linke« schwieg sich bisher tot. Nicht neu, werde auf jeden Fall mein Maul

641 Vielleicht Thomas Brasch.

nicht halten, methodisch so wie bei W[olf Biermann] – volle Solidarität und scharfe Kritik.
M[anfred Scharrer] hat mal wieder »von sich hören gelassen«, all right, mal sehen ob die Beziehung über die Sache etwas wird. E[llen][642] ist zurückhaltender geworden, wird ihre Gründe haben, eine gute Kämpferin, so meine ich, ist sie auf jeden Fall.

12. Februar 1977
Aarhus (Dänemark)
Mit den so geliebten Kindern gibt es halt hin und wieder Krach, von sich aus werden bestimmte Haus- und Schülerarbeiten nicht von ihnen angegangen. Wenn ich dabei »nachhelfe«, dann vielleicht nicht immer zurückhaltend, dann vollzieht sich volle anti-autoritäre Rebellion. Die trommeln vom Bett aus gegen die Wände und brüllen voller Genuß »Rudi ist doof« usw. Wenn ich dann zu ihnen gehe und den »Schwanz einziehe« bzw. kritisch-solidarisch durchhalte, dann geht es noch immer eine Zeitlang weiter. Hoffentlich werden sie anderen Erwachsenen gegenüber auch lernen, Widerstandskraft zu entwickeln. Ist nicht per se zu erwarten. Als ich sie diesbezüglich befragte, wurde von Ho und Po gesagt: »Du schlägst nicht, bei den anderen in der Schule ist das nicht sicher.« Müssen wir genauer verfolgen. Po ist stärker geworden und sprachlich besser, dennoch ist da ein unbeseitigter Rückstand in der deutschen Sprache. Muß in den kommenden Monaten mehr beachtet werden. Das Buchprojekt[643] geht langsam voran, Gretchen schreibt schneller, manches sehr gut, weniges unhaltbar. Werden uns nach dem Abschluß der Passagen noch viel herumschlagen, wird uns aber beiden behilflich sein. Komme mit den Leih-, Industrie- u[nd] Bank-Kapitalisten sowie den Managern in der kurzen Darlegung nicht schlecht voran. Ist wichtig, von dort aus ist der Sinn und die historische Notwendigkeit des Sozialismus *mit* abzuleiten. Die *Grund*ableitung vom Standpunkt der Mehrwertschöpfung und Arbeitskraft soll folgen.

642 Ellen Diederich, eine Freundin Rudi Dutschkes.
643 »Sozialismus für Anfänger«.

Die Diskussionen mit Šik[644] und a[nderen] m[ehr] in Wiesbaden war schon interessant, typisch verdreht war die FR-Wiedergabe. Die Korrektur von mir wurde als Brief wiedergegeben, ziemlich weit hinten. Aber dennoch wichtig.
Im Gespräch mit H. in der FR stellte sich schon heraus, wie sorgsam er bedacht war, keinen Bruch zu zeigen, aber die Differenz zu betonen, ohne meinen Standpunkt genau zu kennen. »Alte Ängste« waren zu spüren, nach dem von mir nicht gemachten und gesehenen Fernsehfilm erst recht wohl.

13. Februar 1977
Aarhus (Dänemark)
Mit W[olf Biermann] und S. gesprochen. Wie es R[obert Havemann] geht, fragte ich nicht, wollte der S. nicht zu nahe treten, wäre aber dennoch notwendig gewesen, hole ich heute bzw. morgen nach. Sie ist mit dem duften Sohnemann gekommen, der, wie S. sagt, von mir das Wort »Lastwagen« erlernte. Ich kann mich erinnern, er war mit den anderen Genossinnen bei T., und ich spielte laufend mit ihm. Seinen Lastwagen bot er mir laufend als Auto an, so jedenfalls ging das ca. 2 Stunden. Sein junges Gehirn mußte in dieser Zeit laufend liebe Korrekturen von mir hinnehmen.
Beide, W[olf] u[nd] S., haben den TV-Film gesehen, W[olf] war ziemlich positiv gestimmt, begann damit unmittelbar das Telephongespräch. S. fand es »interessant«. Nun, die Meinungen schwanken ungeheuer. Den W[olf] freute sehr, als er hörte von der Karte des alten Gen[ossen] [Jürgen] Werth. Jürgen war 1966 »voller« politischer Gegner von mir u. a., machte für K. H. u. a. ein »Gedächtnisprotokoll«, war einer der wenigen Arbeitersöhne im SDS und »Argument«, einer der besten jungen Soziologen. Nach dem Attentat, die Gründe weiß ich nicht, hörte er mit dem Studium auf (PL.[645]) und ging in die Fabrik, wurde hochqualifizierter Metall-Arbeiter. Derselbe fand die TV-Sache gut und fand mich »in bester und frischer

644 Ota Šik (geb. 1919), Wirtschaftsreformer des »Prager Frühlings« 1968. 1969 aus der tschechoslowakischen KP ausgeschlossen, ist heute Schweizer Staatsbürger.
645 Vielleicht Politologie.

Rudi, ca. 1977.

Verfassung«. Na ja, die »linken« oder »rechten« Fernseh-Kritiker waren zumeist anderer Meinung. Sollte man nicht zu ernst nehmen, es wird heute mehr »gesehen« und weniger »gelesen«!?

14. Februar 1977
Aarhus (Dänemark)
Mit M[ilan Horacek[646]] gesprochen über die Hamburger Veranstaltung: K., B. und R. werden im Mittelpunkt stehen, eine bestimmt nicht uninteressante Zusammensetzung, Kommunisten mit ähnlichen und verschiedenen Erfahrungsperioden. Hoffentlich tauchen nicht zu viele sektiererische Störertruppen auf. Weiß noch nicht, ob ich hinfahre, bin erkältet und ziemlich down. Wahrscheinlich durch unzureichendes Schlafen. Die Kinder sind desgleichen erkältet, zuwenig geschlafen und nach den Badeanstalten nicht ausreichend getrocknet. Gretchen ist immer ziemlich froh, wenn sie etwas Neues schreiben kann und muß, ob nun für dänische oder deutsche Zeitschriften. Leider fehlen bisher die amerikanischen Möglichkeiten. Da liegt noch die Wurzel von so manchen Widersprüchen. Die Lösung ist mir da ein Rätsel. Zur Zeit liest sie wesentlich über Umweltproblematik, Ökologie usw. Ich lese W. Wagner[647] und A[gnes] Heller breiter und vollständiger. In beiden geht es um Gebrauchswert und um Bedürfnisproblematik im wesentlichen. An der Ecke weiterzuarbeiten ist von entscheidender Bedeutung, um die Sozialismus-Problematik richtig fassen und weiterentwickeln zu können.

15. Februar 1977
Aarhus (Dänemark)
K[laus Rainer] R[öhl] hat angerufen, wollte über die Uni-Veranstaltung in Hamburg mit mir sprechen. Habe ihm vorgeschlagen, Tonbandgeräte mitzunehmen, um gerade interessante Diskussionen aufzunehmen, »das da« wird in wenigen Tagen zur Verfügung stehen.

646 Milan Horacek war ein tschechoslowakischer Bürgerrechtler und Mitbegründer der Grünen. Er lebt heute in Prag.
647 Vermutlich Wolf Wagner, Verelendungstheorie. Die hilflose Kapitalismuskritik. Frankfurt a. M. 1976.

»konkret« gleichermaßen. Mal sehen, die Polemiken[648] werden weitergehen.
Im Mittelpunkt steht aber zur Zeit noch immer Brokdorf[649].

17. Februar 1977
Auf einer Deutschlandreise
Nun geht es wieder einmal los, immer wieder reizend und anregend, aber auch Zeit nehmend. Für das Buch[650] haben die Reisen Vorteile und Nachteile, für die eigenen Tastversuche natürlich nur Vorteile. Die Sorgen und Ängste über den April 68 können nur durch solche Wege wirklich angemessen aufgehoben werden. Das politische Risiko war und ist bzw. wird. Ein Leben aber zu leben ist mehr wert, als beschränkt dahinzuvegetieren. Unsere Kinder werden das auch erlernen, werden die schon von Land zu Land kindlich erfahrenen Sorgen dabei loswerden bzw. als Moment, als wichtiges Moment ihrer eigenen Sozialisierung begreifen.

18.–20./21. Februar 1977
Auf einer Deutschlandreise
Am besten im April-DAS DA nachzulesen.
Aus den Gesprächen in Hamburg mit R., M. u.a. war erkennbar, daß irgendwie doch versucht wird, in der BRD eine Partei aufzubauen. Alles spricht dafür, aber die inhaltliche Ungeklärtheit ist noch so groß, daß jeder Sponti-Trip in leninistische Schranken hineingerät. R. sprach mit R[obert] H[avemann], letzterer ist fest entschlossen, nicht von dort wegzugehen. Ich kann ihn gut verstehen, bedaure es irgendwie dennoch. Die Arbeit bei uns bedarf so mancher »alter Kader«, um den Widerspruch zwischen emanzipativer Perspektive und anstehender sozialistischer Politik voll austragen zu können.
Bei der Arbeitsgruppentagung in der Nähe von Frankfurt wurde offensichtlich, daß im SB noch keinerlei Klarheit über sozialistische Politik im konkret-historischen Sinne zu finden ist.

---

648 Über Rudi Dutschkes Eintreten für die Bürgerrechtler in Osteuropa.
649 In Brokdorf (Kreis Steinfurt, Schleswig-Holstein) wurde seit 1976 ein Atomkraftwerk gebaut, gegen das die sich bildende Antiatomkraftbewegung massiv protestierte.
650 »Sozialismus für Anfänger«.

I. Gruppentagungen (ca. 300–400 anwesend; nicht wirklich von den Arbeitsfeldern delegiert usw.)

II. Allgemein-Diskussion – α) nicht einmal 11 waren zu finden ..., nur 7 – d. h., ca. 4 (Göttingen, Aachen, Berlin) blockierten
β) Negt/Dutschke/Altvater ...

Dann scharfe u[nd] interessante Diskussion über »Leninismus« mit N[egt], B., P. u. a., soll veröffentlicht werden. Während der Reise nach Hannover intensive Gespräche über Mattick[651], Korsch usw. Warum finanzielle »Absicherung« an der Uni?

4.–9. März 1977
Oslo
Aufenthalt in Oslo mit vier Kindern[652] und G[retchen]. Das »Berufsverbot« stand zur Debatte, war in der Diskussion mit A., J. und G. zusammen. Zum Skilaufen bin ich verflucht wenig gekommen, und dennoch machten mir die ca. 20–40 min. pro Tag viel Spaß und gaben mir Energie. Primär saß ich am Tisch, machte einen »Autonomie«-Artikel fertig. Die von »links«[653] werden es als »zu lang« bezeichnen und sich so davonstehlen. Interessant war in Oslo die Botschafter-Reaktion auf unser Dasein ...

12. März 1977
Aarhus (Dänemark)
Sitze noch immer am »Das-Da-Artikel«[654], die ganze Atom- und Massenmobilisierung in B[rokdorf] u[nd] I[tzehoe] bereitet mir theore[tische] und politische Schwierigkeiten. »Old Surehand II« mit und für die Kinder zu lesen ist leichter.

---

651 Paul Mattick (1904–80), marxistischer Theoretiker, gehörte zu einer Gruppe deutscher und niederländischer Rätekommunisten. Lebte seit 1926 in den USA, analysierte u. a. die Gegensätze zwischen Lenin und Luxemburg.
652 Hoseas Freund Christian und seine Schwester Camilla kamen mit.
653 Zeitung des Sozialistischen Büros.
654 Der Bericht über die Demonstrationen in Brokdorf und Itzehoe erschien in der »das da«-Ausgabe vom April 1977.

14. März 1977
Aarhus (Dänemark)
Herr Geißler[655] ist doch ein schwacher Geist. Und der redet von einer »neuen sozialen Frage«, von »Bürger- und Menschenrecht« ... Sein geistiger Bruder Stoltenberg[656] wird dankbar sein. Wieviel Substanzlosigkeit.
ČSSR-Prof. Jan Pakuta – 69 Jahre, Vernehmungen, Gehirnschlag, Tod. So ist der Weg und die Methode des Geheimdienstes in Ost. Ist es in West anders? Bestimmt nicht. Die Charta[657] muß weiter breit unterstützt werden!!

25. März 1977
Aarhus (Dänemark)
Bloß gut, daß ich in den letzten Monaten die phil[osophisch]-ök[onomischen] Man[uskripte][658] immer wieder durchgelesen, durchgewühlt habe. Wie tief historisch-aktuell ist doch die Sache. Fahre heute zu der ČSSR-Veranstaltung in Frankfurt, hoffentlich treiben sich nicht Provokateure der Comecon[659]-Länder dort herum!

26. März 1977
Hamburg/Frankfurt (Main)
Auf dem Hauptbahnhof schlecht, aber entspannt gelandet ...

---

655 Heiner Geißler war 1977–89 Generalsekretär der CDU. Die von ihm formulierte Neue Soziale Frage gehörte zur programmatischen Erneuerung der CDU.
656 Gerhard Stoltenberg war 1971–82 CDU-Ministerpräsident in Schleswig-Holstein.
657 Die Charta 77 war die bekannteste Menschenrechts- und Bürgerrechtsbewegung der ČSSR. Sie forderte die Verwirklichung der in der KSZE-Schlußakte von Helsinki 1975 vereinbarten Rechte.
658 Die »Philosophisch-Ökonomischen Manuskripte« verfaßte Karl Marx 1844 in Paris (weshalb sie manchmal auch »Pariser Manuskripte« genannt werden). Sie sind Marx' erste tiefere Beschäftigung mit der Ökonomie. Auf dem Blatt dieses Tagebucheintrags finden sich Exzerpte aus dem Marx-Text.
659 Comecon (Council for Mutual Economic Assistance) war der im Westen gebräuchliche englische Name des Rats für Gegenseitige Wirtschaftshilfe (RGW), des Wirtschaftszusammenschlusses von sozialistischen Staaten, vor allem Osteuropas. Der RGW war das Gegenstück zur Europäischen Wirtschaftsgemeinschaft (EWG).

In Hamburg kam ich am frühen Morgen mit W[olf] B[iermann][660] zusammen, er holte mich mit dem Auto ab, und wir fuhren zum Flughafen. Der ehemalige und neue Hamburger findet sich schon wieder ausgezeichnet in jeder Hinsicht zurecht. War ein wenig übermüdet, aber wohl verständlich. T.[661] und Sohn waren gerade angekommen. Von den damit entstehenden neuen Sorgen war das eine und andere zu spüren, bis hinein in die finanzielle Lage. Obwohl gerade darin seine Lage außerordentlich »gut« geworden ist. Viel Geld zu haben, viel Verantwortung für andere zu tragen und ein kommunistischer Künstler zu sein ist eine schwierige Angelegenheit. Über seinen Auftritt bei dem JUSO-Kongreß bzw. in den Veranstaltungen mit den Stamokap-Gruppen[662] vorher scheint er sich klar geworden zu sein: »Wenn die sich einbilden, mich benutzen zu können, so werden sie sich wundern.« Einige Stimmen für B. und gegen Sch. hat er jedenfalls besorgt. Mal sehen, wie das werden wird: Über die ČSSR-Repression und Ausbeutung werden wir die Fragen weiter stellen. In Frankfurt traf W[olf Biermann] auf eine Genossin – oder Freundin. Nach Frankfurt hineinfahrend, befragte W[olf Biermann] mich eigenartigerweise über den April 68, über B[achmann], über die Briefe zwischen uns: »Durch seine menschlichen Briefe hat der Rudi den B[achmann] in den Selbstmord getrieben.« Ziemlich verdreht, aber wie es auch immer sei – jeder hat sein Leben ganz zu leben und zu erleben, es nie schon früh aufzugeben. Und wenn die Lage noch so beschissen ist bzw. war. Wenn ich bloß die Lage von mir nach der Schießerei mit der von W[olf Biermann] nach der Ausbürgerung vergleiche – Welten liegen dazwischen. Er ist am realen gesellschaftlichen Leben dran und drin, ich mußte x Jahre wie verrückt schuften, um überhaupt wieder heranzukommen.
Na ja, die Veranstaltung war wohl für die meisten beeindruckend. Die Presse ließ wenig von sich blicken, ist schon verständlich.

660 Wolf Biermann zog 1953 von Hamburg in die DDR und wurde 1976 dort ausgebürgert.
661 Vielleicht Thomas Brasch.
662 Eine Fraktion innerhalb der Jungsozialisten, die die marxistisch-leninistische Theorie des staatsmonopolistischen Kapitalismus vertrat und bereit war, mit der DKP Bündnisse zu schließen.

Gen[ossen] Pelikan[663], Wolf [Biermann], Milan [Horacek], G. Z.[664], D. K., O[tto] Sch[ily], ich u. a. argumentierten klar und konsequent. Die ca. 700–800 in einem überfüllten Saal waren voll dabei, sektiererische Blödheiten ließen sich nicht durchsetzen.
(Selbstkritische Bemerkung nicht vergessen – bezog sich auf Udo.) Ging bis in die Nacht hinein noch mit W[olf Biermann] u[nd] den Tschechoslowaken und Freunden weiter (eine nicht uninteressante Konfrontation von W[olf Biermann] und der Freundin von Milan [Horacek] sollte nicht vergessen werden).

27. März 1977
Auf einer Deutschlandreise
Die Diskussion über Kultur und Politik, über Meinungsfreiheit in Ost und West war nicht mehr so scharf und deutlich wie vorher; fiel aber nicht zurück. Die Schwierigkeit scheint mir darin zu bestehen, daß die Rolle der Kunst im Westen nicht identisch ist mit der Rolle der Kunst im Osten der gegenwärtigen Periode. Oder? Am nächsten Tag sollen wir den alten Genossen B[erkhahn][665] aufsuchen, freue mich jetzt schon.

28. März 1977
Hannover
War hundemüde, die Nacht vorher war erst gegen 3–4:00 Uhr zu Ende gegangen. Tut mir nie wohl. Halte zwar durch, aber gute Rückwirkungen kann es schwerlich haben.

Dann noch gegen 23 Uhr in Hannover gelandet und M. B. besucht. Mit ihm und Genossin weiter bis tief in die Nacht hinein über Lukács, Korsch, Mattick und die Welt der Linken und Rechten intensiv diskutiert. Wie geht es weiter mit der SPD/FDP-Regierung, wann

---

663 Jiri Pelikan (1923–99), Reformkommunist, Vertreter des »Prager Frühlings«. Ging nach der Besetzung der Tschechoslowakei durch Truppen des Warschauer Pakts 1968 ins Exil nach Italien, wo er die Charta 77 unterstützte.
664 Vielleicht Gerhard Zwerenz (geb. 1925), Schriftsteller (»Soldaten sind Mörder«), 1957 aus der DDR in die BRD übergesiedelt.
665 Rudi Dutschke hatte den ehemaligen Spanienkämpfer Günter Berkhahn im März 1977 bei einer Veranstaltung in Wiesbaden kennengelernt.

kommt die CDU/CSU an die Macht, was können wir dann tun im Bündnis mit wem usw.? Sollte ich mir doch noch so schnell wie nur denkbar eine Stelle besorgen? Innerlich spricht alles dagegen, dennoch versuchen mich die Freunde zu überzeugen.

29. März 1977
Hannover
Gen[osse] Berkhahn –
sich nicht zu früh einsetzen, *Zeit* zum Schreiben haben, zur richtigen Zeit in Bereitschaft sein; Etappenlage wichtig ... (?); erinnert an »Münnick«[666] (Flatter) – KPU – Spanien – Kádár[667].
»Kampf aus der Tiefe« richtig? »Pause«.
»Denn je mehr sich die Ungeduldigsten und Weitsichtigen einsetzen, um so weniger tut die Masse!«
1. Lebenserhaltung sichern, 2. Die überfälligen Arbeiten durchführen (an G[iangiacomo] Feltrinelli denken).

(?) Eine portugiesische Genossin, in Wien studiert, in P[ortugal] pädagogische Methoden f[ür] Prol[etarier] u[nd] Bau[ern] im Norden erarbeitet.

Bei unseren »lieben Landsleuten« ... Goethe ... ist das *Gefühl unterdrückt* ... Untertanen-Ungeist. Wiederkauen von Begriffen und gegen das *spontane Gefühls- u[nd] Empfindungsleben eingeklemmt.* Storys und Erzähltes wenig zu finden, s[iehe] USA-Bukowski[668].
Gefühle im »Kommen«, s[iehe] Musik ...

Bisher mehr »wiedergekaut Begriffliches als erzählt Lebendiges« (!!) ...

666 Nicht verifizierbar.
667 Janos Kádár (1912–89), Führer der Ungarischen Sozialistischen Arbeiterpartei (ehemals Kommunistische Partei Ungarns).
668 Charles Bukowski (1920–94), sozialkritischer US-amerikanischer Schriftsteller.

Dominierend noch jenes »massenhaft verkümmertes Gefühlsleben«; »Gefühl ist alles« (Goethe), s[iehe] Traven[669];

Sexualität – autoritä[re] Erziehung: der Junge B[erkhahn] soll o[der] will zwei Kindern seinen Penis zeigen, Mutter erfährt vom »Monster«, Vater läßt die »schönen Locken« abschneiden. Sohn wendet sich *abrupt* von der Sache ab: »Schönheit« wird zum »seelischen«, Sich-Entfernen von realer Sinnlichkeit.

Kleinbürgerfamilien – Proletariat; Großvater gegen den Sonntagsanzug der Arbeiter; 1930 »fast bewundernde Einstellung zum Proletariat, weil es rebellierte ... mit Skepsis gemischt«.

Deutsche *Arbeiterschaft* – mehr bedacht auf Sicherheit, schwer spontan kampfbereit.

Gen[osse] B[erkhahn] –
Kapita[listische] Dynamik heute über *Atom- und Computerwirtschaft*
Kritik Linke: unkorrektes Verhalten gegenüber den Individuen, nicht einmal bürgerlicher Maßstab ist erreicht, vielmehr »herrscht schon Vereinnahmung nach eurokratischem Muster«.
Gleichermaßen Mißachtung der Lebensgeschichte der Verfolgung des aus dem Exil Zurückkehrenden;
Die heuti[ge] Jug[end] und Stud[enten] jammern über »Berufsverbot«, ohne sich jemals um die ihnen jahrzehntelang [unleserlich] zu kümmern: »Die eingleisige Wirklichkeitsfremdheit der heu[tigen] deu[tschen] Jugend scheint mir noch größer als zu meiner Zeit.«

In Hamburg ankommend, mache ich mich bald in Richtung »konkret« auf die Socken, um einen Überblick zu ergattern bezüglich

669 B. Traven (1882 o. 1890–1969), Schriftsteller (»Das Totenschiff«), beteiligte sich an der Münchener Räterepublik 1919 und entzog sich der drohenden Verhaftung durch Flucht, erst nach London, dann nach Mexiko. Die biographischen Angaben zu B. Traven sind umstritten.

ihrer B.[670]-Einschätzung, Geld mußte ich allerdings gleichermaßen holen.

1. April 1977
Aarhus (Dänemark)
Carter[671] hat nun gleich nach dem Gespräch seines Außenministers[672] in Moskau[673] wieder das große Maul. Sagt Menschenrecht und meint Aufrüstungsdrohung. Breschnew sagt »prol[etarischer] Intern[ationalismus]«, »antiimp[erialistischer] Kampf« und meint Erweiterung der eigenen Machtzone. Das kann ja scharf werden. Die Arbeiterklasse und die Werktätigen kommen dabei schlecht davon.

3. April 1977
Aarhus (Dänemark)
E[llen] D[iederich], E[rich] F[ried], und Th[omas] B[rasch] riefen heute an. Sie war aus Paris zurück und berichtete über die R-F-Vorhaben bezüglich der Analyse der BRD. E[rich] telephonierte aus London, berichtete vom Tod seiner dänischen Frau (Krebs) und besonders über die Lage der Auseinandersetzungen in der BRD. Über den zunehmenden Hegemonial-Anspruch der BRD waren wir uns einig. Th[omas] betonte besonders sein Verständnis von Kunst als Methode des Überlebens.

7. April 1977
Aarhus (Dänemark)
Generalbundesanwalt Buback[674] und sein Polizist erschossen, ein anderer schwer verletzt. »Alarmstufe eins«, »Straßensperren«, »Sicher-

---

670 Vielleicht Rudolf Bahro (1935–97). Bahro verfaßte als SED-Mitglied die DDR-kritische Schrift »Die Alternative«, die 1976 in der Bundesrepublik erschien. Bahro wurde verhaftet und 1979 in die Bundesrepublik entlassen. Er gehörte zu den Mitgründern der Grünen.
671 Jimmy Carter (geb. 1924), 39. Präsident der USA (1977–81).
672 Cyrus R. Vance (geb. 1917), 1977–80 US-Außenminister.
673 Kurz nach dem Amtsantritt der Carter-Regierung reiste der US-Außenminister Vance nach Moskau, um die Abrüstungsgespräche (SALT 2) fortzusetzen.
674 Am 7. April 1977 erschossen RAF-Mitglieder Generalbundesanwalt Siegfried Buback und zwei seiner Begleiter in Karlsruhe.

heitserhöhung für Politiker«, Maihofer[675] seinen Urlaub unterbrochen, »Lage-Diskussion« in der Regierung unter der Leitung von diesem antidemokratischen »Liberalen« Gens[cher][676] ...
Die ganzen Nachrichten von 14 Uhr im »Deutschlandfunk« damit beschäftigt, weiß der Teufel, welche Schlußfolgerungen politisch-repressiver und politisch-emanzipativer Art sich daraus ergeben. Der Bruch der linken Kontinuität des SDS, die verhängnisvollen Auswirkungen werden erkennbar. Was tun? Die sozialistische Partei wird immer unerläßlicher!

1. Mai 1977
Aarhus (Dänemark)
Mit dem »konkret«-Text für Kriegel, Brandt, für Demokratie und Sozialismus noch nicht ganz fertig, aber dennoch. Bin schon »lange« nicht bei einer längeren Demo dabeigewesen. Die Kinder, Gretchen und ich machten uns gegen Mittag auf. Der Ho wollte eigentlich nicht, eine gewisse Ängstlichkeit vor großen politischen Demonstrationen scheint bei ihm noch immer zu sein. Zu Fußballveranstaltungen allerdings geht er völlig entspannt. Die Verkrampfung löste sich allerdings bald auf, hat allen gefallen. Bei den Reden[677], Gretchen übersetzte, fiel auf, über die eigene soziale und sozialpsychologische Lage nichts zu sagen, primär über die anwesende Arbeiterminderheit zu sprechen. Sicherlich, eine Proletarisierung verschiedener Zwischenschichten ist unüberschaubar, aber der Widerspruch von Interessen soll nicht in unvermittelte Identität gedreht werden.

4. Mai 1977
Aarhus (Dänemark)
W[est-]B[erlin] – Aarhus
Zerrissenes Land – Wunden – weg sein – bleibe hier –
»Wollen Sozialismus aufbauen und würden gerne gehen«. »So o[der] so« – Sozialismus oder Barbarei;

---

675 Werner Maihofer (FDP) war von 1974–78 Bundesinnenminister.
676 Hans-Dietrich Genscher (FDP) war von 1974–92 Vizekanzler und Bundesaußenminister.
677 Auf der Kundgebung zum 1. Mai in Aarhus.

4.4.1945 – Londoner Sender – NAZIS kapitulierten. Frieden – Freiheit /Kommunismus
»Nehmt Euch die Freiheit, sonst kommt sie nie« (Original – Kopie – stal[inistisch]- konterrev[olutionäre] Stimmung);
Spricht für deutsche *Einheit, sozialistische* – »schwarze [unleserlich][678]« – Sprache ist nicht unsere.
»Einheit der Linken in Ost und West« – Solidarität von grundlegender Bedeutung;
BRD – KP – »wie ich sie wachsen seh« – KPI.
»Diktatur bürg[erlicher] Politiker«, ... Berufsverbot, auch hier? ... Ja. Jein ...
»Schmückst du dich nicht mit Wunden, die du noch nicht hast?«
BRD – Terror/Re-Aktion Mord an Buback: »Weihnachtsgeschenk zu Ostern f[ür] d[ie] Bourgeoisie«, »Stein der Weisen« – nicht rot, der »Feind hat sich längst vereint«!
– Gulu-»Vereinigung« [sic!]; Sekten-Vereinigung steht nicht zur Debatte;
– *Volksfront* – Veränderung in den *eurokommun[istischen]* Parteien
– Wie soll es sein? »Chronische Idylle« (Dänemark)
– »In diesem Lande leben wir wie Fremdlinge« (Hölderlin)
– wir sind keine »harten Gustave«, brauchen *Kämpfe* und *Recht auf Trauer, Leiden*
– »Sozialismus«/Posten
»Bau der Mauer richtig war« (!?) – »Schuld« bei Kap[italismus] o[der] Stalinis[mus] (Wurst – Knüppel)
– *KZ-Lager* der Bürokraten (Klein-Mauer) – Groß-Mauer.
– Staat/Sozialismus, ersterer wird immer überflüssiger;
– *Stalin* – »Faschist im Sowjetstaat« (!!)[679]

2. Juni 1977
Berlin
In Berlin mit J. M.[680] zusammen, aus Köln kommend, gelandet; hundemüde, eigentlich schlechtes Gefühl, organisatorisch seit lan-

678 Vermutlich: Pest.
679 Ein großer Teil dieser Eintragung besteht aus Zitaten von Wolf Biermann.

gem in der Stadt nicht verankert. Dennoch in der Sache verpflichtet, möchte eigentlich »nur« die Demo-Struktur, den Inhalt usw. kennenlernen. Fahren erst mit dem Auto herum, zur festgelegten Zeit (17 Uhr) verflucht wenig anwesend. Gehen dann essen in ein italienisches Restaurant, in der Nähe der Kantstraße. Einige Gesichter erkennen mich, gewisser Informationsaustausch. Ca. 1 ½ Std. später taucht endlich eine Demo in der Nähe auf, wir machen uns ran. Die meisten Gesichter, wie erwartet, völlig unbekannt. Jüngere Grüppchen fangen an zu rennen, angenehm, aber ohne inhaltliche Parolen, unterm Strich ... Nicht Plakate oder Flugblätter werden den Berlinern angeboten, sondern Telephonbücher zerrissen und in die Luft geschmissen. Die Demo ist z[um] a[nderen] völlig zerrissen und unvermittelt. Irgendwann trifft man sich in der Krumme[-Straße][681] ..., die Reden sollen dort gehalten werden. Erich F[ried] hält eine klare Rede des Nachdenkens und der Fragestellung, die Kritik am Terroristenmythos wird von Minderheiten des Gewaltfetischismus großmäulig angebrüllt. Mich hat man dann auch »gezwungen«, habe »provoziert« und die Aufmerksamkeit aufgezwungen.
Bernd R[abehl] und a[ndere] waren anwesend, versprach die Leitung für die FU-Diskussionen am 4. im Audi-Max.

3. Juni 1977
Stuttgart
In Stuttgart gelandet, recht schnell nach Sch. abgefahren. Die Diskussion war in einem voll gefüllten Jugendzentrum. Darum allein schon wichtig die zumeist jungen Gesichter der neuen Generationen zu sehen, die Verhaltenweisen und Fragestellungen, Versuche der Antwort-Findung.
Reaktionäre Jugendliche meldeten sich nicht, waren vielleicht tatsächlich nicht anwesend. Aber in einer Tonbandaufnahme, Gespräch mit jungen und älteren »Westberlinern« über den Mord an Benno

680 Vermutlich Jürgen Miermeister (geb. 1943). Miermeister ist Journalist, Filmemacher und Schriftsteller. Er hat Bücher mit Texten von Rudi Dutschke herausgegeben und auch eine Dutschke-Biographie (»Rudi Dutschke«, Rowohlt, 1986) verfaßt.
681 In der Krumme-Straße wurde am 2. Juni 1967 Benno Ohnesorg erschossen.

Ohnesorg waren faschistoide Töne zu hören. Nicht verwunderlich. Die Verhältnisse sind nicht nur nicht geändert, sondern das Sektierertum der Linken hat zugenommen.

4. Juni 1977
Stuttgart
Gefrühstückt mit Walter M[oßmann][682] und Willi H[oss][683] – Tochter und Mutter von Willi sind auch anwesend, äußerst angenehm. Walter erzählt über Bonn, Wyhl[684] usw., rät uns, nicht zuviel in Berlin zu erzählen – »die wirklichen Sachen laufen woanders und sind anders«. Nur zu wahr. Warum lasse ich mich trotz innerer Abwehr dagegen immer wieder von Erich [Fried] u. a. »rumkriegen«? Fliegen mit W[illi] und Eckhard[685] K[rippendorff], viel gequatscht. Die Veranstaltung war proppenvoll, seit langem nicht mehr so überfüllt. Aber der Tisch war gleichermaßen überbesetzt. Willi und dann die Uni-Größen ... Willi allein kam angemessen auf die anstehenden Probleme, wir anderen beschränkten uns auf persönliche Attitüden u[nd] Probleme. Ich mußte mich zurückhalten, um nicht meiner inneren Haltung gemäß etwas vorzuschlagen, wohinter ich zur Zeit noch nicht stehen kann. Die Problemkomplexe werde ich formulieren und drucken lassen ...

9. Juni 1977
Aarhus (Dänemark)
Haben die amerikanische Freundin[686] und ihren freundlichen Mann (J[erry Davis][687]) besucht, viel über Probleme der Ökologie diskutiert, über Öffentlichkeit in Dänemark (Presse) und Realität in den USA. Bin dann ins noch ziemlich kalte Wasser gesprungen, die anderen schauten nur zu ...

---

682 Walter Moßmann (geb. 1941), Liedermacher, in den siebziger und achtziger Jahren einer der Köpfe der baden-württembergischen Anti-AKW-Bewegung.
683 Ende der sechziger Jahre war Willi Hoss unabhängiger Betriebsrat bei Daimler-Benz in Stuttgart, danach Bundestagsabgeordneter der Grünen.
684 1973 sollte in Wyhl am Kaiserstuhl (Baden-Württemberg) ein Atomkraftwerk gebaut werden. Das Projekt scheiterte am Widerstand der Bevölkerung.
685 Richtig: Ekkehart.

15.–20. Juni 1977
Aarhus (Dänemark)
Wie ein »Wilder« die Thesen für den »Langen Marsch zum aufrechten Gang«, einigermaßen zufrieden; hab' die 60er und 70er dargelegt bzw. verglichen.

29. September 1977
Aarhus (Dänemark)
Vor kurzem erhielt ich von den Stuttgarter Genossen (P. H.) einen Auszug aus der »Stuttgarter Zeitung« vom 24. 9. 77. Ich war so sauer, daß ich diese Zeitung bald anrief, um meiner Säuerlichkeit Ausdruck zu geben. Bald hatte ich »höhere Herren« der Redaktion am Telephon, und meinem Verlangen, an gleicher Stelle in der Zeitung Herrn W. Birkenmaier [Wort fehlt] wurde irgendwie nachgegeben. Bald aber überlegte ich mir die Sache neu. Das Klima in der BRD läßt zur Zeit keine (!) echte Diskussion zu, geschichtslos und anti-historisch wird versucht, uns vom SDS für den Terrorismus verantwortlich zu machen. Ich werde auf diesen Beitrag von W. B[irkenmaier] irgendwann zurückkommen ...

Dezember/Januar 1977/78
Norwegen
In Norwegen. Es begann »beschissen« in Holland, war gerade vom Günter B[erkhahn] zurückgekehrt, hatten unseren zweiten Beitrag beendet ... am frühen Morgen ... In Groningen ruhte ich mich kurz aus, die Zug-Fahrt war »beschissen« ... die bei F[ritz][688] und F. vorliegenden Hinweise sagten nicht eindeutig, sofort nach Dänemark weiterzureisen, um das Schiff zu erwischen ... Nun rief ich erst einen Tag später an nach Hause, der Teufel war los, das Telephon wurde niedergelegt von der Gr[etchen] ... Nun machte ich mich wie ein »Wilder« auf die Socken, flog über x Wege und landete schließlich noch zur »rechten Zeit«, packten, Gr[etchen] hatte die

686 Die US-amerikanische Schriftstellerin Lee Davis.
687 Jerry Davis war Professor an der Universität Aarhus.
688 Ein Freund in Groningen, bei dem Rudi Dutschke wohnte.

meiste Arbeit getan ... und die Reise begann. Die geliebten Banditen waren glänzender Stimmung, im Zug für unsere Ohren und Nerven nicht gerade glänzend. Aber die Sportspielerei bereitete natürlich mir gleichermaßen Freude. Die Nacht im Schiff war akzeptabel für alle, Gr[etchen] hustete hin und wieder, aber schwierigere Sachen schienen nicht in der Luft zu liegen. Radio hatten wir nicht mitgenommen, konnten somit keine Nachrichten aufnehmen ...
In Oslo wurden wir von A[lbrecht Reith][689] empfangen und landeten bei der Mosk[au-]lastigen Familie, die unseren Kindern des öfteren gute alte Kleidung schickte ... Doch eigenartigerweise waren nun Katzen anwesend, Beschisseneres gibt es für Gretchen nicht. Mein Mißtrauen begann. Die Dutschke-Klotz-Familie ist von West und Ost echt observiert worden, die phys[ische], psych[isch]-öko[nomische] Lage überprüft worden. Seit Jahren war die Katzen-Scheiße bekannt, plötzlich wußte der Gastgeber etc. davon nichts ... Die schon schlechte Ausgangslage konnte nun schwerlich besser werden. Gr[etchen] mußte in der Nacht, obwohl die Katzen »davongetrieben« waren, in ein Extrazimmer, das Haus räumen ...
Nun ja, die Tage danach und das Seminar waren »all right«, doch die gewünschte Wärme im Bett mit Gr[etchen] konnte nicht entstehen. Die Asthma-Scheiße dauerte, wie üblich, einige Zeit, erst dann konnte sie Skilaufen ...
Ho und Pol verbesserten sich im Ski-Lauf, mir bereitete es Freude. Die zu kurzen Nächte nach der überkurzen Nacht in Wiesbaden machten mich labil, kam aber noch gerade über die Runden. Denn die Nerven sind extrem empfindlich.
Die Rußland-Debatte bei den Linkssozialisten war typisch und interessant, die englischen Genossen trugen mit ihrer »Elitetheorie« wenig bei ...

689 Ein Bekannter der Dutschkes, Krebsforscher in Oslo.

1978

27. Januar 1978
Berlin
W[olf] Biermann, Westzucker und Ostpeitsche[690] (»Zeit«)
Da die linken Kräfte im Lande *kein* gesell[schaftlich] releva[ntes] Organ haben, muß W[olf] B[iermann] dort schreiben.
1. R[udolf] Bahro, 2. »Spiegel«-Rezension, 3. (o[der] 2.) in »das da« abgedruckter Text, gleichermaßen im Osteuropa-Heft, 4. »Manifest«[691]

Rudi, ca. 1978.

690 Der Artikel wurde auch abgedruckt in: Fritz J. Raddatz (Hg.), Warum ich Marxist bin, Frankfurt a. M. 1980.
691 Rudi Dutschke meint das »Manifest des Bundes Demokratischer Kommunisten« aus der DDR, das der »Spiegel« im Januar 1978 veröffentlichte. Die Stasi glaubte, Rudi Dutschke zähle zu den Mitverfassern. Einer der Autoren war Hermann von Berg, SED-Dissident und ehemaliger Berater des DDR-Ministerpräsidenten Willi Stoph.

»… Die Beschreibung der DDR-Zustände trifft den Nagel auf den Kopf, Eure Kritik hat eine gute Radikalität, und Euer klares DDR-Deutsch würden auch die Arbeiter im Westen gut verstehen – ja, wenn sie es lesen würden! Wenn es mit der *Bild*-Zeitung abgedruckt wäre!
Endlich gibt es Ansätze zu einer Assoziation der linken Opposition auch in der DDR! Und das halte ich für folgenreicher als alle Artikel von Havemann, als alle meine Gedichte und Lieder und auch als das Buch des Genossen Bahro.«
(Die herr[schenden] Parteien mogeln sich weg …) (Spekulationen) (Stasi/BND)
Dummheiten, die aus zu großer Schlauheit kommen …
Nein, wer die DDR von innen kennt, der weiß, daß es bei uns Tausende von kleinen Gruppen miteinander befreundeter Kommunisten gibt, die ähnlich denken und hoffen wie wir.
(bürg[erliche] Presse wird zukü[nftige] Dokumente liegenlassen o. ä.) …
Der Agentenfimmel avanciert zu einem gesamtdeutschen Gesellschaftsspiel – nein! Ich will mich an der öden Orakelei über Euren Text nicht beteiligen, will lieber mit Euch reden. Und weil ich Euch auch direkt nicht schreiben könnte, auch wenn ich Euch kennen würde, veröffentliche ich das hier … »Zeit«. »So wird mein Brief schon an Euch kommen …(?)[692]

1./2. März 1978
Tilburg (Niederlande)
»Tour« nach Tilburg, um an einer Uni-Veranstaltung teilzunehmen, hielt ein Referat über die Formationstheorie im allgemeinen und die fehlende Analyse des asiati[schen] Imperialismus im besonderen. War ziemlich voll, ganz schlechte Vorbereitung, zwei Tage vorher Bescheid gesagt …
Bei Wolf B[iermann] an der Uni nicht mehr, gingen mehrere heraus. Für mich immer anregend und entspannend diese Musik vom Wolf.

---

692 Große Teile dieses Eintrags bestehen aus Zitaten aus einem »Zeit«-Artikel Wolf Biermanns.

Ist *trotz* alledem ein dufter Zeitgenosse. Mal sehen, wie es weitergeht ... Erzählte mir seine ganze Finanzgeschichte ...

7. März 1978
Groningen (Niederlande)
Heute wird in Frankreich eine beileibe nicht unwichtige erste parlamentarische Entscheidung fallen. Sozialisten und Kommunisten sind sich nicht einig, die Differenzen in der Verstaatlichung und Vergesellschaftung, Plan- und Marktwirtschaft sind offensichtlich nicht gering.[693] Die schwerste Entscheidung wird in 1 Woche fallen, der zweite Gang[694] wird zeigen, ob die Marchaises[695] bereit sind, für Mitterand zu stimmen ... Die Amis schauen nervös und ziemlich unwissend zu. Kiss[ingers] Anti-Eurokommunismus wird die Lage nicht bessern.

11. März 1978
Tilburg (Niederlande)
Rom, KPI rief an, ging um eine Großveranstaltung über die Erbschaft und Problematik der 60er Jahre ...

15. März 1978
Tilburg (Niederlande)
Da war Enschede-Abmachung, konnte es einfach nicht einhalten, muß endlich wieder an den Schreibtisch ran, wünsche lustvolle Arbeit und Ungestörtheit.

Nun läuft die Moro-Entführung[696], die Ermordung der anderen ... Elemente des Bürgerkrieges existieren in Italien offensichtlich. Der politische Klassenkampf muß darunter leiden, echte poli[tische] Leidenschaft kann unter solchen objektiven und poli[tischen] Bedin-

693 1978 gaben Sozialisten und Kommunisten ihr gemeinsames Programm auf und beendeten die »Union de la gauche«. Sie wurde bei den Präsidentschaftswahlen 1981 erneuert.
694 In den Stichwahlen zur Nationalversammlung.
695 Georges Marchais war von 1972–94 Generalsekretär der KPF.
696 Der ehemalige italienische Ministerpräsident Aldo Moro (1916–78) wurde von den Roten Brigaden entführt und ermordet.

gungen schlecht wachsen. Die Konterrevolution wird ein immer »leichteres Spiel« »spielen können«. Wer sind die »rot«-getünchten Brigaden?? Die Unfähigkeit der KPI, mit der realen sozialen Lage der Jugend, Arbeitslosen ... alternativ voranzuschreiten, ist offensichtlich ...
Die KPI-Jugend-Veranstaltung in Rom wird abgesagt, eine »staatstragende Partei handelt« ... Problematisch genug ...

28. März 1978
Berlin
Die Russell[697]-Tage[698] beginnen ...
Völlig defensiver Beginn, RAF-Sympathisanten tauchen auf, völlig falsch am Platz, hätten allein in der Kirche ihren Protest ausdrücken sollen, verwischten den Opp[ositions]-Blick. Die Lage im Knast ist beschissen, muß bekämpft werden, ohne poli[tisch]-theore[tisch]-prakti[sche] Klärung des Verhältnisses ist aber kritisch-solidarisches Bündnis unmöglich. Der Widerstand kommt nicht aus der Luft, aber auch nicht aus der Finsternis, verliert sonst seine Echtheit ...

Zum »Schluß« des »Russell-Tribunals« die Nacht mit E[llen] verbracht, entspannend und doch von meiner Seite verkrampft, zuwenig Schlaf ... Narben usw.
Nachwuchs und neue »Heirat« standen und stehen nicht zur Debatte, aber sie ist eine angenehme Genossin.

21. April 1978
Köln
Mit ungutem Gefühl haue ich jetzt nach München ab, den Moskowitern kann ich nicht im geringsten trauen, sowenig wie den Amis. Das

---

697 Bertrand A. W. Russell (1872–1970), britischer Mathematiker, Philosoph und Schriftsteller. Russell war ein Pazifist und Gegner jeder Unterdrückung.

698 Nach dem englischen Philosophen B. A. W. Russell benannte Jury, die Menschenrechtsverletzungen anprangerte. Das 1. Russell-Tribunal (1967) befaßte sich mit Kriegsverbrechen der US-Truppen in Vietnam, das 2. (1973–76) mit Menschenrechtsverletzungen in Lateinamerika, das 3. (1978/79) mit den Berufsverboten (»Radikalenerlaß«) in der Bundesrepublik Deutschland, das 4. (1980) mit der Verfolgung der Indianer in Amerika.

Interview mit den Brasilianern in Köln war komisch ..., in wessen Auftrag?!

16. Oktober 1978
Aarhus (Dänemark)
Habe endgültig per Telegramm an *Jansen*[699] und Gen[ossen] abgesagt. Wollte kein »Ziehwert« sein, wollte nicht mithelfen zu »vermitteln« in diesem nun wieder zugespitzten politischen und sozialpsychologischen Generationskonflikt. Die schleswig-holsteinische SPD ist angenehmer den anderen SPDlern ... gegenüber, zweifellos. Dennoch war es besser, sich nicht instrumentalisieren zu lassen – für mich! Über die Anti-Atomkraft-, hoffentlich bald Antiatombomben-Bewegung desgleichen, steht *Leben* und *Frieden* zur Grunddebatte. Seit einigen Wochen sitze ich relativ ruhig auf meinem Stuhl, achte auf die Kinder genauer und arbeite intensiver. Werde meinen Bahro-Beitrag[700] noch vollenden. Ist eine schwierige Sache. Seine Lebensgeschichte ist uns, ist mir fremd. War früher auf der Front der herrschenden Dienst-Dichter und Dienstredakteure. Die Wendung erfolgte über die barbarische Okkupationserfahrung der ČSSR durch die Länder des »Warschauer Paktes«.
Robert H[avemann] kannte ihn sowenig wie Wolf B[iermann]. Auch Thomas B[rasch][701], über den ich und ein anderer Gen[osse] den »Text ohne Namen«[702] ein Jahr vor der Veröffentlichung zu sehen bekamen, wußte von B[ahro]s Arbeit und seiner Existenz nichts zu berichten. Mißtrauen ist immer angebracht, dennoch hat Bahro bei mir trotz aller »Abschreiberei«[703] und teilweise entgegengesetzter Interpretation *Neues* in den letzten Abschnitten herausgearbeitet.

699 Günter Jansen (geb. 1936) war damals SPD-Landesvorsitzender in Schleswig-Holstein.
700 Für den Kongreß »Solidarität mit Rudolf Bahro« im November 1978 in Westberlin.
701 Thomas Brasch (geb. 1945), Schriftsteller der DDR.
702 Das Manuskript von Bahros Buch »Die Alternative«.
703 Rudi Dutschke verdächtigte Rudolf Bahro, Erkenntnisse aus seinem Buch »Versuch, Lenin auf die Füße zu stellen« übernommen zu haben.

18. Oktober 1978
Aarhus (Dänemark)
Erneut »abgelehnt«, diesmal die Bahro-Veranstaltung in Frankfurt bzw. die über »Sozialistengesetz« in Hamburg. Hätte gern mit E[rnest] Mandel zusammen in Hamburg gesprochen, hielt es aber im Augenblick nicht für entscheidend teilzunehmen – die gesellschaftliche Luft ist wieder einmal »noch« in Vorperiode ...
Die Kinder werden stärker integriert in die Hausarbeit, halt unerläßlich. Gretchen schreibt immer wieder aus Indien.[704] Wie *langsam* in solch einer *asiatischen Zone* sich Veränderungen bemerkbar machen. Ihre Berichte über die Lage der Menschen in den Dörfern um Hajab. Erinnert an einen extrem niedrigen Produktionsstandard.
Die Ablehnungen zu den Veranstaltungen sind auch darum richtig, weil ich, zusammen mit Ho und Po, am 23.10. abfahren will nach Werl, um den P[eter-]P[aul] Zahl[705] erstmalig zu besuchen.

21. Oktober 1978
Aarhus (Dänemark)
Hin und wieder gibt es »Krach« zwischen Polly und Ho, erinnert an den Konflikt zwischen Gretchen und mir, halt in grundlegender Differenz. Ho hat sich nach und bei gewissen Provokationen von P[olly] nicht unter Kontrolle, donnert zurück ... Die Provokationen von P[olly] sind natürlich so berechtigt wie die von G[retchen] – aber eine »Lösung« ist schwer absehbar. Komplizierter Prozeß. Hoffentlich wird gerade während der Tour nach Münster/Werl eine besondere Entspannung eintreten ...

23. Oktober 1978
Aarhus (Dänemark)
Kinder waren gut vorbereitet und wachten schon gegen 7 Uhr auf. Ich habe leider, wie so oft, eine kurze Nacht hinter mir. Vor der jeweiligen Abreise versuche ich soviel wie nur möglich zu »absolvieren« ...

---

704 Gretchen Dutschke hielt sich im September und Oktober 1978 in Indien auf.
705 Peter-Paul Zahl (geb. 1944), Schriftsteller, war von 1972–82 inhaftiert wegen eines Schußwechsels mit der Polizei. Lebt seit 1985 auf Jamaika. Rudi Dutschke und Peter-Paul Zahl planten ein gemeinsames Buch.

Jeder Zug, diesmal wie sonst, ist für die Kinder eine Qual. Es fehlt einfach ein Kinder-Zimmer! Da ich aber für die Banditen Zeit und damit Geduld mitgebracht hatte, verlief dennoch alles ziemlich entspannt. Landeten erst gegen 2 Uhr in der Nacht bei Münchener SB-Genossen. Eine viel zu lange und anstrengende Reise. Dann diskutierte ich nach dem schnellen Schlafbeginn der Kinder mit Gen[ossen] weiter, gegen 6:30 [Uhr] am frühen Morgen mußten wir schon wieder aus dem Bett, um den Weg nach Werl einschlagen zu können ... – alle waren wir müde und aufgeregt.

17. Dezember 1978
Hamburg
Nach Diskussionen mit W.[706], M., S., E.-M. und der großartigen russ[ischen] Gen[ossin] mit Kominternerfahrung, Lagergeschichte usw. Bis tief in die letzte Nacht mußte ich heute die »endgültige« Abreise planen. Der Unsicherheitsfaktor war mein *nun* freiwilliger Besuch der Polizeistation in der *Nähe* der *Mönckebergstraße*.[707] »Nähe« ist gut, wenigstens 300 m wurde ich getrieben am Vortag. Als ich *nun* in die Station reinkam, waren die Herren perplex. *Keiner* wollte irgend etwas wissen, alle wären am Tage vorher nicht anwesend gewesen. Wieviel Feigheit es doch nicht geben kann. Einer versuchte sich irgendwie davonzuretten und fragte: »Sind Sie denn überhaupt in dieser Station hier gestern gewesen?!« Ich antwortete: »So wollt ihr eure antidemokratische Feigheit bemänteln« und wollte gehen. Der Vorsitzende rappelte sich zurecht und bat halb um »Entschuldigung«, telephonierte herum und ließ mir schließlich den Namen des »Oberbefehlshabers« der »Einsatzgruppe« zukommen. Die beiden über mich herfallenden »Jung-Barbaren« und ihre Begleiter blieben mir weiterhin unbekannt.
Kaum verließ ich nach gut einer Stunde die Station, drückte mir vorne auf der Treppe des Ausgangs »einer« die Hand. Prinzipiell bin ich nicht dagegen, selbstverständlich. Ist ja ein *Moment* von Bezie-

706 Vermutlich Wolf Biermann.
707 Am 16. Dezember 1978 wurde Rudi Dutschke am Rand einer Demonstration auf der Mönckebergstraße in Hamburg von Polizisten erkannt und zusammengeschlagen.

Auf Helmut Gollwitzers Geburtstag: Rudi und Polly, Berlin, Dezember 1978.

hung. Doch kaum reichte ich meine Hand zurück, »tickte« etwas. Ich wendete mich nach »rechts« und stürzte mich auf eine Kamera. Das Handgemenge mußte schnell von mir beendet werden, die Polizei griff ein ... *»bekannte Person der Zeitgeschichte« (Öffentlichkeit)*[708]. Der »Springer«-Schreiber K. versprach mir *schriftlich*, das erste Bild nicht zu veröffentlichen und vollständig meine Informationshinweise zu nutzen. Wird schwerlich geschehen, es gehört mit zum System, die Wahrheit im einzelnen zu unterdrücken.
Dann noch zum Rechtsanwalt J. gefahren, um alle Informationen so schnell wie möglich ihm zukommen zu lassen. »Gegendarstellungen« u. a. m. soll ziemlich schnell vor sich gehen, mal sehen.
Den Zug um 14:25 [Uhr] verpaßte ich noch, fuhr 17:45 [Uhr] endlich los.
Die Auseinandersetzung, genauer, der Überfall der Polizei von hinten muß mir zu denken geben. Und die Herren, die die Entscheidung gefällt hatten, ihre Knechte in Schwung zu setzen, wußten offensichtlich, was sie taten. Was ich als »Meinungsrecht«, trotz Demonstrationsverbot, in Anspruch nahm, verstanden die als »Provokation« bzw. Test.
Als die mich festnahmen, schlugen und jagten, hatte ich allein Zeit, über passiven und angemessenen Anpassungswiderstand nachzudenken bzw. ihn naturwüchsig durchzuführen. Jetzt ein bißchen mehr. Die These, zugespitzt, muß heißen: die Schüsse vom 11. 4. 68 eingesteckt zu haben ist für die herrschende Klasse weniger denn je ein Anlaß, mit mir »vorsichtiger« umzugehen. Ganz im Gegenteil. Gerade weil ich nicht bereit bin, meine Geschichte wegzuschmeißen, nicht bereit bin, auf die Seite von »Ruhe und Ordnung« zu gehen, werde ich dementsprechend »behandelt«.

---

708 Personen der Zeitgeschichte und des öffentlichen Lebens haben kein Recht am eigenen Bild und dürfen im Gegensatz zu »normalen« Bürgern ungefragt fotografiert werden.

18. Dezember 1978
Aarhus (Dänemark)
Die Kinder wollten genauer wissen, *wie* die Polizisten, die »Freunde und Helfer« über mich hergefallen sind – dann war es kein Witz mehr ...
Gretchen nahm die Sache nicht überernst: »Du lebst ja mit solchen Problemen schon seit sehr langer Zeit ...« Stimmt, aber als Halb-Exilant so behandelt zu werden von der Klose[709]-Polizei, verwunderte mich doch ein bißchen. Die Verwunderung ist sofort weg, wenn man sich der Hamburger Polizei vom Juni 1967 erinnert. Hamburg hatte in den ersten Juni-Tagen keinen Toten zu vermerken, richtig, aber die Brutalität der Hamburger Polizei lag über der der Berliner ... K. H.[710] und A. u. a. Hamburger Genossen und Genossinnen können davon ein Lied singen.

20. Dezember 1978
Aarhus (Dänemark)
Einige Genossen ließen von sich hören, »wie es mir geht« ... Aus Hamburg erfuhr ich genauer über Zeitungsberichte ... wie säuisch sich Polizeibeamte verhalten haben. Der von mir so geschätzte »alte« Genosse G[ünter] B[erkhahn] ließ kritisch von sich hören, hielt es für reines Abenteurertum, sich in eine Szene hineinzugeben, wo die »Freunde und Helfer« durch kräftige Schläge meinem Kopf schweren Schaden zufügen könnten. Er hat schon recht, aber auch eine solche Situation muß ich nach der Scheiße und dem Trauma von 1968 offensichtlich erst mal wieder durchmachen.

Weihnachten 1978
Aarhus (Dänemark)
Sind schon komische Tage, besonders für die Kinder. Der Glaube an Gott ist seit langem nicht mehr gegeben, dennoch sieht man nun kritisch solche säkularisierten Tage. Die Kinder machen über ihre

---

709 Hans-Ulrich Klose (geb. 1937), damals Erster Bürgermeister von Hamburg.
710 Vermutlich Karl-Heinz Roth. Roth, heute Arzt und Mitarbeiter des Instituts für Sozialgeschichte in Hamburg, war Mitherausgeber der linken Zeitschrift »Autonomie«.

Weihnachten 1978 in Aarhus.

Schule Weihnachtsfeste mit ..., zu Hause geht es ihnen aber am meisten um die Geschenke. Wie war es bei mir früher? Die Geschenke konnten in meiner Kindheit keine große Bedeutung haben, *war zuwenig da*. Bei unseren Kindern scheint mir *zuviel* als Geschenke aufzutauchen. Ho und Po meinen, viele ihrer Freunde und Freundinnen hätten noch mehr. Wie dem auch sei, wir müssen uns darüber Gedanken machen. Ohne Widersprüche *mit* Sorgen erfolgt ein produktiver Sozialisierungsprozeß schwieriger!

26. Dezember 1978 bis 3. Januar 1979
Berlin
Die Tage in Berlin waren nicht so leicht. Da kam verflucht viel zusammen. Es ging erst einmal um den Geburtstag von Golly. Nicht uninteressant ist, daß wir als einzige (!) offene Übernachtungsmöglichkeit eine dänisch/deutsche hatten. Natürlich wäre eine solche über den Einlader erhaltbar gewesen, aber der »Bekanntenkreis« aus

»früheren Zeiten« will natürlich bzw. kann nicht Raum für eine »Familie« zur Verfügung stellen. Jedenfalls landeten wir in Neukölln, halt nicht in Dahlem etc., beileibe keine Schande.
Polly machte sich sofort an Rosa ran, hätte es am liebsten gesehen, wenn der Ho »seine Laura« aufsucht. Dazu kam es bald, verstehen sich gut und erinnern irgendwie einander. Bei den anderen vollzieht sich der Kommunikationsprozeß ähnlich. Gretchen sprach zumeist mit Helga, versteht sich. Ich suchte M[anfred] Sch[arrer] auf, um E[rich] F[ried] zu sehen, aber nicht nur. Die Gespräche sind möglich und manchmal angenehm, doch gewisse Verkrampfungen des Verhältnisses zu M[anfred] Sch[arrer] sind unübersehbar. Scheint sich zur Zeit »riesengroß« zu fühlen, weil seine kritische Rezension des DKP-Buches wahrscheinlich gut in die »FR«-Dokumentationsseite reinrutschen wird.[711] Hoffentlich, ist *ihm* (und uns) zu wünschen.

711 Manfred Scharrer rezensierte das Buch »Geschichte der deutschen Arbeiterbewegung«, herausgegeben von Frank Deppe u. a., Köln 1977, für die »Frankfurter Rundschau« unter dem Titel »Kurzer Lehrgang der Geschichte der deutschen Arbeiterbewegung«. Der Streit um diese Besprechung wurde dokumentiert im »Langen Marsch« (Nr. 38/1979 ff.).

1979

Rudi, ca. 1979.

5. Januar 1979
Köln
Mal sehen, wie das zweite Russelltribunal aussieht und wie es arbeitet, kann ich noch nicht absehen. »Unsere« DDR-Veranstaltung[712] war überfüllt wie zumeist. Vor der Tür sah ich plötzlich vor meinen Augen die EVA-J. und »größere« Zeitgenossen. War mir der Gesichter nicht im geringsten sofort sicher. Wie sollte auch? Es vergingen aber nur wenige Augenblicke, ein Klang u. a. verbliebene Spuren machten sich bemerkbar, ich war mir sicher, das ist mit Sicherheit

712 Solidaritätsveranstaltung für Rudolf Bahro in Köln mit der Schriftstellerin Ingeborg Drewitz (1923–86) und Rudi Dutschke.

der ehemalige SDS-Genosse Schwiedrzik, nun seit langem in der KPD. Erwies sich als richtig, war etwas breiter geworden ...
Die Genossin D[rewitz] gab Bahro vom Standpunkt *ihrer* Geschichte wieder, nicht anders zu erwarten, nicht anders möglich, sie hat BRD-Geschichte der Adenauer-Zeit noch im Nacken, ich umgekehrt die Ulbricht-Stalin-Zeit. Nach der Veranstaltung in diesem vollen PH[713]-Raum viel Beifall usw. ..., mußten wir die Uni verlassen und in einen Jugendraum umsiedeln. Wer weiß, wer uns da nicht mehr länger drinhaben wollte, muß nicht nur DKP-Ecke gewesen sein ... Die Diskussion ging bis in die Nacht hinein, ca. 80 % aus verschiedensten Strömungen blieben. Erfuhr, daß die liebe Agnes H[eller] anwesend gewesen sein soll. Habe es leider nicht gewußt, vielleicht, mit Sicherheit werde ich sie morgen aufsuchen können.
Ging mit den »Einladern« in deren Wohnung, Michael sang weiter, und die anderen Genossen aus der DDR[714] blieben noch lange, die meisten übernachteten. Wieweit diese BRDler die Daseinsgeschichte aus der DDR wirklich wahrnehmen, ist noch immer eine berechtigte Frage.
E[llen] und Freundin waren aus M[arburg] gekommen, hab mit der Genossin die Nacht verbracht, hat hoffentlich beiden einigermaßen gefallen. Von Günter [Berkhahn] war nichts zu sehen, nichts zu hören, werde mich wieder von Dänemark aus melden.

6. Januar 1979
Köln

Sonnabend. Die CIA-Analyse des amerikanischen Zeitgenossen war aufregend und ein exemplarisches Beispiel für den Weg, den die BRD gegangen ist. Gewisse Abläufe waren (und sind) genauer vorstellbar. H. und C., letzteren allein konnten wir hören, waren auf die BRD bezogen. Während des C.-Beitrags sagte ich zu E[llen], daß der ein wenig die Agitation überziehe – leider wurde er gleichermaßen »überzogen« dann von der Jury kritisiert ...

713 PH: Pädagogische Hochschule in Köln, wo die Solidaritätsveranstaltung stattfand.

714 Die ehemaligen DDR-Bürger Rudi Molt und Thomas Evier hatten auf dem Kongreß über die politische Verfolgung in der DDR referiert.

Gegen Mittag traf ich endlich die Agnes [Heller], war wohl eine beidseitige Freude. Gingen in eine Kneipe, um zu essen, aber um erst recht über »Gott und Welt« zu sprechen.

15. Januar 1979
Aarhus (Dänemark)
Nun ist B[ahman Nirumand] »nach Hause«[715], in die »Heimat« abgefahren, schmerzt, läßt extreme Sorgen wie echte Freude und solidarischen Stolz aufkommen!

16. Januar 1979
Aarhus (Dänemark)
Viel weiter »gesäubert« meine »Geschichte«, d. h. dokumentarisch reorganisiert. Abends wollte ich gerne mit G[retchen] schlafen, sie war wieder einmal nicht bereit – nun waren beide »frustriert«. Und doch, dennoch geht es – komisch, wahrscheinlich halten uns zuviel gemeinsame Geschichte und die duften Banditen zusammen. Wir haben einander einfach trotz alledem gern.

17. Januar 1979
Aarhus (Dänemark)
Was für eine politische Sauerei. Die von der »tageszeitung« »feiern« in Offenbach, und wir sollen in Frankfurt zur gleichen Zeit über Persien[716] diskutieren. Wie man doch spalten kann!! Dummheit und Kalküle laufen da überein. Offensichtlich hatte man »Schiß« vor einer B.-D.-Veranstaltung[717] ... Verständlich ...

24. Januar 1979
Aarhus (Dänemark)
Die Kinder sind ziemlich erkältet, bei Polly wohl einer Krankheit am nächsten, vielleicht läßt sich eine solche noch irgendwie (Früchte,

---

715 In den Iran.
716 Im Januar 1979 war die Schah-Diktatur im Iran gestürzt worden. Bald darauf übernahmen islamische Fundamentalisten unter dem Ajatollah Khomeini die Macht.
717 Vielleicht »Bahman-Dutschke-Veranstaltung« über den Iran nach dem Sturz des Schah.

Schlaf und Liebe) vermeiden. Die Tänzerei scheint ihr aber viel Freude zu bereiten, hoffentlich läßt es nicht zu schnell nach …
Ho ist Fußball-fixiert, trainiert an mehreren Tagen mit Freunden aus seiner Klasse und von woanders …

25. Januar 1979
Aarhus (Dänemark)
Polly liegt »platt«, miserable Nase, etwas Fieber und nicht glänzender Schlaf, besorge viel Orangensaft und versuche ihren Schlaf zu erweitern. Gr[etchen] ist da ohne große Sorgen, »wird schnell wieder fit sein«. Wahrscheinlich, bereitet mir aber dennoch immer eine gewisse übermäßige Sorge.
Ho kam von der Schule zurück, schob auch etwas Krankheit vor (?), um sich erst einmal aufs Bett zurückzuziehen und dann doch zum Fußballtraining aufzubrechen …

26. Januar 1979
Aarhus (Dänemark)
Heute fast wieder den ganzen Tag mit Gretchen an ihrem »Courage[718]-Beitrag« gesessen. Ist ein sehr sorgfältig vorbereiteter Text. Es lohnte sich zuerst in Englisch den niedergeschrieben zu haben. Die Übersetzung und sprachliche Klangfindung ist nicht leicht, kommen aber nicht schlecht voran. Ob wir mal im Bett beide vorankommen werden, ist noch immer nicht recht abzusehen. »Deine Frauen werde ich bald umbringen«, sagt sie grinsend, aber so ganz bin ich nicht sicher …
Po echt erkältet, Ho ein bißchen, will allerdings morgen zum »Sondertraining«. Zuviel Geld gebe ich weiter am Telephon aus, hoffentlich gibt es da mal bei mir einen *gewissen* Fortschritt der Verkürzung …
Gregor [Küpper][719] rief an, verwies auf die Veröffentlichung einer lateinamerikani[schen] Anzeige in einer rechten uruguayischen Zeitung, Familienpropaganda mit einem Familienbild von uns aus Cam-

---

718 In Westberlin erscheinende feministische Zeitschrift.
719 Ralf Gregor Küpper, freier Fernsehjournalist.

bridge. Ohne Namen, Geschichte und Ort zu benennen. Die Berliner Lateinamerika-Sympathisanten sind so »geschichtlich«, daß sie zwischen Cambridge und Aarhus nicht zu unterscheiden wußten. Wozu doch dieses Bild, kurz vor Ausweisung in England aufgenommen, mißbraucht werden kann ..., wie doch Geschichtslosigkeit und Manipulation miteinander etwas zu tun haben. Was der liebe Böll[720] da über Golli ... und mich geschrieben hat, werde ich ja bald sehen können ...

27. Januar 1979
Aarhus (Dänemark)
Kurz vor Mitternacht gestern ins Bett gegangen. G[retchen] wollte noch nicht schlafen, hatte am Nachmittag, der Weg in den Wald hatte sie angestrengt, und berichtete mir *nun* von den neuesten Einschätzungen der Ernährungsgeschichte. Meine äußerlich geschlossenen Augen provozierten sie, und es kam zu der denunziativen Verallgemeinerung: »Du interessierst dich ja dafür nicht ...« Wäre beinahe explodiert, habe mich aber unter zwielichtiger Kontrolle.
Jedenfalls wachte ich heute erst kurz vor 9 Uhr auf, die Kinder verhielten sich diesmal dufte, direkter Lärm trieb mich jedenfalls nicht wie üblich aus dem Bett ...
Das »Interview der Woche« im D[eutschland-]F[unk] war interessant, der Strauß-Vorgänger G[oppel][721] machte sich stark für den *Regionalismus* und *Europa*, für die alte Pseudoalternative »Freiheit oder Sozialismus«. Geschickt hält er sich zurück in der Kohl-»Problematik«[722], schließt aber nicht im geringsten einen »eigenen Weg« aus, um halt wieder »voll« in den Machtbesitz BRD zu gelangen ...
K[arl-]Heinz R[oth] rief an, es geht ihm wieder etwas besser, bot gewissermaßen für die nächste »Autonomie«-Nummer über Persien Mitarbeit an. Habe es gerne aufgenommen, werde über Ba[hman Nirumand] noch Informationen beschaffen ... Sieht der Auseinan-

720 Heinrich Böll (1917–85), deutscher Schriftsteller. 1972 Nobelpreis für Literatur.
721 Alfons Goppel (1905–91), 1962–78 CSU-Ministerpräsident von Bayern.
722 Bei der Bundestagswahl 1980 mußte Helmut Kohl Franz Josef Strauß die Kanzlerkandidatur der Union überlassen.

dersetzung Mahler[723]/Zahl[724] nicht nur zu, wird bald eingreifen; ist eine bittere Angelegenheit.
Eine Stunde später rief der SPD-Voigt[725] an, will wissen, ob ich an dem Treffen (O[skar] Negt, Traube[726], Ulf ...) und SPD-»Kadern« teilnehmen werde?! Im Grunde werde ich ablehnen, bringt für mich politisch nur negative Prozente, es sei denn, ich wollte den SPD-Weg gehen. Davon kann (und wird) in absehbarer Zeit nichts zu sehen sein.
Po ist »in Ordnung« wieder, wird früh einschlafen und morgen in bester Verfassung sein, sieht jedenfalls danach aus. Ho macht jetzt einige Säuberungen in der Küche, um Zeit für das Sport-TV zu erhalten. Mit den Kindern richtig zu kommunizieren ist durchaus nicht leicht. Wie wird es denjenigen gehen, die nicht einmal darüber nachdenken?

28. Januar 1979
Aarhus (Dänemark)
Die Genossin, Frau, mit der Bahman [Nirumand] zusammenlebt, rief an, um sich zu verabschieden und Grüße zu bestellen. Der Flughafen in Teheran soll geöffnet werden. Dem B. soll es angemessen gehen, arbeitet hart, wie es sich gehört ... Seine Arbeit in W[est-]B[erlin], nun wohl besonders die Marx-Übersetzungen, werden sich nun besonders auswirken. Fragte, wie der Gen[osse] T. in Frankfurt: »Rudi, wann kommst du zu uns?« Ich sagte ihr: »Ihr wart so lange bei uns und habt solidarisch im besten Sinne gearbeitet, nun werden wir ja mal dran sein, sind wir überfällig.« Schnell gesagt, schwerer zu realisieren. Dann fragte ich nach den bisherigen B[ahman]-Interviews für d[ie] BRD ... Hat noch keins gegeben, »konkret« habe sich angeboten. Ich verwies auf die letzten Sauereien der Weglassun-

723 Horst Mahler (geb. 1936), SDS-Aktivist, Rechtsanwalt, Mitglied der RAF, Gefängnishaft, Mitglied KPD/AO, heute Vorkämpfer der NPD.
724 Horst Mahler und Peter-Paul Zahl diskutierten über Haftbedingungen.
725 Karsten D. Voigt (geb. 1941), damals Vorsitzender der Kontrollkommission der SPD und Mitglied des SPD-Bundesvorstands.
726 Der Atomwissenschaftler und -manager Klaus Traube (geb. 1928) wurde ohne richterliche Genehmigung vom Verfassungsschutz abgehört.

gen (DDR-Kritik usw. ...) und verwies auf die FR. »Aber wie«, war ihre Frage. Etwas läßt sich für die Gen[ossen] vom Ausland her durchaus machen, telephonierte mit FR und »holte« mir den Chefredakteur ..., der fand die Idee »gut« und »wichtig«, ich gab ihm die Teheraner Tel.-Nummern – richtig?! –, und der Teheraner Redakteur der FR wird an Bahman rangehen ...

30. Januar 1979
Aarhus (Dänemark)
Hab mit Günter telephoniert, der erzählte von H[eydrich]-Film[727], von der wirklichen Endlösung (die Witwe Heydrich[728] ca. 3500 DM pro Monat, ca. 12 000 KZ-Wärter erhalten für die KZ-Arbeit ihre Extra-Rente und v.a. Sauereien ..., man will es nicht hören).
Gretchen war den ganzen Tag wieder an der Uni[729], ging danach zu Pia [Holmark][730].
Die Kinder bedürfen der Liebe und der Beachtung bzw. Beobachtung, der gemeinsam auszukämpfenden Zeitabläufe usw. Mit Po hatte ich Krach: Nachdem ich gerade vom Einkauf zurückgekehrt war (ca. 10 min. vor Schluß gegangen), behauptet sie, doch schon um 16:30 Uhr zu Hause gewesen zu sein. Da ich bis 17:20 Uhr daheim war ... spann sie halt die Zeit *für sich*. Dann wollte die Po einen miserablen Hollywood-Film sehen, der Konflikt ging los, sie durfte nicht sehen, und nach ca. 45 min. mit viel Geschrei von ihrer Seite – *ich blieb lieb, ruhig und unnachgiebig* – ging sie zur Schularbeit über ...
Kurz vor Mitternacht Ellen und Milan [Horacek] angerufen, keiner wußte, wie die Diskussion (Gewerk[schaften]) in Frankfurt gelaufen ist, mich machte sie bloß auf einen »schlimmen Brief« von ihr aufmerksam, der auf dem Wege wäre ...

---

727 In der Sendung des NDR-TV-Politmagazins »Panorama«.
728 Reinhard Heydrich war Chef des Reichssicherheitshauptamts und einer der Hauptverantwortlichen für die nationalsozialistischen Massenverbrechen. Er starb nach einem Attentat tschechoslowakischer Widerstandskämpfer im Juni 1942. Seine Witwe bezog nach dem Krieg eine Kriegsopferrente, weil ihr Mann im Krieg umgekommen war.
729 In Aarhus.
730 Eine dänische Freundin von Gretchen Dutschke.

Gretchen erzählte wenig von Pia, viel über ihre Gespräche mit der amerikanischen Freundin[731]. Die hatte wie wir die Terrorismus-Sendung im Fernsehen mitbekommen und stellte der G[retchen] die Frage: »Wagenbach ist der Herausgeber des Lenin-Buches von Rudi, W[agenbach] hat im dänisch-engli[schen][732]-Fernsehen sich nicht vom RAF-Denken freigemacht, ganz im Gegenteil, Rudi hat in ›Times‹ von ›class-struggle-violence‹ gesprochen, ist er nicht doch ein ›Terrorist‹?!« Wie leicht man es sich machen kann! Hoffentlich kommen irgendwelche Texte von mir bald in Englisch heraus ... Helga rief zweimal an, Gretchen war bei Pia, gab ihr deren Tel[efon-]N[umme]r ..., aber G[retchen] war schon aufgebrochen.

3. Februar 1979
Aarhus (Dänemark)
Gretchen ist abgefahren, mit dem Zug, nach Genf. Da sie die Flugzeuge irgendwie ablehnt bzw. »Angst« davor hat – »ist schlimm genug, nach New York oder Moskau–Delhi zu fliegen« –, mußte sie schon »lange« vor dem Ernährungs-Kongreß losziehen ... Die Arbeit war jedenfalls abgeschlossen, hab ihr sprachlich usw. von Seite zu Seite geholfen, waren harte Tage. Hat nun sowohl ihren »Antrag« ... wie den Vortrag beendet gehabt. Voraus war dem gegangen ein »Courage«-Beitrag, muß noch getippt werden ...
Mal sehen, wie sie zurechtkommt, welche neuen Kontakte sie aufnehmen wird, welcher »Mann« sich »an sie ranmacht« ... usw. Würde mich nicht wundern, an Widersprüchen mangelt es ja zwischen ihr und mir nicht ...

5. Februar 1979
Aarhus (Dänemark)
Milan [Horacek] hat angerufen, machte einen müden Eindruck, halt per Telephon ... Kam von einer »Europa-Tagung«, wollen offensichtlich nun doch bei den Wahlen[733] mitmischen ... Will nun end-

731 Lee Davis.
732 In einer englischsprachigen Sendung des dänischen Fernsehens.
733 Bei den Wahlen zum Europäischen Parlament 1979.

lich von mir wissen, ob ich »überhaupt wählbar« bin. Nicht ganz einfach bei meinem komischen Status herauszufinden, werde nach V. fahren ... »Deutscher im Ausland« ...
Strauß traf sich mit dem Steuer-Idioten[734] ..., mal sehen, wie all die »Experimente« in den nächsten Monaten weitergehen. Die Rederei über die 4. Partei (von rechts) – links hat nie ganz aufgehört, darüber positiv oder negativ eine soziali[stische] Partei anzuvisieren ... im Denken ... – geht wieder full, Kohl quält sich herum und bringt's zu nichts[735] ...
Der Brief von Ellen kam an – hatte vorher mit ihr telephoniert ... –, ist nicht leicht zu nehmen, ist in der Grundstruktur mit der »oppositionellen« Haltung der G[retchen] zu vergleichen ... Was tun?

6. Februar 1979
Aarhus (Dänemark)
Ho kam erst gegen 20 Uhr vom Sport zurück, bin da etwas unruhig immer wieder ... Sport macht ihm offensichtlich wie dem Vater riesigen Spaß. Ich kann mir sagen: Niemals hatte ich soviel Zeit für die Athletik usw. zur Verfügung. Die Arbeit überwog das Leben ... Habe im Keller wieder rumgeschnüffelt, um für die »60er Jahre« Dokumente zu finden, einige habe ich noch immer nicht gefunden, ist eine ziemliche Qual. Muß aber getan werden, denn die anderen Interessengruppen, die inzwischen der SPD extrem nahe geraten sind, verdrehen und fälschen die reale Lager-Kampf-Geschichte (von der DKP ... bis zu T[ilman] Fichter, S[iegward] Lönnendonker[736] ...).
Hab mit Bruder und Vater lange telephoniert ... dem Alfred[737] geht es weiterhin gut, will aber in diesem Jahr mit der Postarbeit aufhören. Hoffentlich bekommt ihm das nicht zu blitzartig, hat ja aber im Garten genug zu tun usw. Die Arbeit ist ja für diese Generation gleich

---

734 Gemeint ist die Splittergruppe »Steuerpartei«.
735 Helmut Kohl mußte die CDU/CSU-Kanzlerkandidatur für die Bundestagswahl 1980 Franz Josef Strauß überlassen.
736 Siegward Lönnendonker, SDS-Mitglied 1962–70, heute u. a. Wissenschaftlicher Leiter des Archivs »APO und soziale Bewegungen« an der FU Berlin, Fachbereich Politik- und Sozialwissenschaften.
737 Rudi Dutschkes Vater.

dem Leben. Günter [Berkhahn] riet mir, endlich eine Stelle anzunehmen, »die Ruhmzeit ist weg«, und hielt es für »übertrieben«, Verner[738] *so* anzugreifen.

7. Februar 1979
Aarhus (Dänemark)
Ho und Po stießen wieder einmal etwas »aufeinander«. Es ist richtig, Polly beginnt mit gewissen »Provokationen« (in Worten oder Taten), Ho hat sich nicht unter entspannender Kontrolle usw. ... Zwar ist es schon echt besser geworden, Ho merkt immer mehr, wie »feige« es ist, die kleinere Schwester zu »schlagen«, aber ganz einfach ist es nicht. Die Ursache liegt wohl darin, daß der Bruder nicht lieb genug zur Schwester ist, ihr nicht genug Aufmerksamkeit gibt usw. ...

10. Februar 1979
Aarhus (Dänemark)
Po ist zu K[arina][739] gegangen, wird dort schlafen.

Die Kämpfe in Persien spitzen sich erneut zu, entscheidend wird das Verhalten der Armee sein. Ob die allerdings Millionen Aufständische so einfach »eliminieren«, ermorden können, muß bezweifelt werden. Die Amerikaner werden schlechte Nächte haben, die Russen nicht nur froh sein, garantierte der [Schah] doch »Ruhe und Ordnung« ... Bahman [Nirumand] wird uns demnächst berichten, hoffentlich kommt er, kommen die mit dem Leben davon. Seine Genossin, der Genosse T. usw. – Hunderte sind schon gefallen. Die *»islamische Republik«* trägt in sich einen echten Doppelcharakter, da ist *Freiwerdung* und neue *Bedrückung*.

---

738 Paul Verner war Mitglied des Politbüros und des Sekretariats des Zentralkomitees der SED. Er war zuständig für Sicherheitsfragen. Die Verurteilung von Rudolf Bahro durch ein DDR-Gericht wegen seines Buches »Die Alternative« veranlaßte Rudi Dutschke, Verner einen offenen Brief zu schreiben. Darin stand u. a.: »Bei Ihnen, Herr Verner, ist alles real und existent, bloß nicht der Sozialismus.«

739 Eine Schulfreundin von Polly Dutschke.

11. Februar 1979
Aarhus (Dänemark)
Herr Singer[740] (Vorsitzender des staatlichen Rundfunks) (DDR-Radio) weiß wieder einmal alles besser, schwätzt über Persien und Kambodscha, läßt alles »Problematische« weg. Die Reise vom Außenminister Fischer[741] nach Teheran vor wenigen Monaten, die Botschafter-Auseinandersetzung in Ost-Berlin[742] ... usw. Der Schah war eingeladen, in die DDR zu kommen, die sozial-politische Revolution bewahrte Herrn Honecker vor einer weiteren Schande ...
Singer sagt zu Recht, daß die R[hesa]-P[ahlewi]-Regierung eine barbarische war, vergleicht natürlich nicht die Millionen ermordeter K[urden][743] mit den Millionen ermordeten Russen durch die asiati[sche] Restauration unter der Führung von Stalin. Die Millionen Ermordeten durch die deutschen Faschisten, Ermordeten durch die amerikanischen, englischen und französischen Imperialisten ... Wann und wie wird jenen Wurzeln, die solche Wege ermöglichen, ein Ende bereitet.

12. Februar 1979
Aarhus (Dänemark)
Klimaveränderungstagung in Genf, Prof. Lindenbach (BRD), warum hat es *Eiszeiten* gegeben, weiß man

Wälder
Industriestaub ← → Atmosphäre

740 Rudolf Singer (1915–80), damals Leiter der Abteilung Agitation des ZK der SED und Vorsitzender des Staatlichen Komitees für Rundfunk.

741 Oskar Fischer (geb. 1923) war von 1975 bis April 1990 Außenminister der DDR.

742 Am 10. Januar 1979 besetzten vierzehn iranische Studenten aus Westberlin die iranische Botschaft in Ostberlin, um gegen das Schahregime zu protestieren. Die DDR-Volkspolizei stürmte das Botschaftsgebäude und nahm die Studenten fest. Sie wurden nach Westberlin abgeschoben. Aus Protest dagegen brach die Regierung in Teheran die diplomatischen und Handelsbeziehungen zur DDR ab.

743 Bis 1974 unterstützte der Iran die Kurden im Bürgerkrieg im Irak. Nach dem Ende der Hilfe schlugen die irakischen Militärs den Kurdenaufstand blutig nieder.

Der Mensch greift in das »Klima« hinein, kann negative Rückwirkungen haben. Man *vermutet* Rückwirkungen durch die *menschliche Aktivität.*

18. Februar 1979
Aarhus (Dänemark)
Teng[744]-Besuch in USA auf breiter Front chin[esischer] Angriff ... SU fordert ... einstellen »bevor es zu spät ist«. »Strafexpedition« ... Vietnam/Kambodscha[745]
Kambodscha »neutralisieren«, um Pufferzone zu haben ... soll das chin[esische] Ziel sein ...??
»Union von Indochina« (Ho Chi Minh[746])
Um den 10. Januar 79 wird die Okkupation Kambod[schas] ... beendet. FAZ-Bild vom 21.2. – Marx groß und klein mit Faust (mal UdSSR–Vietnam) (mal China–Kambodscha).

23. Februar 1979
Aarhus (Dänemark)
Moskauer Parole durch: »Hände weg von Vietnam«.

28. Februar 1979
Aarhus (Dänemark)
FAZ-Bild – Kriegs-Flagge in der »Mitte«, »Vorwärts unter dem Banner Marx und Lenins«. Marxens Augen sind zu, bei Lenin kommen sogar noch zwei Tränen über den Krieg raus ...
Wie sieht es mit dem *»gerechten«* bzw. *»ungerechten Krieg«* aus? E[rnst]-Otto Maetzke[747], sind Chinas Kommunisten Kommuni-

744 Teng Hsiao-p'ing (1904–97), damals der führende Politiker der VR China.

745 Im Dezember 1978 und Januar 1979 führte Vietnam Krieg gegen das Pol-Pot-Regime in Kambodscha. Die unterlegenen Roten Khmer tauchten in den Untergrund ab. Im Februar und März 1979 verwickelten Truppen der VR China im Rahmen einer »Strafexpedition« Vietnam in einen Grenzkrieg.

746 Ho Chi Minh (1890–1969), legendärer Führer des antikolonialistischen Kampfes in Indochina und Generalsekretär der KP Vietnams. Verfocht die Idee einer Union der indochinesischen Völker.

747 Kommunismusexperte der »Frankfurter Allgemeinen Zeitung«.

sten? (6.3.) (»Ideologi[sches] Durcheinander in den moskautreuen Parteien«)

Gehören wir nun eindeutig zu den verratenen und selbstverratenen Generationen? Wir können schon längst zu den *vergessenen Generationen gehören*, zu einer *verlorenen* gehörten wir jedenfalls schwerlich in den 60er Jahren.

Was war geschehen im Bewußt-Seins-Prozeß der Reste der N[euen] L[inken]? Wie schnell kann politische Geschichtserfahrung durch Kämpfe im eigenen Lande und Solidarität in Geschichtslosigkeit umschlagen? (Anläßlich einer Veranstaltung 1975 für die Genossen der »Praxis«-Gruppe[748] aus Jugoslawien gab es bei meinem Beitrag an vielen Stellen Beifall, nach meinem Plädoyer für den Sieg der vietnam[esischen] Rev[olution] gab es Schweigen.) Was war inzwischen mit der vietnamesischen Revolution geschehen? Aber über letzteres hatte ich während der Praxis-Veranstaltung kein Wort verloren. Da war ein Gefühl, weniger ein Wissen, bei den jüngeren und früheren Generationen aufgetaucht: Nein, so haben wir uns irgendwie die Revolution gedacht, damit identifiziert, aber den gesell[schaftlichen] Prozeß nach dem Sieg der Revolu[tion] in Vietnam haben wir völlig anders gesehen.

Gehören wir nun auch zu den verratenen Generationen?
Vorbemerkung
2) Unkritische Solidarität (Solidarität um jeden Preis) (und fremdbestimmte Identifikation)
3) Echtheit und Beschränktheit (Moral ... ja, auch Eppler[749] ließ von sich hören: es sollten sich die schämen, die damals nicht protestierten ...
4) Wie sieht es nach einem wochenlangen Krieg zwi[schen] China und Vietnam aus? (Ich muß gestehen, eigentlich wollte ich den letz-

748 Eine Gruppe jugoslawischer Reformkommunisten.
749 Erhard Eppler (geb. 1926), 1973–81 Vorsitzender der SPD Baden-Württembergs. Leitete 1977–91 die Grundwertekommission der SPD.

ten Abschnitt allein von Günter Berkhahn unterschrieben wissen. Zwar hatte er mich schon längst analytisch überzeugt ..., aber ich hatte poli[tisch] Angst ... Nun, wir haben gemeinsam gearbeitet ... Dort heißt es: Was bedeutet dieser Krieg für die Geschichte der Generationen der 60er Jahre und der Gegenwart? Der Joffe[750] sagte kurz vor seinem Selbstmord ... Die größte Leistung der Bolschewiki schlug blitzartig in die verschiedensten Formen der *Militarisierung* des Landes um ... (Vietnam-Kongreß in Berlin und ... in Helsinki).
Der blitzartige Umschlag von Revolution in die Konter-Revolution bei der poli[tischen] Machtergreifung [in] der asiatischen Zone.
Kann von einem »marxistischen Krieg« (Glucksmänner aus Paris) gesprochen werden? Wenn es überhaupt einen Sinn hat, »Marxismus« als Terminus technicus einer emanzipatorischen Denk- und Politikrichtung heranzuziehen, Marx (und Engels) gehörten nicht dazu in ihrem Selbstverständnis. So ist es reiner Unsinn, von einem »marxistischen Krieg« zu sprechen. Wer aus Peking, Hanoi, Moskau etc. würde es auch nur wagen: Wie sieht denn die Geschichte der Kriege aus? Gerade die Pariser Glucksmänner waren mit Mao und Stalin verheiratet ...
Ja, die Menschenrechte zu entdecken und für die einzutreten, ist erwähnenswert, die Sozialismus-Frage dabei aber unter den Tisch.
In den 60er Jahren glaubten viele, daß der China-SU-Konflikt über die Kämpfe in Vietnam gegen den US-Imp[erialismus] ein Ende finden könnten. Die entgegengesetzte Tendenz setzte sich statt dessen durch.

9. März 1979
Aarhus (Dänemark)
Frieden, Freiheit ... Sicherheit im Mittelpunkt, nach Dregger!? Für ihn ist die *Einheit* kein (!) zentraler Punkt, sehr wichtig zu sehen, wie SPD/FDP und CDU/CSU *da* übereinstimmen.

---

750 Adolf A. Joffe (1883–1927), bolschewistischer Führer und Anhänger Trotzkis. Selbsttötung nach Unterdrückung der linken Opposition durch den sowjetischen Geheimdienst.

Schmidt erweist sich Kohl voll überlegen, nicht schwer. Kohl beschimpft Sch[midt], »feige« zu sein Wehner gegenüber, Sch[midt] »kontert« »weltmännisch« – was für »Größen« in diesem Lande.

11. März 1979
Aarhus (Dänemark)
Mehrere Genossinnen riefen an, ging um die Guevara-Sendung. B. machte die kleine Sauerei, mir einen Satz zu unterstellen, den der Günter B[erkhahn] formulierte. Im Grunde wird dadurch versucht mir einen Hieb zuzuschieben, »der will nur noch schreiben«. Mehrere (3) Genossinnen riefen an, E[llen] und M.[751] darunter …
Besuch bei W. und Dänin gehabt, freundliche und anregende Gespräche – gerade was die Jugend und Lukács-Problematik betrifft.

12. März 1979
Aarhus (Dänemark)
Ziemlich in der Nacht rief M[anfred Scharrer] an, fand die Sendung, wäre nicht »ausgeglichen« genug gewesen. Weiß der »Teufel«, was er darunter verstand, können hier einfach die Fernsehsendungen der BRD nicht erreichen.
Dann berichtete er von einem Beitrag in der FR, wo es darum ging, warum die Bürgerinitiativen … mich nicht als Kandidat für die Europawahlen haben wollen – würde »wie bei Dany[752] … Hessen zu Spaltungstendenzen und Gefahren kommen«. Ist natürlich reiner Schwachsinn, da liegt ja gerade die Differenz zwischen Dany und mir, aber diese Meldung ist geschickt lanciert worden. Die Säue verstehen ihr Spiel schon. Sohn von Günter [Berkhahn] rief wieder an, »Vater ist wieder unruhig«, habe soweit wie möglich beruhigt, müssen jetzt abwarten. Halte die Buch-Sache[753] auch für hundewichtig. Natürlich kommt bei mir wieder zuviel zusammen.
Polly ist eine hervorragende Springerin, mal sehen, wie sich das für die Ballett-Tänzerei auswirkt. Mit der Violine ist sie noch immer auf

---

751 Vielleicht Manfred Scharrer.
752 Daniel Cohn-Bendit.
753 Rudi Dutschke wollte zusammen mit Günter Berkhahn ein Buch schreiben.

halbem Kriegsfuß, ist jedenfalls in der Körperhaltung noch mechanisch, während Hosea mit dem Klang seiner Violinarbeit schon den Körper bewegungsgemäß in Schwung bringt.
Der Vietnam-Beitrag ist eine harte Sache, halt wie die Verarbeitung von Niederlagen[754] und Widersprüchen immer schwer ist.

13. März 1979
Aarhus (Dänemark)
Beim Spezialarzt für Füße gewesen. War nicht gut. Der linke Fuß ist zu oft umgebrochen, verfügt nicht mehr im Inneren über die zwischen den Knochen notwendigen Elemente. Hält Operation und Rekonstruktion für am sinnvollsten. Das werde ich mir mit Hansemann[755] u. a. x-fach überlegen. Der Orthopäde in der Nähe riet mir voll ab, ist zu problematisch, oft ist der Ärger danach viel größer. Jedenfalls kann ich noch gut rennen, die Beschwerden sind erträglich. Der Leistungssport in der »Jugendzeit« zeigt jedenfalls negative Aspekte.
Mit Jürgen F[uchs][756] telephoniert, hält ein Russelltribunal über die DDR wegen der »deutschen Misere« zur Zeit nicht für sinnvoll, schlägt ČSSR vor. Hat mir noch die Telephonnummer der Marianne gegeben.
Wolfgang[757] rief an, unterrichtete mich über die FR, die Auszüge aus meinem Brief an Späth wiedergegeben hat. Hab keine Ahnung, wie die meinen Brief in die Hand bekamen.

14. März 1979
Aarhus (Dänemark)
Mit der M[arianne] telephoniert, vorher ihr Freund dran, kenne ihn höchstwahrscheinlich. Sie bestätigte jedenfalls die Absage der

754 Anfang 1979 waren Truppen der VR China in Nordvietnam eingefallen. Es war eine Reaktion auf den Krieg zwischen Kambodscha und Vietnam, in dem Peking auf der Seite Kambodschas stand.
755 Hans Halter.
756 Jürgen Fuchs (1950–99), Schriftsteller und DDR-Bürgerrechtler, 1976 in DDR-Haft, 1977 in den Westen abgeschoben.
757 Vielleicht Wolfgang Kraushaar.

A[strid] P[roll][758], freiwillig in die BRD zurückzukehren, weil ihr keine Verbesserungen und Vorteile »garantiert« worden seien. Jene Entscheidung halte ich für falsch, aber wünsche ihr von ganzem Herzen, »Glück« zu haben mit den englischen Institutionen usw. Gretchen kann sowenig wie ich und Erich [Fried] das Vertrauen von ihr auf die englischen Institutionen verstehen. Es gilt eine auch für die SPD/FDP ungünstige Lage voll auszunutzen.
Mensch, was da nicht für Sekretärinnen »aus Liebe« für Agenten der DDR spionieren ... Über dieses Spionagetheater zwischen BRD und DDR habe ich oft den Eindruck, daß die einander zumeist zuspielen. Zur Zeit will Moskau jedenfalls am liebsten mit der SPD »kooperieren«. Ob die neuesten Spionage-»Fälle«[759] der Sekretärin von Marx und Biedenkopf (beide CDU) der SPD oder CDU in Berlin nutzen werden, wage ich nicht zu sagen, interessiert mich einfach nicht.
Bis in die Nacht hinein um 3 Uhr meinen »links«-Artikel abgeschlossen. Die Herren und Damen Professoren, die es seit 1974 vorgezogen haben, über »Dutschkes Tick mit der asiatischen Produktionsweise zu witzeln«, haben durch die asiatischen Kriege[760] eins hart auf die Gusche bekommen. Mal sehen, ob die überhaupt noch lernfähig sind. Der Salon-Bolschewik G. rief aus Genf an, Absage und Zusage f[ür] Gretchen ... Die KGB-Schweine durchsuchten die Wohnung des ukrainischen Historikers und Diss[identen] Michael Melnik, danach vergiftete er sich.

15. März 1979
Aarhus (Dänemark)
Heute wurde hier gestreikt für einige wenige Stunden, dementsprechend niedrig waren die Lohnforderungen. Die Kinder waren dennoch recht froh, brauchten nicht zur Schule zu gehen. Mir tat der

758 Die ehemalige RAF-Terroristin war 1973 aus Gesundheitsgründen vorläufig aus der Haft entlassen worden. Sie floh nach London, wo sie im September 1978 verhaftet und im Juni 1979 an die BRD ausgeliefert wurde.
759 Im Frühjahr 1979 befahl die Hauptverwaltung Aufklärung des Ministeriums für Staatssicherheit einige Sekretärinnen von Westpolitikern zurück in die DDR, weil sie die Enttarnung befürchtete.
760 Rudi Dutschke meint offenbar die viele Linke ernüchternden Kriege zwischen Vietnam, der VR China und Kambodscha.

Streik »etwas weh«, konnte meinen Brief erst gegen 1 Uhr nach Flensburg abfahren. Dann erwischten mich erst noch Schwierigkeiten bei der dortigen Post, ob mein »links«-Beitrag nun gedruckt wird, werden kann, ist unsicher. Vom Frankfurter Wolfgang K.[761] gestern den Abdruck des polem[ischen] Briefes von mir in »P[flaster-]S[trand]«[762] zugeschickt erhalten. Die *etwas* denunziatorische *Gegen*-Bemerkung soll nach W.[763] von Dany[764] sein, scheint ihm irgendwie »peinlich« zu sein, mir nicht. Es ist doch keine Peinlichkeit, einen Brief bestimmten Genossen zukommen zu lassen, ob die mehr oder weniger bekannt sind.
Gegen Mitternacht meldet sich nun der Schnee an, ist eine verrückte Zeit.

16. März 1979
Aarhus (Dänemark)
Hundeschnee, echter Winter, weiß der Teufel. Mit »avanti«[765] den Asien-Beitrag vollendet, »links« nicht sicher, ob der wirklich noch nicht da ist, wage ich zu bezweifeln ...
»konkret«- G[remliza] gesprochen, will »Diskussionen« ... Urs[766] möchte die Beziehungen zur SPD verbessern, wer weiß ...
Muß für Italien nun abschließen, hoffentlich nicht zu spät. Bei mir fast immer die Frage ...
Morgen gehe ich mit Ho zum Fußballplatz, freue mich.
Gretchen arbeitete wie immer an der Uni, traf dort den Bernie D[eutsch][767] usw., der ärgert sich über die Albaner noch immer.

---

761 Vielleicht Wolfgang Kraushaar (geb. 1948). Kraushaar war SDS-Aktivist in Frankfurt a. M., seit 1987 Mitarbeiter am Hamburger Institut für Sozialforschung.
762 Frankfurter Spontizeitung unter Leitung von Daniel Cohn-Bendit.
763 Vielleicht Wolfgang Kraushaar.
764 Daniel Cohn-Bendit.
765 »das da« nannte sich nun »das da – avanti«.
766 Vielleicht Urs Müller-Plantenberg.
767 Professor an der Universität Aarhus.

23. März 1979
Aarhus (Dänemark)
Ein Anruf aus Berlin, Gen[osse] St.[768] will meine Unterschrift und Zustimmung für die Publikation[769]. Es wird der »Anspruch der DDR« beschworen, um den Gen[ossen] Bahro aus dem Knast rauszubekommen. Okay, bedarf aber nicht meiner Unterschrift, bin kein »Status quo«- und »Staats«-Tragender ...
Eine Stunde später erhielt ich den getippten Text, offenbart sich schnell als Betrügerei, Verkürzungen und erst recht volle Weglassungen sind schnell auffindbar. Absurd war schließlich die Unterstellung, den zweiten Teil der Diskussion nicht zu haben, weder das eigene noch das Tonband des SFB würden funktionieren ... Offensichtlich funktioniert ausgezeichnet die SPD-Linie, um das Buch im EVA[770]-Verlag durchzubringen. Ich konnte schließlich am Telephon nur noch lachen und das Telephon auflegen nach der Schlußbemerkung: »Macht nur so weiter« ...
Danach telephonierte ich mit Jürgen Fuchs, sarkastisch ihn darum bittend, die »Stasi-Tonbänder« über den Bahro-Kongreß zu erhalten ...
Ho war sauer, nicht zum Training mitfahren zu dürfen, war einfach erkältet und hatte 37,2° ... Polly sagte immer: »Was er will, das soll er ...«, Gretchen in der Uni ...

24. März 1979
Aarhus (Dänemark)
Ziemlich säuerlichen und freundlichen Brief von Günter [Berkhahn] erhalten, unterstellte mir, schon das Vorwort ... nach Italien abgeschickt zu haben. Reagierte mit Telegramm, müßte mich doch schon etwas kennen. Seine Ungeduld ist berechtigt und verständlich, ich kann aber unter miserablen physi[schen] Zuständen, halt nicht nur von mir, keine Texte abschließen. Bin nun aber bald oder fast fertig,

768 Vermutlich Rudolf Steinke, Sekretär des Bahro-Komitees.
769 Vermutlich über den Bahro-Kongreß.
770 Bahros Buch »Die Alternative« erschien in der Europäischen Verlags-Anstalt (EVA).

wird den »Italienern« des Eurokommunismus etc. schwerlich gefallen können.

25. März 1979
Aarhus (Dänemark)
Müßte eigentlich bereits in Berlin sein, bin aber mit meinen Buch-Projekten nicht fertig. Die wochenlangen Krankheiten hier kosteten viel Zeit und Energie. Einige überfällige Briefe (z. B. an Herbert M[arcuse]) geschrieben, Sonderdrucke des Golli-Essays geschickt ... Ziemlich ausführlich mit Christian R.[771] über Bordiga gesprochen, erst danach seinen ausführlichen Beitrag über B[ordiga] in die Hand genommen – spannend! Scheint aber keinen Zugang zum Problem d[er] *allgemeinen Staatssklaverei* aufzuweisen.
Die Kinder schauen sehr interessiert den Darwin-Filmen zu, erste Einführung in den historischen Materialismus!?! Habe bis in die Nacht hinein gearbeitet, die »aktuellen Notizen« für die Italienausgabe korrigiert, Briefe usw., vor der Abreise zu Veranstaltungen versuche ich immer wieder »alles« zu »ordnen«, gelingt natürlich nicht. Werde verschieben, halt Erkältung vorschieben, stecke allerdings immer real in der Nähe einer solchen – mißachte weiterhin die Schlafabläufe, darf nicht so bleiben – Kopf, Herz, Kampffähigkeit und Liebe sind verflucht viel wert, darf nicht durch reduzierten Schlaf angeknackt werden ...

27. März 1979
Aarhus (Dänemark)
Die von »avanti«, in diesem Falle allein K[laus] R[ainer] R[öhl], ist (sind) nicht akzeptabel. Muß mir sehr Gedanken darüber machen. Dreht einfach meine *Absage* zum Beirat[772] zu einer Zusage um. Halt um vielleicht ein paar SPD-Stimmen zu gewinnen von der jungen Seite her, werde denen eine Absage erteilen – die Bürgerinitia[ti-

771 Vielleicht Christian Riechers.
772 Von »avanti«.
773 Im Mai 1978 gründeten Bürgerinitiativen die Grüne Liste Schleswig-Holstein.
774 Am 20. April 1979 waren Landtagswahlen in Schleswig-Holstein. Die Grüne Liste erhielt zwei Prozent der Stimmen.

ven][773] können in Schleswig-H[olstein][774] über 5 % kommen. Muß unterstützt werden.
Gretchen war sauer, sehr schnell, will nach Paris zu Ostern, habe nur Finanzeinwände gebracht – sofort wurde ich wegen meiner Tel[ephon-]Ausgaben »beschimpft«. Stimmt nicht mehr ganz so, und z[um] a[nderen gehört das Telephon] mit zu meinem Arbeits- und Kommunikations-Werkzeug.
Ho und Po spielten glänzend mehrmals Violine zusammen, höre es ungeheuer gern.

14. April 1979
Barcelona
Von Madrid nun schon »seit langem« weg, und die Tage in Barcelona gehen zu Ende. Um ca. 16:30 Uhr fliegen wir ab nach Dänemark. Die lieben Banditen wollen nie nachgeben, *ihre* Interessen interessieren sie, noch nicht wirklich darüber hinausgehende.
Hatte interessantes Gespräch mit S. über die Lage in Spanien ... verwies mich auf den *Abgang* des kritischen Denkens in der KP ... erinnerte mich daran, ihm 1966 »Geschichte und Klassenbewußtsein«[775] geschickt zu haben für die spani[sche] Übersetzung. Wurde mir erst dann wieder bewußt, schaltete aber schnell, vieles kam hinzu, Bolívar E[cheverria] usw.
Der Flug ging über N., landeten in Kopenhagen zu spät, eine Weiterreise nach Aarhus war nicht mehr möglich. Nun war ich »ohne Pillen« und wir alle ohne Wohnung, mußten alles beschaffen. Als ich von der Apotheke zurückkehrte, waren die Kinder und G[retchen] mit dem Oster-»Fressen« (Süßigkeiten) noch nicht fertig, ich hatte einzugreifen, war gespannt und ließ ein Büchlein mit Aufzeichnungen liegen, eine Photokopie d[er] italie[nischen] Einleitung desgleichen. In Mainz das Telephonbuch, nun die kleinen Aufzeichnungen: bei übermäßiger Spannung bin ich noch nicht in der Lage meine beschränkte *Seh*fähigkeit (rechte Seite) echt wahrzunehmen – muß unbedingt Korrekturen vornehmen.

775 Schrift von Georg Lukács.

Hosea, im Hintergrund Rudi, Spanien, Ostern 1979.

Landeten bei Vips[776], führten wichtige Gespräche über die italienische Lage.

15. April 1979
Aarhus (Dänemark)
In Aarhus gelandet, viel Briefe etc. vorgefunden, nimmt viel Zeit für sich. Am Abend mit M. telephoniert: meine Gegendarstellung ist jedenfalls in der FR noch nicht erschienen …

16. April 1979
Aarhus (Dänemark)
Mit Angelika telephoniert. Haben »Langen Marsch« noch nicht in die Hand bekommen, wäre allerdings schon raus. Meine Voranzeige solle jedoch stimmen. P[eter-]P[aul Zahl] habe woanders in die Diskussion neu eingegriffen und eine Vertiefung der Angriffe von K. H.[777] als Hauptaufgabe gesehen …
Später mit Alfred telephoniert, war gerade aus der DDR angekommen. Fühlt sich noch weiter »wohl«, werde ihn hoffentlich in Babelsberg treffen.
Bereitete weiter meinen Frankfurt-Beitrag an der Uni vor, werde mich mit Lukas-Heinrich voll auseinandersetzen!
G[retchen] erzählte mir von der »Informations«-Analyse über die Kriegsvorbereitung der Amerikaner – um des Öls willen – gegen die Russen. Meiner Meinung nach wird auf beiden Seiten diese Wahnsinnsmöglichkeit neu »erwogen«, die Krisenperiode läßt sich halt nicht permanent durch Management kontrollieren.

25./26. April 1979
Berlin
Nicht gut verlaufen, höchstens »recht und schlecht«, mit L[ukas-Heinrich] nur teilweise alternativ argumentiert in der Frage Feud[alismus] – asia[tische] Prod[uktionsweise]. Viel zu lange referierte ich, nicht immer kohärent, die neue Natur-Seite viel zu sehr überzogen usw.

---

776 Vibeke Sperling, eine dänische Journalistin und Bekannte der Dutschkes.
777 Vermutlich Karl-Heinz Roth.

Rudi und Genossen amüsieren sich, Berlin, 1979.

Beschissen war die extrem späte Ankunft in F[rankfurt], mußte mehrfach das Flugzeug wechseln usw. usf. In Frankfurt wollten die mir zuerst nicht einmal voll die Reisekosten ersetzen. Werde mir da manches neu überlegen müssen. Die Beiträge müssen *schriftlich* niedergelegt werden, die zur Verfügung stehende Zeit darf nicht wesentlich überschritten werden usw.
Günter [Berkhahn] war nicht mehr aufsuchbar, mußte am nächsten Vormittag schon nach Berlin abfliegen. Blieb bei M[ilan Horacek] und traf die zur Uni-Veranstaltung zwar nicht gerufene, aber gekommene E[llen]. Die ist in Ordnung – habe allerdings hoffentlich wie sie nicht vor, Alternativ-Kurven entstehen zu lassen. Schließlich hat die Genossin recht viele Beziehungen, wie sie schrieb.
In Berlin war die Lage unverändert, versuchte nicht »andere« aufzusuchen.

28.–30. April 1979
Berlin
Helmut war sich nicht sicher: »Erst wenn du bei uns bist, bin ich überzeugt …«

1. Mai 1979
Berlin
Relativ spät aufgewacht und dann mit J.[778] zur Demo[779] zum Schöneberger Rathaus. E[vi] u[nd] C[lemens] waren schon zurückgekommen, halt die Gewerk[schafts]ecke.
An der Kantstraße, einer Ecke, hauten Haug u. a. mit ihrem Auto ab, als wir kamen – sonst hätten wir noch länger nach einer Parkstelle suchen müssen. Begeisternd war da nichts, kaum verwunderlich bei einer Sickert[780]- und Monopoltradition. Die Nach-Demo der Alternativ-Liste war angenehmer, von sozialistischer Klarheit in der Analyse war dennoch wenig zu sehen. Die einzelnen Beiträge gingen auf die jeweilige Branchentätigkeit ein bis ins Detail, waren aber nicht fähig, die besonderen und einzelnen Erfahrungen zu verallgemeinern in einem theoretisch-poli[tischen] Sinne.
»Abends« sind wir noch, genauer, nachmittags sind wir (J. und ich) zu der Gedenkfeier (70. Jahr) von Flechtheim[781] gegangen (von Agnoli[782] bis Lombardo[-Radice], Kosta[783] …). Den lieben Kosta befragte ich zwischendurch über ČSSR und Entspannungspolitik der BRD. Ein »extrem schwer zu beantwortender Punkt« (Kosta) …

778 Vielleicht Jürgen Miermeister.
779 Zur 1.-Mai-Demonstration.
780 Walter Sickert (geb. 1920) war damals Vorsitzender des Westberliner DGB. Der SPD-Politiker ist im Jahr 2002 aus Protest gegen die Senatskoalition mit der PDS aus seiner Partei ausgetreten.
781 Ossip K. Flechtheim (1909–98), Historiker und Futurologe.
782 Johannes Agnoli (geb. 1925), Berliner Politologe. Seine 1967 gemeinsam mit Peter Brückner veröffentlichte Schrift »Die Transformation der Demokratie« beeinflußte die APO.
783 Jiri Kosta (geb. 1921) unterrichtete in den siebziger und achtziger Jahren als Professor für Wirtschaftswissenschaften an der Goethe-Universität in Frankfurt a. M. In der NS-Zeit KZ-Haft, u. a. in Auschwitz. War 1968 am »Prager Frühling« beteiligt.

2.–4. Mai 1979
Berlin
Die Reise nach Paderborn war nicht ganz einfach. Es begann mit Schwierigkeiten in Berlin, nahm mir zu viele Kontakte, wie üblich, noch vor. Am späten Abend traf ich mit E[kkehart] K[rippendorff] zusammen, um über den »Weltgeist« im allgemeinen, Italien im besonderen und W[est-]B[erlin] ... etc. im einzelnen zu sprechen. Er gehört zu den zu zählenden angenehmen Typen der 1. Apo-Periode. Überrascht, wenn zwar nicht ganz, war ich von seiner These: »In wenigen Jahren wird die BRD in Westeuropa (EWG ...) das einzige Land sein, wo demokratische-liberale Grundelemente noch existent sein werden; um die BRD *herum* wird die Rechtswendung sich vollziehen« ...?!?!
Gen[osse] Narr[784] ... u.a. sollen sich über mich kritisch geäußert haben, konnte mir aber nicht sagen, worum es ging. Werden wir demnächst in einer gemeinsamen Diskussion bei Agnoli ... durchsprechen.

Am Vormittag des 2. 5. besuchte ich zusammen mit Hans H[alter] den Wolfgang Neuss[785] ... und ca. 2 ½ Std. danach die »tageszeitung«. Wolfgang freute sich, riß gleich die Fenster auf, um Haschisch loszuwerden ..., aber eine echte Diskussion ließ sich schwer herstellen. Ihm zuzuhören steht im Mittelpunkt, ob nun für seine Schüler, Freunde etc., gewissermaßen eine Reproduktion seiner früheren Grundstruktur auf der Tribüne, Straße etc. Zuzuhören fällt mir nicht schwer, erst recht nicht bei diesem Freund. Schmerz und Fragen begleiten innerlich mein Zuhören. Ihn ins Gefängnis, in die psychiatrische Anstalt786 zu jagen wäre eine katastrophale Niederlage für viele von uns. Er will *nicht* dorthin, sein Körper ist in relativ guter Verfassung nach Hansemann. Hatten ihnen was zu essen mitgebracht, und Wolfgang antwortete auf die Frage von H[ans], was er für ihn tun könne: »Laß mal 20 DM

784 Wolf-Dieter Narr, 1971–2002 Politologieprofessor an der FU Berlin.
785 Wolfgang Neuss (1923–89), Westberliner Kabarettist.
786 Wolfgang Neuss bekannte sich öffentlich zu seinem starken Rauschgiftkonsum.

hier.« Freundlich schieden wir voneinander. Hat oft von Gretchen gesprochen, wird mit seinem katastrophalen Gisela[787]-Problem zu tun haben ...
Die gute halbe Stunde bei der »tageszeitung« war interessant, aber durchaus noch nicht wirklich informativ. Auffallend war, daß bei den schreibenden Redakteuren keine Frauen zu sehen waren, Frauen sich aber dominierend beim Tippen usw. vorfanden – eine ziemlich mickrig und sauer den »Männern« gegenüber ... H[ans] hat mir jedenfalls sehr freundlich geholfen, wird dem J. meinen Text schikken ...
In Bielefeld kam ich über Flug nach Hannover an. Nach einer kurzen Restaurant-Pause wollten wir gerade mit dem Auto abfahren, plötzlich entdecke ich die Abwesenheit meiner Paß- und Geldtasche. Wie wild wetze ich zur Kneipe zurück, werfe mich geradezu auf den Boden und entdecke alles ... Dennoch ist es mir ein Rätsel, wie es darunter kam. W. sagte, »über den Bischof hätten wir alles in Ordnung gebracht«.
Der mehr wissenschaftlich verlaufende Vortrag am Fußball-Tag (BRD-Wales) erbrachte einen nicht ganz vollen Saal (ca. 300–350 Zuhörer ...), und am 3. 5. bei der Auseinandersetzung mit dem RCDS (Arno Klönne[788] war mit mir zusammen) war alles total überfüllt. Im Verlauf der Diskussionen konnte ich wirklich nicht »verstehen« ... wieso es einen RCDS-AStA dort gab!?!

5. Mai 1979
Aarhus (Dänemark)
Mal »richtig« ausgeschlafen bzw. im Bett liegengeblieben. Polly fragte gegen Mittag besorgt: »Bist du krank, liegst mit Nachtzeug im Bett!?« Verflucht viel Brief- und Dokum[enten]-Zeug war zu überprüfen, fast immer so nach einer gewissen Reisezeit.

787 Gisela Grünewald.
788 Arno Klönne (geb. 1931), Soziologieprofessor, lehrte an der Universität Paderborn.

7. Mai 1979
Aarhus (Dänemark)
Finde mich langsam wieder herein. Kostet verflucht viel Zeit, diesen hektischen Weg BRD/Dänemark zu gehen.
M[ilan Horacek] und E[llen] haben angerufen, die E[llen] will meinen »links«-Beitrag über Vietnam etc. kritisieren, mal sehen.
Die Briefe habe ich einigermaßen durch, der von der Karola B[loch] ist sehr lieb und zeigt, wie traurig man sein kann, wenn Freunde und Geliebte versterben. Nun starb der K[antorowicz][789], muß sie schwer getroffen haben, kannte den schon seit ca. 40 Jahren. Oder? ...
Das Interview in »Newsweek« muß ich mir besorgen, Interview mit Ginsburg[790]!!

8. Mai 1979
Aarhus (Dänemark)
Kurz mit Wolf B[iermann] telephoniert, erzählt von Potsdam-Babelsberg, und nach Robert [Havemann] gefragt. Neuigkeiten waren nicht zu vernehmen, verwies auf das »Spiegel«-Interview, war erst hinter einer Nachfrage ganz zufrieden damit. Werde den Text mir doch einmal anschauen.
Gegen 20 Uhr mit Po in den Park gegangen, sie wolle »nicht dick werden«. Gestern und heute etc. Geburtstagsfeiern mitmachen, hat halt gewisse Rückwirkungen ...

9. Mai 1979
Aarhus (Dänemark)
Soeben von K. H. Roehl[791] gehört, daß der Robert H[avemann] gerade vom Hausarrest[792] freigesprochen worden sei. Kurz vor dem

---

789 Alfred Kantorowicz (1899–1979), Schriftsteller und Literarhistoriker. Herausgeber der Werke Heinrich Manns. Übersiedelte 1957 aus der DDR in die BRD.

790 Alexander Ginsburg (1936–2002) war einer der führenden Köpfe der sowjetischen Dissidentenbewegung und Begründer der Untergrundliteratur (»Samisdat«). Er saß viele Jahre in Gefängnissen und Lagern der Sowjetunion, bis er 1979 gegen zwei im Westen verhaftete Sowjetspione ausgetauscht wurde.

791 Vermutlich handelt es sich um einen Fehler bei der Schreibung des Namens. Es dürfte sich um Klaus Rainer Röhl handeln.

30. Geburtstag[793] ..., war schier unvermeidlich. In der Partei wird es z[um] a[nderen] durchaus einzelne Kader geben, die sich der Tätigkeit von Robert H[avemann] im KZ[794] nicht nur erinnern etc.
Mit Wolf B[iermann] ein Wort gewechselt, hat nun bereits mit R[obert] langes Telephongespräch gehabt, die Stimmung ist verändert. Von einer Veränderung der herrschenden Prod[uktions-]Verhältnisse könne natürlich keine Rede sein. Unterschied zwischen Hausarrest und freier Bewegung im Lande ist dennoch erheblich. Mir kam die blöde, komische Idee: Was würden Wolf u. v. a. m. wirklich bewußt und unbewußt denken, wenn ihnen eine Rückkehr angeboten würde?!?
Zu einem Parteimitglied habe ich es nie gebracht, Nostalgie käme schwerlich auf. Jedoch muß gefragt werden: Ist es nicht unerläßlich, dorthin zu gehen, um die Kooperation des Widerstandes in BRD und DDR auf ein neues Niveau zu bringen, West- und Osteuropa als poli[tisch]-kult[urelle] und ökono[mische] Einheit zu antizipieren?? Die von der »Roten Fahne«[795] schreiben recht viele informative Beiträge, besonders was BRD und erst recht, was Ost-Europa betrifft. Sobald man aber einen Blick auf die China-Beiträge wirft, kommt einem das »Potemkinsche« Grauen, halt chinesisch gewendet.
Über die russischen KZs (s[iehe] nun Alexander Ginsburg in »Newsweek«) spricht die R[ote] F[ahne] ohne Schwierigkeiten, die Folterungen in den chine[sischen] Gefängnissen (s[iehe] »Tan Suo«) werden jedoch prinzipiell verleugnet.
Gerade eine einstündige H[orst-]Mahler-Sendung, besonders zwischen 1967 und 1974, gehört über den SFB. Morgen abend soll er an einer Diskussion über den Abbau des »Hasses« teilnehmen.

792 Im Mai 1978 wurde der im November 1976 verhängte, auch nach DDR-Gesetz widerrechtliche Hausarrest gegen Robert Havemann aufgehoben.
793 Dem 30. Jahrestag der DDR-Gründung.
794 Robert Havemann saß nicht im KZ, sondern von Dezember 1943 bis April 1945 als zum Tod verurteilter Widerstandskämpfer im Zuchthaus. Wegen »kriegswichtiger Forschungen« wurde die Vollstreckung der Todesstrafe immer wieder aufgeschoben.
795 Zentralorgan der maoistischen KPD, ehemals AO.

10. Mai 1979
Aarhus (Dänemark)
Wollte heute eigentlich den »avanti«-Beitrag über R[obert] H[avemann] schreiben, kam nur kurz dazu, viel mit den Kindern und noch mehr mit Gretchen gesprochen; sie steckt voll in ihrem Studium drin, versucht die Vor-Geschichte zu rekonstruieren, um in die Analyse der Geschichte einsteigen zu können. Verflucht schweres Unternehmen. Kann bezüglich der Vorgeschichte nur von ihr lernen. Daß die *Türken und Kaukasier* mit ihrem Neu-Steinzeitalter gegen 9000 vor und die Dänen erst um 3000 vor einstiegen, gibt wichtige Hinweise für die Analyse des Orients!!?!

11. Mai 1979
Aarhus (Dänemark)
Hier Feiertag, alle Geschäfte geschlossen, hatte aber gestern noch im letzten Augenblick ausreichend eingekauft. Nach dem relativen Krach zwischen Ho und Po hatte ich »verordnet«, daß sie offensichtlich es erst lernen müssen, über die *gemeinsame* Arbeit Kooperation und Solidarität zu entwickeln. Müssen nun jeden Morgen die Küche in Ordnung bringen, haben Gretchen und seit einigen Jahren ich allein durchgeführt. Ging ziemlich gut, muß aber täglich fortgesetzt werden.
Gegen 11 Uhr rief »avanti« an, wollte den Text haben, Polly hatte am Telephon zu behaupten, daß ich abwesend wäre ... Später meldete ich mich, verschob die Textabgabe auf Montag. Zwar bin ich fertig gewesen, aber nicht zufrieden. A. Blok und seine Reflexion über die Beziehung von Politik und Musik, Musik und Kunst sind für einen »Kunstfreund«, genauer Künstlerfreund und Kulturbanausen, äußerst anregend. Wahrscheinlich auch, weil die Weiterentwicklung einer Theorie und Geschichte der allgemei[nen] Staatssklaverei da einen äußerst wichtigen Aspekt hat. Bin mir nicht sicher, ob gerade ein Robert H[avemann] und Wolf B[iermann] damit einverstanden sind. Bei Jürgen F[uchs] bin ich mir nicht ganz sicher, seine SED-Geschichte hat Erfahrung und Spuren verschiedenster, nicht immer aufgearbeiteter Art hinterlassen. Besonders seine euro-kommu[nistische] Hoffnung wird leider bittere Prozesse durchzumachen haben. Die Füchse sind mir aber äußerst angenehme Menschen ...

Den Freund und Genossen Wolf B[iermann], geworden unter nicht leichten Bedingungen, habe ich sehr gern, finde seinen Musikauftritt in Köln (Bündnis von JUSO und SDAJ[796]) am 19. 5. nicht glücklich. Viele Sympathisanten werden es als *unglaubwürdig* vermerken. Die von der Europa-Liste[797] riefen an, um mich zu gewinnen für eine Köln-Veranstaltung vom 20. 5. …, um halt trotz der JUSO/SDAJ-Veranstaltung die Großveranstaltung am gleichen Ort … »voll zu kriegen«. Ist eine zwielichtige Situation, und breite Links-Mobilisierung f[ür] d[ie] Europa-Wahlen hat nicht einmal stattgefunden. Milan H[oracek] scheint da wieder einmal die Lage durch seinen »Überoptimismus« völlig unscharf einzuschätzen. Mal sehen, ich wünsche ihm und den anderen nur zu gern den Sprung über die 5-%-Klausel, aber die Voraussetzungen und Stimmungen dafür können nicht in wenigen Schlußtagen entstehen.

Bin mir nicht sicher, welcher heute »zeitmäßig« genau ist, habe keine Uhr seit Monaten. Die aus Jena haben noch immer nicht das verlangte Ergänzungsmaterial geschickt. Nicht verwunderlich, werde in Kürze es dem Vater in Berlin geben.
Hermann [Bergengruen][798] aus Hannover rief an, ist gegen eine Mitwirkung von mir bei den Europa-Grünen, wären zu parlamentarisch usw.
Gestern waren die Bremer Freunde[799] gekommen, sehr interessant, haben mir gewissermaßen ein »Angebot gemacht«, bei den Bremer Wahlen im Herbst »mitzumischen«. Weiß nicht, die »Angebote« wachsen …, meine Finanzlage bisher nicht im geringsten … Von den Moneten anderer war ich jedoch nie in knechtischer Abhängigkeit.
Ali [Schmeißner][800] rief heute an, um eine Europa-Veranstaltung in Tübingen zu arrangieren. Gestern berichtete er von der Vorbereitung

796 SDAJ: Sozialistische Deutsche Arbeiter-Jugend, Jugendorganisation der DKP.
797 Die grüne Liste für die Europawahlen 1979.
798 Ein evangelischer Pfarrer in Hannover.
799 Olaf Dinné und Delphine Brox.
800 Ein bekannter linker Aktivist in Tübingen.

der 2. Bahro-Veranstaltung in Marburg, auf der Bonner Pressekonferenz war von den DDR-Genossen kein einziger anwesend.
Robert H[avemann] soll kurz nach der »Freilassung« im Fernsehen »keinen guten Eindruck gemacht haben«. Was soll's, wohl nicht schwer zu verstehen!! Oder?
Mit G[retchen] über das Werden und Wesen von Religion Worte gewechselt, sie studiert zur Zeit Durkheim[801] und Levi-Strauss[802], die mich nie begeisterten.
Karola B[loch] kurz angerufen, der Schelsky[803] fiel tatsächlich über E[rnst] Bloch her, werde dem Sch[elsky] ein Essay im Sammelband angemessen widmen ...

22. Mai 1979
Aarhus (Dänemark)
Mit »nichts« bisher wirklich fertig geworden, ist einfach anstrengend und habe erneut zuviel vermischt.
Nun werden wir einen neuen ehemaligen NSDAPler[804] als »Staats«-präsident[805] haben, die Wege nach rechts bahnen sich immer deutlicher!? Die hist[orische] Chance der CDU/CSU, erst recht von Strauß, wächst wirklich sprunghaft!

23. Mai 1979
Aarhus (Dänemark)
Aus den »Aschaffenburger Gesprächen« bin ich hinauskatapultiert worden, glaube einfach *nicht*, daß die in »absehbarer Zeit« *nicht* vonstatten gehen werden. »Die nationale Frage«, von mir immer als *soziale Frage und Aufgabe* gesehen, wollen die mit mir *öffentlich nicht* diskutieren, viel eher in einem geschlossenen Zusammenhang.

801 Émile Durkheim (1858–1917), französischer Soziologe.
802 Claude Lévi-Strauss (geb. 1908), französischer Soziologe (»Strukturalismus«).
803 Helmut Schelsky (1912–84), deutscher Soziologe.
804 »Neuen ehemaligen«: bezieht sich auf CDU-Bundeskanzler Kurt Georg Kiesinger (1966–69). Er war seit 1933 NSDAP-Mitglied und 1943–45 stellvertretender Leiter der Rundfunkabteilung im Auswärtigen Amt.
805 Karl Carstens (CDU) war von 1979–84 Bundespräsident. Er war bis 1933 Mitglied der SA und seit 1940 Mitglied der NSDAP (Mitgliedschaft 1933 beantragt).

27. Mai 1979
Kassel
Erneut geht die Reiserei los, diesmal nun stehen die Europawahlen und das Verhältnis von »Grün« und Sozialismus zur Debatte. Die Relevanz der Sache ist durch nichts zu bestreiten, dennoch steige ich »viel zu spät« ein, um wirklich »testen« zu können. Den Milan [Horacek] schätze ich, wie immer da Differenzen in der Frage der Klassenkampfgewalt, Imperialismus etc. sein mögen, konnte ihn, den Joseph B[euys] und a[ndere] nicht sitzenlassen. Brach furchtbar früh in Aarhus auf, wurde per Uhr um 6 Uhr aufgeweckt. Blöderweise war ich, wie immer, erst gegen 1 Uhr ins Bett gegangen ..., dann Taxi, Bus, Ti[rstrup Flughafen] ..., Ko[penhagen] ..., Hamburg ..., Hannover ..., Zug!
In Kassel kam ich wenige Stunden vor der Veranstaltung an, ließ mich im Bahnhofsrestaurant nieder, aß ..., trank ..., las ... und begann entspannt zu werden. Gewisse Grundthesen formulierte ich mir, wohlwissend, dann spontan zu sprechen.
Die Veranstaltung war übervoll, Joseph [Beuys] soll schwer über mich »geschimpft« haben vor der Veranstaltung, war »sauer« über mein »Nicht-Erscheinen«, Rea wohl desgleichen ...
Dann waren sie aber, als sie mich »zur rechten Zeit« sahen, sehr froh und »nahmen alle Polemik zurück« ... Der angenehme Gen[osse] Sei. war klar wie immer in der ökologischen und der Frage der Demokratie, Joseph war glänzend in der Kunst und unwissend in der Ökonomie, mein Beitrag über die Unerläßlichkeit der Verknotung von Ökonomie und Ökologie, von Menschenrechten und Sozialismus, Ökologie-Ökonomie und Demokratie ...

30. Mai 1979
Kassel
Fühle mich weiterhin »beschissen«, harte Halsschmerzen immer wieder, die alten »Haus«-Formen der Medizin helfen bisher nicht, mal sehen, geht ja manchmal schnell weg. Paßt überhaupt nicht, schließlich gilt es diesen Europa-Wahlkampf als »Test« zu benutzen, politisch und persönlich. Morgen geht es nach Braunschweig, kenne den dortigen AStA überhaupt nicht, wer weiß, was der

liebe Ali da wußte bzw. nicht wußte, »treibt sich« in Moskau »herum« ...
Günter B[erkhahn] konnte ich heute einfach nicht aufsuchen, mit Sicherheit wird er stinksauer sein.

31. Mai 1979
Hannover
Braunschweig war sehr wenig spannend. Die vom AStA und die Studenten konnten weder mit ihrem Lokal-Faschisten noch mit der nahe liegenden DDR [etwas] anfangen. Kurz vor dem Ende des Semesters war Langeweile zu spüren, nur in wenigen Augenblicken kam etwas »Betroffenes« hoch ...

2. Juni 1979
Hannover
Hannover war ein verfluchter Genuß des Reinfalls.

3. Juni 1979
Aarhus (Dänemark)
Abends nach Hause gekommen, anstrengend in jeder Hinsicht die Rückreise. Angenehm, zu Hause die vielen Violinen etc. zu hören. Komisch, habe keine Ahnung von Musik, hilft mir aber, eine gewisse Ruhe zu erreichen. Das Konzert war ausgezeichnet, wenn Po mal gegen den Strich ging, war das geradezu lustig und nicht deprimierend.

In dem Briefhaufen war ein Brief vom Senator Glotz[806], tatsächlich ein technokratischer Taktierer mit »hoher Mobilität und Wendbarkeit«. Bedankt sich für eine »Zusage«, die er von mir *nie* erhalten hat, von mir erhielt er Absage, u[nd] »eventuell« kann ich alle anderen Abmachungen in der BRD regeln usw. Gen[osse] T[ilman] F[ichter] hat seine Finger mit im Spiel gehabt, nicht umsonst hatte er vor wenigen Wochen am Tag nach dem Anruf von G[lotz] sich erneut gemeldet, um mich zu »gewinnen«.

806 Peter Glotz (geb. 1939) war 1977–81 SPD-Wissenschaftssenator in Westberlin.

Die 1000 Eier können mich sowenig reizen wie die *F[riedrich]-E[bert]-Stiftung*, von deren Mitarbeit ich erst durch den Brief d[er] S. erfuhr.

6. Juni 1979
Tübingen
Die Gespräche mit der Karola [Bloch] waren angenehm wie immer, die Anwesenheit der polnischen Jung-Philosophin überraschte mich. Ob die gutaussehende junge Dame anderen Auftrag mit sich herumschleppt, ist beileibe nicht auszuschließen.

19. Juni 1979
Aarhus (Dänemark)
In der Nacht aufgeweckt worden, ein gewisser »Idiot« rief an, um mit mir über Vietnam und die Flüchtlinge zu sprechen. G[retchen] wachte zuerst auf, lehnte ab, mich aufzuwecken, dann wachte ich auf; spielten und redeten herum. Bin weiter unruhig, komme nicht ganz in den Arbeitsrhythmus rein, zu viele verschiedene Projekte ... stoßen aufeinander. Blöderweise muß ich Freitag erneut abfahren, nach Bochum, um über Christentum und Marxismus zu referieren. Werde mir Albrechts Buch und das Folterproblem heranziehen. M[ilan Horacek] rief an, berichtete über die riesengroßen: Rock-Veranstaltungen, war durchaus ein Ausdruck der Niederlage des *alten* Faschismus. Über die Beherrschung bzw. Unterknechtung dem »neuen« gegenüber ist damit noch kein Wort gesprochen. Merkte ich in Berlin beim Senator *Glotz, der wackelte* im »Falle P[eter-]P[aul] Z[ahl]«[807] mächtig ...
E[llen] rief an, G[retchen] war daneben, fiel mir schwer, entspannt zu sprechen, bin einfach in solch einer Lage verkrampft.
Die Kinder sind recht stark, hoffentlich macht der Sommer und unser gemeinsames Treiben sie sicherer bezüglich eines Übergangs nach »Deutschland«[808]. Bernd M. hat angerufen, will mit der Gen[ossin] in einigen Tagen hier auftauchen.

---

807 Es ging um die Verleihung des Georg-Büchner-Preises an Peter-Paul Zahl.
808 Rudi Dutschke wollte in die Bundesrepublik umziehen.

24. Juni 1979
Aarhus (Dänemark)
Die Sal.[809] in Nicaragua haben sich in M[anagua] bisher nicht einnisten können, dennoch erfolgte die erste interna[tionale] Anerkennung, südameri[kanische] und osteurop[äische] Regierungen habe aus verschiedenen Gründen das nun vollzogen. Die BRD wird im Grunde der US-Richtung folgen. Zwar hat der SPD-Gen[osse] V[oigt] vor Monaten mir erklärt, die BRD-Regierung wünsche eine US-Korrektur ..., dennoch wird Bonn zu den »letzten« gehören, die die S[andinist]en-Regierung anerkennen.

Monatsende
Aarhus (Dänemark)
Ganz mit Absicht lehnte ich die Unterschrift (i[n] den ersten Reihen des Aufrufs[810]) ab und blieb demonstrativ von Marburg fern, die vom B[ahro]-K[omitee], genauer, R[udolf] St[einke] soll seine »Größe« zeigen, d[er] B[ernd] R[abehl] desgleichen. Zu lesen war nichts, allerdings habe ich hier keine FR, die werden die Veranstaltung dort wahrscheinlich hochpäppeln, hilft dennoch nichts, riesengroß und treibend war die bestimmt nicht, viel zuviel ist vorher schiefgegangen, die DDR-Genossen setzen sich ab und ich etwas härter.
Wehner[811] spricht sich mal wieder »päpstlich« aus, diesmal gegen seinen Freund Bahr[812], der die Berlin-Verträge[813] kennt – jedoch vorschlägt, die W[est-]B[erlin]-Abgeordneten nun direkt in den Bundestag zu wählen. Die DDR-Entscheidung hat mit Moskau zu tun, aber W[est-]B[erlin] steht unter Besatzer-Status der drei (bzw. 4) Siegermächte. Herr Springer sagt ... »ausgerechnet E[gon] Bahr, der Antreiber d[er] ganzen deu[tschen] Ostpolitik ...«

809 Gemeint sind offenbar die Sandinisten, die 1979 die Somoza-Diktatur stürzten.
810 Zur Solidarität mit Rudolf Bahro.
811 Herbert Wehner (1906–1990), SPD-Politiker, Minister, Bundestagsfraktionsvorsitzender.
812 Egon Bahr (geb. 1922), 1976–81 Bundesgeschäftsführer der SPD.
813 Das Viermächteabkommen über Berlin regelte vor allem den staatsrechtlichen Status von Westberlin.

2. Juli 1979
Aarhus (Dänemark)
Nun hat es die CSU geschafft, eine Mehrheit von CDU/CSU-Parlamentariern entschied sich für Strauß. Das letzte Wort über den Kanzlerkandidaten der Rechten wird es dennoch nicht gegeben haben, nicht einmal 75 % der Parlamentarier dieser Richtung waren anwesend.
Die Strauß-Schmidt-*Alternative* von 1980 ist keine (!), vielmehr eine viel tiefere *Identität.* Am Atomkraftwerksproblem ist die Identität am vollständigsten nachweisbar.

Nico Hübner[814] bekommt von der CDU (Aden[auer]-Sti[ftung]) einen Preis, und die Linken in Marburg halten ihr schwaches Maul, als ob ein *Kriegsdienstverweigerer* der CDU/CSU gehöre!!?!!?? Über die *vietnamesische Schande* werden die wohl desgleichen kein Wort verloren haben. Es war eine *Ehre* für uns, mitgeholfen zu haben, dem US-Imperialismus eine Niederlage beizubringen, einem Volk Frieden zu ermöglichen – es wäre aber eine *Schande*, zu schweigen über den »Rückfall i[n] d[ie] alte Scheiße« (Marx) unter neuer Flagge, über die finanziellen Einnahmen einer Regierung, die 100 000e in den Tod schiffen[815] läßt ..., um »zu Hause«, um mit der Macht weniger Schwierigkeiten zu haben.

3. Juli »1979
Aarhus (Dänemark)
»Ab *1970* wurde wieder gemordet« (*CDU*-»Minderheit« gegen die Verjährung, Schleyer[816]-Linie).
Hat Benno O[hnesorg] *1967*, habe ich nicht *1968* Mord und Mordversuch erfahren? Darüber schweigt man. Mai[hofer] (FDP).

---

814 Nico Hübner, Kriegsdienstverweigerer in der DDR, wurde im Oktober 1979 in die Bundesrepublik abgeschoben.

815 Hunderttausende Vietnamesen flohen vor materieller Not und politischer Verfolgung in meist seeuntüchtigen Booten über das Meer (»Boatpeople«). Unzählige kamen um.

816 Hanns-Martin Schleyer (1915–77), Präsident der Bundesvereinigung der Deutschen Arbeitgeberverbände und des Bundesverbandes der Deutschen Industrie, von der RAF entführt und ermordet.

Mord/Völkermord
Verbrechen, Einzelverbrechen
Staatsverbrechen (nicht mehr nur Sache des Einzelstaates, sondern Probleme des internationalen Staatsverbrechens (Völkerstrafrechtsverbrechen);
1948 – Völ[kerrechts]-Erklärung;
Die Strafverfolgung ist schwieriger f[ür] d[ie] *Staatsverbrechen* (Verbrechen gegen die Menschheit, insofern *unverjährbar*);
1965, 69, 75 – Strafrechts-»*Reformen*«; »Realisierungssprache«, lebenslang??;
»15jährige Gesamtstrafe«, ziemlich absurd.
»Verfolgungsverjährung«;
Europaratskonvention *steht bevor*: 1) Unverjährbarkeit d[es] Völkermords
2) Unverjährbarkeit der Kriegsverbrechen
3) Anwendung d[er] (1, 2) ... auch dann, wenn nicht abgelaufen;

4. Juli 1979
Aarhus (Dänemark)
War der Bericht der Barbara (per Tel[efon]) schon kein »Genuß« über die Marburger Bahro-Tage, so scheint sich das weiter so zu bestätigen. Allein M. W.[817], der nicht anwesend war, hält die Sache »für gelungen«, war »besser organisiert« – nur zu!

5. Juli 1979
Aarhus (Dänemark)
Anruf aus Bayern (F.), der Herbert M[arcuse] hat erneut extreme Schwierigkeiten – nun funktionierte sein Herz-Zusatz-Apparat nicht mehr angemessen, halbe Zusammenbrüche und Panik waren die Folge. Es ist ihm (und uns) zu wünschen, erneut die gefährliche

817 Vermutlich Manfred Wilke.

Schwelle »beiseite zu schieben«. Kann mir ähnliches vorstellen, dennoch ist die Generationsdifferenz unaufhebbar.
Meine Nasenhöhlen-Schmerzen (Vereiterung) sind äußerst unangenehm, scheinen aber geringer zu werden. Meine Schwächen (phys., Mittagsschlaf usw.) sind davon nicht zu trennen. Habe die Nase davon voll, möchte endlich wieder voll arbeitsfähig sein. Günter [Berkhahn] ließ wieder von sich hören, freut mich, er ist einfach »up to date«, las den Sinowjew[818] vor mir fertig, fand im Buch das Problem d[er] »asia[tischen] Produktionsweise«, spannender sarkastischer Roman!
Herr Außenminister Nier[819] erhielt eine West-Niere, er soll nur aufpassen bzw. endlich kann er sich »sicher« sein.
Die Grohnde-Kämpfer[820] (199 Besetzer) sollen nun 212 000 DM zahlen, Herrn Schmidt[821], erst recht in diesem Falle Herrn Albrecht[822] wird (soll) es »Kosten« bringen.

6. Juli 1979
Aarhus (Dänemark)
Relativ früh aufgestanden, Gretchen war aber fast schon weg zum Job. Habe keinen Mittagsschlaf genommen, fühlte mich besser »denn je« in den letzten Wochen. Sollte aber darauf dennoch nicht verzichten.
Anruf vom WDR – »Interview-Angebot«, abgelehnt ...
Mi[lan Horacek] ließ aus Bonn von sich hören, sprach mit d[er] Gen[ossin] W[ieczorek]-Z[eul][823] über SPD etc., hält die Beteiligung an den Bundestagswahlen[824] für noch nicht entschieden. Warum

---

818 Alexander Sinowjew (geb. 1922), sowjetischer Schriftsteller. Ausweisung 1978 nach Erscheinen seiner Romansatire auf die Sowjetgesellschaft »Gähnende Höhen«.
819 Kurt Nier war 1973–89 stellvertretender Außenminister der DDR.
820 Demonstranten gegen das Atomkraftwerk Grohnde.
821 SPD-Bundeskanzler Helmut Schmidt.
822 Ernst Albrecht (geb. 1930), CDU-Ministerpräsident von Niedersachsen 1976–90.
823 Heidemarie Wieczorek-Zeul (geb. 1942), 1974–77 Bundesvorsitzende der Jungsozialisten, seit 1998 Bundesministerin für wirtschaftliche Zusammenarbeit.
824 Die Grünen erhielten bei der Bundestagswahl 1980 1,5 Prozent der Stimmen.

eigentlich? Argumente bekam ich nicht zu hören. Ob ich bereit bin, *voll* oder *nicht* einzusteigen, kann ich heute noch nicht einmal abschätzen …

Pollys Fahrrad »korrigiert«, Th. begann sehr hilfreich, Ho hat von dem zu lernen, habe dann die Sache abgeschlossen, vermieden damit, in Kürze viel Geld auszugeben.

Am Abend mit F. telephoniert, dem Herbert [Marcuse] geht es besser, die Neu-Einführung des Herzunterstützers ist gelungen, nun liegt er im St[ädtischen] Krankenhaus der Blutkrankheit wegen, ist schon eine miserable Lage.

W. (avanti) berichtete über den, seiner Meinung nach, miserablen Ablauf des Kongresses[825] in Marburg.

Man stelle sich vor, Ben Bella[826] soll freigelassen worden sein. Die Verhaftung von 1965 hat viele von uns, die Fanon kannten etc., stark berührt. Grauenhafte militä[rische] Knechtschaft in einer Bürokratie nordafri[kanischer] Variation. Boumedienne[827] ist tot, nun endlich kann B[en] B[ella] leben …

7. Juli 1979
Aarhus (Dänemark)

Erneut wird mir der Vorwurf gemacht, mich um die »Menschheit« zu kümmern, den einzelnen Menschen aber zu mißachten. Hier zu Hause habe ich das schon zu hören bekommen, ohne den geringsten Beweis antreten zu können. Nun höre ich es von der E[llen], macht mich »sauer«. Schließlich bin ich von Marburg nicht ihretwegen ferngeblieben, es ging um eine *poli[tische] Absage* der Linie d[es] B[ahro]-K[omitee]s gegenüber. Z[um] a[nderen] hatte ich ihr in Berlin genauer darüber berichtet.

Habe mich langsam an die Büchner-Zahl-Arbeit[828] rangemacht, ist bloß zu oft unterbrochen worden, muß endlich beendet werden.

---

825 Des Bahro-Kongresses.

826 Mohamed Ahmed Ben Bella (geb. 1916 o. 1919), Vorkämpfer der algerischen Unabhängigkeit, 1962–65 Ministerpräsident Algeriens, durch einen Putsch gestürzt, bis 1979 inhaftiert, danach Exil in Frankreich.

827 Houari Boumedienne (1927–78), 1965 Führer des Staatsstreichs gegen Ben Bella und algerischer Staatschef.

828 Rudi Dutschke erweiterte seinen Beitrag zu einer Solidaritäts-Anthologie für

8. Juli 1979
Aarhus (Dänemark)
In der Nacht zur Toilette gegangen, hatte zuviel Wasser getrunken – schlief jedoch ohne Schwierigkeiten gegen 4 Uhr sofort wieder ein. Der frühe Morgen reizte auch nicht besonders, bereits an den Tisch zu gehen, z[um] a[nderen] ging ich erst gegen 1 Uhr ins Bett. Kurz nach 9 Uhr tauchten die Kinder auf in bester Verfassung, dann kann »man« nicht mehr »weiterschlafen«, hat wahrscheinlich viel mit den Verletzungen zu tun etc. Gefrühstückt (Apfel, Haferflocken, Brot, Butter, Milch ...) und dann in die Stadt gefahren, um die Apotheke aufzusuchen, war aber mächtig voll, werde erst später hingehen, habe nämlich keine Pillen mehr. Die aktuellste Zeitung war erneut die »Welt am Sonntag«, ob nun über Strauß oder Skylab[829] ... war »alles« zu finden ...
Gegen 16 Uhr fuhren wir alle mit unseren Fahrrädern zum B[enneweis]-Zirkus, die ca. 2 Stunden waren angenehm und aufregend wie immer. Ein deu[tscher] Prof. mit seinen vielen kleinen Tieren (von Tauben bis zur Katze) hätte mich beinahe zum Einschlafen gebracht, aber eine Clown-Gruppe mit Trompeten riß mich heraus, und äußerst spannende Auftritte erfolgten (Trampolin ...), regten uns ziemlich auf.
Danach mußte ich zur Apotheke am Hauptbahnhof, hatte (wieder einmal) meine letzten Pillen ...

9. Juli 1979
Aarhus (Dänemark)
»Mahler will lernen ... Verlagskaufmann ...« (»Bild« schweigt über RAF, warum wohl?).
Filbinger-»Comeback«[830], will i[n] d[en] Bundestag. Die Wehner-Analyse über Strauß ist in alter Manier, die eigenen sozialdemokrati-

---

Peter-Paul Zahl zu einem Plädoyer, PPZ den Georg-Büchner-Preis zu verleihen. Das Manuskript wurde veröffentlicht im Georg-Büchner-Jahrbuch, Nr. 4/1984.

829 Skylab: Die amerikanische Raumstation verglühte am 11. Juli 1979, früher als erwartet, in der Erdatmosphäre.

830 Hans Filbinger (geb. 1913), CDU-Ministerpräsident von Baden-Württemberg 1966–78, bis 1979 stellvertretender Bundesvorsitzender der CDU. Rücktritt

schen Hilfeleistungen f[ür] d[en] Aufstieg von Strauß etc. werden weggelassen – insofern hat W[ehner] seine Verhaltenslinie nie echt gewechselt. Die C[arola] St[ern][831] rief an, ging um eine DDR-Sendung und Reisekosten, aber am meisten interessant war die politische »Diskussion« mit ihr. Diese echte SPD-Genossin, halt mit bitterer DDR-Erfahrung, wird gegen Strauß kämpfen und dennoch Schmidt nicht »lieben«. Nicht ganz unrichtig ist, daß *die Chance der »NL[832]« (N Grünen) nicht extrem günstig ist* – dennoch muß die Sache voll durchdiskutiert werden. Die Pseudo-Alternative Schmidt–Strauß ist ein »Witz« in der BRD-Geschichte, die beiden ... werden bei sich zuspitzender Krisensituation die ersten sein, die eine »Große Koalition« aufbauen.

Bremen ist ein nicht uninteressantes Experimentierfeld[833], mal sehen! Mi[lan Horacek] rief gerade an, mit ihm lohnt es sich, *politisch* zu diskutieren, besonders weil er sich *theoretisch* nicht herumquält – ohne un- bzw. anti-theoretisch zu sein. Seine Einschätzung einer besonderen »jüdischen Mentalität« (Prager Juden ...) halte ich allerdings [für] so falsch wie die vom lieben Günter B[erkhahn] ...

»Persien brennt ...«, heißt es in »Bild«, linke Strömungen (verschie[dener] Art) werden von Khomeini-Truppen angegriffen, u[nd] K[homeini]-»Freunde« von ...?? erschossen. Wohin geht es??

10. Juli 1979
Aarhus (Dänemark)

Erstmalig wieder 65 Pfund, meine »Sorgen« über die 62/63 »Pfund« (Kilo) waren völlig unberechtigt, habe einfach zu oft über den Zustand von Herbert M[arcuse] irgendwie bewußt und unbewußt nachgedacht. Natürlich habe ich in den Tagen des Besuchs von

---

als Ministerpräsident wegen seiner Tätigkeit als NS-Marinerichter. Das Comeback fand nicht statt.

831 Carola Stern (geb. 1925), Schriftstellerin und WDR-Redakteurin.

832 NL: Neue Linke.

833 Zu Recht versprachen sich die Mitglieder der Grünen Liste Bremens Chancen bei den Landtagswahlen am 7. Oktober 1979. Die Liste erreichte 5,1 Prozent der Stimmen und damit den ersten Landtagswahlerfolg der Grünen.

Freunden und Freundinnen immer zu wenig an meinen Bauch gedacht …
Der »King«[834] rief an, fühlte sich ganz wohl, dem Robert [Havemann] soll es desgleichen »chronisch gut gehen« … Rief an, um dem Jürgen W. die angenehme Information zukommen zu lassen, daß alle Gelder und Dokumente sich bei Emma [Biermann][835] aufgefunden hätten …
Die DDR-Entscheidungen der Regierung[836] hielt er für verhängnisvoll, sieht keine absehbaren Oppositionschancen im breiteren Sinne. Ist wohl wichtig, die beiden Systeme *bedingen sich einander*, darum gibt es da keine Alternative, soll eine solche echte Alternative mit allen Mitteln verhindert werden.
Aus Darmstadt (AStA) wurde angerufen, geht um eine Großveranstaltung im November. Ich war nicht bereit, allein als »Nicht-Student« mit Studenten zu diskutieren, nun werden SPD und DKP da-bei-sein – wenn die bereit sind …
Hosea liest wie ein Wilder nun Kinderbücher verschiedenster Art, die »Bla-Bla-Dinge« über »Cowboys usw.« nimmt er zur Zeit nicht in die Hand. Bei den kleinen oder langen Eishockey-Spielen ist er mir völlig überlegen, das Fehlen der rechten Augen-Seite macht sich hier recht bemerkbar bei mir.
Die Kanu-Tour ist noch immer nicht sicher, Finanz- und Beziehungsproblem, wollen einfach nicht »isoliert« durch Schweden sausen.
Polly rief Rosa an, Ho die Laura – aber beide Berlinerinnen waren zeitlich bereits besetzt.

11. Juli 1979
Aarhus (Dänemark)
Gut durchgeschlafen, bisher jedoch auch kurz vor 1 Uhr ins Bett gekrochen. G[retchen] ging um 8 Uhr raus. Will nicht immer der letzte sein. Die Kinder gehen jetzt täglich gegen 23 Uhr ins Bett, gefällt mir gar nicht, schlafen aber immer bis 9 oder 9:30 Uhr, insofern ausrei-

834 Vermutlich Wolf Biermann.
835 Wolf Biermanns Mutter.
836 Die Deutschlandpolitik der Bundesregierung.

chend lang. Aber »der Schlaf vor Mitternacht« ...? Den kenne ich seit Jahren nicht mehr, nur Krankheitsausnahmen ...
Nachmittags rief ich nach Starnberg an, erreichte das Krankenhaus ... Schließlich den alten Genossen[837] und Freund. Zu Beginn klang seine Stimme am Telephon doch ziemlich down, sein typischer Klang war nicht zu hören. Nachdem wir wußten, wer da [an]ruft, war gute Stimmung, er freute sich sehr, wird nur wenige Tage im Starnberger Krankenhaus verbleiben, dann Ponte ... und schließlich Rückkehr nach Amerika: »Wo bist du? ... Dann können wir dich ja nicht mehr treffen.« Der »Gang« geht weiter, hoffentlich sehen wir uns wieder. Ja, wünschte ihm viel Glück, er kann es gebrauchen! Wer aber nicht?
Organisierte meinen Brief-u[nd]-Doku[menten]-Mist, verflucht schwer. Mit dem Büchner-Zahl-Essay geht es schwer, machte einfach nichts, zu viele kleine andere Sachen und viel Ablenkung über Eishockey-Spiele mit dem »King« Ho oder der Schwester Po ...
Die Kanu-Tour, extrem teuer, ist nun wohl »gesichert«, bin gespannt. Brandt ist mit K[reisky[838]] und der »3½. Interna[tionale][839]« unterwegs, seine Außenpolitik-Interessen[840] lassen nicht nach, wieweit seine Parteirolle immer schwächer wird, bleibt abzuwarten. Zu ihm gibt es innerhalb d[er] Partei keine Alternative, die Technokraten sind aber längst dominierend. Die wenigen linksorientierten SPDler können sich aber heute auf niemanden mehr verlassen. Die Kämpfe in Nicaragua[841] sind weiterhin nicht entschieden, die Amerikaner, Israelis und Spanier senden laufend Kriegsmaterial. Die »nationale« Armee von S[omoza][842] soll durch »internationale« Söldner erweitert werden bzw. quantitativ »zurechtgerückt« werden. Im Grunde ist »er« nicht mehr »haltbar«, die Amerikaner-Regie[rung] usw. wer-

837 Herbert Marcuse.
838 Bruno Kreisky war 1967–83 Vorsitzender der Sozialistischen Partei Österreichs und einer der renommiertesten Vertreter der Sozialistischen Internationale. 1970–83 war er österreichischer Bundeskanzler.
839 Ironische Bezeichnung für die Sozialistische Internationale. Die 3. Internationale war die Kommunistische Internationale, die 4. die trotzkistische.
840 Bruno Kreisky war ein bedeutender Verfechter der Entspannungspolitik.
841 Im Juli 1979 vertrieb die sandinistische Befreiungsfront den Diktator Somoza.
842 Anastasio Somoza (1925–80), bis 1979 Diktator in Nikaragua.

den andere Möglichkeiten längst überdenken, um ein »zweites Kuba« zu verunmöglichen. Wie haben wir als Sozialisten/Kommunisten antiautoritären Typus [das] zu sehen? Schwer zu beantworten, nicht einmal meine Informationen sind ausreichend. Cuba (Castro) ließ jedenfalls seine Finger weg bei der Ni[karagua]-Sache, schickt seine Armee weiterhin nach Afrika. Was wird aber nach einem Sieg der S[andinisten], der rev[olutionären] Kräfte, sich in Ni[karagua] abspielen? Auf dem Lande, in den Städten? Werden Kettenreaktionen in Mittelamerika, Honduras etc. erfolgen?
Die Berichterstattung in d[er] westli[chen] Presse und Rundfunk (meine BRD) ist gering, die DDR bringt etwas mehr an Information, aus einem anderen Interesse. Verschiedene Imperialismus-Formen gehen durchaus verschiedene Augenblicksbündnisse ein – gerade um an Hebelpositionen heranzukommen.

17. Juli 1979
Schweden
»Verflucht« angenehme Stimmung im Wald, auf dem Wasser ..., beim Schlaf. Erst mach ich es im Traum, wache auf, mach es sofort wieder, sehr verwunderlich. Neben mir lag schlafend die Po, fühlte sich sehr wohl, hab mit ihr viel gesprochen, sie braucht es wirklich – bei dem starken Bruder. Ho schlief bei Gretchen. Wir sind auf einer Kanu-Tour für 7 Tage, haben beschissenerweise, verständlicherweise ... kein Radio mit uns – Information, Nicaragua ...
Wollen hier etwas »fit« werden, nach dieser Nasenhöhlen ... Vereiterung übernotwendig, für G[retchen] aus anderen Gründen, den Kindern ist es ein Genuß. Zuerst wurde Aarhus-gemäß (*laut*) gesprochen, verminderte sich aber im Laufe des Tages, die Arbeitskooperation, die Tiere in der Nähe usw. ... halfen. Z[um] a[nderen] erinnerte ich Ho und Po sofort an die Tiere, wenn sie aarhusgemäß loslegten ...
G[retchen] hat schon »wieder mal« eine Schlange gesehen, »nobody believes me« ...!?, – aber wird stimmen.
Der Traum war verrückt: Eine ältere Dame küßte mich, ich war beim Bad ... das »Ding an und für sich« ... steigt hoch, und bald erfolgt die volle »Explosion«, ich wache auf, und alles ist naß, »er« steht noch, mache gleich weiter und ...

Rudi und Polly. Rudi trocknet Hoseas Hose, Schweden, Juli 1979.

23. Juli 1979
Aarhus (Dänemark)
Heute mit Frau Habermas am Abend telephoniert, sie und Jürgen H[abermas] waren am Nachmittag zu Besuch bei ihm[843]. Beschreibt mir die Lähmung auf der linken Seite, kann nicht gehen und nicht mehr sprachlich kommunizieren. Nur hin und wieder kommen Worte heraus, zumeist in Englisch, schläft immer wieder ein. Seine geistige Struktur soll, so meint sie, von der Lähmung »unberührt« sein. Kann ich mir schwer vorstellen, ohne härteste Arbeit wird der Herbert [Marcuse] nicht wieder voll zu sich kommen können. *Wenn* dazu aber weder Möglichkeit noch Wille (Interesse, Bedürfnis) nun gegeben ist, *dann* wird er kein Interesse haben ... als »Wrack« das Leben zu verlängern, Hundegemeine Lage, »das Individuum stirbt, die Gattung lebt weiter« (Marx), mit diesem Satz kann ein Sterbender nicht überleben. Auch ein »Prinzip Hoffnung« stößt da auf Schranken.

25. Juli 1979
Aarhus (Dänemark)
Wollte mit Ricky [Marcuse][844] sprechen, hatte aber zuerst den Sohn, dann den Kontrahenten von 1967/68, halt Jürgen Habermas, am Telephon. Der hat sich gerade in der Terrorismuspsychose 1977 ausgezeichnet geschlagen (s[iehe] »Spiegel«). War beim Herbert [Marcuse] im Krankenhaus: »In einer solchen schlechten Lage habe ich ihn noch nie gesehen, er will sprechen, aber es gelingt ihm nicht.« Worte wie »Bahro«, »Offe« ... usw. sind zu hören, aber die Sätze, die Worte, die Sprache kommen zu keiner Struktur.
J. (Berlin) rief wieder an, es geht um die Demo vor dem Konsulat, halt um den tschechoslow[akischen] Genossinnen und Genossen, den ganzen Chartisten[845] zu helfen. Schlage ihnen den 21. 8. vor, ist nicht sicher ...

843 Herbert Marcuse.
844 Ehefrau Herbert Marcuses.
845 Den Mitgliedern der Charta 77.

26. Juli 1979
Aarhus (Dänemark)
Mit Ricky [Marcuse] gesprochen, vorher den Peter [Marcuse][846] am Telephon. Die Lage wird immer schwieriger, ob »hoffnungslos«, ist nicht abzusehen. R[icky] konnte mit ihm kein Wort richtig wechseln, er reagierte nur, wenn überhaupt, aggressiv ...: »Shut up ...«, aß weniger und weniger, »halber Streik«, »wurde im Bett nicht wärmer« ..., sie weinte nur noch ununterbrochen, konnte darum nicht einmal bei Habermas ... übernachten, »war mir zu peinlich«. Sie wollen ihn aber unbedingt nach Amerika bringen, ist sein Hauptwunsch, sind mitten in der Vorbereitung, soll Montag stattfinden. Hoffentlich gelingt es, er hat von den »Gefängnissen« des Krankenhauses die Nase absolut voll.
Mein Vorschlag für Berlin ist nun: 1) »Ihr« macht mit Golli und Flecht[heim] ... die Veranstaltung zum 31. 7. ... Mandel, Pelikan, Sibylle [Plogstedt] und ich werden am 21. 8. in Berlin den nächsten Gang machen ...!! Werde vorher da-sein und mithelfen zu organisieren. Die E[llen] rief an, ist aus Italien zurück und bleibt nicht in Berlin.

27. Juli 1979
Aarhus (Dänemark)
Spät aufgewacht, war in der Nacht mit Gretchen »zusammengestoßen«, weiß der Teufel »wie«, wollte naturwüchsige Liebe und bereitete ihr Schmerzen über meine »og ...« Füße. Schlief gegen 6 Uhr weiter, und Gret[chen] ging an die Bücher ... Ho und Po kehrten spät heim, sind in bester Verfassung.
Die Büchner-Klein-Forschung von mir wird immer interessanter, muß aber endlich einen Abschluß machen, um die P[eter]-P[aul]-Sache zu beenden. Habe den J. Ph. Becker[847] bei Rjasanov gefunden. Scheint mit August B[ebel] nicht direkt etwas zu tun zu haben, geschichtlich und geographisch aber voll und ziemlich ...

---

846 Sohn von Herbert Marcuse.
847 Johann Philipp Becker (1809–86), revolutionärer Politiker und Publizist, 1864 Mitbegründer der I. Internationale.

Gegen 15 Uhr rief der Peter Marcuse (Neumann) an, ein gutes Gefühl konnte mir nicht hochkommen, eine extrem schlechte Lage von Herbert ließ sich vorausahnen, dennoch wollte das »Prinzip Hoffnung« nicht nachgeben ...
Peter sagte: »Rudi, Ricky und ich wollen deinen Rat. Herbert wird in den nächsten Tagen hier versterben, wir werden ihn von hier aus nicht mehr lebendig nach Amerika bringen können. Am frühen Morgen hat sich seine Situation extrem verschlechtert, das Essen wird ihm über die Nase hineingebracht ... usw. usw. Ricky und ich können und wollen nicht mehr ihn quälen lassen ... Was sollen wir tun? Du bist sein bester Freund hier im Lande, wie wollen wir den ›Abschluß‹ würdig machen, kein ›Theater‹, aber nicht vergessen die politische Seite seines Emanzipationsbegriffs!?!« So ungefähr hörte ich es (die BKA ... -Abhördokumente werden nach ... bestätigen, diese [...][848] vom BKA ...), noch immer wollte ich diese ziemliche Hoffnungslosigkeit der Lage nicht anerkennen. Doch ein »Hin und Her« stand nicht mehr zur Debatte.
Selbstverständlich war ich sofort bereit, nach St[arnberg] zu kommen, wenn R[icky] und P[eter] es wollten, er sprach es aus. Schlug ihm vor, einen *kleinen Kreis* von Freunden und Freundinnen, sich *nicht* unter Öffentlichkeitsdruck stellen zu lassen, dieser allein schließlich mitzuteilen, *wie wir* den Verlust beurteilen, wie es *uns* schmerzt.
»Noch ist Herbert nicht verloren«, sage ich in Abwandlung ..., – stimmt aber nicht echt, er *kann* (bzw. will) nicht mehr aktiv eingreifen.
Als ich dem Peter sagte, »ihr werdet ja mit Jürgen Habermas gesprochen haben«, meinte er, »du weißt, wie du ihm seit den 60er Jahren viel näher warst«. Wird stimmen, ist aber in solch einem Augenblick in Starnberg ... wird jetzt bestimmt nicht zu überschätzen sein.
Vielleicht, hoffentlich kommen wir, kommt er noch einmal »davon«, kann wieder einsteigen in die Arbeit. Schließlich hatten wir in St[arnberg] da bereits ein kleines »Abschlußprogramm« besprochen ...
Peter bat mich halt, »in Bereitschaft zu bleiben«, er würde sich auf

848 Kurze Auslassung der Herausgeberin.

jeden Fall erneut melden. Wohl nie hab ich solch einen Telephonanruf vor mir gehabt, bei Ernst B[loch][849] hatte der Tod bzw. der Widerstand dagegen so lange sich nicht hingezogen.

28. Juli 1979
Aarhus (Dänemark)
Es sind irgendwie schmerzliche Tage, fast Wochen. Den *Prozeß* des physisch-psychisch-geistigen Niedergangs eines Freundes, Lehrers und Genossen stückweise mitzuerleben ist Qual auf der Grundlage überwiegender Solidarität und Dankbarkeit.
Heute sprach ich mit der Freundin von Sp. (»SZ«), sie berichtete mir über jene »Schlußspitze« für eine dreitägige Beruhigung, ein Wunder ist nicht zu erwarten, leider. R[icky Marcuse] möchte auf keinen Fall eine »Öffentlichkeit«, will auf jeden Fall einen »jüdischen Abschluß auf deu[tschem] Boden«. Kann ich psycho[logisch] und histo[risch] verstehen, entspricht aber nicht im geringsten der Wirkungsgeschichte des von uns so verehrten, beeinflußten Herbert M[arcuse]. Die Tiefe und Dauer seines Einflusses ist allein mit dem von Bloch zu vergleichen, überragen Adorno/Horkheimer meilenweit …
Mit dem Sohn von Peter [Marcuse] wieder gesprochen, »keine Verbesserungen zu erwarten« …
G[retchen] abgefahren zum Ernährungs …-Treffen, im »aufrechten Gang« des Rück … »neuen Typus« …

29. Juli 1979
Aarhus (Dänemark)
Ho haute mit Th. ab, hatte versprochen, nicht ohne Po zu fahren, war ziemlich sauer und suchte ihn. Später tauchten beide auf, es gab »Krach«, er redete sich raus, »nicht ungeschickt«, dennoch gab es eine »Straf«-Tour mit den *Fahrrädern*, machte uns beiden bald Freude, fanden einen wunderbaren Neben-Park, hatten ihn vorher nie gesehen und wohnen in Heibergsgade … seit x Jahren.
E[llen] rief an, fährt für eine Woche nach Berlin, hat sich nun endgültig entschieden, in Marburg zu bleiben. Sie schien zu verstehen, daß

849 Ernst Bloch starb am 4. August 1977.

ich zur Zeit andere Sorgen und Schmerz habe … Gretchen rief am Nachmittag [an], fühlte sich nicht wohl, zuwenig Kontakt bisher, »schimpfte« auf die Dänen …

Gegen 21 Uhr rief der Peter Marcuse an und teilte das Absterben, den Tod von Herbert mit. Nun der vierte Genosse in diesem Jahr (!!), die uns elementar beeinflussende Generation wird immer kleiner. Verlust, Schmerz – schwere Durchgangszeiten. Was dieser deu[tsche] Faschismus und russische Bolschewismus nicht alles angerichtet haben und Generationen geschichtslos werden zu lassen.

Habe mit der Ricky [Marcuse] später gesprochen, sie war »erleichtert« und beschrieb detailliert … die letzten Stunden, die letzten Augenblicke, ihren Schmerz und ihre Entspannung. Soll (und will) sie morgen aufsuchen, machen einen »kleinen Abschluß«. Herbert soll »ruhig« und »nicht in Qual« »eingeschlafen« sein. Dennoch, unsere Strömung *ohne ihn* – wer kann es sich ganz denken. Ging uns bei Ernst [Bloch] ähnlich, beide aber werden *unsere* Generation nie verlassen. Es gehört mit zu den Pflichten von uns, ihre Geschichte, ihr theore[tisch]-poli[tisches] Denken neu zu vermitteln.

Anhang

Notizen in einem Fotoalbum (1955–1958)

1955
Kreismeister mit 31,75 m[850]
Bezirksbester mit 34,21 m. 24. in der DDR.
Auf Grund des Sieges beim Bezirks-Turn-und-Sportfest wurde ich Mitglied der Bezirksauswahl. In Cottbus warf ich 1956 38,42 m, womit ich in der Bestenliste der DDR den 7. Platz einnahm.
Beim Training 42,80 m (Speer)
Rekordstoß[851] (11,74 m) A-Jugend
Beim Training Diskuswerfen (35,70 m)

1957
Schulsportfest 1957
Bestleistung im Weitsprung mit 5,81 m. Bei der gleichen Veranstaltung erreichte ich im Kugelstoßen 11,37 m; im Hochsprung Schulrekord mit 1,63 m; im 100-m-Lauf 12,7 sc.

Alle Bilder aufgenommen beim Sportfest der B.S.G. Fortschritt 1957. 1) Im Kugelstoßen wurde ich Sieger mit 11,17 m. 2) Zweiter wurde mein Vereinskamerad Wolfgang Weyer mit guten 10,68 m. 3) Auf diesem Bild ist der veranlagte Sprinter Manfred Lamprecht von der B.S.G. Fortschritt beim Kugelstoßen in Aktion. Bestzeit von ihm 12,3 sc. 4) Herr Dammnik als Kampfrichter in Aktion.

Der beste Weitspringer der B.S.G. Fortschritt Siegfried Wendt. Im Vierkampf wurde er Sieger (13,1; 5,23; 9,68; 2:55, 3 m).

Wolfgang Weyer wurde nur 4. im Vierkampf, hielt sich jedoch im Diskuswerfen mit einer vorzüglichen Bestweite von 34,86 m schadlos.

850 Im Diskuswerfen.
851 Im Kugelstoßen.

Auf dem Sportplatz, Luckenwalde, ca. 1956.

Auf diesem Bild bin ich beim Diskuswerfen zu sehen. Bei diesem Wettkampf der B.S.G. Fortschritt wurde ich Sieger mit der persönlichen Bestweite von 36,49 m. Da der Veranstalter, also die B.S.G. Fortschritt, die Ergebnisse nicht meldete, wird mein bestes Ergebnis nicht in der Bestenliste zu finden sein. Die beste Weite, dic ich außerhalb erzielte, waren 35,38 m, die ich in Finsterwalde, wo ich 4. hinter Rogalski, Roß und Peter wurde, warf. Im Jahr 1958 möchte ich gern über 40 m werfen, um wieder einen Platz in der Zehnbestenliste der DDR einzunehmen.

Alle Bilder sind von unserem Mannschaftsdurchgang in der B Klasse.
1) Rekordstoß von mir 11,93 m. Diese Leistung war um so besser, da ich 4 Wochen keine Kugel gestoßen hatte. Wolfgang Weyer, der auf dem Bild auch zu sehen ist, wurde mit der Bestweite von 10,75 m Zweiter.
2) Heinz Hollwitz gewinnt zur Überraschung aller die 400 m in 59 sc. Es war sein erster 400-m-Lauf. Bei einer Spezialisierung sollte es ihm möglich sein, die Strecke um 55 sc zu laufen.
3) Auf diesem Bild ist unser Trainer und Betreuer Willi Kühl zu sehen. Er ist selbst noch aktiv und erzielte bei dieser Veranstaltung außer Konkurrenz 34,10 m im Diskuswerfen.
4) Das Diskuswerfen gewann ich mit 34,22 m. Beim Einwerfen hatte ich fast 37 m geworfen. Auch Wolfgang Weyer, der Zweiter wurde mit 32,20 m, hatte beim Einwerfen einige Meter weiter geworfen.
5) Hier Wolfgang Weyer in Aktion beim Hochsprung, wo er mit der Bestleistung von 1,54 m hinter Manfred Förster (1,55) Zweiter wurde. Ende November konnte er sich noch auf 1,56 im Training verbessern. Wolfgang ist genauso alt wie ich. Bei seinem Trainingsfleiß können wir noch eine erhebliche Steigerung in allen Disziplinen erwarten. Seine Bestleistungen des Jahres 1957 sind: 100 m: 13,9 sc., Weitsprung 4,89 m; Hochsprung 1,56 m; Kugelstoßen 11,85 (im Training); Diskuswerfen 34,86 (im Training 38 m); Speerwerfen 40,60 m (im Training); Hammerwerfen 30 m (im Training).

1958

Kreismeisterschaften 1958. Auf den Bildern 1; 2; 4; bin ich zu sehen. Ich schaffte 1,64 m und verfehlte 1,69 äußerst knapp. Ich spring Straddle. Diese Sprungart beherrsche ich jedoch noch sehr unvollkommen.

Rudi beim Stabhochsprung, DDR, ca. 1957.

Bemerkungen (persönliche Momente die nicht unmittelbar – direkt-poli[tischer] Natur hin und wieder waren)
Vater aus dem Kriege zu Besuch, an den Armen der Mutter, will mich haben, schlage ihn, werde von ihm genommen, die Extra-Schläge; aus dem Koffer ... Ballons ... schwere Kritik ... Bomben ... Runter in den Keller ... Mutter stark und mißachtet Schlafzeit; Fremdarbeiter; Besuch in der Stadt, um »aufgenommen« – Bild – zu werden (1943 o[der] 1945?). Bild ist da; mit den Brüdern und mit Vater die Zeiten durchsprechen; Arbeit für Kolzenburg[852] früh begonnen.
1. Klasse 1946, Vater ist noch nicht da; 1945, kurz nach Kriegsende mit Mutter nach Schönefeld, ein Russe hält uns an, Fahrräder werden gewechselt, müssen nun schieben;
Oma und Opa, Onkel, Tante ... *Freund* hätte mir beinahe die *Luft* weggenommen ... (Winter) ... Den ersten Toten gesehen ... 1946 ... Mutter greift an;
1. Klasse, Klaus Funk, wechselt seine Klasse, kommt ...
2. Klasse, werden noch geschlagen, nehmen es hin, nur draußen – und da hatte ich doch schon den 1. Kampf mit dem Vater hinter mir; in der 1. Schule hinter dem Sporthaus über die Tür geklettert, erwischt, mußten 30mal niederschreiben ...
Schlacht der Brüder und ich mit der Zimmermann-Straße ...
3. Klasse noch immer in Mathematik ..., mit Klaus und einem späteren *Argentinier* (oben) befreundet, haben immer über Oma überprüft, wer »wächst«.
Vater kehrt zurück ...(?)
Freundschaft mit unserem »Reichen«, die Russisch-Lehrerin wohnte bei ihnen, er brauchte uns, wir schätzten ihn, in dieser Fabrik bekam Klaus später seine Ausbildung ...
»Dutschke, Schnauze halten«, Ehemaliger aus der NSDAP ...

852 In Kolzenburg bewirtschafteten die Dutschkes einen Bauernhof.

6. Klasse, zusammen mit Klaus Mädchenhaare vor uns abgeschnitten, mußten zum Direktor … (schon in der 2. Schule)
Pubertätszeit, Selbstbefriedigung mit unserer Hand??
Der Sportlehrer findet mich sehr gut, aber Sportschule stand noch nicht zur Debatte.
7. Klasse 17. Juni[853] ziemlich mitbekommen.
8. Klasse Trennung von Klaus F[unk] u. a., Mathematik, »glänzend« angefangen, allein gerade noch über die Runden gekommen.
Jedes Weihnachtsfest ein Genuß, Sommer, Pflaumenkuchen, Kolzenburg-Reisen;
Oberschule, neue Schule »weiter« weg, Hoffmannschule … Chance zur Sportschule (Thälmannschule) nicht mehr gehabt. Leichtathletik wird weitergetrieben, es mangelt nicht an »Erfolgen«.
Weiß nicht, warum *Abitur* zur Debatte stand!? Elternentscheidung, hatte nichts dagegen, wußte nichts anderes … *Sport* allein war mir etwas Dominierendes.
FDJ-Arbeit-Sport, in unser Klasse aber einige voll Angepaßte.
In der Oberschule einmal eine Lehrerin nicht hereingelassen und über die Fenster raus; fand die Frau vom Sportlehrer, Biologielehrerin, prima …

1958 – Krach an der Oberschule … (!!)
In Schönefeld tanzte mit einer schönen Frau wie verrückt. Sie machte mit, ich fiel beinah um, es spritzte …

Sportveranstaltungen:
Schwimmen, im kaputten Schwimmbad …, dann weiter in Richtung Kolzenburg, Handball, Fußball, Leichtathletik …, – in *Cottbus zwei* Sportarten, zuerst.
Später dort 1956 meinen besten Diskuswurf gemacht, um die 40 m herum.
Freundschaft mit dem Maler-Jungarbeiter, besser im Kugelstoßen, über 13, in Diskus fast gleich …

853 Den Arbeiteraufstand am 17. Juni 1953.

1959 Kampf im Potsdamer Thälmannstadion ...
1959/60 letzter 10-Kampf ...

Industriekaufmann
2. *Abitur* und Sportjournalismus bei »BZ« Sport
Tempelhoferschule ..., *Lehrer* »wiederentdeckt«, 1977 DDR-Forschung
Am Ende, nein, mittendrin, war Reise für drei aus unserer Klasse in den Harz, um an einer »Stiftung« teilzuhaben, dort Dänen kennengelernt, die später in Dän[emark] besucht, weiß nicht mehr wo, Namen weg, wahrscheinlich in Aalborg, haben sich nicht hören lassen ... Auch dort wurden damals die sexuellen Möglichkeiten nicht ausgenutzt, übers Knutschen ging es nie hinaus ...
Auch im Harz eine »schön« aussehende Frau kennengelernt, größer, Busen »mager« – wollten beide bumsen, irgendwann lagen wir aufeinander, doch weiter ging es nicht – die Spritzerei findet statt, aber zu einer vollen Vermittlung und Entfaltung der Sexualökonomie kommt es nicht ... Dauert Jahre bis zur vollen Entwicklung ...

Reise nach Frankreich an die »Gräber«[854]
(Zwischenbesuch von Paris)

11. August 61, es[855] *liegt in der Luft,* Mutter gibt Anweisung, weint, Vater sehr erschrocken, Brüder ..., Motorrad ... Polizei ...
Nach Teltow, S-Bahn ... Schlachtensee, am Wochenende ist es »vollbracht«.[856]
»Wir« aus der Schule, eine ganze Gruppe versucht an der Mauer herumzureißen; *die Schnur reißt*, Mauer fest ..., verteilen gedruckte und gemachte Papiere in Uno- und Humanismus- Position ...; eine kleine Fraktion, sehe die Gesichter, gehen nach rechts ...
Wurde auch eingeladen, ging 2 ... mal zu dieser Studentenfangorga-

854 Vielleicht an Soldatenfriedhöfe des Ersten Weltkriegs.
855 Der Mauerbau am 13. August 1961.
856 Rudi Dutschke ließ sich von seinem Bruder Helmut auf dem Motorrad zur Demarkationslinie fahren. Helmut kannte den Polizisten, der sie unterwegs kontrollierte. Sie gaben vor, nach Rostock fahren zu wollen.

nisation. *1962*, doch mit »Sein und Zeit«, Existentialismus und Buddhismus konnten die nichts anfangen, allerdings Menschen am Steinplatz. Hubertus als Maler ging »natürlich« oder naturwüchsig dorthin, als Freund ging ich mit, von mir allein aus wäre ich schwerlich dort gelandet ...

Leichtathletik und Ringen
»Schöneweide« und Wilmersdorf ...
1961 ... und Ringen 1963. Warum eigentlich? Wohl noch ein Versuch, die Sport-Hoffnung in Richtung Olympiade etwas zu halten!?

Ohrenoperation (?– 1963?), kannte den Thomas E[hleiter] schon, besuchte mich im Krankenhaus ... (?!)

1. Unizeit
Mit so manchen aus der 2. Oberschule zusammen, zuerst mit Hubertus Freiesleben ... Steinplatz ... Buddhismus ... Vorlesung über Heidegger, und »Sein und Zeit« gelesen ...
Bei den Soziologen mit Bernd Rabehl in Kontakt gekommen, Hubertus widmet sich weiter der Kunst ...
Ferienarbeit gemacht, Stipendium reichte gerade ... Weiß nicht mehr den Mietpreis usw. (Schlachtensee)
Juds[857] u. a. wohnten im gleichen Haus.
Mit Geschichte begonnen, schaffe Russisch und Englisch, falle diesmal in Latein durch, habe die Schnauze voll, das erfolgreiche »Große Lati[num]« reichte mir, gehe zu den Soziologen, falle in Statistik durch, gehen auf die philo[sophische] Seite der Soziologie, die historische – die dortigen Prüfungen werden geschafft ...
Hart gearbeitet, wie ein Verrückter gelesen, z[um] a[nderen] regelmäßig ganz früh aufgestanden, mit Sportanzug mehrere Kilometer gelaufen, Frühstück (mager) und Arbeit begonnen ...

857 Bernd Juds (geboren 1939), Schriftsteller.

»2. Runde«
Habe ich Ursula bei den Soziologen im 3. Semester kennengelernt? War komisch, sie war am Ende mit einem Verhältnis, ich rückte kurz rein, über ein einmaliges tiefes Knutschen kam es nicht, hab es wohl nicht genutzt, sie nicht mitgenommen ...
Der SDS-Gen[osse] Schwiedrzik rutschte bald rein ..., war aber noch kein SDS-Mitglied, nicht einmal [in] der »subversiven Aktion«?
Hin und wieder mal *1963* zu Tanzveranstaltungen mit *Hubertus, Jazz*-Veranstaltungen u. ä.
1964 den Kobold[858] kenngelernt, Mitte des Jahres, am Ende ein vorläufiger Schluß von mir und, wie ich später erfuhr, von einem anderen ein Kind ..., die beschissene bzw. notwendige Abtreiberei beginnt.
Im Dezember die Anti-Tschombé[859] ...
Übergang zur »osteuropäischen Soziologie« ...
Wann gehe ich aus Schlachtensee weg? Wohin, warum?
Gretchen war mit der ganzen Steinplatz-»Clique« vom Zoo gekommen, ich hatte Kolakowski-Buch mit mir ... Am Abend gingen die, und mir blieb nichts anders übrig, z[um] a[nderen] wollte ich. Bumsen am Schlachtensee, Bullen fahren vorbei ... [unleserlich] Thomas ...
1965 taucht Gretchen plötzlich an der Tür auf, die Wohnung in *Wilmersdorf* ..., recht schnell beginnt die Liebelei ...
»Anschlag« läuft ..., Wi[lhelm] Reich, Vera Schmidt, Korsch, Rudas ... Treffen im Eigen-Raum mit Druckerei ...
1965 in der Mitte Reise nach *Moskau* (SDS) ...
Spaltung in der Anschlaggruppe ...
27.–29. Januar 65 – Ernst Bloch im 13. Univ.-Tag.

»Heirat«
!!März 1966 – Fest ... »ZK – Meldung d[er] Subversiven« ...!! Mehrheit von Freunden aus Lateinamerika usw.

858 Gretchen Klotz.
859 Demonstration gegen Tschombé.

Rudi und Gretchen heiraten, rechts Gretchens Eltern, Berlin 1966.

April offizielle Heirat in Zehlendorf, mit Hubertus, Heide.
Ziehen Nähe Fehrbellinerplatz.
Als *erste* (!?) tauchen Helga und Andreas auf ... (?!)

In dieser Zeit mußte eine Abtrei[bung] von Gretchen liegen, wohne in einer kleinen Wohnung in Nollendorfplatz (?!)
Reise mit Lothar ... Gretchen ... *Budapest* ...
Im Sommer SDS-Seminar im Harz (?), Langhans u. a. daran beteiligt, mit dem Marburger Gen[ossen] ... lustige physische Auseinandersetzungen.

Rußland – Tagung ... (Marburg)
1966 nach Amsterdam, schlechtes Bumsen, Reise nach Amerika, Mutter von G[retchen] tot, in Amst[erdam] viel gefunden (Korsch, Rjasanov ...), Gretchen übersetzt Fleischer (Helmut).
Im Herbst beginnen dort die *Kommunediskussionen*, dort waren die

der Anschlaggruppe, Marianne M. Peter Sch., Müller und seiner Freundin (? – später in der Psycho-Anstalt ...?), mehrere Treffen. Bald kommt es zu den Entwürfen von *Andreas*, Helga, praktische Forderungen tauchen auf, tägliche Arbeit um Geld ... Ablehnung, die Kunzelmann-Enzensberger-Fraktion (?!) ...

1967

Wann zogen wir um? War es April? Zahlten bei Obst bis März – von dort aus teleph[onierte] ich mit der Apotheke, um die Bestätigung für das Werden unseres Kindes zu erhalten. War nicht nur froh, aber freute mich dennoch. Die entstehenden Probleme für Gretchen und mich konnte ich nicht übersehen, die Zuspitzung der sozialen Auseinandersetzung war unübersehbar.

2. Juni, Hamburg, in der Nacht in B[er]l[i]n, Fehrbelliner Platz ...

Rudi und Gaston Salvatore, Berlin, März 1968.

Wann waren die Gespräche in »Die Zeit« ...? (»Moneten« kommen weder dort noch beim »Stern«-Bissinger raus!?)

Gaston und ich fahren mit dem Auto, entscheiden uns, den Peter Schneider f[ür] d[ie] Anti-Springer-Kampagne zu gewinnen – der war nicht »glücklich« ...

1968
Wie sich die Vorbereitung des Vietnam-Kongresses (Febr[uar] 1968) vollzog. Hatte feste Basis dafür, allerdings die Mehrheit der SDS-»Führungen« gegen mich ... Dennoch konnte ich nach Schweden fahren ... Bürg[erliche] Presse und Sozialdemokratie schalten um.
Kongreß-Tage ...
Prag ... – »Kapital«-Betrug ...
SDS-Kongreß (in Abwesenheit)
Bericht über Prag im SDS-Zentrum / Fichter / Rabehl / Lefèvre
(Vorher mit Elisabeth [Käsemann] und Wolfgang Schöller Einleitung ... / Lateinamerika
April-Tage ..., da gibt es Unklarheiten.
Mai ...
Juni ...
Juli ...
August, 21 – Anruf durch Ch[ristian] Semler – Okkupation
September ...
Okto[ber] ...
November ... 1. Anschlag, nach harter Untersuchung im Krankenhaus
Dezember ... Abfahrt nach England ... 2. Anschl[ag] im kalten Haus ...

1969
In *London* Erich F[ried] u[nd] Familie, liberale und soziali[stische] Journalisten kennengelernt ...
Manfred Scharrer über E[rich] Fried »kennengelernt«, trennte sich gerade von seiner »früheren« Freundin! ..., wird in Berlin Mitglied der KPD (AO) – wann??

Schwere Anschläge …

Versuch des Treffens mit Bahman, Christian … in *Frankreich*, Festnahme, Zurückweisung …

Wie nehme ich die Septemberstreiks wahr?

1970
Versuch, nach Cambridge durchzukommen … dauert lange – erster selbständiger Text … Lukács, Bloch …
Gespräch mit Prof. … in Oxford …

1971
Cambridge und Ausweisung. Ausgezeichnete Lebens- und Arbeitsbedingungen, lese erstmalig ein Buch ganz durch, jenes von Sering …
Lerne wieder einen ungarisch-(kanadischen) Freund kennen …, verkürzte Sprachbeziehung …

M[anfred] Scharrer u[nd] Carsten … halfen uns bei der »Überreise«. Angebot nach Dänemark, hatten »eigentlich« an Schweden gedacht.
M[anfred] Sch[arrer] »spielt« in der 1. Wohnung (Knebel) einen Konflikt mit Christine vor, bzw. umgekehrt usw …

1972
Seminar-Arbeit – Lenin, »Staat u[nd] Revolution« … Marx, Pariser Kommune …

Zuspitzung der Auseinandersetzungen zu Hause … schon in England wurde »verweigert«, allein f[ür] B[aby] gestattet bzw. gewünscht …
Die Lukács-Lenin-Sachen werden begonnen weiterzuführen; Wittfogels Texte waren mir schon in den 60er Jahren »weitgehendst« bekannt. Aber halt »Vorwürfe« bzw. »Unterstellungen« wegen der »Totalitarismustheorie« …

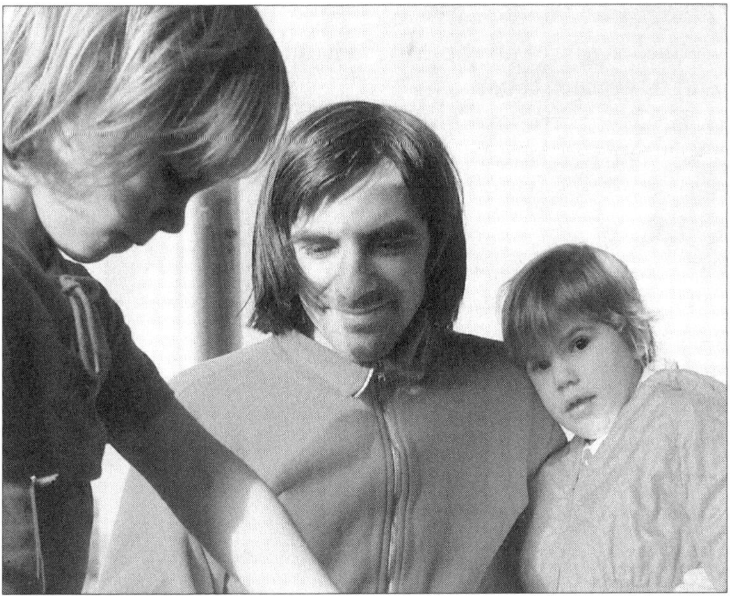

Mit Hosea (links) und Polly, Aarhus 1972.

1973
Fahre mehrmals nach Berlin, um die Arbeit zu vertiefen …
Chile wird, die chile[nische] Hoffnung, die Mehrheit … wird durch militä[rischen] Putsch ausgeschaltet …
Mit Elsa für einige Wochen »voll« zusammen?! Polly bei mir, Ho bei Gretchen in Amerika …?!
Krach mit Rabehl, B[ernd] beginnt …

Rede anläßlich der Bremer Vietnam-Demo / KPW-Krach. Vorher mit Tilman etc., wollten mich mit einem Abkömmler in Kontakt bringen: ich lehnte ab und ließ H. M. befragen, der lehnte desgleichen ab … Ost-Berlin, Weltjugendfestspiele …

1974
»Versuch, Lenin auf die Füße zu stellen« …
»Freundin« … im evangeli[schen] Studentenheim …

»Holger, der Kampf geht weiter«, Hamburg ... Schily ...
Wie die Lage im »LM«, bei uns zu Hause war, muß ich an Aufzeichnungen genauer betrachten ...
U. Jaeggi –, Furth ... – Prüfungen ... Ph. D ...
Krach mit Rab[ehl], B[ernd] wird in den Anmerkungen meines Buches voll ausgetragen, hat bis heute alles anerkennen müssen ...

Golli kommt in das christli[che] Studentenhaus und versucht mich f[ür] d[ie] Heinemann-Sache zu gewinnen; später wurde ich ausgeschaltet ...

1975
Krach mit Manfred Wilke ... R[einhard] C[rusius] ... über die *Einleitung* des Solschenizyn-Buches

DFG ...

1976
Vortrag über die 60er Jahre im Süden des Landes ... »Zerstörung der Vernunft« verschwindet, zwielichtige Rolle eines Pfarrers, Krankenhausmitarbeiters ... KBW, KBN[860] ... usw. werden unterstellt. *Neue Methoden* sind unübersehbar.

Mit Wolf und Robert gewisse »Auseinandersetzung« über den »Offenen Brief«; mit Robert im Auto, von Stasi-Autos umgeben und mit Wolf bei ihm zu Hause. Thomas ... »hetzte« ein »bißchen«, ...

Offenbach, Anti- ... Veranstaltung, Tonbänder usw. mitgebracht; der Zug, genauer, die Bürokratie ließ ihn nicht raus ...

Offener Brief an Abendroth ...

860 KBN: Kommunistischer Bund Nord.

1977
Den Text von R[udolf] Bahro in die Hand bekommen, ohne Namenserwähnung ...; Thomas ... Einleitungsschreiben, lehnte ab, »war mir sicher« ...

Ausbürgerung von Wolf B[iermann][861] ...

1978
Spannend die Hessen-Sache und die Wirkung und Funktion der Wiener »Diskussion«. Um »hochzukommen«, mußte Dany mit mir sein. Runterkommen ging allein, die »grüne Liste« bekam es zu spüren ...

14. Dezember in Osnabrück, eigenartige Tricksereien, um »nervös« zu machen. »Rumrennen« »von Raum zu Raum«, Clown-Erscheinung, Lichter usw. ...
In der *Kneipe* verschiedene Gesichter und Rollen, Aussagen. »Warum kommen zu dir 700 und zu Rabehl 70?«
Immer dieselbe schwachsinnige Frage, noch immer nicht verstehend, wie Arbeit, Theorie und Praxis etc. nicht immer gleich sich in Menschen widerspiegeln, Fähigkeiten und Schranken Wege gehen ... objektiv und subjektiv bestimmt.
Die *SPD/FDP* ist mir gegenüber mißtrauisch ... mehr denn je. Haben ziemlich Schiß.

Die barbarischen Denunziationen der Hamburger Polizei und die FDP-Methode (Bucerius) der Lügerei ist wichtig erfahren zu haben.

1979
6. Januar, sehr interessant, in *Hamburg*, von Berlin kommend, ist »Die Zeit« unerreichbar, ein FDP/SPD-Bezahlter (nicht echt DKP) macht sich des öfteren an mich heran, ein bißchen verrückt, denunziert und brüllt im Eßraum des Zuges ..., kurz vor Russell ..., typisch?

---

861 Hier irrt Rudi. Biermann wurde 1976 ausgebürgert.

So wie wir anläßlich des Russell-Tribunals nicht bereit waren, nur über das Berufsverbot in der BRD zu sprechen ... DDR ... so ist wohl anläßlich des Husák-Besuches ...

Wir haben und werden nicht schweigen über Chile und die Pinochet ... Blutbad ... Amnesty
Der Prager Frühling liegt *ein Jahrzehnt* hinter uns. Im März 1968 sagte Jiri Müller zu mir: Der Schah wird nicht noch einmal so ruhig durch Prag gehen können, das *demokratische Demonstrationsrecht* ... Jiri, Peter Uhl u[nd] v[iele] a[ndere] kamen ins Gefängnis ...
Ein Jahrzehnt später – wie ist die Lage?
Schah ... – Reformer/Aufstand in Persien
Demokratisierung/Sozialisierung
Entspannung / SPD-FDP-Politik
Wehner meint, wir stören
Uno-Deklaration; ČSSR-Gesetze
Entspannungspolitik
Hupka, Kohl
Was ist wirklich geschehen? Recht – Pflicht!!?

Nachwort von Gretchen Dutschke

Warum ich die Tagebücher veröffentliche

Wenn die Tagebücher nur aus politischen Aussagen von Rudi bestünden, wäre es kein Problem für mich, sie zu veröffentlichen. Aber das tun sie nicht. Der Text gibt allerlei Einblicke in unser Privatleben. Und das bereitet mir Bauchschmerzen. Rudi denkt in der Privatheit seiner Tagebücher nicht nur über Politik nach. Er beschreibt seine Gefühle, schätzt Menschen und Situationen ein, hin und wieder auch negativ. Wir, seine Familie, sogar die Kinder kommen nicht immer gut weg; ich manchmal recht schlecht. Das tut weh, was wohl jeder nachempfinden kann. Es entsteht der Drang, sich zu rechtfertigen, zu sagen, so war es nicht, er hat mich nicht verstanden usw. Aber es geht ja hier nicht darum, Gefühle gegen Gefühle aufzurechnen, sondern darum, wie Rudi seine Welt empfunden hat. Trotzdem sollen meine Empfindungen hier nicht ganz verschwiegen werden, denn sicher werden einige der Menschen, die in den Aufzeichnungen vorkommen wie ich, einiges anders gesehen haben als Rudi. Deshalb habe ich anfangs geschwankt, ob ich die privaten Passagen weglassen soll. Warum schmutzige Familienwäsche aushängen? Zwar ist es sehr alte Wäsche, aber trotzdem. Ist es besser, diese Sachen der Öffentlichkeit preiszugeben oder sie in einem Archiv verrotten zu lassen? Das Argument, das mich zur Preisgabe bewog, war, daß Rudi nicht nur eine Privatperson, sondern auch eine Person der Zeitgeschichte war. Wie hing sein Privatleben mit seinem öffentlichen Leben zusammen? Die Psychologen mögen jetzt ihren Spaß daran haben, das herauszufinden, denn am Ende entschied ich mich dafür, nichts von den privaten Dingen wegzulassen.
Der größere Teil der Tagebücher besteht aus politischen, historischen und theoretischen Aussagen. Rudi verhielt sich in seinem Leben und in seinen Gedanken zu den Geschehnissen seiner Zeit, und dies spiegelt sich auch in seinen Tagebüchern wider. Seine Einsichten und Schlußfolgerungen beleuchten die Zeitspanne zwischen 1963 und 1979. Man könnte ein Buch über Rudi im Kontext seiner Zeit schrei-

ben und daraus seine Ideen, sein Wirken und seine Wirkung erklären. Das soll hier nicht geschehen, denn für mich ist es weit wichtiger, daß manches, was Rudi gedacht hat, Vorbild und Antrieb sein kann, sich mit der Welt von heute auseinanderzusetzen. Wie soll das geschehen? Die Tagebücher führen uns 24 bis 40 Jahre zurück. Hat sich die Welt seit damals nicht grundlegend geändert? Ja und nein. Das realsozialistische Lager ist untergegangen, Deutschland wurde vereinigt, statt Frieden gibt es neue Kriege gegen neue Feinde. Allerdings: Rudi beschäftigte sich mit den Islamisten, mit Öl, mit Terrorismus, Krieg und dem Imperialismus, damals der USA *und* der Sowjetunion. Diese Themen sind auch heutzutage aktuell. Da ich hoffe und auch glaube, daß Rudi uns auch heute noch etwas zu sagen hat, entschloß ich mich, seine Tagebücher zu veröffentlichen.

Alltag

Damals meinten wir, daß das Persönliche politisch sein sollte. Wie man diese Forderung interpretierte, war natürlich jedem einzelnen überlassen. Rudi war in seinem Wesen durch und durch politisch. Er folgte keiner Norm und tat, was ihm ein Genuß war, nämlich politisch zu denken und zu handeln. Das paßte oft genug nicht in die Denkschablonen der Gesellschaft und ebensowenig in die der linken Bewegung.

Ich nahm die politische Sache auch ernst, und für mich waren die Denk- und Verhaltensregeln der bürgerlichen Gesellschaft nicht weniger absurd. Das hieß, daß Rudi und ich uns ständig auseinandersetzen mußten, wie der Kampf um eine bessere Gesellschaft bei uns zu Hause umgesetzt werden sollte. Wir versuchten, anders zu leben. Doch wird der Bruch zwischen Wunsch und Wirklichkeit in den Tagebüchern sichtbar. Sie enthalten Aufzeichnungen zu den politischen Problemen, die er für wichtig hielt, und man erfährt auch, wie er das tägliche Leben bewältigte. Beides fließt nicht reibungslos ineinander.

Daß er unter den Folgen der Verletzungen nach dem Attentat zu leiden hatte, hat mit Politik wenig zu tun. Aber sein Wille, seine Behinderung zu überwinden und wieder aktiv zu sein, hatte viel mit Politik zu tun. Die Zerstörung seines Gehirns war weit größer, als man zunächst annahm. Zwei Kugeln wurden durch sein Gehirn geballert und haben viele Narben von totem Gewebe hinterlassen. Trotzdem ist er in den elf Jahren nach dem Attentat, die er noch zu leben hatte, allmählich wieder voll in den politischen Kampf eingestiegen.

In der Zeit der aufstrebenden Studentenbewegung 1964 bis zum Attentat am 11. April 1968 hat Rudi wenig über sein Privatleben aufgeschrieben. Er erwähnt nicht einmal die Geburt seines ersten Kindes. Ich finde das seltsam, denn für mich war es ja ein Lebensmeilenstein. Aber vielleicht liegt es am Unterschied zwischen Männern und Frauen. Wir Frauen können das Denken eines Mannes oft nicht nachempfinden, auch wenn er es offenbart (und sollte das nicht die Aufgabe eines Tagebuches sein?).

Nach dem Attentat änderte sich einiges. Rudi achtete mehr auf das, was in seinem Körper vorging. Er schenkte dem Leben zu Hause etwas mehr Aufmerksamkeit. Besonders beschäftigte er sich mit seinen Kindern. Er tat dies aber eher theoretisch reflektiert als emotional, wie man an seinen Gedanken über die Erziehung sieht. Diese sollte im Einklang stehen mit den politischen Zielen, was einem heute etwas komisch vorkommt. »Wir haben darauf zu achten, daß all die unerläßlichen und objektiven Widersprüche innerhalb der ›Familie‹, der Haus-Gruppe und gesellschaftlichen Lebensbedingungen, die Ho mitmacht und erfährt, richtig ausgetragen werden: Ohne Austragung der Widersprüche ist Entwicklung des Lebens und Bewußtseins der Individuen unmöglich.«

Wenn Rudi seinen Tagesablauf beschreibt, dann kommt es einem vor, als hätte er allein gelebt – Aufwachen, Essen, Sport, Lesen, Arbeiten. War es so? Es liegt weit zurück, die Erinnerung mag trügen. Aber er spielte mit den Kindern, er und ich lagen manchmal zusammen und redeten miteinander über große und kleine Dinge, er hat saubergemacht und Essen gekocht, und zusammen haben wir auch Ausflüge mit den Kindern gemacht. Trotzdem war dieses Leben anders als etwa in meiner Kindheit oder in unserer Nachbarschaft. Auch Hosea und Polly erinnern sich, daß es bei uns nicht so zuging wie bei ihren Freunden.

Aber Rudi hatte Probleme mit unserem Leben. »Mich beunruhigt ›etwas‹ die beschränkte ›Hauspraxis‹, sie muß recht bald überwunden werden – sonst landen wir auf dem falschen Strom des revisionistischen Mondes«, schrieb er. Und meinte, daß zu viel Konzentration auf das Häusliche zum Reformismus statt zur Revolution führen würde. Ja, klar, man kann die Revolution nicht zu Hause machen. Man braucht die Massen, und da war Rudis Platz. Ich war nicht immer glücklich darüber, weil es bedeutete, daß ich für den Haushalt zuständig war. Ich bin überzeugt, daß Rudi – theoretisch jedenfalls – meinte, die traditionellen Männer- und Frauenrollen müßten überwunden werden. In einem Augenblick des Verzweifelns über die zeitraubende Hausarbeit, die er zu leisten hatte (und leisten wollte), schrieb er: »Wo bleibt der Revolutionär? Er absolviert eine schwierige Aufgabe, er versucht die ›Gleichheit zwischen Mann und Frau‹ praktisch zu erproben!!«
Diese Aufgabe war jedoch zu schwierig. Die Kommuneversuche waren die einzige Antwort auf das Problem, von der wir uns etwas versprachen, aber eine dauerhafte Lösung waren sie nicht. Es blieb ein Reibungspunkt zwischen uns.
Als Rudi sich ab 1975 wieder ganz in der politischen Bewegung betätigte, war er immer seltener zu Hause. Sein Unglücklichsein über häusliche Aufgaben verschwand, und er hatte mehr Freude daran, zu Hause zu sein. »Angenehm, zu Hause die vielen Violinen etc. zu hören. Komisch, habe keine Ahnung von Musik, hilft mir aber, eine gewisse Ruhe zu erreichen.«

War Rudi ein Marxist?

»Marx analysiert phantastisch u[nd] eindeutig, doch heute geht seine Analyse, für Westeuropa gesehen, ins Leere.« Das war Rudis frühestes Urteil über Marx, 1963. Blieb es dabei? Wenn ja, dann wäre es schwer, Rudi einen Marxisten zu nennen. Aber er begriff sich als Marxist. Er glaubte, wenigstens in Lateinamerika und in anderen Regionen der Dritten Welt günstige Bedingungen für die Entwicklung von Klassenbewußtsein zu sehen, wie Marx sie beschrieben hat.

Aber er mußte diese Position überdenken, als die Befreiungsbewegungen in den sechziger und siebziger Jahren Niederlagen erlitten oder Züge des Spätstalinismus annahmen, wenn sie siegten wie in Vietnam. Was Rudi jedoch nie in Frage stellte – und hierin, denke ich, liegen seine durchaus festen marxistischen Wurzeln –, war die marxistische Methode der Gesellschaftsanalyse. Was bedeutet das bei ihm? Zuerst die Idee, daß man die Widersprüche in der Gesellschaft (die nicht unbedingt Klassenwidersprüche sein müssen) analysiert und ausnutzt, um gerechtere, demokratischere Gesellschaftsstrukturen zu erkämpfen gegen die globale Macht des Kapitals.

Zweitens ließ sich Rudi inspirieren von vielen Denkern, die die Staatsmarxisten der Sowjetunion und der DDR für wenigstens unorthodox, oft für feindlich oder antimarxistisch hielten. Aber diese Denker standen in der Tradition der humanistischen Ideen, die auch bei Marx auftauchen. Über Ernst Bloch zum Beispiel schrieb Rudi 1963: »[...] das Sein ist, wie Bloch sagt, immer ein ›Im-Aufgang-Sein‹, die Kategorie des ›Noch-Nicht‹, die Kategorie der Möglichkeit wird von Heidegger bei seiner ontologischen Auslegung der Welt nicht benutzt.« Die Kategorie des Noch-Nicht blieb grundlegend für Rudi. Nichts war fertig, der Kampf für die Befreiung fing erst an, die Wahrheit war ein Prozeß, und die Menschen mußten sich bewußt entscheiden, den Weg dahin anzutreten. Diese Haltung brachte Rudi verschiedene Etiketten ein, am besten gefiel es ihm aber, ein »Dutschkist« zu sein. Andere nannten ihn einen »libertären Kommunisten«, einen »Luxemburgisten«, Jürgen Habermas unterstellte ihm eine »voluntaristische Ideologie«, wodurch Rudi sich geehrt fühlte. Er ärgerte sich aber, als Habermas die Studentenaktionen angriff und Rudi des »Linksfaschismus« bezichtigte und behauptete, er würde »durch Aktionen die sublime Gewalt zwingen, manifest zu werden«. Dieser Anklage begegnete Rudi mit dem Argument, daß »sorgfältige Aktionen Tote, sowohl für die Gegenwart als auch noch mehr für die Zukunft, ›vermeiden‹ können«.

Habermas hat seinen Vorwurf später zurückgenommen. Rudis Argumente waren tiefergehend, als Habermas zunächst erkannte. Im Frühjahr 1963 schon schrieb Rudi in sein Tagebuch: »Engels nähert den Geschichtsprozeß weitgehendst dem Naturprozeß an, liquidiert damit die bewußte freie Entscheidung des Individuums, der Gruppe, der Partei usw. – alles wird unvermeidlich; da der Kommunismus, die klassenlose Gesellschaft, beschlossene Sache ist, braucht uns eigentlich die Gefahr eines Atomkrieges nicht zu schrecken; die Denker solchen Unsinns werden nie die Entfremdung des Menschen aufheben. Entfremdung ist nicht nur durch die scheinbare Verselbständigung der vom Arbeitenden geschaffenen Waren gegeben, nicht nur durch die Feindlichkeit dieser von ihm produzierten Waren – Entfremdung ist für mich auch Starrheit des Denkens, Geschlossenheit des Denkens. Die Befreiung des Menschen ist nur durch wirkliche Einsicht in die notwendigen Gegebenheiten des gesellschaftlichen Lebens möglich; eine Änderung der Besitzverhältnisse ist nicht gleichbedeutend mit Aufhebung der Entfremdung.«

1963 diskutierten die Studenten über Entfremdung, aber es war nicht die Marxsche Entfremdung der Arbeiter in der Fabrik, die sie meinten. Nicht Marx, sondern Heidegger und Sartre waren die tonangebenden Denker der Zeit. Rudi hat diese Existentialisten gelesen und war von ihnen beeinflußt. Angesichts der Entfremdung des einzelnen in einer von familiären und kulturellen Bindungen befreiten Industriegesellschaft hatte jeder die bewußte Entscheidung zur Sinngebung selbst zu treffen. Dieser Gedanke tauchte in Rudis voluntaristischer Ideologie wieder auf und in seiner Forderung nach antiautoritärer Selbstbestimmung. Aber er hatte auch schon den zweiten Faden gefunden, den marxistischen (»die Befreiung des Menschen hängt ab von den Gegebenheiten des gesellschaftlichen Lebens und ist nicht eine nur auf sich selbst bezogene Sinngebung«).

Nach einer ersten Bestandsaufnahme der Gegenwart warf Rudi einen Blick auf die Geschichte. Was er sah, war nicht ermutigend. Nirgendwo war bislang das Bewußtsein der Massen reif gewesen für eine Revolutionierung der Gesellschaft, für mehr Freiheit, individuelle Selbstbestimmung, Demokratie und Gerechtigkeit. Warum gelang es den Herrschenden immer wieder, Aufruhr unter Kontrolle zu bringen, ja, ihre Macht noch zu stärken? Obwohl es den Interessen und Bedürfnissen so vieler Menschen widersprach und, wie Rudi später erkannte, die Umwelt zerstörte?

Einerseits hoffte Rudi, eine Antwort zu finden, wenn er untersuchte, warum die Revolution in Rußland ihre Ziele nicht erreicht hatte. Schon 1965, auf seiner einzigen Reise in die Sowjetunion, stellte sich ihm diese Frage. Später erörterte er sie ausführlich in seiner Doktorarbeit (als »Versuch, Lenin auf die Füße zu stellen« veröffentlicht). Er fand eine Antwort, als er die Kategorie der »asiatischen Produktionsweise« entdeckte.

Aber das war nur die eine Seite. Schon 1963 erkannte er, warum die Arbeiter in den reichen Industriestaaten des Westens kein Klassenbewußtsein im Marxschen Sinn entwickelten: Sie hatten mehr zu verlieren als ihre Ketten. Es war eine psychologische Interpretation.

Trotzdem blieb der Marxismus für Rudi ein Werkzeug, um gesellschaftliche Entwicklungen zu analysieren. Mit ihm konnte man Widersprüche enthüllen und Tendenzen aufspüren. Er war eine Methode, die Wirklichkeit kritisch zu betrachten und Alternativen zu suchen, ganz im Gegensatz zur bürgerlichen Wissenschaft, die die Wirklichkeit meist nur quantitativ analysierte, ohne sie im Hegelschen und Marxschen Sinn dialektisch aufheben zu wollen. Es kommt eben darauf an, die Welt zu verändern und sie nicht nur zu interpretieren.

Nach den Jahren der Studentenbewegung und der unerwarteten Ausbreitung, die sie bis 1969 erreicht hatte, war Rudi eher bereit, den Menschen im Westen eine positive Rolle im Umwälzungsprozeß zuzuschreiben. Hemmend blieb weiterhin »die vom Spätkapitalismus organisierte *Kampflosigkeit* der Arbeiterklasse«. Doch hatte sich durch die Bewegung zwischen 1963 und 1969 etwas verändert. So schrieb Rudi 1969: »Die ›neue Generation‹, jene also, die durchaus dem ›Kapital‹ entsprechend, wieder kriegsfähig, einsatzfähig ist, hat aber in den letzten Jahren, wenn auch unter klaren historischen Schranken, einen Gegen-Weg begonnen, einen Weg, der es, wie wir sehen können, immer mehr möglich macht, den vom Kapital ›abgeschafften‹ Klassenkampf neu zu rekonstituieren. Die Neu-Gewinnung des Klassenkampfes impliziert aber auch eine Neu-Bestimmung der Klasse und ihrer treibenden Teile.«

Das war die Zeit, in der er die größten Hoffnungen auf eine grundlegende Veränderung der Gesellschaft hegte. Es schien, als ob es

doch eine Entwicklung der Geschichte gab, die nicht allein auf der voluntaristischen Entscheidung gründete. So schrieb er: »Falsch verstandener Voluntarismus, ein Voluntarismus, der nicht in der Lage ist, die vorhandene Widerspruchsebene als die zu behandelnde zu erkennen, sondern die vorhandene Situation überspringt, um das Wollen zur tragikomischen Phrase werden zu lassen, ist eine der größten Gefahren einer sich erst herausbildenden, historisch erfahrungslosen und kontinuitätslosen Bewegung.«
Anfang der siebziger Jahren aber begann diese Hoffnung bei Rudi zu schwinden, zuerst allmählich, dann immer rascher, als die Geschehnisse der siebziger Jahre die Bewegung auseinanderrissen.
Das größte Hemmnis sah Rudi in den kommunistischen Parteien im Westen und im Osten. Die meisten von ihnen folgten Moskauer oder Pekinger Direktiven. Der Eurokommunismus, dessen Entwicklung Rudi aufmerksam verfolgte und kommentierte, versank im Reformismus oder entpuppte sich als opportunistische Episode wie im Fall der französischen Kommunisten. Die Bewegung brauchte eine Organisation, aber keine, die ihre Mitglieder unterwarf. Die Menschen mußten eigene Erfahrungen sammeln und es lernen, selbständig revolutionär zu denken und zu handeln.
Die in den frühen siebziger Jahren entstehenden maoistischen K-Gruppen, die sich gegenseitig bekämpften, wollten das Leben ihrer Mitglieder ganz bestimmen. Das antiautoritäre, selbstbestimmende Element war weg. Die Bewegung fiel auseinander. Dazu kam, daß die einst heroisierten Befreiungsbewegungen der Dritten Welt nicht daran dachten, die Demokratisierung und den Abbau von Entfremdung und Ausbeutung voranzutreiben.
Jene, die sich damals auf den »wissenschaftlichen Sozialismus« beriefen, agierten meist als Apologeten des Sowjetsystems. Sie verbogen Marx, bis er ihnen paßte. Und sie begriffen Rudi als einen Feind – darin hatten sie recht. Rudi hielt ihren Mißbrauch des Marxismus für eine Schande, genauso, daß sie die sowjetische »Staatsklaverei« verteidigten, egal, was passierte.
Es war eine Zeit des Wahnsinns, die Rudi in Depression und Verzweiflung führte. Er saß zwischen allen Stühlen, es war ihm klar, aber es war nicht leicht. Der große Bewußtseinsumschlag war wieder

in weite Ferne gerückt. Aber Rudi war nie bereit, zu kapitulieren. Zwar konnte Rudi nicht dem revolutionären Pfad folgen, den er zuerst gehen wollte. Er wußte aber, daß eine Massenbewegung notwendig war, um revolutionäre Ziele durchzusetzen, und sei es nur zum Teil. Rudis Politik bestand nun darin, die Menschen zu suchen, die diese Massenbewegung bilden konnten. Es ging ihm nicht um die theoretische Arbeiterklasse der K-Gruppen, sondern darum, mit der Marxschen Methode die Ansatzpunkte einer neuen Bewegung zu finden: Was konnte die Menschen aufbringen gegen Ungerechtigkeit und Ungleichheit? Die bürgerlichen Parteien setzten auf Reformen des Kapitalismus durch Gesetze, dazu bedurfte es keiner Massenbewegung. Die K-Gruppen versanken im Sektierertum, die DKP und ihre Suborganisationen vertraten sowjetische Interessen. Rudi aber setzte auf eine Revolution durch die Selbsttätigkeit der Massen auf der Grundlage ihrer Interessen.
Rudis Engagement für die Gründung der Grünen mochte zunächst reformistisch erscheinen. Rudi war aber realistisch genug, um zu erkennen, daß es ohne eine Massenbewegung keine großen Umwälzungen geben würde. Um überhaupt eine Wirkung zu haben, bedurfte es einer anderen Ebene, um die Massen zu erreichen.

Religion: der naive Christ?

Als ich Rudi kennenlernte, war er gläubiger Christ. 1963 schrieb er: »[...] die Revolution, die entscheidende Revolution der Weltgeschichte ist geschehen, die Revolution der Welt durch die alles überwindende Liebe. Nähmen die Menschen voll die offenbarte Liebe im Für-sich-Sein an, die Wirklichkeit des Jetzt, die Logik des Wahnsinns könnte nicht mehr weiterbestehen.«
Unter Rudis Freunden gab es nur wenige, die das begriffen. Manche lachten hinter seinem Rücken über ihn, hielten ihn für naiv. Rudis Christentum war keineswegs naiv, es war auch nicht konservativ oder fundamentalistisch. Die Botschaft der Liebe, an die Rudi glaubte, war nicht beschränkt auf das Christentum. Die Zusammenführung von Liebe und Revolution war eine Triebkraft für viele religiöse

Führer, besonders in der Dritten Welt. Einige der jungen deutschen Rebellen hielten Liebe für altmodisch, bürgerlich, für eine Idee, die sie an eine verkommene Moral ketten sollte. Aber ohne die nur vordergründig naive Liebe zur Menschheit blieb eine Leere. Wie sollte die Solidarität entstehen, die die Menschen im Kampf für eine bessere Welt vereinte? Sie erforderte nicht unbedingt das Christentum, aber Rudi fand darin seine Ansatzpunkte.

Als ich Rudi kennenlernte, war auch ich gläubige Christin. Der Glaube hat uns beide damals wohl am meisten verbunden. Besonders weil uns manchmal eine menschliche Leere in der politischen Aktivität störte. Rudi fand bei mir das Verständnis, nach dem er sich sehnte. Es gab auch andere. Rudis Freund Thomas Ehleiter, der bei unserer Hochzeit die Predigt hielt, begriff die Wirklichkeit dieser transzendierenden Liebe und war uns beiden besonders sympathisch. Dann gab es noch Helmut Gollwitzer, Professor für Theologie an der Freien Universität Berlin. Er war am Anfang der Bewegung einer der wenigen Professoren, die die rebellierenden Studenten unterstützten. Gollwitzer und seine Frau Brigitte wurden unsere Freunde und Unterstützer.

Rudi und ich lasen zusammen Paul Tillichs Schriften, die Glauben und Sozialismus nicht trennen wollten. Rudi hielt das für richtig. Christus stand für Befreiung, das Christentum mußte eine Befreiungsreligion sein, sonst war es bedeutungslos.

Viele Jahre später, nach einem halben Leben voller Aufregung, Enttäuschung, Angst, aber auch der Erfolge und des Verstehens, diskutierten Rudi und ich wieder darüber, was das Christentum uns bedeutete. Wir stellten fest, daß wir nicht mehr an Gott glaubten, daß wir keine Christen mehr waren. Aber etwas war geblieben, und zwar die Gewißheit des Noch-nicht-Seins einer besseren Welt. Bloch war so wichtig für uns, weil er das Spezifikum der christlichen Mythologie in eine umfassendere Zielgerichtetheit umwandelte und Begriffe dazu anbot.

Rudi wußte jedoch, daß der Glaube in autoritäres utopisches Denken verwandelt werden konnte. Das Noch-nicht-Sein verstand er nicht als eine Utopie, sondern als eine pragmatische Anleitung zum Handeln. Dafür brauchte er die marxistische Methode. Es ging ihm nicht um wolkige Ziele, sondern um reale Entwicklungen. Folgerichtig konnte er wenig anfangen mit den utopischen Elementen des Marxismus, mit dessen prophetischer Vorhersage des Gangs der Geschichte hin zur klassenlosen Gesellschaft. Aber linke Zyniker fanden, daß Rudi kindlich gläubig war, weil er nicht war wie sie, sondern die transzendierende Hoffnung aufrechterhielt. Deshalb war Rudi so beliebt bei vielen Menschen, und deshalb fand er auch in den Kirchen immer Beachtung. Dies war auch ein Grund, weshalb ich mich in ihn verliebte. Vielleicht klingt das verrückt. Aber es war so. Ich liebte diesen »naiven Christen«.

Rudi und ich

Ich lernte Rudi 1964 kennen, ein Jahr, nachdem er angefangen hatte, Tagebuch zu führen. Ich lebte mit ihm zusammen bis zu seinem Tod im Dezember 1979. Am Anfang hat mir seine ungeheure Energie imponiert. Ich verliebte mich in ihn, weil ich mich auf allen Ebenen mit ihm verbinden konnte: körperlich, geistig, religiös, analytisch. Aber es war eine große Herausforderung für mich.

Ich war in einer Zeit aufgewachsen, wo es nicht unbedingt erwartet wurde, daß Mädchen einen Beruf erlernten, wenn es auch nicht verpönt war. Das erste Ziel einer jungen Frau sollte es sein, den richtigen Mann zu finden, den sie heiraten würde, und danach kam das »happily ever after«. Meine Familie war konservativ, religiös und nicht experimentierfreudig. Die Tochter sollte den Mittelklasseweg gehen, ausgebildet schon, aber nicht unbedingt berufstätig. So wie meine Mutter. Allerdings hatte ich zwei Tanten, die Lehrerinnen waren. Da ich aber schon als Kind einen eigenen Kopf hatte, rechneten meine Eltern damit, daß ich möglicherweise nicht heiraten würde. Vielleicht würde ich auch Lehrerin werden, immerhin. Das wollte ich aber nicht.

Ich glaube heute, daß meine unklaren Gefühle über mein Lebensziel der Grund dafür waren, daß ich Rudis nichtbürgerlichen Lebensweg so faszinierend fand. In mir gab es einen Konflikt: Einerseits sah ich in Rudi meinen Traummann, andererseits lehnte ich aber einen

Traummann ab, weil ich eigenständig sein und meine Identität durch mich selbst finden wollte. Das ist einer der Gründe, weshalb Rudi und ich auch Schwierigkeiten miteinander hatten.
Andere Gründe lagen nicht an mir. Er schleppte einiges aus der Kindheit mit sich herum und war zu wenig bereit, die Probleme anzugehen. Er glaubte wohl, es lenke ihn ab von seinen politischen Aufgaben. Doch eins ist klar, ich lernte viel von ihm. Er schlug vor, was ich lesen sollte, um ihn zu verstehen und um mein Wissen zu erweitern. Bloch war einer der ersten. Tillich kannte ich schon, aber nicht seine politischen Schriften, die Rudi mir besorgte. Bald danach kam Marx. Ich las das »Kapital« mit Rudi, und wir versuchten, die Welt durch marxistische Augen zu sehen, er sicher anders als ich. Er hat mir mit Begriffen geholfen, er hat meine schriftlichen Arbeiten korrigiert und mit mir über deren Inhalte diskutiert. Immer war es spannend für mich.
Ich habe sein Denken ebenfalls beeinflußt, schon am Anfang, als er mir weit voraus war in der sozialistisch-kommunistischen Theorie. Es ging hauptsächlich darum, daß eine abstrakte Theorie der Gesellschaft nicht ausreicht, weil wir hier und jetzt leben. Wenn unsere Theorie unser tägliches Leben nicht anspricht, dann ist mit der Theorie etwas nicht in Ordnung. Das begriff er und versuchte immer, den Bezug zur Wirklichkeit der Menschen zu finden, auch wenn es ihm oft schwergefallen sein dürfte, unseren eigenen Alltag darunter zu fassen. Später beschäftigte ich mich mit Ernährung und Umwelt, und er sah ein, daß die Ökologie eine elementare Frage war. Das hat er von mir gelernt.
Die andere Seite war aber, daß ich mich in einigen Dingen benachteiligt fühlte. Deutsch war für mich eine Fremdsprache, ich mußte mich in Rudis Welt hineinfinden. Am Anfang kostete es unendlich viel Energie, bloß die Worte zu verstehen, wenn Freunde und Bekannte sprachen. Genauso schwer war es, das Verhalten dieser Menschen zu begreifen.
In der Theorie mußte ich eine Menge nachholen. Rudi hatte sich schon in seiner DDR-Jugend in der Schule mit Marx beschäftigt, wenn auch anders, als er ihn später interpretierte. Er las immer und hatte jederzeit eine Aktentasche voller Bücher dabei. Er lebte in einer Gedankenwelt, die mir teils exotisch erschien, teils etwas weltfremd,

teils extrem theoretisch. Er zog Schlußfolgerungen, die sich von den traditionellen Ideen der Linken genauso unterschieden wie von denen bürgerlicher Ideologen. Er stieß auf Feinde und Freunde in merkwürdigen Ecken, und manche verstanden ihn nicht. Er begriff sich selbst als einen Menschen, der gegen den Strom schwamm.

In den Jahren von 1964 bis 1968 überschlugen sich die Ereignisse, es war ein Leben in Höchstgeschwindigkeit. Wir wurden ständig mit irgendwelchen Problemen konfrontiert. Und doch waren wir auch eine Familie. Wir boten unserem Kind Liebe, Nestwärme und Geborgenheit, erstaunlicherweise ging es irgendwie.

Nach dem Attentat mußte Rudi die schweren Verletzungen überwinden und versuchen, sein Leben als politischer Mensch, als Revolutionär, wiederaufzunehmen. Ich liebte meinen Mann und meine Kinder und wollte mich mit ihnen zusammen entwickeln, ich wollte Rudi bei seiner riesigen Aufgabe helfen und gleichzeitig einen eigenen Weg finden. Es kostete unendlich viel Zeit und Kraft und war auch intellektuell eine überwältigende Aufgabe. Auch weil ich den Weg, den ich in den USA eingeschlagen hatte, verließ und in vielerlei Hinsicht wieder von vorne anfing. Dadurch gab es zwischen uns manche Auseinandersetzungen und Mißverständnisse, die Rudi nicht richtig interpretierte. Er versuchte es aber. Er hörte sich meine Klagen an und erkannte, daß etwas nicht in Ordnung war. Er sah, daß ich für mich eine gewisse Unabhängigkeit wollte, aber es blieb ihm ein Rätsel, was es bedeutete und wie es zu erreichen wäre.

Nach 1968 gab es eine Frauenbewegung. Wir Frauen versuchten, unseren Drang nach Unabhängigkeit zu leben, auch wenn wir unsere Freunde oder Männer und die Kinder nicht verlassen wollten. Es wühlte einiges an Widersprüchen auf, bei mir jedenfalls. Ich wollte selbständig sein, mein Leben und meine Identität nicht durch Rudi bestimmen lassen. Aber ich wollte mich für die gleichen politischen Ziele engagieren wie er. Auch wenn ich sie manchmal ein bißchen anders anging.

Ein Beispiel meiner Unsicherheit in der Auseinandersetzung mit Rudi war folgendes: Ich entwickelte Brett- und Kartenspiele für die Kinder, einige waren politisch, andere nicht. Ich dachte, Rudi würde das belanglos finden. So tat ich es nur, wenn er nicht da war, und

wenn er kam, versteckte ich die Spiele. Und fühlte mich idiotisch. Erstens weil ich mir nicht sicher war, ob es wirklich so belanglos war oder nicht, und zweitens, weil ich mich zumindest teilweise abhängig machte von seiner Einschätzung.
Die Diskussionen zu Hause belasteten Rudi, auch weil wir in Dänemark so weit weg waren von der »Auseinandersetzung mit den politischen Gegnern«. Der Kampf mit den politischen Gegnern befriedigte ihn, füllte ihn aus und schuf einen Ausgleich zu den Problemen zu Hause. Diese zwei Seiten seines Lebens waren aber zeitlich und räumlich voneinander getrennt. Wir beide wußten, daß wir diese Trennung nur überwinden konnten, wenn wir nach Deutschland zurückkehrten. In den frühen siebziger Jahren wollte ich es noch nicht. In der Mitte der siebziger Jahre war es Rudi, der Schwierigkeiten damit hatte. Er wollte nur zurückgehen, wenn er ein politisches Umfeld und Sicherheit gefunden hätte. Ende der siebziger Jahre schienen alle Bedingungen für uns beide erfüllt zu sein, und wir wollten nach Bremen ziehen.
Es fällt mir nicht leicht, mich nach etwa einem Vierteljahrhundert zu erinnern – ja, so lange ist Rudi schon tot –, wie ich mich in dieser Ehe fühlte (es änderte sich ja auch von Tag zu Tag), was ich dachte, warum ich so handelte, wie ich's tat. Wie Rudi sich verhielt, sah ich nur, wenn ich mit ihm zusammen war. Und was mag ich alles vergessen haben? Ich wußte eigentlich nicht, was er dachte. Ich sehe nun, was er in sein Tagebuch schrieb. Offensichtlich begriff ich damals nicht, wie sehr er mein Verhalten nicht verstand und wie sehr ich ihn nicht verstand.
Ich wollte ihm keine Rätsel aufgeben. Aber manchmal war ich unglücklich. Einige von Rudis Bekannten glaubten, ich könnte als Amerikanerin nicht einverstanden sein mit Rudis Hingabe an die Revolution und mit unserem unsteten und gefährlichen Leben ohne bürgerliche Bequemlichkeit. In der Literatur stellt die Frau des Revolutionärs immer das dramatisch notwendige Gegenstück dar, sie will den Revolutionär von der Revolution abhalten. Manche verpaßten auch mir dieses Etikett. Diesen Leuten fehlte die Ehrlichkeit, mein Leben mit Rudi unbefangen zu betrachten. Andere erfaßten die Verzwicktheit unseres Lebens und verzichteten auf Schablonen. Hurra für diese Lichtquellen!

Ich liebte Rudi, den Revolutionär. Ich kannte ihn nie anders, und er sollte bleiben, was er war. Aber nach dem Attentat hatte Rudi Angst, ein Revolutionär zu sein. Er wollte niemals sein Selbstverständnis aufgeben und mußte die Angst bekämpfen und überwinden. Ich tat alles, was in meinen Kräften stand, um ihm zu helfen. In dem Maße, wie er am Anfang von mir abhängig war, ermutigte ich ihn, seine Selbständigkeit zurückzugewinnen. Er mußte seinen Alltag zu Hause allein schaffen, damit er auch draußen gegen den Strom handeln konnte. Es gelang mir, er ging wieder in die Politik und tat seinen zweiten großen Schritt, als er sich an der Gründung der Grünen beteiligte.

Rudi begriff, wie wichtig ich und die Kinder waren bei den Mühen, sein Leben zurückzugewinnen. Viele Passagen in den Tagebüchern zeigen, wie sehr er uns brauchte, wie es ihm half, daß wir bei ihm waren, daß meine Vorschläge, wie er mit seinen Dämonen fertig werden konnte, nützlich waren. Wir waren füreinander da. Aber auch so, daß Rudi selbständig sein konnte. Ja, ich sollte es auch sein. Was er für sich wollte, wollte ich auch für mich und für ihn. Ich wurde in zwei Richtungen gezogen. Hin zu ihm, auch um seine Bedürfnisse zu erfüllen, weg von ihm, um unabhängig zu werden. Wie schwer das war, verstand er nicht. Ich vermute, daß viele Frauen die gleiche Zerrissenheit wie ich erlebt haben. Bis heute weiß ich nicht, wie sie aufzulösen ist, es sei denn, die Partner sind gleichermaßen erfolgreich auf ihren Gebieten – oder gleichermaßen erfolglos. Das Leben ist ein Rätsel, dessen Lösung wir suchen. Wir finden keine, und vielleicht macht gerade dies seinen Reiz aus.

Die Tagebücher zeigen, daß Rudi und ich unsere Probleme auskämpften und unsere Schwierigkeiten diskutierten. Manche haben wir bewältigt, viele nicht. Trotz allem haben wir es so schlecht nicht gemacht.

APO und SDS

Nichts prägte die gesellschaftliche Entwicklung der späten sechziger Jahre mehr als die APO (die Außerparlamentarische Opposition), und diese ist ohne Rudi Dutschke undenkbar. Er hat sie natürlich nicht geschaffen, sie ist das Produkt verschiedener sozialer und politischer Strömungen und Menschen in einer Zeit, die dafür reif geworden war. Rudi aber hat ihr Gewicht erhöht, sie mit zu einer Kraft geformt, die die Gesellschaft verändert hat, nicht nur die Universitäten. Diese historische Leistung ist der APO nicht zu nehmen. Rudi war ihre Stimme. Ich weiß, es gibt Leute, die das anders sehen. Das ist ihr Recht.

Eine Organisation spielte eine besonders große Rolle in der APO: der Sozialistische Deutsche Studentenbund (SDS). Lange bevor Rudi in ihm auftauchte, hatte der SDS sich zu einer oppositionellen Kraft entwickelt. Erst 1964 glaubte Rudi, der SDS könne ein Bündnispartner sein, 1965 trat er ein. Rudi zweifelte allerdings, ob der SDS das leisten könnte, was erforderlich war, um die Schlagkraft der linken Bewegung zu stärken. Er hielt ihn für zu dogmatisch, zu unbeweglich, einige Mitglieder waren zu stark auf die DDR fixiert. Das wollte Rudi ändern. Viele Alt-SDSler empörten sich über diesen jungen Angeber, der die Dinge auf den Kopf stellen wollte. Es gab Streit, und diese Fraktionskämpfe prägten die weitere Geschichte des SDS, bis er sich 1970 auflöste.

Rudi lernte im SDS aber auch viele Menschen kennen, die schon lange theoretisch arbeiteten und interessante Einsichten gewonnen hatten. Nach seinen ersten Bedenken gegenüber dem SDS, die Rudi auch in den Tagebüchern äußert, wurde die Verbindung enger, und er beeinflußte die Theorie und Praxis der Organisation. Aber nach dem 2. Juni 1967, nachdem ein Polizist den Studenten Benno Ohnesorg erschossen hatte, begann Rudi wieder, seine Kritik am SDS zu verstärken. In seinen Augen versagte der SDS, schaffte es nicht, die nun schnell wachsende APO zu organisieren und sie auf ein höheres Niveau zu führen. Er fragte sich, wie diese Aufgaben zu bewältigen seien, und begann andere Organisationsformen zu suchen: »Aktionszentren, die die etabl[ierten] Org[anisationen] unterlaufen, bestimmte konkrete Ziele der Antiautoritären angehen, stellen vielleicht die wirklich revolu[tionäre] Methode der politischen Mobilisierung größerer Teile der Studentenschaft und ›gewisser Kreise‹ der Bevölkerung dar.« Vielleicht. Jedenfalls war ihm klar, daß die traditionellen linken Organisationen von der SPD (Jusos) bis hin zu den Gewerkschaften die APO nicht voranbringen würden, es mußte etwas Neues geschaffen werden. Er überlegte, wie die Aktionszentren aufgebaut sein sollten und wie sie arbeiten könnten. Einiges wurde ausprobiert. Aber alles blieb kurzlebig.

Eines der interessanteren Experimente war die Gegenuniversität, die tatsächlich einige Semester lang funktionierte und die, »inmitten des Übergangs zwischen ›Arbeiterbezirk‹ und ›Bürgerbezirk‹ liegend, die verschiedenen Bewußtseinsstufen der uns interessierenden Gruppen zum Gegenstand von Ausbildungsprogrammen und neuen Formen des Zusammenlebens zu machen hätte«. Rudi wollte nicht bei der Kritik stehenbleiben, sondern auch Alternativen zu bestehenden Institutionen aufbauen. Er wußte, daß die traditionellen Institutionen versuchen würden, die Alternativen zu integrieren und so unwirksam zu machen. »*Grundfrage*: Wie kann die Apparatintegration vermieden bzw. durch Existenz einer ›Eigengesellschaft‹ fruchtbar gemacht werden? (Ausbildungsstätten; Verlagsprojekte; internationale Kooperation etc.)« Aktionszentren wie die Gegenuniversität sollten der Macht der existierenden Institutionen standhalten und den Beteiligten die Möglichkeit geben, auch für sich eine Reintegration in die herrschenden Strukturen der Gesellschaft zu vermeiden. 1967 bis Anfang 1968 reiste Rudi durch Deutschlands Universitäten und hielt Reden. Die Säle waren überfüllt und die Reaktion der Studenten überwiegend positiv. Diese Veranstaltungen waren wichtig, um die Menschen zu mobilisieren, die Bewegung wuchs schlagartig. Im SDS wuchs aber noch etwas anderes, nämlich das Unbehagen, weil diese Veranstaltungen Rudi noch populärer machten. Doch Rudi verteidigte sie: »Die ›Massenversammlung‹ ist für die emanzipierende politische Führung nicht ein funktionales Massenbeherrschungsinstrument, ist vielmehr ›gemeinsame Arbeit‹ an der Theorie, Erhöhung des theoretischen Niveaus mit praktischen Konsequenzen und Lösungen.« Er sah seine Rolle nicht als Führer einer Bewegung, sondern als jemand, der mit den Menschen diskutierte. Die meisten Linken, auch Rudi, lehnten es damals ab, eine alternative Partei zu gründen. Eine Partei, die auch parlamentarisch arbeitete, würde schnell integriert werden in das herrschende System, und dies würde den Schwung der außerparlamentarischen Bewegung nur schwächen. Wie man aber in den Tagebüchern sieht, glaubte Rudi nicht, daß der Sozialismus einfach so anbrechen würde. Am Ende würde man nicht auskommen ohne eine politische Partei. Er überlegte, ob und wie man Selbstorganisation, Parteiorganisation und Räteorganisation miteinander verbinden könnte. Wie organisieren, wie mobilisieren, wie konkrete politische Ziele durchsetzen? Diese Fragen blieben für Rudi fundamental und veranlaßten ihn, sich Ende 1979 an der Gründung der Grünen Partei zu beteiligen. Damals jedoch waren die Grünen noch am Anfang, und er konnte nicht ahnen, wie sie sich entwickeln würden.

Wahrscheinlich war die Suche nach einer geeigneten Organisationsform die wichtigste praktisch-politische Frage für ihn. Die Tagebücher enthalten Überlegungen, warum es den damaligen Organisationen nicht gelungen war, die APO weiterzuentwickeln bis zu einer Umwälzung der Gesellschaft. Es lohnt sich, diese Analysen zu bedenken. Vielleicht sind die Fehler der damaligen Organisationsversuche beim nächsten Mal zu vermeiden.

War das Attentat eine Verschwörung?

1974 schrieb Rudi: »Wir haben ja auch nie genügend reflektiert, warum Ba[chmann] mich im April 68 zusammengeschossen hat.« Er berührt hier eine Frage, die in der Öffentlichkeit nie diskutiert wurde. Warum nicht? Man gab sich schnell zufrieden mit der Erklärung, daß die Springer-Presse mit ihrer ständigen Hetze den Alleingänger Bachmann zur Wahnsinnstat getrieben habe. Ein Anhaltspunkt für diese Vermutung war die Tatsache, daß Bachmann ein Zeitungsfoto von Rudi in der Tasche hatte. Rudi selbst hat die Einzeltäterthese als nicht ausreichend betrachtet. Zu der Zeit waren mehrere bekannte Menschen aus der weltweiten Bewegung umgebracht worden, so zum Beispiel Martin Luther King genau eine Woche vor dem Attentat auf Rudi. Wer tötete Martin Luther King? (Ungeklärt ist auch nach wie vor, wer John F. Kennedy erschossen hat, der zwar nicht zur linken Bewegung zählte, aber doch die Feindschaft ultrareaktionärer Kreise auf sich gezogen hatte.) Also: Wer wollte Rudi Dutschke ermorden? Vielleicht gibt es in Geheimdienstarchiven Hinweise, vielleicht auch nicht. Interessant ist, daß Rudi selbst eine Verschwörung für möglich hielt. Ich weiß nicht, wie ich mich dazu verhalten soll. Einerseits würde ich gern die Wahrheit wissen, denn die Frage taucht, geschichtlich gesehen, immer wieder auf, wenn bekannte Menschen einem Attentat zum Opfer fallen. Andererseits möchte ich mich nicht in die dunklen Schreckensgassen der Recherche begeben.

Auseinandersetzung mit dem zum Problem gewordenen Körper

Rudi war, als ich ihn kennenlernte, ein Mensch, der sich sicher fühlte in der Welt. Er hatte keine Angst, wenn die Polizei ihn verfolgte, und konnte fast angstfrei vor Menschenmassen reden. Nach dem Attentat war das anders. Er hatte stark mit der Angst zu kämpfen. Sie war ein Feind, den er nicht kannte, und das machte es nur schwerer. »Die letzten Tage, bis heute, waren selten positiv, fast immer negativ, voller Depressionen, völlige ›Angst‹ vor Lern- und Arbeits[un]fähigkeiten. Die angeschossene Seite reagierte immer sensibler, die Gefahr von Anfällen damit ›für mich‹ andeutend.« Das Körperliche und das Geistige vermengten sich. Die Furcht vor Anfällen, die am Anfang häufig waren, aber mit der Zeit nachließen, wandelte sich in eine eher diffuse Angst, die noch schwerer zu bekämpfen war. Aber er entdeckte, daß die Angst zeitweilig verschwand, wenn er politisch aktiv war, wenn er mit Menschen diskutierte, die ihn hören wollten.

Welche Erklärungen gibt es für diese Angst? Sie war zuerst das Ergebnis der Schüsse, die ihn trafen und sein Gehirn stark beschädigten. Die Veränderung seines Hirns hat wohl zum Teil die Angst erzeugt. Aber wichtiger war die Tatsache, daß die Welt, die ihm zuvor sicher erschienen war, nun Gefahren barg. Jeder Mensch, der ein Trauma erlebt, fürchtet, daß sich wiederholt, was das Trauma auslöste. Im Fall von Rudi war diese Angst keineswegs irreal.

Zweitens entstand in den siebziger Jahren in Westdeutschland eine schwierige Lage, nachdem die RAF sich konstituiert und angefangen hatte, Terrorakte zu begehen. Wer links war, wurde verdächtigt, den Terrorismus zu fördern. Die Überwachung der Bürger wuchs, man konnte im Zug und auf der Straße von Soldaten mit Maschinenpistole kontrolliert werden. In dieser gespannten Lage waren Ängste nicht unbegründet.

Drittens wurde Rudi von den Geheimdiensten überwacht. Man weiß ja, wie Geheimdienste arbeiten. Zu deren Methoden gehören Denunziationen in der Öffentlichkeit und allerlei Schikanen zu Hause und unterwegs, um Menschen zu zermürben. Rudi war diesen Dingen ständig ausgesetzt. Wie schlimm es war, habe ich erst begriffen, als ich nach der Wende die Stasiakten las. Was man vor dem Öffnen der Akten für übertriebene Vorstellungen von Infiltration und Schikane hielt, erscheint harmlos angesichts der Wirklichkeit, wie sie sich in den Quellen darstellt.

Rudi hatte sich mit diesen Umständen auseinanderzusetzen. Er tat es, so gut er konnte. Manchmal hatte er Angst und machte trotzdem weiter. Seine Äußerungen über Ängste und seine Vermutungen über Bedrohungen sind verständlich angesichts des Geschilderten. Seine Gefühle waren glaubwürdig, obwohl er vielleicht die Situation nicht immer richtig einschätzen konnte. Wir können uns heute kaum ein Urteil darüber erlauben. Er analysierte seine Gefühle selbst, und manchmal kam er zu dem Schluß, daß er übersensibel und vielleicht falsch reagierte.

Ich merkte es immer, wenn es ihm schlecht ging, und zwar auf verschiedene Weise. Bei epileptischen Anfällen schaffte er es in den ersten Jahren gerade noch, meinen Namen zu rufen. Wenn ihn die diffusen Ängste packten, änderte sich sein Verhalten spürbar. Ich hatte aber immer den Eindruck, daß er diese Ängste beherrschen konnte, wenn ich ihm half. Nur einmal war ich im Zweifel; er hat die Geschichte mit der Gaspistole in seinem Tagebuch beschrieben. Aber auch in diesem Fall war er in der Lage, darüber nachzudenken. Für mich war es jedoch nicht leicht. Ich glaubte, daß ich ihn unterstützen mußte, damit er seine Ängste überwinden konnte, aber das verursachte Ängste bei mir, und da war niemand, der mich unterstützen konnte, er auf jeden Fall nicht. Ich mußte die Stärkere sein, wenn er in Depression und Angst versank; ihm gegenüber war es möglich, mir selbst gegenüber manchmal nicht. In den Jahren der Genesung und wenn er sich zurückzog, drängte ich ihn, politisch zu arbeiten, auch wenn er Angst davor hatte. Aber dieser ewige Kampf war verschleißend für mich. Wenn es ihm jedoch gelang, in die politische Arena einzusteigen, freute ich mich, denn ich wußte, was er zu überwinden hatte, und ich fühlte, daß auch mein Kampf erfolgreich war.

Rudi als Vater

Im Juli 1969 schrieb Rudi in seinem Tagebuch zum ersten Mal etwas über sein Kind, das zu der Zeit eineinhalb Jahre alt war: »[...] am frühen Morgen mit Ho schon spazierengegangen, er findet sich immer deutlicher zurecht, instrumentalisiert die Tätigkeit zwischen und auf den Straßen, nähert sich wohl immer mehr der Sprechfähigkeit und der Doppel-Sprache. Haben Benjamins Programm über die Kindererziehung in der Gestalt des Kindertheaters gelesen, habe seine Methode der Beobachtung als Mittel der Erziehung heute schon praktiziert, Ho immer sichtbarer zum ›Diktator‹ seiner Bedürfnis- und Handlungssphäre werden lassen, diese ›Diktatur‹ ist schöpferische Selbsttätigkeit.« Wir diskutierten über Erziehung. Antiautoritäre Erziehung hieß damals das Konzept. Es umfaßte auch viel Unsinn, aber im Kern war es vernünftig. Die Wurzeln dieses Konzepts waren in der kritischen Theorie der Frankfurter Schule zu finden: Wenn Menschen autoritär erzogen sind, dann sind sie unfähig, die eigenen Bedürfnisse zu erkennen, und werden anfällig für Diktatoren und deren Propaganda. Die antiautoritäre Erziehung war eine Konsequenz aus dem Nationalsozialismus und sollte verhindern, daß Ähnliches erneut geschehen konnte. Wenn man das heute berücksichtigt, denke ich, daß es eine gewisse Berechtigung hatte. (Die heutige Bush-Regierung zum Beispiel konnte mit Leichtigkeit die tradierten Bürgerrechte abbauen, weil in den USA körperliche Strafen für Kinder nicht ungewöhnlich sind und manche Kinder sehr früh in autoritären Religionsgemeinschaften erzogen werden.)
Aber man muß sehen, wie man eine Erziehungsidee mit seinen Kindern umsetzt, es ist nicht immer einfach. Gefühle, Gewohnheiten,

Müdigkeit, alles mögliche steht im Weg. In den Tagebüchern beschreibt Rudi, wie er es versuchte, auch wo er scheiterte und Fragen unbeantwortet blieben. Um sie erziehen zu können, mußten die Kinder für Rudi erst einmal sprachlich kommunikationsfähig sein. Bis dahin sind sie ihm wahrscheinlich als schreiende Windelvollkacker erschienen. Darüber schrieb er aber nichts. Immerhin wischte er die Scheiße ab und wickelte die Kinder ohne Murren. Sobald die Kinder Rudi verstehen und selbst mit ihm sprechen konnten, ging seine Erziehungsarbeit los. Ab und zu fand ich, daß er ein bißchen übertrieb, was er dann auch selbst erkannte. Insgesamt aber kam er mit den Kindern gut zurecht. Die Kinder liebten ihn, und er konnte auf ihrem Niveau mit ihnen spielen. Der Erzieher muß erzogen werden, sagte er und ließ sich erziehen. Problematisch war nur, daß er so selten da war.

Rudi als Dichter

Rudi als Dichter? Da mußte man lachen. Niemand sah ihn als Dichter. Er sei asketisch, sagten sie, sportversessen auch, aber vor allem auf Revolution und Weltverbesserung erpicht. Er stellte seine ästhetische Seite nicht zur Schau. Man sah es an seiner Kleidung, die bestand meist aus geborgten Klamotten. Mancher lachte darüber, okay, Rudi war nicht anspruchsvoll. Er trug eine alte Lederjacke, als es noch nicht Mode war. Später trugen alle eine. Er trug Lederhosen, als kein Student welche trug. Die alten Sachen standen ihm, und er hatte ein Gefühl für Farbkombinationen, aber wie immer gegen den Strom.

Er hätte ein Dichter sein können. Er hatte die innerliche und äußerliche Schönheit dazu. Und er dichtete. In den Tagebüchern zeugen davon einige wenige Passagen, etwa manche Eintragungen von 1963. Da betrachtet er die Welt nach emotionalen und ästhetischen Gesichtspunkten, es sind Worte eines abgewiesenen Liebenden und Worte eines Gläubigen, der sich leidenschaftlich an die Transzendenz herantastet. Es ist schade, daß er die vielen Gedichte vernichtete, die er in den frühen Jahren in Berlin schrieb. Ich habe sie nicht gelesen, ich sah nur, wie er sie im Spülbecken verbrannte. Als ich das sah, dachte ich, daß er vielleicht diese Seite seines Wesens, die ästhetische, nichtmaterielle, auslöschen wollte. Aber ich glaube inzwischen, daß es andere Gründe gab. Möglicherweise drückte er in den Gedichten Gefühle und Gedanken aus, mit denen er sich nicht mehr identifizieren konnte, Liebesergüsse, Glaubensbekenntnisse. Vielleicht hielt er sie für kindisch. An dem Tag, als er die Gedichte verbrannte, wußte er wohl schon, daß sein Leben auch eine Geschichte für die Zukunft sein würde. Und er wollte nichts hinterlassen, was er für unreif hielt. Die Gedichte, die im Tagebuch stehen, stammen aus den siebziger Jahren, als es ihm nicht besonders gut ging. Das sieht man den Gedichten an. Sie sind seltsam, auch etwas lächerlich. Was früher ein bißchen schwärmerisch war, das war nicht mehr da. Jedoch seine Liebe zu Gedichten blieb.

Linke Sekten

Die schwierigste Periode für Rudi begann, als er seine Verletzungen weitgehend überwunden hatte und wieder lesen und (noch schlecht) schreiben, aber am politischen Geschehen in Deutschland nicht teilnehmen konnte. Physisch wäre er dazu in der Lage gewesen, aber weder er noch ich wollten damals in Westdeutschland leben. Unsere Gründe waren unterschiedlich. In der aufgewühlten Zeit vor dem Attentat hatten wir gerade Hosea bekommen, was für mich als neue Mutter an sich schon eine Herausforderung war. Dazu kamen ständige Schikanen und Angriffe in den Medien, ebenso von politischen Gegnern, auch von Neonazis, die uns bedrohten. Es war wie in einem Strudel, in dem niemand Halt fand. Im SDS bekämpften sich die Fraktionen, etliche Genossen griffen Rudi an, weil sie ihm seine Rolle neideten. Die Menschen in unserem Umfeld waren nicht füreinander da, außer wenn es ihnen politischen Nutzen versprach. Bindungen zerrissen, und viele schwankten zwischen Verzweiflung und der Hoffnung auf ein politisches Wunder.
Nach dem Attentat gab es Menschen, die uns ihre Liebe und Sorge zeigten und uns halfen. Thomas Ehleiter zum Beispiel, der seine

Arbeitsstelle aufgab, um Rudi seine ganze Zeit zu widmen. Oder Helga Rinne und ihre Familie, die mir und Hosea ein Heim boten in den schrecklichen Wochen nach dem Attentat. Trotzdem wollte ich lieber in England bleiben und nicht die noch frischen Wunden der letzten Zeit in Berlin wieder aufreißen lassen.

Leute aus Berlin, die uns in London und Cambridge besuchten, merkten, daß Rudi kein Invalide war. Sie schlugen ihm vor zurückzukehren. Er wußte, daß ich es nicht wollte. Aber er hatte eigene Gründe. Auch wenn es manchem schien, er sei wieder der alte, in seinem Inneren sah es anders aus. Er hatte neben den psychischen auch viele physische Probleme und wußte noch nicht, wie er mit ihnen zurechtkommen sollte. Er hatte Angst, sich öffentlich zu blamieren. Wenn er zurückkehren würde, dann nur, wenn er eine Gruppe von Menschen fand, mit denen er politisch arbeiten und wir gemeinsam leben und wohnen konnten. Er wollte Schutz.

Die Bewegung wuchs nach dem Attentat – und auch wegen des Attentats – noch gewaltig. Aber sie verlor den ohnehin schon fragilen Zusammenhalt, den ihr der SDS und auch Rudi selbst gegeben hatten. Er bekam in England ständig Berichte über die Vorgänge in Deutschland und verbrachte seine Zeit mit Überlegungen über das, was erreicht, was schiefgegangen, was zu tun war. Er verfolgte, wie die Bewegung in maoistische, stalinistische und andere K-Sekten zerfiel. Die politische Situation der Linken wurde immer wirrer. Alte Freunde entschieden sich für politische Richtungen, die Rudi nur Kopfschütteln verursachten. Mit ihnen war eine Zusammenarbeit nicht möglich; Leben und Wohnen schon gar nicht. Ende 1969 schrieb Rudi in sein Tagebuch: »Wenn ich mir die ›Auseinandersetzungen‹ im linken Lager der Spekulationsstadt West-Berlin von außen ›ansehe‹, habe ich den Eindruck von einem ›Verwesungsprozeß‹ der revolutionären Substanz. ›Es werden immer mehr‹, dennoch werden sie seit ›langem‹ nicht mehr durch klaren revolutionären Inhalt, richtige Parolen zur richtigen Zeit mobilisiert. Sie werden weder durch tiefe Aufklärung mobilisiert noch zu ihrem permanent entscheidenden politisch-militanten Recht gebracht. Aus diesen Widersprüchen entstehen – gerade weil sie nicht ausgetragen werden – Verwirrung, Zerstreuung, linke Integration etc.«

K-Gruppen und Terroristen, Spontis und DDR-Gläubige, Maoisten und Reformisten und Unabhängige, das waren die Fraktionen, deren Entwicklung Rudi verfolgte. Die Frauenbewegung hatte sich auch formiert und von den anderen Gruppen getrennt. Rudi wußte jedoch nicht, wie sie einzuschätzen war. Viele der ehemaligen SDS-Genossen und -Genossinnen waren in K-Gruppen gegangen. Sie lehnten die antiautoritäre Richtung ab und wurden durch Schulungen in Marx, Lenin, Mao und sogar Stalin gleichgeschaltet. Sie schotteten sich ab von der Realität und schufen sich ihre eigene.

Wie verhielt sich Rudi zum Terrorismus?

Rudi wußte auch von den Diskussionen über die Illegalität in den Zeiten der Verwirrung nach 1969. Schon vor dem Attentat war gesprochen worden über die Notwendigkeit der Regelverletzung, auch über nicht genehmigte Demonstrationen, Aktionen gegen Kriegsmaterial, Gewalt gegen Sachen, aber nicht gegen Menschen. 1969 schrieb Rudi: »Ungelöste Frage ist weiterhin die anerkannte Notwendigkeit der ›Illegalität‹ als haltendes und treibendes Instrument der Trennung (Abspaltung) vom herrschenden System.« Als aber Menschen, die Rudi kannte – Meinhof, Mahler, Baader und andere –, diese »ungelöste Frage« terroristisch beantworteten, distanzierte er sich davon. Er versuchte, seine Bekannten davon abzubringen. Er erkannte, daß Terrorismus zur Zerstörung der Bewegung und ihrer Ziele führen würde.

Wo aber liegen die Grenzen zwischen illegalem Kampf und Terrorismus? Die Antwort fällt oft schwer. Wie sollte etwa eine kleine Gruppe in einer Diktatur handeln? War Stauffenbergs Bombenanschlag auf Hitler Terrorismus? Gewalt war schon immer eine Waffe gegen Tyrannen und Okkupanten gewesen. Früher hieß das nicht Terrorismus, sondern Anarchismus, Guerillakampf, Partisanenkrieg, Widerstand.

Im Prinzip lehnte Rudi nicht die Gewalt des Klassenkampfs ab. Diese sah er als Verteidigung gegen die Gewalt der Unterdrücker. Aber er machte einen Unterschied zwischen illegalem Kampf,

Gewalt im Klassenkampf und Terrorismus. Unter bestimmten Umständen konnte er es sich vorstellen, Gewalt gegen Sachen auszuüben. Aber nur dann, wenn der gewaltfreie Weg blockiert war. Individuelle Gewalt war für Rudi stets nur das letzte Mittel, das er nicht bereit war zu bejahen, das er aber akzeptieren konnte, wenn die Herrschenden jede Opposition unterdrückten, wenn die Bevölkerung so unter der Entrechtung litt, daß sie nichts mehr zu verlieren hatte, wenn ihr Leben bedroht war, wenn es also keinen anderen Weg gab. Diese Gewalt erschwerte die Aufklärung der Massen oder machte sie unmöglich. Im Westdeutschland der siebziger Jahre hatte Gewalt gegen Menschen keinen Platz, und die Idee des gewaltsamen Klassenkampfs verhinderte die Überzeugungsarbeit, daß es nötig war, die Gesellschaft zu verbessern.

Heute erklärt die Bush-Regierung alle politischen Feinde zu Terroristen. Der Begriff des Terrorismus ist daher bedeutungslos geworden. In den siebziger Jahren war der Terrorismus die Antwort kleiner Gruppen auf eine Gesellschaft, die sie als Unterdrückersystem empfanden. Heute sind die Terroristen für die Mächtigen an die Stelle der Kommunisten getreten. Kommunisten lauerten damals ja überall, so wie heute die muslimischen Terroristen. Die Machthaber brauchen einen übermächtigen Feind, der Angst erzeugt, damit die Menschen aufhören zu denken und gehorchen. Die Terroristen sind gewissermaßen die bösen Geister von heute, die herrschenden Ideologen die modernen Schamanen.

Rudi hatte keine Sympathie für terroristische Aktionen. Er begriff, wie die Leute der RAF dachten, aber er fand ihre Ideen falsch. Er bekämpfte sie. Ein Kampf gegen Unterdrückung konnte nicht aus Terrorakten gegen einzelne Menschen bestehen. Eine Revolution, die notwendigerweise mit den herrschenden Gesetzen bricht, braucht die Unterstützung und Teilnahme einer Mehrheit der Bevölkerung. An Terrorakten dagegen beteiligt sich die Bevölkerung nicht. Revolution und Terror sind also nicht zwei Seiten derselben Münze, es gibt zwischen ihnen eine klare Grenze.

Rudi und die deutsche Frage

Hosea Dutschke ist der erstgeborene Sohn, über dessen Erziehung Rudi so lange nachgedacht hatte. Hosea hat seinen deutschen Vater wegen Deutschland verloren. Dieses reflektierend schrieb er:

Deutsch zu sein ist?
Deutsch zu sein ist;
deutsch zu sein.
Deutsch zu sein ist;
gespalten zu sein.
Deutsch zu sein ist; in zwei Welten zu leben.

Deutsch zu sein ist;
wie der schönste Gesang
wenn eine mordlustige Nachtigall
ihren letzen Vers singt.

Deutsch zu sein ist;
das Paradies wie die Hölle zu erleben
die Hölle als das Nichts zu erleben
das Nichts als das Jetzt zu erleben.
Deutsch zu sein ist;
nicht zu sein.

Rudi selbst ist nicht mehr da, aber über seine Einstellung zu Deutschland und zur nationalen Frage ist in den letzten Jahren wieder mehr diskutiert worden. Er dachte anders darüber als die meisten anderen aus der Bewegung. Sie hielten diese Frage für erledigt. Rudi aber meinte, entscheidend sei, »daß das linke Lager weiterhin in der Lage ist, die täglich größer und breiter werdende Jugend aufklärerisch und subversiv zu entwickeln. Gelingt der Rechten ein Eingriff in die Jugend, meine im Sinne der 20er Jahre, so verlieren wir ein entscheidendes Kettenglied!! Hier wäre auch eine sozialistisch-antiautoritäre Beleuchtung der *Deutschlandfrage* von grundlegender Relevanz.«

Warum war diese Frage wichtig für Rudi? Er wußte, daß er mißverstanden werden konnte, was inzwischen ja auch absichtsvoll geschehen ist. Er fürchtete aber, daß Neonazis ein schlafendes Monstrum aufwecken würden, wenn sie die »Deutschlandfrage« für ihre nationalchauvinistischen Zwecke benutzten. Deshalb wollte er die nationale Frage umfunktionieren für die Linke, für mehr Demokratie und für die gesellschaftliche Alternative einer befreiten Welt.
Wegen der deutschen Geschichte war es ein Problem für Rudi, Deutscher zu sein. Und genau deshalb beschäftigte er sich damit. Er haßte den Nationalchauvinismus und bekämpfte ihn, aber nicht durch Verleugnung seiner deutschen Identität. Rudi wollte die Unterwürfigkeit als Persönlichkeitsmerkmal einer deutschen Identität abschaffen. In diesem Sinn schreibt Rudi in seinem Tagebuch: »Der ganze Mist unseres Landes wird deutlicher als je zuvor nach dem 2. W[elt-] K[rieg] wieder sichtbar. Der Muff der angetasteten, aber unzerstörten Autoritäts-Verhältnisse wird wieder deutschgemäß.« »Deutschgemäß«, das hieß für ihn autoritär, in eine faschistische Richtung gehend. Er kämpfte für ein antiautoritäres, demokratisches, vereintes Deutschland in einer antiautoritären, demokratischen und sozialistischen Welt. Er war kein »Nationalrevolutionär«, sondern ein internationalistischer Sozialist, der im Gegensatz zu anderen begriffen hatte, daß es politisch falsch war, die nationale Frage zu ignorieren. Niemals schaute er zurück auf den deutschen Nationalstaat des 19. Jahrhunderts. Er suchte etwas ganz Neues, das nicht anschloß an die autoritäre, nationalchauvinistische deutsche Vergangenheit. Wer Rudi anders interpretiert, verfälscht seine Ideen.
Die revolutionäre Praxis für Rudi sollte in Deutschland stattfinden, weil er dieses Land kannte. Allerdings spielte er schon vor dem Attentat mit dem Gedanken, nach Südamerika auszuwandern, um sich dort an der Revolution zu beteiligen, denn »der universelle Charakter der Revolution [hat] sich immer mehr durchzusetzen«. Die nationale Frage war für Rudi ein Glied des Internationalismus. Aber sie war für Deutschland wichtiger als für andere europäische Länder wegen der Last der deutschen Geschichte und der Teilung des Landes. Internationalismus und die nationale Frage – beide spielten eine Rolle in Rudis Strategie, um in einem sozialistischen Europa, in einer

befreiten Welt ein antiautoritäres, sozialistisches Deutschland zu erreichen. Aber wie sollte das geschehen? Einerseits sollte verhindert werden, daß die Nationalisten wieder an Einfluß gewinnen, andererseits mußten die Deutschen eine positive Identität finden, was eine andauernde Auseinandersetzung mit dem Nationalsozialismus nicht ausgrenzte, sondern voraussetzte. Deshalb schreibt Rudi: »Unser Volk hat jegliches Selbstbewußtsein verloren, wenn es je ein solches hatte: vielleicht der Stolz über das Volk der Dichter und Denker. Aber gerade dieses subversive Element unserer Geschichte wurde bisher nie Ausgangspunkt einer politischen Selbstbestimmung und Reflexion des Volkes.« Sogar die antiautoritären Theorien kamen ursprünglich aus Deutschland. Die Deutschen können stolz darauf sein, daß eine antiautoritäre Bewegung in den sechziger Jahren mehr Demokratie im Land erkämpfte (die aber nicht garantiert ist, wenn Menschen nicht weiter dafür kämpfen).

Umweltfragen

Erst Ende der siebziger Jahre erkannte Rudi, wie stark die Umweltzerstörung die Welt bedrohte. Im Oktober 1978 schrieb er in sein Tagebuch als ersten Eintrag dazu: »Über die Anti-Atomkraft-, hoffentlich bald Antiatombomben-Bewegung desgleichen, steht *Leben* und *Frieden* zur Grunddebatte.« Es war ein neuer Gedanke für Rudi. Zum ersten Mal fürchtete er, daß die Menschheit möglicherweise nicht überleben würde. Wenn das Überleben nicht gesichert war, dann hat alle Hoffnung auf eine gerechtere, freiere, demokratischere sozialistische Gesellschaft keinen Sinn. Aus diesem Grund schloß er sich der Umweltbewegung an, auch wenn diese kaum die Fragen aufgriff, die ihn beschäftigten (Sozialismus, Befreiungsbewegung, Klassenkampf usw.). Jetzt ging es um Verseuchung durch Atomwaffen und Atomkraftwerke, Klimaveränderung durch menschliche Aktivität, Bürgerinitiativen dagegen.

Am Anfang war das Verhältnis zwischen den Bürgerinitiativen und Rudi vorsichtig und tastend. Er war sich nicht sicher, ob die Bürgerinitiativen eine grundlegende Veränderung der Gesellschaft akzep-

tierten oder ob sie sich auf einige Reformen beschränken wollten und ob es bei ihnen vielleicht sogar Relikte der Blut-und-Boden-Ideologie gab. Die Bürgerinitiativen hielten Rudi möglicherweise für zu marxistisch, für zu dogmatisch oder gar zerstörerisch radikal (der Deutsche Herbst war noch in den Köpfen). Als Rudi erfuhr, daß die Bürgerinitiativen ihn und Dany Cohn-Bendit als Kandidaten für die Europawahlen ablehnten, weil sie wegen ihrer Radikalität die Bewegung spalten würden, war er zornig. »Ist natürlich reiner Schwachsinn, da liegt ja gerade die Differenz zwischen Dany und mir, aber diese Meldung ist geschickt lanciert worden.« Trotzdem begann er, sich mehr mit den Initiativen zu beschäftigen, traf sich mit den Leuten, die ihm mißtrauten, und gewann ihr Vertrauen.
Im Mai 1979 schrieb er: »Gestern waren die Bremer Freunde gekommen, sehr interessant, haben mir gewissermaßen ein ›Angebot gemacht‹, bei den Bremer Wahlen im Herbst ›mitzumischen‹. Weiß nicht, die ›Angebote‹ wachsen ..., meine Finanzlage bisher nicht im geringsten.« Wir diskutierten, ob wir den Vorschlag annehmen sollten, was für die ganze Familie bedeutet hätte, nach Deutschland zurückzukehren. Ich war dafür. Ich hatte die Bremer kennengelernt, fand sie solidarisch und konnte mir vorstellen, dort zu leben und politisch zu arbeiten. Wir bereiteten den Umzug von Aarhus, wo wir seit 1971 zu Hause waren, nach Deutschland vor. Rudi mischte mit bei den Bremer Bürgerschaftswahlen. Es war auch auf seine Aktivität und auf seine Überzeugungsarbeit bei den linken Wählern zurückzuführen, daß zum ersten Mal in einem Bundesland eine Grüne Liste die Fünfprozenthürde überwand. Leider kam es zu dem Umzug nicht mehr. Rudi starb am 24. Dezember 1979 in unserer Wohnung in Aarhus.

Welt, Dritte Welt

»[...] der Weltmarkt und der daraus zu begreifende Verkehr sind auf dem besten Wege, einen vollen universellen Charakter zu erreichen – oder [haben ihn] schon.« So schrieb Rudi 1969. Für ihn bedeutete das: »Die von Marx ›geforderte‹ ›Revolution aller Völker zur gleichen Zeit‹ – scheinbar undialektisch – wird geschehen!« Damals dachte er, daß diese Revolution vielleicht schon angefangen hatte. Der Aufbau von Basisgruppen in den verschiedenen Ländern, die die revolutionären Kräfte in allen Bereichen der Gesellschaft zusammenführen sollten, zeichnete sich ab. In Deutschland war die Bewegung noch nicht zerrissen, und es gab Basisgruppen. In den Ländern der Dritten Welt kämpften Befreiungsbewegungen. 1964 hatte Rudi geschrieben, die Epoche sei charakterisiert durch nationale Befreiungskriege in Asien, Afrika und Lateinamerika. Bald erweiterte er diese Beschreibung durch die Vorstellung einer Revolution aller Völker zur gleichen Zeit. Er führte diese Hoffnung zurück auf die weltweite Verflechtung der Wirtschaft und die neuen Bewegungen in den westlichen Ländern.

In den siebziger Jahren schwenkte Rudis Blick auf die Länder des Ostblocks und die Dissidenten dort. In dieser Zeit sah er offenbar, daß der beginnende Verfall der Sowjetunion die Epoche stärker prägte als die nationalen Befreiungskämpfe in der Dritten Welt. Was geschah? Der Vietnamkrieg dauerte bis 1975. Danach gab es weitere Kriege in Indochina, in denen es nicht mehr um Befreiung, sondern um Ausweitung der Machtsphäre Vietnams ging. Che war tot, die Befreiungsbewegungen in Südamerika waren gescheitert. 1973 starb Chiles sozialistischer Präsident Salvador Allende beim Putsch der Militärs mit Unterstützung der CIA. Und in Zentralasien war Ende der siebziger Jahre schon der Islamismus das bestimmende Element, nicht die Befreiung.

Damals sah Rudi schon, daß die Sowjetunion in ihrem inneren Gefüge zu morbide war, um eine Alternative zum Kapitalismus darzustellen. 1970 hatte er in sein Tagebuch geschrieben: »Das Moment des Anarchismus, noch in unpolitischer Form, beginnt sich in der SU zu entwickeln. Wir werden überrascht werden, die Ruhe steht vor dem Sturm!« Erst 1989 war es dann soweit.

Nachdem er seine Doktorarbeit – »Versuch, Lenin auf die Füße zu stellen« – fertig hatte, war die Sowjetunion für Rudi als Gegenstand der Theorie im Prinzip abgehakt, auch wenn er sich weiter darüber mit seinen Kritikern auseinandersetzte. Ihm kam es nun darauf an, den schwächelnden Riesen zu unterminieren. (Die Stasi glaubte sogar, Rudi sei der Führer einer weltumspannenden Verschwörung, deren Ziel es sei, die Sowjetunion zu zerstören. Das ist natürlich Unsinn. Immerhin aber hatte er zahlreiche direkte und indirekte Beziehungen zu Menschen und Gruppen im sowjetischen Einflußbereich, einschließlich Afghanistans.)

Heute ist nur eine einzige Weltmacht übriggeblieben, die USA. Die US-Politik hat sich trotzdem wenig verändert. 1953 bereits hatten die Vereinigten Staaten mit dem von der CIA geführten Putsch gegen den iranischen Ministerpräsidenten Mossadegh deutlich gemacht, daß sie es nicht tolerieren würden, wenn Länder der Dritten Welt gegen amerikanische Interessen handelten. Die Zahl von (zum Teil demokratisch gewählten) Regierungen, die die USA seitdem gestürzt haben, ist erschreckend.

Rudi hat sich allerdings mit den USA nicht intensiv beschäftigt. Er stammte aus der sowjetischen Einflußsphäre, und dort setzte sein Denken an, wenn er die Weltlage erörterte. Die USA verstand er vor allem als Gegenstück zur Sowjetunion. Wenn man ihn fragte, welche Weltmacht am meisten Ungemach in der Welt verursache, dann antwortete er, jedenfalls in den siebziger Jahren, es sei Moskau. Die USA, so glaubte er, besäßen eine Tradition von Demokratie und individueller Freiheit, ganz im Gegensatz zur Sowjetunion. Er konnte nicht voraussehen (und vielleicht war es nicht voraussehbar, weil die Demokratiebewegung in den USA damals noch stark war), daß die Herrschenden in den Vereinigten Staaten heute das Ideal der Demokratie offen und bewußt zerstören. Während ich das schreibe, ist noch ungewiß, ob die USA den Irak angreifen werden. Genauso unsicher ist, ob in Afghanistan endlich Frieden herrschen wird. Sicher ist dagegen, daß Südamerika am Rand des wirtschaftlichen Kollapses steht. Als Rudi vor fünfunddreißig Jahren die Lage der Dritten Welt analysierte, sah er eine Lösung ihrer Probleme im Sieg demokratischer Befreiungsbewegungen. Nun sehen wir das verheerende Ergebnis des Scheiterns.

Rudi beschäftigte sich mit jedem Land, über das in den Nachrichten informiert wurde: Spanien und die Basken, Israel und die Palästinenser, Kuba, die Sowjetunion. Fast überall sind die Konfliktherde geblieben. Es hat sich überraschend wenig geändert, aber in einem Punkt sind wir vielleicht trotzdem einen Schritt weiter. Es gibt keinen Zweifel mehr daran, daß der reale Sozialismus keine Alternative sein kann. Er hat damals viele Hirne verwirrt. Rudi investierte einige Mühe, um Illusionen über den Sozialismus der Sowjetunion zu beseitigen.

Islamischer Fundamentalismus

Bald nachdem der Schah 1979 gestürzt war, wurde deutlich, daß islamische Fundamentalisten eine Hauptrolle dabei gespielt hatten. Der Schah repräsentierte den westlichen Weg, das bedeutete wirtschaftliche Ungleichheit und Bevorzugung der Interessen der kapitalistischen Staaten, besonders beim Öl. Gab es eine Alternative? Die Sowjetunion verkörperte nur eine andere Form der Ausbeutung. Es gab einige Versuche, im Iran eine demokratische Richtung einzuschlagen, bevor der islamische Staat institutionalisiert war. Rudis iranischer Freund Bahman Nirumand bemühte sich zum Beispiel um Unterstützung bei der SPD. Vergeblich.

Rudi war antiautoritär und Demokrat. Natürlich hatte eine autoritäre, frauenfeindliche, religiös-fundamentalistische Regierung mit Freiheit nichts im Sinn. Trotzdem erwog Rudi, ob es Chancen gab. Religion hat nach Bloch zwei Seiten: Hier wird Unterdrückung und Ausbeutung im Diesseits mit dem Trost auf das Jenseits verklärt, dort gibt es aber auch die transzendente Sehnsucht nach etwas Besserem. Im Februar 1979 schrieb Rudi: »Die ›*islamische Republik*‹ trägt in sich einen echten Doppelcharakter, da ist *Freiwerdung* und neue *Bedrückung.*«

Fünf Monate später war jedoch der Charakter der neuen Regierung deutlicher geworden: »›Persien brennt ...‹, heißt es in ›Bild‹, linke Strömungen (verschie[dener] Art) werden von Khomeini-Truppen angegriffen, u[nd] unsere K-›Freunde‹ von ...?? erschossen. Wohin geht es??« Heute wissen wir, wohin es ging. Daß der islamische Fundamentalismus auch so etwas wie die Taliban hervorbringen würde, konnte Rudi nicht voraussehen. Ebensowenig, daß die USA zu deren Geburtshelfern gehören würden.

Kurz vor seinem Tod nahm Rudi wahr, wie die Unruhe in Zentralasien wuchs. Wer mischte sich ein und warum? Heute ist das die Hauptfrage der Geopolitik. Schon damals konnte man wissen, worum es ging. Rudi nahm die Informationen darüber auf, aber es blieb ihm nicht mehr viel Zeit, sie zu verarbeiten. Im April 1979 schrieb er: »G[retchen] erzählte mir von der ›Informations‹-Analyse über die Kriegsvorbereitung der Amerikaner – um des Öls willen – gegen die Russen. Meiner Meinung nach wird auf beiden Seiten diese Wahnsinnsmöglichkeit neu ›erwogen‹, die Krisenperiode läßt sich halt nicht permanent durch Management kontrollieren.« Damals sah er, daß die Sowjetunion ihre Expansion besonders aggressiv betrieb, wie ihr Einmarsch in Afghanistan zeigte. Inzwischen geht es in der Welt zwar immer noch um Öl, obwohl es nur noch die USA sind, die einen Krieg deswegen riskieren. Die Krisenperiode ist aber nicht abgeschlossen. Heute stehen wir immer noch in den Konflikten, die damals schon zum Vorschein kamen.

Sexgeschichten

Ich habe mit den Tagebüchern dort am meisten Schwierigkeiten, wo Rudi über seine sexuellen Wünsche, Handlungen und Beziehungen schreibt. Ich hatte Lust, mir Verlegenheit, Ärger und Traurigkeit zu ersparen und diese Passagen wegzulassen, auch um zu vergessen, daß mein Leben mit Rudi manchmal nicht einfach war. Aber welches Paar hat nicht nach einigen Jahren Probleme mit der Beziehung? Ja, auch wir waren normal, wenigstens in diesem Sinn. Hinzu kamen dann aber das Trauma des Attentats und die körperlichen und geistigen Folgen für Rudi.
Ich meine, daß Rudi seine persönlichen Probleme auf eine Art und Weise dargestellt hat, die mir zeigt, daß er das Verhältnis zwischen Männern und Frauen, die Blockaden, die unsere Rollen als Mann und Frau verursachten, und die physischen Probleme nicht verstanden hatte. Aber er hatte eine Ahnung davon, was für einen Mann schon ungewöhnlich ist. Was er darüber geschrieben hat, ab und zu erfreut es mich, oft enttäuscht es mich und macht mich traurig, auch,

daß wir diese Ungereimtheiten nicht auflösen konnten. Er hatte seinen Standpunkt in dieser Frage. Ich sehe es ganz anders, aber ich bin sowenig objektiv wie er. Ich habe ein mulmiges Gefühl, daß es nun da steht und alle es lesen können. Aber ich wollte es nicht streichen, denn es ist ein Teil von ihm.

Was zu sagen bleibt

Rudi hat von den Namen der Menschen, über die er schrieb, meist nur die Initialen notiert. Die Tagebücher sollen veröffentlicht werden, so, wie er sie geschrieben hat. In einem historischen Dokument aber ist es wichtig, die Namen zu kennen. Wo es möglich und sinnvoll war, wurden sie deshalb in eckigen Klammern vervollständigt.
Ich erscheine in den Tagebüchern unter verschiedenen Namen, darunter »Carol«, »G.«, »Gr.«, »Gre.«, »Gretka«, »Kobold« und »Gretchen«. Am Anfang hieß ich für Rudi »Carol«, denn als wir uns kennenlernten, hatte ich eine französische Freundin, die mich so nannte. Sie fand »Gretchen« unaussprechbar. Als sie einen Brief sah, den ich an meine Freundin Carol geschrieben hatte, beschloß sie, mich so zu nennen. Rudi glaubte, ich hieße so, und als ich ihn berichtigte, hatte sich der falsche Name schon festgesetzt in seinem Kopf. Ich mochte diesen Namen aber nicht, und mit der Zeit brachte ich ihn davon ab. Man sieht in den Tagebüchern, wo Carol verschwindet und Gretchen auftaucht.
Die Abschrift der Tagebücher ergab rund 300 Seiten. Davon habe ich insgesamt etwa sechs weggelassen, die aus juristischen Gründen gestrichen wurden.

Gretchen Dutschke, im Dezember 2002

Zeittafel

1963

14. Januar: Die Bundesrepublik bricht gemäß der Hallstein-Doktrin die diplomatischen Beziehungen zu Kuba ab, nachdem Havanna die DDR anerkannt hat.
6. Februar: Bundeskanzler Konrad Adenauer (CDU) erklärt die Bereitschaft der Bundesrepublik, sich an einer Atomstreitmacht der NATO zu beteiligen.
13.–15. Februar: In einer Urabstimmung an der Westberliner Freien Universität (FU) stimmt die überwältigende Mehrheit für die Abwahl des AStA-Vorsitzenden Eberhard Diepgen (RCDS), weil dieser Mitglied einer schlagenden Verbindung ist.
23. März: In einer Ostberliner Studentenzeitschrift wird Professor Robert Havemann heftig angegriffen wegen eines Vortrags über marxistische Philosophie, in dem er die DDR-Regierung kritisiert.
12.–14. April: Mehr als 30 000 Demonstranten beteiligen sich an den Ostermärschen für Abrüstung.
16. Juni: Die sowjetische Kosmonautin Valentina W. Tereschkowa (geb. 1937) fliegt als erste Frau in den Weltraum.
23.–26. Juni: US-Präsident John F. Kennedy besucht die Bundesrepublik und Westberlin. Er beendet seine Rede vor dem Schöneberger Rathaus auf deutsch mit den Worten: »Ich bin ein Berliner.«
15. Juli: Der SPD-Politiker Egon Bahr formuliert in einem Vortrag in der Evangelischen Akademie Tutzing ein neues Konzept der deutschen Ostpolitik: »Wandel durch Annäherung«.
13. Oktober: Das Fernsehen der BBC überträgt die Musikshow einer Liverpooler Band mit dem Namen »The Beatles«.
22. November: Nach der Ermordung des amerikanischen Präsidenten John F. Kennedy in Dallas ziehen 20 000 Studenten und Schüler zum Schöneberger Rathaus. Ein Mitglied des AStA der FU und der Regierende Berliner Bürgermeister Willy Brandt (SPD) halten Trauerreden.
1. Dezember: Die USA initiieren einen Militärputsch in Südvietnam

und erhöhen die Zahl ihrer »militärischen Berater« dort auf 16000. US-Piloten bombardieren »Vietkongdörfer«.
20. Dezember: In Frankfurt (Main) wird der Prozeß gegen 21 ehemalige Angehörige des Bewachungspersonals im Konzentrationslager Auschwitz eröffnet.

1964

22. Mai: Der am 16. Juni 1961 von der Stasi nach Ostberlin entführte IG-Metall-Redakteur Heinz Brandt wird in den Westen entlassen.
1. Juni: Die US-amerikanische Luftwaffe beginnt Flächenbombardements in Vietnam. Mit dem sogenannten »Tongking-Zwischenfall« am 28. Juli, einer von den USA herbeigeführten Provokation, weitet sich der Krieg auf Nordvietnam aus.
28. Juli: Der SDS beschließt die Anerkennung der Oder-Neiße-Grenze und der deutschen Zweistaatlichkeit.
27. November: Jacek Kurón und Karol Modzelewski werden aus der Polnischen Vereinigten Arbeiterpartei (PVAP) ausgeschlossen. Die beiden Studenten hatten in einem offenen Brief an die Partei deren »Monopolsozialismus« kritisiert. Sie werden zu langen Gefängnisstrafen verurteilt.
18. Dezember: In Westberlin protestieren SDS, Subversive Aktion und andere Gruppen gegen den Staatsbesuch des »Lumumba-Mörders« und kongolesischen Ministerpräsidenten Tschombé.

1965

28. Februar: Rudi Dutschke wird in den politischen Beirat des Westberliner SDS gewählt. Damit hat die antiautoritäre Richtung im SDS Fuß gefaßt.
10.–18. Mai: Studenten der FU protestieren gegen das Redeverbot für den Journalisten Erich Kuby. Am 18. Mai führen die Politologen am Otto-Suhr-Institut einen Streik durch.
30. Mai: Der SDS und andere Gruppen organisieren in Bonn den

Kongreß »Demokratie vor dem Notstand« als Protest gegen die geplanten Notstandsgesetze.
1. Juli: 10 000 Studenten protestieren in Westberlin gegen den Bildungsnotstand.
13.–17. Dezember: Der Westberliner SDS sammelt bei einer Vietnamausstellung Geld für das Rote Kreuz Nordvietnams und des Vietkong.

1966

5. Februar: 2500 Studenten demonstrieren in Westberlin gegen den Vietnamkrieg. Sie legen zeitweise den Verkehr lahm. Ein Teil von ihnen zieht vor das Amerikahaus und bewirft es mit Tomaten.
22. Mai: Der SDS veranstaltet in Frankfurt (Main) den Kongreß »Vietnam – Analyse eines Exempels«.
25. Mai: Chinas Parteichef Mao Tse-tung leitet die Kulturrevolution ein. Sie entpuppt sich später als taktischer Schachzug im innerparteilichen Machtkampf der chinesischen Kommunisten.
22./23. Juni: Mehr als 3000 Studenten protestieren gegen das Raumverbot für politische Veranstaltungen an der FU mit einem Sit-in. Auf einem Teach-in wird die Demokratisierung der Hochschule und der Gesellschaft gefordert.
8. Juli: 2000 Westberliner Studenten demonstrieren gegen den US-Krieg gegen Vietnam.
1. Oktober: Herbert Marcuses Werk »Repressive Toleranz« erscheint in deutscher Sprache.
30. Oktober: 3000 Teilnehmer aus verschiedenen gesellschaftlichen Gruppen protestieren auf dem Kongreß »Notstand der Demokratie« in Frankfurt (Main) gegen die Notstandsgesetze.
1. Dezember: In Westberlin und in Westdeutschland protestieren viele Menschen, nicht nur Studenten, gegen die Bildung der großen Koalition unter Bundeskanzler Kiesinger (CDU). Außenminister wird der SPD-Vorsitzende Brandt.
6. Dezember: Der SDS funktioniert eine Veranstaltung des RCDS

mit dem südvietnamesischen Botschafter zu einem Teach-in um. Der Botschafter flieht schließlich aus der Veranstaltung.
10. Dezember: Zum Abschluß der Vietnamwochen fordert Rudi Dutschke dazu auf, eine außerparlamentarische Opposition zu bilden. Kunzelmann und andere verbrennen Pappmachéköpfe von SED-Chef Ulbricht und US-Präsident Johnson auf dem Kudamm und singen dazu Weihnachtslieder.

1967

1. Januar: Kunzelmann, Teufel, Langhans und andere gründen die erste Kommune.
26. März: Am Rand einer Demonstration für Demokratie und Abrüstung wird das Amerikahaus mit roten Farbbeuteln beworfen.
5. April: In Westberlin verhaftet die Polizei Kommunarden, die ein »Puddingattentat« auf den US-amerikanischen Vizepräsidenten Humphrey geplant hatten. 2000 Studenten demonstrieren gegen seinen Besuch in der Stadt.
19. April: 2000 Studenten protestieren gegen Sanktionen des Akademischen Senats (AS) der FU in einem nächtlichen Sit-in im Henry-Ford-Bau. Der Rektor ruft daraufhin die Polizei und läßt die Studenten einzeln hinaustragen.
3. Mai: Die Kommunarden werden aus dem SDS ausgeschlossen.
9. Mai: Auf einer vom Rektor geforderten und vom studentischen Konvent beschlossenen Urabstimmung findet sich eine knappe Mehrheit für Studentenschaftsvertreter, die sich am 19. April am Sit-in beteiligt hatten. Daraufhin werden die angedrohten Sanktionen gegen sie nicht durchgeführt.
2. Juni: 2000 Studenten und Schüler demonstrieren vor dem Schöneberger Rathaus gegen den Besuch des persischen Schahs in Westberlin. Die Polizei und angeheuerte »Jubelperser« gehen brutal gegen Studenten vor. Kriminalobermeister Kurras erschießt Benno Ohnesorg. Diese Tat löst einen Proteststurm in Westberlin und im Bundesgebiet aus. Am 8. Juni wird Benno Ohnesorg nach Hannover überführt. Am 9. Juni findet dort der Kongreß »Hochschule und

Demokratie – Bedingungen und Organisation des Widerstands« statt. Dort wirft Jürgen Habermas Rudi Dutschke und dem SDS vor, »linksfaschistisch« zu sein.
22. Juni: Etwa hundert Studenten treten im Wohnheim der Evangelischen Studentengemeinde in einen Hungerstreik, um Fritz Teufel aus der Haft zu befreien. Teufel kommt erst am 10. August frei.
9. Oktober: Che Guevara wird in Bolivien gefangengenommen und ermordet.
1. November: Im Audimax der FU wird die »Kritische Universität« gegründet.
28. November: Tausend Studenten demonstrieren gegen den Prozeß gegen Fritz Teufel.
24. Dezember: Rudi Dutschke versucht während des Weihnachtsgottesdienstes in der Westberliner Gedächtniskirche eine Rede gegen den Vietnamkrieg zu halten. Er wird von Gemeindemitgliedern gewaltsam daran gehindert.

1968

1. Februar: Auf einer Vorbereitungsveranstaltung für das »Springer-Hearing« zeigt Holger Meins einen Lehrfilm über den Bau von Molotow-Cocktails.
17./18. Februar: Der »Internationale Vietnamkongreß« findet in Westberlin statt. 12 000 demonstrieren gegen den Krieg der USA in Indochina.
21. Februar: Der Senat von Westberlin, der DGB und der Springer-Konzern organisieren eine Demonstration der anständigen Bürger, die dafür von der Arbeit freigestellt werden. Teile von ihnen machen systematisch Jagd auf Menschen, die in ihren Augen wie radikale Studenten aussehen. Ein Mann, der für Rudi Dutschke gehalten wird, kommt gerade noch mit dem Leben davon.
31. März: Auf einer außerordentlichen SDS-Delegiertenkonferenz wird der Antrag abgelehnt, Rudi Dutschke wegen eines Interviews mit der Zeitschrift »Capital« auszuschließen.
3. April: Baader, Ensslin, Söhnlein und Proll zünden Bomben in zwei

Frankfurter Kaufhäusern. Sie werden am Folgetag von der Polizei gefaßt.

11. April: Ein aufgehetzter Rechtsextremist, Josef Bachmann, schießt auf dem Ku'damm auf Rudi Dutschke. Dutschke wird lebensgefährlich verletzt. Die Tat wird allgemein dem Springer-Konzern angelastet. Es kommt national wie international zu großen Protestkundgebungen.

15.–30. Mai: Die zweite Lesung der Notstandsgesetze im Bundestag bewirkt massenhafte Proteste in der Bundesrepublik und in Westberlin. Sie können aber nicht verhindern, daß die Notstandsgesetze angenommen werden.

21. August: Truppen des Warschauer Pakts walzen den Prager Frühling nieder.

12.–16. September: Auf der SDS-Delegiertenkonferenz in Frankfurt (Main) protestieren Frauen gegen ihre Unterdrückung im Studentenverband. Als die Männer nicht auf ihre Kritik eingehen, werfen sie Tomaten.

16. September: Die Deutsche Kommunistische Partei (DKP) wird in Offenbach gegründet.

4. November: 2000 Demonstranten protestieren, zum Teil mit Pflastersteinen, gegen das Ehrengerichtsverfahren gegen Rechtsanwalt Horst Mahler. Mahler wird vorgeworfen, an Springer-Blockaden teilgenommen zu haben.

8. November: Die Antifaschistin Beate Klarsfeld ohrfeigt Bundeskanzler Kiesinger wegen dessen früherer Mitgliedschaft in der NSDAP.

31. Dezember: Die maoistische KPD/Marxisten-Leninisten wird gegründet.

1969

12. Januar: Ehemalige SDS-Mitglieder gründen den Marxistischen Studentenbund Spartakus, die Studentenorganisation der DKP.

27. März: Die Bundesregierung sperrt alle Zuschüsse an den SDS.

1. April: In Offenbach wird das Sozialistische Büro (SB) gegründet.

April–Juni: An Hochschulen in Westberlin und im Bundesgebiet sprengen protestierende Studenten Vorlesungen, vereinzelt werden Institute und Rektorate besetzt und von der Polizei geräumt.
12. Juni: An der FU gründet sich die marxistisch-leninistische »Rote Zelle Germanistik«, deren Beispiel bald an vielen Hochschulen Nachahmer findet.
25. Juli: 2500 Demonstranten fordern vor der Untersuchungshaftanstalt Berlin-Moabit die Freilassung einsitzender Bundeswehrdeserteure.
September: Spontane Arbeiterstreiks in Westdeutschland gegen Tarifabschlüsse.
21. Oktober: Willy Brandt wird Bundeskanzler der ersten sozialliberalen Koalition.
6./7. Dezember: Eine Arbeitskonferenz der »Roten Presse Korrespondenz« in Westberlin scheitert und damit der Versuch einer Verständigung zwischen verschiedenen Flügeln der APO.

1970

21. März: Der SDS-Bundesvorstand löst sich formell auf.
4. Mai: Die Bundesregierung amnestiert Demonstrationsstraftäter.
14. Mai: Andreas Baader wird in Westberlin mit Hilfe von Ulrike Meinhof aus der Haft befreit.
27. Mai: Bundeskanzler Brandt trifft in Kassel DDR-Ministerpräsident Stoph.
November: Der SPD-Parteirat untersagt allen Mitgliedern die Zusammenarbeit mit Kommunisten.
18. November: Der rechte Bund »Freiheit der Wissenschaft« wird gegründet. Er will zurück zur Ordinarienuniversität.

1971

24. April: Eine knappe halbe Million Amerikaner demonstrieren in Washington gegen den Vietnamkrieg.

25. April: Auf einer kommunalpolitischen Arbeitskonferenz beschließen die Jusos ein Programm für »die zentrale Ebene zur Durchsetzung des demokratischen Sozialismus«.
20. Oktober: Es wird bekannt, daß Bundeskanzler Brandt den Friedensnobelpreis erhält.

1972

28. Januar: Die Bundesregierung und die Ministerpräsidenten der Länder verkünden den »Radikalenerlaß«. »Extremisten« sollen dadurch vom öffentlichen Dienst ferngehalten werden. Eine allgemeine Schnüffelei setzt ein. Willy Brandt bezeichnet den Erlaß später als »Fehler«.
12./13. März: In Frankfurt (Main) findet der erste Bundesfrauenkongreß statt.
27. April: CDU-Kanzlerkandidat Rainer Barzel scheitert im Bundestag mit einem konstruktiven Mißtrauensvotum gegen die Regierung Brandt. Es werden Neuwahlen angesetzt.
24. Mai: Die »Rote Armee Fraktion« (RAF) begeht einen Bombenanschlag gegen das US-Hauptquartier in Heidelberg, bei dem drei Soldaten getötet werden.
2. Juni: Die Mitgründer der RAF Andreas Baader, Holger Meins und Jan-Carl Raspe werden in Frankfurt (Main) verhaftet, kurz darauf auch Ulrike Meinhof und Gudrun Ensslin.
5. September: Die Palästinenserorganisation »Schwarzer September« überfällt in München die israelische Olympiamannschaft.

1973

26. Februar: Horst Mahler wird wegen Raub und Gründung einer kriminellen Vereinigung in Westberlin zu zwölf Jahren Haft verurteilt.
29. März: Der letzte amerikanische Soldat verläßt Vietnam. Das Ende des Kriegs zeichnet sich ab.

4. April: In Frankfurt (Main) räumt die Polizei besetzte Häuser.
29. Mai: Das Bundesverfassungsgericht hebt die Drittelparität in Hochschulgremien auf.
28. Juli: Weltjugendfestspiele in Ostberlin.
25. August: Wilde Streiks in westdeutschen Stahlbetrieben.
11. September: General Pinochet führt einen Militärputsch gegen Allende, den demokratisch gewählten sozialistischen Präsidenten Chiles. Weltweit wird protestiert gegen diesen Gewaltakt, bei dem Allende umkommt.

1974

13. Februar: Alexander Solschenizyn wird aus der Sowjetunion ausgewiesen. Er findet zunächst Aufnahme bei Heinrich Böll.
22. März: Das Volljährigkeitsalter in der Bundesrepublik wird auf achtzehn Jahre gesenkt.
25. April: Die »Revolution der Nelken« stürzt die Diktatur in Portugal.
26. April: Der Bundestag verabschiedet die Fristenregelung, die eine Abtreibung in den ersten drei Monaten ermöglicht.
6. Mai: Bundeskanzler Brandt tritt zurück. Die Enttarnung des Kanzleramtsagenten Guillaume gibt seiner bereits angeschlagenen Regierung den Rest. Neuer Bundeskanzler wird Helmut Schmidt (ebenfalls SPD).
25. Juli: Das Umweltbundesamt wird in Westberlin eingerichtet.
8. August: US-Präsident Richard Nixon muß infolge des Watergate-Skandals seinen Hut nehmen.
9. November: Holger Meins stirbt in der Haft nach mehrwöchigem Hungerstreik.
10. November: Der Präsident des Westberliner Kammergerichts, von Drenkmann, wird Opfer eines terroristischen Anschlags.

1975

16. Januar: Der CSU-Vorsitzende Strauß wird als erster westdeutscher Politiker von Mao Tse-tung empfangen.
5. Februar: Die RAF-Gefangenen beenden ihren Hungerstreik gegen die Haftbedingungen.
20. Februar: Die Polizei räumt das besetzte Baugelände für ein Atomkraftwerk im badischen Wyhl.
27. Februar: Der Westberliner CDU-Spitzenkandidat Peter Lorenz wird von der »Bewegung 2. Juni« entführt. Gegen die Freilassung von Gefangenen, darunter Horst Mahler, kommt auch Lorenz wieder frei.
30. April: Der Vietnamkrieg endet mit dem Fall Saigons und der Kapitulation Südvietnams.
21. Mai: In Stuttgart beginnt der Prozeß gegen Ulrike Meinhof, Jan-Carl Raspe, Gudrun Ensslin und Andreas Baader.
1. August: Die Schlußakte der Konferenz über Sicherheit und Zusammenarbeit in Europa (KSZE) wird in Helsinki unterzeichnet.
24. November: Der Trikont Verlag wird von der Polizei durchsucht, um Bommi Baumanns Buch »Wie alles anfing« zu beschlagnahmen.
9. Dezember: Dem sowjetischen Physiker und Regimegegner Andrej Sacharow wird der Friedensnobelpreis zugesprochen. Die Moskauer Regierung läßt ihn aber nicht zur Preisverleihung ausreisen.

1976

26. Januar: Das Hochschulrahmengesetz passiert den Bundestag. Es nimmt viel von dem zurück, was die Studentenbewegung erkämpft hatte.
24. Februar: Auf dem 25. Parteitag der KPdSU zeigen sich Risse in der kommunistischen Weltbewegung. Das Wort »Eurokommunismus« wird populär.
9. Mai: Ulrike Meinhof erhängt sich in ihrer Zelle.
19. Mai: Die Aufhebung des Radikalenerlasses und die Verabschiedung neuer Richtlinien gleicher Stoßrichtung ändern nichts Wesent-

liches an der Überwachung von Menschen, die verdächtigt werden, nicht auf dem Boden der freiheitlich-demokratischen Grundordnung zu stehen.
6. Juni: Das Sozialistische Büro (SB) führt in Frankfurt (Main) einen Antirepressionskongreß durch. Überall bilden sich Anti-AKW-, Berufsverbote-, Dritte-Welt-, Chile-, Frauen- u. a. Gruppen.
10. Juli: In Seveso entweicht Dioxin ins Freie mit katastrophalen Folgen für die Umwelt.
18. August: Der Bundestag verabschiedet ein Gesetz, das den Straftatbestand »Bildung einer terroristischen Vereinigung« enthält.
9. September: Mao Tse-tung ist tot.
13. November: 30 000 Menschen demonstrieren gegen das geplante AKW Brokdorf.
16. November: Wolf Biermann wird aus der DDR ausgebürgert.

1977

7. Januar: In der ČSSR wird die »Charta 77« veröffentlicht, in der die Menschenrechte eingefordert werden. Viele Unterzeichner werden inhaftiert.
19. Februar: Zweite Großdemonstration gegen das AKW Brokdorf.
2. März: Die Chefs der italienischen, spanischen und französischen Kommunisten, die Köpfe des Eurokommunismus, treffen sich in Madrid.
19. März: An der Baustelle des AKW Grohnde kommt es zu gewalttätigen Auseinandersetzungen zwischen Atomkraftgegnern und der Polizei.
7. April: Generalbundesanwalt Buback und zwei Begleiter werden Opfer eines terroristischen Anschlags.
28. April: Baader, Ensslin und Raspe werden in Stuttgart zu lebenslanger Haft verurteilt.
2. Juni: Klaus-Uwe Benneter, Bundesvorsitzender der Jusos, wird als Vertreter des »Stamokap-Flügels« aus der SPD ausgeschlossen.
13. Juli: Die Gewissensprüfung für Kriegsdienstverweigerer wird abgeschafft.

30. Juli: Jürgen Ponto, Chef der Dresdner Bank, wird bei einem terroristischen Anschlag ermordet.
4. August: Ernst Bloch ist tot.
23. August: Rudolf Bahro, SED-Funktionär und Autor des in der DDR verbotenen Buches »Die Alternative«, wird verhaftet.
24. September: Die RAF entführt Arbeitgeberverbandschef Hanns-Martin Schleyer, um ihn gegen inhaftierte Terroristen auszutauschen.
24. September: 35 000 Menschen demonstrieren gegen das geplante AKW Kalkar.
18./19. Oktober: Palästinensische Terroristen entführen auf Mallorca ein deutsches Urlauberflugzeug nach Mogadischu (Somalia). Auch sie fordern die Freilassung von inhaftierten RAF-Mitgliedern. In der Nacht befreit die GSG 9 die Geiseln. Andreas Baader, Jan-Carl Raspe und Gudrun Ensslin erschießen sich in ihren Zellen. Irmgard Möller überlebt schwere Verletzungen durch Messerstiche.

1978

16. Februar: Das Antiterrorgesetz passiert den Bundestag. Es stattet die Polizei mit erweiterten Kompetenzen aus.
29. März: Das internationale Russell-Tribunal kritisiert die Bundesrepublik vor allem wegen der Berufsverbote.
4. Juni: Die Grüne Liste Umweltschutz erreicht bei den niedersächsischen Landtagswahlen 3,7 Prozent.
13. Juli: Der Bundestagsabgeordnete Herbert Gruhl tritt aus der CDU aus und gründet die Grüne Aktion Zukunft.
5. Oktober: In Westberlin wird die Alternative Liste für Demokratie und Umweltschutz gegründet. Sie erzielt bei den Wahlen zum Abgeordnetenhaus 3,7 Prozent der Stimmen.
22. November: In Westberlin wird die »tageszeitung« (»taz«) gegründet.

1979

17. Januar: Der erste Smogalarm in der Bundesrepublik wird am Niederrhein und im Ruhrgebiet ausgerufen.
7. Februar: Schiitenführer Ayatollah Khomeini kehrt aus dem französischen Exil in den Iran zurück. Kurz darauf flieht der Schah außer Landes.
28. März: Im US-amerikanischen AKW Three Miles Island bei Harrisburg kommt es fast zum GAU.
17. Juli: Der nicaraguanische Diktator Somoza flieht vor den Sandinisten in die USA.
29. Juli: Herbert Marcuse ist tot.
7. Oktober: In Bremen schaffen die Grünen zum ersten Mal den Sprung über die Fünfprozenthürde.
11. Oktober: Zum 30. Jahrestag der DDR wird Rudolf Bahro aus der Haft nach Westdeutschland entlassen.
12. Dezember: Auf Initiative von Bundeskanzler Schmidt faßt die NATO den »Doppelbeschluß«. Um einen behaupteten Vorsprung der Sowjetunion bei Mittelstreckenatomraketen auszugleichen, will der Westen mit Pershing-2 und Marschflugkörpern »nachrüsten«, wenn Moskau seine SS-20-Raketen nicht abbaut.
24. Dezember: Rudi Dutschke ist tot.
26. Dezember: Einem »brüderlichen Hilferuf« folgend, marschieren sowjetische Truppen in Afghanistan ein.

Fotonachweis

Alle Fotos aus dem Privatarchiv Gretchen Dutschke, außer

Gerhard O. Stief (S. 61)
Eberhard Venohr (S. 69 unten, S. 366)
Thomas Hesterberg (S. 70)
Klaus Warwas (S. 67)
Seeliger, stern (S. 69 oben)

Personenverzeichnis

Paperbacks bei Kiepenheuer & Witsch
KiWi

Rudi Marek Dutschke
Spuren meines Vaters

KiWi 638
Originalausgabe

Als Rudi Marek Dutschke geboren wurde, war sein Vater tot. Er starb Weihnachten 1979 an der Kugel, die ihm Josef Bachmann 1968 in den Kopf geschossen hatte. Mehr als dreißig Jahre später reist der Sohn nach Berlin, um herauszufinden, wer Rudi Dutschke wirklich war. Wie sehen ihn die Menschen, mit denen er damals kämpfte oder stritt? Was ist aus den Zielen der APO und den Grünen geworden, die Rudi Dutschke mitgegründet hat?